Knaur

Von Christian Lukas und Sascha Westphal liegen bereits zwei inoffizielle Fanbücher über die Kultserie *Buffy – Im Bann der Dämonen* vor:

Buffy – Im Bann der Dämonen (61354) –
alles über die ersten beiden Staffeln

Buffy – Die neuen Abenteuer (61706) –
alles über die dritte Staffel

Über die Autoren:

Christian Lukas, geboren 1970 in Witten, und **Sascha Westphal**, geboren 1971 in Dortmund, arbeiten als Filmjournalisten für verschiedene Zeitungen und Zeitschriften. Christian Lukas hat bereits sehr erfolgreiche Bücher über die Fernsehserien STARGATE und AKTE X veröffentlicht. Er ist außerdem Mitherausgeber der Interviewsammlungen ONSCREEN 1 und 2. Sascha Westphal hat sich als Autor von Büchern über die Fernsehserie MILLENNIUM einen Namen gemacht. Gemeinsam haben die beiden Autoren neben den Büchern über BUFFY – IM BANN DER DÄMONEN außerdem ein Buch über die SCREAM-Trilogie und die Geschichte des Teen-Horrorfilms geschrieben.

Besuchen Sie Christian Lukas im Internet:
www.christianlukas.purespace.de

Wenn Sie Fragen an die Autoren haben – Sie erreichen sie unter
Buffy.Service@droemer-weltbild.de

Christian Lukas &
Sascha Westphal

Buffy – Die Jagd geht weiter

Das inoffizielle Buch über die vierte Staffel der Kultserie und ihre Hintergründe

Knaur

Besuchen Sie uns im Internet:
www.droemer-weltbild.de

Originalausgabe

Redaktion: Werner Bauer
Umschlaggestaltung: ZERO Werbeagentur, München
Umschlagabbildung: Image Bank, München
Innenillustrationen: Privatarchiv der Autoren.
Satz: Setzerei Vornehm GmbH, München
Druck und Bindung: Clausen & Bosse, Leck
Printed in Germany
ISBN 3-426-61851-6

2 4 5 3 1

INHALT

EINLEITUNG

LANG IST ES HER . . .

BUFFY – IM BANN DER DÄMONEN ist eine der erfolgreichsten Fernsehserien der späten 90er Jahre, dabei liegen ihre Wurzeln weit zurück in den 80ern: Joss Whedon, der Schöpfer des »Buffyversums« – jener Welt, in der die Serie spielt –, war knapp 24 Jahre alt, als er 1988 die Idee von einem auserwählten Mädchen, das die Menschheit vor den Dämonen der Nacht beschützen sollte, zu einem Kino-Drehbuch verarbeitete. Dieses Drehbuch verkaufte er an die 20th Century Fox, die als einziges Studio Interesse an der Idee des Newcomers zeigte. Doch hätte eine Geschichte wie die von BUFFY im Jahre 1988 an den Kinokassen überhaupt eine Chance gehabt? Auf den ersten Blick betrachtet: nein. Schließlich war gerade Action angesagt, die Superhelden des Kinos hießen Arnold Schwarzenegger und Sylvester Stallone. Gesprochen wurde in ihren Filmen wenig, die Handlung war zweitrangig. Hauptsache, es knallte und krachte in regelmäßigen Abständen. Außerdem waren die Helden des Actionfilms männlich und muskulös, in diese Welt passte keine Superheldin vom Schlage Buffys, ein Mädchen von der High School, eine Cheerleaderin, ein *All-American-Girl*. Oder vielleicht doch? Die 80er Jahre waren schließlich auch das Zeitalter der Teenager-Dramen und -Komödien, also eine Zeit, in der Filme über das Erwachsenwerden die Leinwände eroberten. IST SIE NICHT WUNDERBAR? (SOME KIND OF WONDERFUL, USA 1986), PRETTY IN PINK (PRETTY IN PINK, USA 1985), FERRIES MACHT BLAU (FERRIES BUELLER`S DAY OFF, USA 1986) waren nur drei Filme, die die Kinokassen der gesamten westlichen Welt klingeln ließen. Zum ersten Mal nahm das Kino seine jugendlichen Zuschauer wirklich ernst und machte sie zu den Protagonisten ihrer Filme. Natürlich hatte es schon in den Jahrzehnten zuvor Filme über Jugendliche gegeben, bereits in den 50er Jahren war ein James Dean zum Megastar des Teenager-Publikums aufgestiegen. Die meisten Filme aber, die in den Jahren zuvor das Licht der Leinwand erblickt hatten, waren Lehrfilme gewesen, Filme, mit denen Hollywood das junge Publikum zu konformen Staatsbürgern erziehen wollte, inszeniert und geschrieben von Erwachsenen, die ihre Sicht der Dinge, des Lebens, des Denkens auf ihre jugendlichen Figuren projizierten. Es ist kaum verwunderlich, dass die meisten dieser Filme beim Publikum durchgefallen sind. Mit John Badhams NUR SAMSTAG NACHT (SATURDAY NIGHT FEVER, USA 1977) sollte sich dies ändern, denn Badham vermischte in seinem Film den Lifestyle der späten 70er Jahre mit einer dramatischen Geschichte über eine Gruppe junger Männer um die Zwanzig, die ihren Platz in der Gesellschaft suchten, die tagsüber ihren langweiligen Jobs nachgingen, doch am Abend das schillernde Leben der Disco-Gesellschaft lebten. Ein Lebens des Scheins, nicht des Seins; ein Leben, das für einen von ihnen mit dem Tod enden sollte.

Dies war der Film, der alles veränderte. Er nahm sein jugendliches Publikum ernst und versuchte – trotz seines moralischen Endes, in dem einer der Protagonisten bei einer Mutprobe von einer Brücke stürzt – nicht, das Publikum zu erziehen. Dies war ein Film, mit dem sich das Publikum identifizieren konnte. Zwar brachte er nicht sofort eine Welle ins Rollen, doch mit Kinoerfolgen wie BREAKFAST CLUB – DER FRÜHSTÜCKSCLUB (BREAKFAST CLUB, USA 1984) oder dem Militärdrama DIE KADETTEN VON BUNKER HILL (TAPS, USA 1981) etablierte sich das Teenagerdrama mit all seinen verschiedenen Schattierungen als ernst zu nehmendes, da an den Kassen ungemein erfolgreiches Kinogenre.

Während das Teenager-Drama und die -Komödie Mitte der 80er Jahre ihren absoluten Höhepunkt erlebten, befand sich ein anderes Teenager-Genre in diesen Tagen auf dem absteigenden Ast: der Teen-Horrorfilm. Nur ein Jahr nach NUR SAMSTAG NACHT hatte John Carpenter mit seiner Horrormär HALLOWEEN (HALLOWEEN, USA 1978) Teenager erfolgreich als Protagonisten eines Horrorfilms etabliert. Er war nicht der erste Regisseur, der Jugendliche in den Mittelpunkt eines Horrorfilms gestellt hatte, noch nie aber war ein Film dieser Art derart erfolgreich gewesen. Insgesamt spielte der Film über 60 Millionen Dollar ein, Ende der 70er Jahre ein traumhaftes Ergebnis. Dank HALLOWEEN traten noch vor der Welle der Teenager-Dramen und -Komödien die Teen-Horrorfilme, auch Slasher- oder Stalkerfilme genannt, ihren Triumphzug durch die amerikanischen Kinosäle an: David Schmoellers TOURIST TRAP (TOURIST TRAP, USA 1978), FREITAG, DER 13. (FRIDAY, THE 13TH, USA 1980) und schließlich Wes Cravens Meisterwerk NIGHTMARE – MÖRDERISCHE TRÄUME (NIGHTMARE ON ELM STREET, USA 1984) hatten Teenager als eine feste Größe im Horrorkino etabliert. Die immer gleichen Geschichten aber – von Jugendlichen, die sich irgendwo in einem Sommercamp oder einem anderen abgelegenen Ort treffen, um dann von einem verrückten Maskenmörder dahingemetzelt zu werden – hatten im Laufe der Zeit angefangen, das Publikum zu langweilen; daher hätte der Teen-Horrorfilm 1988/89 durchaus eine Frischzellenkur vertragen können. Eine Frischzellenkur namens BUFFY?

Joss Whedons Konzept beinhaltete eigentlich alle Ingredienzien, mit denen ein solcher Film 1989 (rechnet man ein Jahr für die Verfilmung eines Drehbuchs ein) hätte zum Hit werden können. Es war eine Geschichte über das Erwachsenwerden, die

Geschichte eines Mädchens, das plötzlich erkennen muss, dass Jungs, Spaß und schicke Klamotten nicht alles im Leben sind. BUFFY war aber auch das Konzept eines Horrorfilms, in dem die klassische Figur des Vampirs in einer modernen Welt auftaucht, in der er merkwürdig archaisch wirkt – doch gerade deshalb, eben weil er ein Relikt vergangener Zeiten ist, an dessen Existenz niemand mehr glaubt, kann er ungehindert Angst und Schrecken verbreiten. Zwei Filme, DIE RABENSCHWARZE NACHT (FRIGHT NIGHT, USA 1986) und LOST BOYS (THE LOST BOYS, USA 1987), hatten bereits erfolgreich Segmente der Teenagerkomödie beziehungsweise des Teenagerdramas mit denen des klassischen Vampirfilms verbunden. Und dass Action und Vampirstorys einander nicht ausschließen, hat bereits 1987 Kathryn Bigelow in NEAR DARK (NEAR DARK, USA 1987) bewiesen.

Vampire erlebten auf der Leinwand also ein vorsichtiges Comeback, der Teenagerfilm befand sich auf dem Höhepunkt seines Erfolges, Actionfilme wurden automatisch zu Kassenhits verdammt. Geld hatte das Studio ebenfalls genug zur Verfügung, warum also hat sich niemand an die Verfilmung von Whedons Skript begeben? War die Zeit zu knapp? Oder lag es daran, dass die Hauptfigur ein Mädchen war?

Schwierig zu sagen, dennoch hätte der Film 1989 durchaus in den Kinos funktionieren können. Wie der Teen-Horrorfilm, so hätten auch Teenagerdrama und Teenagerkomödie einen neuen Impuls gebrauchen können, doch nach einem Jahrzehnt hatte sich das Publikum in gewisser Weise satt gesehen; der neue Impuls blieb aus. Als Fran Rubel Kuzui vier Jahre später tatsächlich BUFFY, DER VAMPIRKILLER (BUFFY THE VAMPIRE SLAYER, USA 1992) inszenierte, stand eigentlich von Anfang an fest, dass dieser Film eine Totgeburt werden sollte, denn 1992 war die Zeit der Teenagerfilme vorbei, das Genre hatte sich überlebt. Dies ist nichts Ungewöhnliches, jedes Genre durchläuft solche Phasen, verschwindet von der Bildfläche, um nach einigen Jahren ins Kino zurückzukehren. Von einer Wiederkehr des Teenagerfilms, egal in welcher Art, war das Kino 1992 jedoch noch weit entfernt: vier Jahre, um genau zu sein. Und so konnte der Film kein Erfolg werden. 1988/89 hätte er aufgrund seiner Genre-Verschmelzungen durchaus frischen Wind ins Teenagerkino bringen können, 1992 wirkte er jedoch wie eine unentschlossene Mischung verschiedener Genres, die nicht zusammenpassen wollten. Hinzu kam in den frühen 90er Jahren der Triumphzug der Multiplex-Kinos, der sich bereits in den 80er Jahren mit dem Bau der ersten Großkinos auf den grünen Wiesen vor den Städten angedeutet hatte und jetzt seinen endgültigen Durchbruch erlebte. Filme für das Multiplex mussten groß, bunt und laut sein, für Experimente wie BUFFY, DER VAMPIRKILLER war im Sommer 1992 auch aus diesem Grund kein Platz in den Kinos. Dass dann auch noch zeitgleich Tim Burtons BATMANS RÜCKKEHR (BATMAN'S RETURN, USA 1992) in den US-Kinos anlief, versetzte BUFFY, DER VAMPIRKILLER den endgültigen Todesstoß.

Das Kino war der falsche Ort, um Experimente zu wagen, Experimente solcher Art wurden in den frühen 90ern im Fernsehen gemacht; nach einem Jahrzehnt der Stagnation war es an der Zeit, neue Formate zu testen. So stellte eine an sich simple Teenager-Soap wie BEVERLY HILLS, 90210 (BEVERLY HILLS, 90210, USA 1990/2000) zunächst ein unkalkulierbares Risiko dar, denn eine Serie wie diese, die sich ganz offen an der Struktur von Weekly-Soaps orientierte, dabei aber ausschließlich ein junges Publikum im Visier hatte, hatte es in dieser Form zuvor tatsächlich noch nicht gegeben.

Die entscheidende Serie aber, die neuen, experimentellen Formaten den Weg ebnen sollte, war DAS GEHEIMNIS VON TWIN PEAKS (TWIN PEAKS, USA 1990/91); der surrealistische Serientraum von David Lynch brach radikal mit allen Konventionen des Serienfernsehens. Den roten Faden durch die einzelnen Episoden mochte zwar eine recht konventionelle Geschichte bilden – nämlich der Mord an einem Mädchen, den ein FBI-Beamter in der Kleinstadt Twin Peaks aufzuklären versucht –, dies aber war Lynchs einziges Zugeständnis an die Sehgewohnheiten des Publikums. Ob tanzende Zwerge, Einhörner, ein esoterisch angehauchter Jazz-Soundtrack – in der surrealen Welt des Städtchens Twin Peaks wurden im Fernsehen neue Wege beschritten.
Dass von dieser Serie nur 26 Episoden produziert werden sollten, liegt nicht am mangelnden Erfolg, denn schon mit den letzten Episoden lief die Serie Gefahr, sich selbst zu zitieren und zu wiederholen: Mit der Aufklärung des Mordes hatte auch das Universum von Twin Peaks vorerst seine Grenzen erreicht.
Durch die Tür, die DAS GEHEIMNIS VON TWIN PEAKS geöffnet hatte, trat schließlich vier Jahre später AKTE X (THE X-FILES, USA seit 1994), die wahrscheinlich wichtigste Serie des Jahrzehnts. Indem die Serie begann, Kriminalfilm, Thriller, Horror und Komödie in sich via visuell äußerst ansprechender Form zu vereinen, gelang es ihr, das Publikum für sich zu begeistern. Und hier zeigt sich die Überlegenheit der Serie gegenüber einem Spielfilm wie BUFFY, DER VAMPIRKILLER. Wo der Spielfilm als Gesamtwerk mit all seinen verschiedenen Facetten bestehen musste – und 1992 zum Scheitern verurteilt war –, hatte AKTE X Zeit, das Publikum zu begeistern und eine eigene Sprache zu entwickeln. Mit ihrem Erfolg hatte das Fernsehen bewiesen, dass in quasi jedem Genre große, dramatische Geschichten

erzählt werden konnten. Im gleichen Jahr startete in den USA zum Beispiel mit E/R (E/R, seit 1994) eine Arztserie, die auf der rein inhaltlichen Ebene ihre Verwandtschaft zur Soap nicht verleugnen kann, inszenatorisch jedoch den Actionfilm zum Vorbild hat – und in ihrer Rasanz manch eine Krimiserie äußerst behäbig erscheinen lässt.

Neue Serienformate, inszenatorisch und schauspielerisch auf hohem Niveau – in diesem Umfeld gab es für BUFFY eine zweite Chance.

Außen ein nettes Lächeln, innen geballte Zeichen-Power: Der erste Comic zur Herkunft unserer allseits beliebten Vampirjägerin hat es in sich!

EIN KINOFLOP WIRD ZUR HITSERIE

Trotz seines Misserfolges und seines schlechten Rufes bei Kritikern und eingefleischten Horror- und Fantasyfans war es BUFFY, DER VAMPIRKILLER über seine Videoauswertung und Fernsehausstrahlungen innerhalb von drei Jahren – einem für einen Film dieser Art unendlich langen Zeitraum – gelungen, sich zu einem Untoten des Genres zu entwickeln, einem Film, den kaum jemand im Kino gesehen haben mochte, der in der Zwischenzeit jedoch zu einem überraschenden Bekanntheitsgrad gelangt war. Mit Blick auf den durch AKTE X ausgelösten Mystery-Boom im Fernsehen kamen die Produzenten des Filmes 1995 auf die Idee, aus BUFFY eine Serie zu machen.
Um dies zu erreichen, mussten sie sich an Joss Whedon wenden, der nie ein Hehl daraus gemacht hat, den Spielfilm, der nach seinem Buch entstanden war, in keiner Form zu mögen. Whedon besaß an den Figuren seines Manuskriptes die Rechte, und so kamen die Produzenten nicht drum herum, Whedon zu fragen, ob er ihnen diese abtreten würde. Da geschah etwas, womit niemand gerechnet hatte: Whedon lehnte ab. BUFFY THE VAMPIRE SLAYER, wie die Serie schließlich heißen sollte, würde es nur mit ihm als ausführendem Produzenten geben, sagte er vor Selbstvertrauen strotzend. Whedon stand kurz vor einer großen Drehbuchkarriere in Hollywood, als Skriptdoktor hatte er gerade erst SPEED (SPEED, USA 1994) den letzten Schliff verpasst. Nach dessen Megaerfolg an den Kinokassen hatten nun diverse Produzenten bei ihm angeklingelt, damit er ihre Drehbücher überarbeitete. Dass er bereit war, einen Schritt zurückzugehen, um im Fernsehen zu arbeiten, das war mehr als eine Überraschung. Whedon finanzierte nun aus eigenen Mitteln einen Pilotfilm, fast ohne Musik, mit minimalen Spezial-

effekten, dafür jedoch mit Sarah Michelle Gellar und dem Look, der die Serie seither visuell prägt. Whedon erhielt nach der Vorführung des niemals ausgestrahlten Films, der heute ein begehrtes Sammlerobjekt darstellt, den Zuschlag für den Posten eines ausführenden Produzenten. Da sein Vater selbst ein erfolgreicher Fernsehproduzent gewesen ist, wusste Whedon, auf welche Fußangeln er in einem Vertrag zu achten hat, und so gelang es ihm, einen Vertrag auszuhandeln, der ihn zur mächtigsten Figur hinter den Kulissen des Buffy-Universums macht. Dieser Deal sieht so aus: Alle Rechteinhaber, wie das produzierende Studio oder die Geschwister Kuzui, verdienen, dafür hat er die kreative Freiheit, mehr oder minder das zu tun, was er will, wofür er bei Pannen und Misserfolgen gegenüber dem Fernsehsender allerdings den Kopf hinhalten muss.

Da niemand voraussagen konnte, ob eine Serie wie BUFFY bestehen würde, bekam Whedon zunächst eine halbe Staffel mit zwölf Episoden zugestanden. Keine Frage: Die Produzenten spekulierten darauf, vom Mystery-Boom zu profitieren. Und der relativ neue, bis dato äußerst erfolglose Fernsehsender WB brauchte dringend Material, um mit diesem Sendeplätze füllen zu können. So gesehen konnten die Produzenten an einer Serie wie BUFFY kaum Geld verlieren. Ehrlich gesagt rechnete jedoch niemand mit einem wirklich großen Hit, daher wurde die Serie als Mid-Season-Replacement geplant, eine Serie, die nicht zum Beginn einer TV-Saison im Herbst gestartet wird, sondern zu einem späteren Zeitpunkt, um eine gefloppte Serie zu ersetzen. Der Vorteil von Mid-Season-Replacements: Da sie weniger Geld als reguläre Serien kosten und nicht unter dem Druck stehen, unbedingt ein Hit werden zu müssen (sie dienen eben nur als Ersatzprodukt), dürfen Produzenten mit ihnen eher neue Formate ausprobieren als dies mit regulären Serien möglich wäre.

Da erfuhr Whedon das Glück des Tüchtigen. Teenhorror, ein Genre, das in den letzten Jahren einen Dornröschenschlaf geführt hatte, erlebte im Dezember 1996 sein sensationelles Comeback mit dem Erfolg von SCREAM – SCHREI (SCREAM, USA 1996). Regisseur Wes Craven und Drehbuchautor Kevin Williamson hatten in dem Film den klassischen Slasherfilm mit postmoderner Genre-Selbstreflexion vermischt und einfach darauf gesetzt, dass in den 18 Jahren seit HALLOWEEN eine Zuschauergeneration herangewachsen war, die die Mechanismen des Horrorfilms aufgrund ihrer eigenen Seherfahrungen vor dem Fernseher und im Kino verstehen würde, ohne sie erst erklärt zu bekommen. Die Regeln eines Slasherfilms wurden einfach als bekannt vorausgesetzt und zur Konvention erklärt – mit der die beiden nach Belieben spielen konnten. Mal um sie zu bestätigen, mal um sie zu brechen. Für ihre Bemühungen klingelten die Kinokassen besonders schön: Über 100 Millionen Dollar spielte der Film allein in den USA ein.
Und so war Teenhorror im Frühjahr 1997 *das* Kino-Thema. Jedes große Studio arbeitete nun an einem eigenen Teen-Horrorfilm, ein unbekannter Autor wie SCREAM-Erfinder Kevin Williamson erhielt Millionenverträge angeboten – und ein Mann wie Joss Whedon wurde über Nacht zum Visionär erklärt. Er hatte den Boom und den Teenhorror vorhergesehen und direkt ins Fernsehen übertragen. Das Publikum nahm seine am 10. März 1997 gestartete Serie dankend an, und am Ende der halben Staffel erhielt Whedon grünes Licht für eine zweite, diesmal richtige Season.
Ob er wirklich diesen Boom vorausgesehen oder ganz einfach ein unglaubliches Glück hat, diese Frage wird nur er selbst wirklich beantworten können.

Auch der zweite Band hat es in sich: Comic-Buffy verfolgt die Mächte des Bösen – und gewinnt!

DREI STAFFELN

Lässt man die ersten drei Staffeln Revue passieren und stellt sie in einen Kontext, dann steht die erste Staffel für die Etablierung von BUFFY – IM BANN DER DÄMONEN. Bereits in dieser ersten Staffel wurden mit Buffy, Giles, Xander, Willow, Cordelia und Angel alle relevanten Protagonisten der Serie eingeführt (auch wenn Angel-Darsteller David Boreanaz erst mit der zweiten Staffel eine Nennung als Mitglied des regulären Cast erhalten hat, ist er doch seit der ersten Episode fester Bestandteil des Ensembles). Natürlich sind im Laufe der Zeit eine ganze Reihe von Charakteren in die Serie eingeführt worden, die teilweise bis zum heutigen Tag immer wieder ein Gastspiel im »Buffyversum« geben, doch abgesehen von der Figur des Oz, dem von Seth Green gespielten Freund von Willow, verzichteten die Produzenten auf die Einführung weiterer regulärer Protagonisten. Dieses Faktum spricht für die große Homogenität der Figuren untereinander. Gerade Ensembleserien – und BUFFY gehört ohne Zweifel zu ihnen – neigen dazu, mit jeder neuen Staffel neue Figuren einzuführen, um sie durch neue Charaktere für die Zuschauer interessanter zu machen, alte, weniger interessante Figuren abzulösen oder, sollte es sich um einen halbwegs prominenten Namen handeln, diesen werbetechnisch vermarkten zu können (wie zum Beispiel im Fall von CHICAGO HOPE, ENDSTATION HOFFNUNG [CHICAGO HOPE, USA seit 1995], die in der dritten Staffel groß damit warb, Mark Harmon engagiert zu haben, was die Einschaltquoten deutlich in die Höhe trieb). Dies war im Fall von BUFFY nicht nötig, denn hier war im Verlauf der ersten Staffel eine Figurenkonstellation auf Seiten der Helden – und damit Identifikationsfiguren – entstanden, die keine neuen Impulse von außen brauchte; die Gruppe selbst stand als Impulsgeber für die eigene Weiterentwicklung und bildete einen kleinen, positiven Mikrokosmos, einen Mikrokosmos, der sämtliche Konflikte, die von außen an ihn herantreten sollten, überstand.

Die erste Staffel hat aber auch den Spielort Sunnydale etabliert, jenen Ort, an dem alles möglich ist, da hier Kräfte zusammenfließen, die sich jenseits des menschlichen Verstehens bewegen. Durch die Etablierung dieses ohne jeden Zweifel magisch-mystischen Ortes ist es Whedon gelungen, ein Zentrum für seine serieneigene Mythologie zu schaffen. Sunnydale, das ist der Ort unserer Träume und unserer Albträume; hier lauern die Dämonen, die uns um unseren Schlaf bringen, die des Nachts in unseren Träumen auftauchen und unsere verborgensten Ängste für einen unendlich lang erscheinenden Moment an die Oberfläche tragen. Doch Sunnydale, das Tal der Sonne, ist auch der Ort, an dem unsere Helden ein Zuhause haben, jene Lichtgestalten, die unsere Dämonen bekämpfen und dafür sorgen, dass die süßen die Albträume überwiegen. Whedon hat hier einen Ort geschaffen, der sich jeder herkömmlichen Definition entzieht. Das Irreale wird hier zur Realität, das Unmögliche erweist sich als machbar.

Diese Welt ermöglichte es den Autoren von der ersten Episode an, das Gesetz von Horrorserien – dass jede Episode in sich abgeschlossen sein und mit jeder neuen Folge eine neue, kleine Welt erschaffen werden muss – zu brechen. Jede Staffel sollte fortan als ein einzelner, großer Roman bestehen können: So sollte im Mittelpunkt des ersten Romans der Meister stehen, ein eher traditioneller Dämon, wie er aus der Literatur verschiedenster Epochen bestens bekannt ist. Gefangen in einer Welt zwischen dem Dies- und dem Jenseits, bereitete er seine Rückkehr auf die Erde vor, um diese den Dämonen zurückzugeben,

den wahren Herrschern dieses Planeten. Die Staffel endete mit der Vernichtung besagten Dämons. Da niemand wusste, ob die Serie nach dieser Staffel fortgesetzt würde, wollte Whedon sie auf jeden Fall abschließen, um jene Fans, die die Serie im Laufe ihrer kurzen Lebenszeit erreicht hatte, nicht zu verärgern. Man stelle sich einmal vor, die Staffel wäre mit einem Cliffhanger beendet worden – ohne fortgesetzt zu werden! Obwohl während der Dreharbeiten der zweiten Staffel bereits feststand, dass es eine dritte geben würde, wurde das Prinzip, die Serie wie einen großen Roman zu betrachten, der mit dem letzten Kapitel (der letzten Folge) abgeschlossen wird, fortgeführt.
Dabei hat die Serie mit der zweiten Staffel ihren Ton deutlich verändert: Stand Buffy in der ersten Staffel ein klassischer Dämon gegenüber, der in sich altbekannte Mythen aus der Schattenwelt verkörperte, sind ihre Gegner seither Dämonen, die Tradition und Moderne in sich vereinen: Spike und Drusilla, Angelus, der Bürgermeister und die Initiative in der vierten Staffel, die sich selbst einen Dämon erschafft: einen Dämon namens Adam, doch dazu später mehr. Diese Dämonen leben im Hier und jetzt, sie wollen die Menschheit nicht vernichten und eine Dämonenwelt errichten; ihre Ziele sind andere. Spike und Drusilla wollten im Schatten zwischen Gut und Böse einfach nur ein gutes Leben führen und Spaß haben. Angelus dürstete es nach weltlicher Macht, mit dem Öffnen des Tores zur Hölle (dem Höllenschlund) wollte er böse Dämonen auf die Welt loslassen, um die Menschheit zu unterjochen und über sie zu herrschen. Der Bürgermeister hingegen wollte die Welt ins Chaos stürzen, um auf diesem Chaos eine vollkommen neue Ordnung aufzubauen.
Die Homogenität der Hauptfiguren untereinander, das Erschaffen einer eigenen Welt im Mikrokosmos von Sunnydale, die an

Aller guten Dinge sind drei: Die BUFFY-Comic-Miniserie *The Origin* endete mit einem furiosen dritten Band.

einen Roman erinnernde Erzählstruktur, in der die einzelnen Episoden – selbst jene, in denen lediglich gegen »das Monster der Woche« gekämpft wird – nur Kapitel eines Gesamtbildes darstellen: All diese Ingredienzien haben BUFFY zu einem Erfolg gemacht. Die Funktionsweisen der Serie wurden im Verlauf der ersten drei Staffeln definiert. Was sollte dies für die vierte Staffel bedeuten?

DIE VIERTE STAFFEL

Mit der vierten Staffel hat Whedon in zweifacher Hinsicht Neuland betreten. Zunächst einmal wurde der Spielort geändert. Der Wechsel von der High School auf das College stellt im Leben eines amerikanischen Jugendlichen einen tiefen Einschnitt dar: Die Zeit der Kindheit und der Jugend ist vorbei, die Zeit des Erwachsenseins hat begonnen. Dass dies nicht mit einem Fingerschnippen geschieht, versteht sich fast von selbst. Die Konflikte, die sich aus diesem Wechsel für die einzelnen Charaktere ergeben, stehen denn auch immer wieder im Mittelpunkt der Handlung dieser vierten Staffel. Wie diese Konflikte aussehen, auf welchen Hintergründen sie basieren, darüber berichten wir ausführlich in den einzelnen Episoden-Kommentaren.

Darüber hinaus hat BUFFY seit Herbst 1999 Konkurrenz aus dem eigenen Hause bekommen: ANGEL! Mit der Einführung der Figur Angel in eine eigene Serie hat Whedon BUFFY eine der beliebtesten Figuren entrissen. In BUFFYs Welt entstand auf diese Weise eine Lücke, gleichzeitig aber begann ANGEL mit dem Fehlen einer Hauptfigur, nämlich von Buffy höchstpersönlich. Ihre tragische Liebesgeschichte hatte bislang den alles entscheidenden, die Staffeln zusammenfügenden Handlungsfaden dargestellt. Während Angels Ausscheiden in BUFFY durch das große Ensemble kompensiert werden konnte, musste in ANGEL auf der anderen Seite ein neues Ensemble eingeführt werden; darüber hinaus stand die Serie von der ersten Episode an im Schatten des erfolgreichen Originals. Um ANGEL aus diesem Schatten zu geleiten, hatte Whedon vorgesorgt: Er teilt sich den Posten des ausführenden Produzenten mit David Greenwalt, um Verantwortung delegieren zu können und nicht allein die Verantwortung für beide Serien übernehmen zu müssen. Da

Greenwalt seit der ersten BUFFY-Episode Consulting Producer der Serie und maßgeblich an ihrer Entwicklung beteiligt gewesen ist, ist er mit den Geschehnissen im »Buffyversum« bestens vertraut. Den Posten des Consulting Producers der Serie ANGEL besetzte Greenwalt seinerseits schließlich mit einem alten Weggefährten aus der Zeit, in der er für die Serie AKTE X in der Produktion tätig gewesen ist: Howard Gordon. Gordon gilt als einer der berühmtesten Produzenten des Mystery-Genres, denn vier Jahre lang war er neben Chris Carter als ausführender Produzent von AKTE X tätig und zählt damit zu den innovativsten Fernsehproduzenten der 90er Jahre; nach einer Reihe heftiger Streitereien mit ihrem Erfinder, Chris Carter, ist er 1998 allerdings aus der Serie ausgestiegen.
Neben seiner Arbeit an BUFFY und ANGEL hat ihr Erfinder Joss Whedon 1999 übrigens an zwei Spielfilmgroßprojekten mitgearbeitet. Für die aufwendige Science-Fiction-Trickfilmproduktion TITAN A.E. (TITAN A.E, USA 2000) hatte er bereits vor einigen Jahren ein Drehbuch geschrieben; damit war seine Arbeit jedoch nicht beendet, denn das produzierende Studio bestand auf einer Reihe von Schnitten und Nachbesserungen, weshalb Whedon Ende 1999 gezwungen war, einige neue Szenen für sein Drehbuch zu erarbeiten. Zum Zweiten wurde er von der 20th Century Fox, die auch BUFFY produziert, gebeten, das Drehbuch zu der Comicverfilmung X-MEN (X-MEN, USA 2000) zu überarbeiten. Seinen Namen sucht man im Vor- und Abspann des Films allerdings vergeblich, denn im Endeffekt gehörte Whedon zu nicht weniger als 14 Autoren, die ein Skript für den Film ablieferten! Viel soll von seiner Idee nicht übrig geblieben sein (siehe hierzu auch den Kommentar zur Episode BtVS-422 RESTLESS).

DIE HANDLUNG DER VIERTEN STAFFEL

Die episodenübergreifende Handlung der vierten Staffel stellt die so genannte »Initiative« in den Mittelpunkt des Geschehens. Die »Initiative« ist eine Armee-Einheit, die in Sunnydale auf Dämonenjagd geht und in einem riesigen unterirdischen Areal Versuche an diesen Dämonen vornimmt. Tatsächlich lautet der Auftrag dieser Einheit in der Regel, die Dämonen zu fangen, nicht sie zu töten! (Achtung, wer sich die Spannung an der Serie nicht verderben lassen möchte, sollte die beiden folgenden, *kursiv* gedruckten Absätze überspringen, die entscheidende Motive verraten!)

In den ersten Episoden tauchen die Soldaten dieser »Initiative« nur am Rande auf. Würden sie nicht gleich am Ende der ersten Folge einen Vampir äußerst professionell gefangen nehmen, könnte man glauben, es handele sich bei den Mitgliedern dieser Einheit nur um Studenten, die des Nachts in Militärkleidung über den Campus schleichen und Gotcha spielen. Doch wie bereits gesagt: Bei der »Initiative« handelt es sich um eine im Verborgenen arbeitende Militäreinheit, deren Mitglieder tagsüber zivilen Tätigkeiten nachgehen. So wie der Soldat Riley Finn, der am Tag als studentische Hilfskraft der Psychologie-Professorin Maggie Walsh tätig ist. In ihrem Seminar lernt er schließlich auch Buffy kennen, zu der er sich im Laufe der Zeit hingezogen fühlt.
Riley ist nicht zufällig für Professor Walsh tätig. Auch für sie ist die Arbeit als Psychologie-Professorin nur eine Tarnung, um unentdeckt ihrer tatsächlichen Aufgabe als Leiterin der »Initiative« nachzugehen. Während Riley glaubt, Maggie Walsh würde die Dämonen studieren, arbeitet sie in Wahrheit an einem viel unglaublicheren Projekt: der Erschaffung von Adam, einem Cyborg, bestehend aus menschlichen, dämonischen und technischen Komponenten. Warum? Dies soll an dieser Stelle noch nicht verraten werden!

DIE HANDLUNG VON ANGEL

Da es zwei Crossover-Episoden zwischen BUFFY und ANGEL gibt, die in diesem Buch ausführlich beschrieben werden, folgt an dieser Stelle eine Zusammenfassung der Handlung von Joss Whedons zweiter TV-Serie, ANGEL: Nachdem Angel am Ende der dritten Staffel Sunnydale verlassen hat, ist er nach Los Angeles gezogen. Getrieben von seinem Wissen um die Sünden, die er in der Vergangenheit begangen hat, bemüht er sich um Wiedergutmachung, indem er in den Straßen der Großstadt Vampire und andere bösartige Dämonen jagt. Der Zufall führt ihn in dieser Stadt mit Cordelia zusammen. Auch sie hat Sunnydale verlassen, getrieben von dem Traum, Schauspielerin zu werden. Während der wenigen Monate aber, die sie inzwischen in Los Angeles lebt, hat sich ihr Traum in einen Albtraum verwandelt: Sie lebt am Rand des Existenzminimums. Cordelia ergreift die Chance, die sich aus ihrem Treffen mit Angel ergibt, beim Schopf und überredet ihn, seine detektivischen Fähigkeiten zu Geld zu machen und ein Investigationsbüro zu eröffnen. Zeigt sich Angel von dieser Idee zunächst wenig angetan, ändert sich seine Meinung mit dem Auftauchen des Halb-Dämonen Doyle. Doyle erklärt Angel, dass er von »The Powers That Be« (»die Mächte, die sind«) gesandt wurde, um ihm zu helfen. Warum sie Angel auserwählt haben, den Menschen der Stadt als Schutzengel beizustehen, weiß Doyle nicht. Doyle selbst besitzt die Fähigkeit, Visionen von solchen Orten zu empfangen, an denen etwas Schreckliches, zum Beispiel ein Verbrechen, geschehen wird. Dabei handelt es sich ausschließlich um Geschehnisse, in die nichtmenschliche Wesen verwickelt sind. Da Doyle ein menschliches Gesicht besitzt, ahnt Cordelia nicht, dass sich hinter seinem an sich freundlichen Aussehen ein hässlicher Dämon verbirgt.

Neue Serie – neues Magazin? Noch nicht ganz: Angel und seine gleichnamige Fernsehserie bekamen vorerst nur die »Rückseite« eines offiziellen BUFFY-Magazins.

Dies aber ist ein Clou der Serie ANGEL: Die, die Hilfe brauchen, müssen nicht unbedingt menschliche Wesen sein. In ANGEL wird vielmehr nach und nach die Tatsache deutlich, dass es im »Buffyversum« nicht nur bösartige, sondern auch harmlose, sogar liebenswürdige Dämonen gibt, so wie Doyle, dessen wahres Ich zwar abstoßend wirken mag, der sich jedoch schnell zu einem Sympathieträger der Serie entwickelt. Warum er allerdings nach neun Folgen aus der Serie ausscheiden musste, ist nicht bekannt. Seine Fähigkeiten gehen in der zweiten Hälfte der Staffel auf Cordelia über, als zweite männliche Hauptfigur wird in der zehnten Folge ein bereits bekannter Charakter eingeführt: Wesley Wyndom-Pryce (Alexis Denisof), jener *Watcher*, der im Verlauf der dritten Staffel – nach Giles' Suspendierung – eigentlich die Ausbildung Buffys hätte leiten sollen, von Buffy aber nicht anerkannt wurde. Er ist aus dem *Council*, der Vereinigung der *Watcher*, ausgeschlossen worden und arbeitet freiberuflich, wenngleich nicht sonderlich erfolgreich, als Dämonenjäger. Als Angel und er zufällig den gleichen Dämon jagen, macht ihm Angel das Angebot, mit ihm zusammenzuarbeiten; dieses Angebot nimmt er gerne an.

Neben der Geschichte »der Mächte, die sind« stellt den episodenübergreifenden Handlungsbogen in der Serie übrigens ein Anwaltsbüro dar, das sich in gewisser Weise darauf spezialisiert hat, weltliche Interessen von Dämonen zu vertreten, die diese aus verständlichen Gründen kaum selbst wahrnehmen können.

Da bei Redaktionsschluss noch keine Übersetzungen der Serie ANGEL vorlagen, haben wir in den Inhaltsangaben der ANGEL-Episoden, die als Crossover-Folgen in diesem BUFFY-Buch Erwähnung finden, »The Powers That Be« mit »die Mächte, die sind« übersetzt, was zwar eine wortwörtliche Übersetzung darstellt, der Bedeutung aber nur bedingt gerecht wird. Frei übersetzt würde man »The Powers That Be« eher als eine allgegenwärtige, alles umfassende Macht bezeichnen. Es sind aber durchaus auch Deutungen möglich, in denen von einer höheren oder sogar göttlichen Macht im Zusammenhang mit »The Powers That Be« gesprochen wird. Auch »Mächte des Schicksals« wäre eine durchaus passende Übersetzung. Wir werden uns überraschen lassen müssen, wie »The Powers That Be« offiziell ins Deutsche übersetzt werden wird.

DIE BIOGRAPHIEN

Mit dem Ausscheiden von David Boreanaz, Charisma Carpenter und schließlich auch Seth Green (siehe dazu das Kapitel über seine Person) mussten unweigerlich neue Charaktere in die Serie eingeführt werden. So kann die vierte Staffel im Laufe der Zeit mit gleich drei neuen, regulären Cast-Mitgliedern aufwarten, von denen zwei jedoch alte Bekannte sind. Der Erste ist James Marsters, der seit der zweiten Staffel in der Rolle des Spike regelmäßig seine Auftritte im »Buffyversum« absolviert, bei der zweiten Figur handelt es sich um Anya, ehemals als Rachedämon Anyanka bekannt, die wiederum von Emma Caulfield dargestellt wird. Dritter im Bunde ist Marc Blucas in der Rolle des Riley, Buffys neuem Freund. Den Darstellern dieser drei Charaktere sind im folgenden Biographie-Kapitel daher recht umfangreiche Artikel gewidmet.
Im Fall von Sarah Michelle Gellar, Anthony Stewart Head, Seth Green, Nicholas Brendon und Alyson Hannigan haben wir auf diese Ausführlichkeit verzichtet, da wir sie bereits in unserem ersten Buch entsprechend ausführlich vorgestellt haben. Wir haben uns stattdessen, wie schon im zweiten Buch, in den folgenden Kapiteln auf das Mitteilen von aktuellen Neuigkeiten beschränkt. Da David Boreanaz und Charisma Carpenter aus der Serie ausgeschieden sind, werden sie nicht mehr berücksichtigt.

SARAH MICHELLE GELLAR IST BUFFY ANNE SUMMERS

Es ist Ruhe am Set von BUFFY eingekehrt. Wir erinnern uns: Nach dem Amoklauf zweier Jugendlicher in der Kleinstadt Littleton in Colorado im April 1999 gerieten amerikanische Fernsehsender ins Kreuzfeuer der Kritik (wir haben darüber ausführlich in unserem zweiten Buch berichtet). Der TV-Sender WB reagierte umgehend und nahm nach den Geschehnissen direkt zwei Episoden der Serie BUFFY aus dem Programm. Im Fall der Episode BtVS-318 FREMDE GEDANKEN war dies nachzuvollziehen: Die Geschichte eines geplanten Amoklaufs an Buffys Schule schien nur kurze Zeit nach den Geschehnissen von Littleton kaum geeignet, ausgestrahlt zu werden; für dieses Vorgehen hatten die Fans Verständnis. Dieses Verständnis aber wich, als das Finale der dritten Staffel, BtVS-322 DER TAG DER VERGELTUNG ebenfalls aus dem Programm genommen wurde. Auch für Sarah Michelle Gellar ist diese Entscheidung bis heute nicht nachvollziehbar: »Wir haben in der letzten Episode eine Geschichte gezeigt, in der Jugendliche gemeinsam gegen eine Bedrohung gekämpft haben«, so die am 14. April 1977 in Manhattan geborene Darstellerin in einem Interview mit der Zeitschrift *DreamWatch*. »Was«, fragt sie, »ist an einer solchen Geschichte verwerflich?«

Für Sarah Michelle Gellar war es das erste Mal, von der Presse mit negativen Schlagzeilen bedacht zu werden. Bis zur Entscheidung des TV-Senders, die beiden Episoden nicht auszustrahlen, war La Gellar, wie sie von ihren Fans genannt wird, ein Liebling der Journaille. Jung, gut aussehend, erfolgreich. Plötzlich aber geriet sie, als Darstellerin der Buffy, in die Kritik. Eine Kritik, die sie nicht gelten lässt. »Als das Massaker in Littleton

geschehen ist, war ich in Europa,« erzählte sie unlängst der Zeitschrift *DreamWatch*. In London und in Paris rührte sie zu dieser Zeit kräftig die Werbetrommel für ihren Film EISKALTE ENGEL (CRUEL INTENTIONS, USA 1999). Wie alle Amerikaner war auch sie von dem, was sich in Colorado zugetragen hat, schockiert. Der Amoklauf von Littleton hatte die USA in ihrem Herzen getroffen: In einer ordentlichen, sicheren Vorstadt, wo Recht und Ordnung ihr Zuhause haben, waren zwei Jugendliche Amok gelaufen und hatte zwölf Mitschüler und einen Lehrer ermordet. Wie jeder Amerikaner in diesen Tagen, so verfolgte auch Sarah Michelle die Berichterstattung über die Geschehnisse sehr interessiert – in ihrem Fall im französischen und britischen Fernsehen. »Die europäischen Medien haben sich sehr viel Mühe gegeben, die Ursachen dieses Amoklaufs zu analysieren«, lobt sie die Berichterstattung vor allem in Großbritannien. Zurück in den USA war Sarah Michelle Gellar von der Ursachenforschung, die in ihrer Heimat betrieben wurde, entsetzt. Gellar, in Interviews sonst eher oberflächlich und auf Distanz zu den Reportern bedacht, verliert, wie das bereits zitierte Gespräch aus *DreamWatch* zeigt, schnell ihre Beherrschung, wenn sie auf dieses Thema angesprochen wird. In den USA, bemängelt sie, stand der Schuldige für das Massaker bereits kurz nach den Geschehnissen fest: das Fernsehen. In den USA, so La Gellar, hat man sich in der öffentlichen Diskussion nicht ein einziges Mal wirklich die Mühe gemacht, eine Analyse der Geschehnisse anzugehen. Das Fernsehen war schuld, basta!
Wundern tut sie sich nicht. Die Eltern der Täter haben nichts dabei gefunden, ereifert sich die New Yorkerin, dass in den Zimmern ihrer Kinder Hitler-Plakate hingen. Sie haben ihre Kinder den Umgang mit Waffen gelehrt. Und dann wundern sie sich, dass diese sie eines Tages einsetzen. Sie nimmt die Täter nicht

Millionen – vor allen Dingen männliche – Fans weltweit werden diesem Magazin zustimmen: Sarah Michelle Gellar ist in jeder ihrer Rollen eine *Femme Fatale*. Allerdings ist sie in der Regel besser angezogen als auf diesem Cover.

in Schutz, ihr fehlt jegliches Verständnis für die Tat; nachvollziehen kann sie sie allerdings sehr wohl. An amerikanischen Schulen, wohlgemerkt den Schulen der Vorstädte und der Mittelschicht, herrscht seit langer Zeit ein streng hierarchisches System, aus dem all diejenigen herausfallen, die anders sind als die große Masse. Sie selbst hat dies erlebt: An ihrer High School war sie eine ungeliebte Außenseiterin, die Schauspielerin, die eingebildete Schnepfe. Dass sie die Nase oft sehr hoch trug, gibt sie heute unumwunden zu; dies taten andere Mädchen aber auch. Der Grund, warum sie eine Außenseiterin war, war ein anderer, viel simplerer: Sie war anders. Sie war keine Cheerleaderin, sie war keine besonders gute Schülerin, ihre Eltern, zu dieser Zeit längst geschieden, waren nicht gerade wohlhabend. Dies reichte aus, sie zur Außenseiterin zu degradieren. Bevor sie eines Tages die High School wechselte und schließlich eine Schule besuchte, an der fast ausschließlich in künstlerischen Berufen tätige Jugendliche lernten, hatte sie es an ihrer High School gerade einmal auf zwei Freunde gebracht, zu denen sie heute noch Kontakt pflegt.

In Sachen Beziehungen war das Jahr 2000 für SMG bisher recht turbulent. So war Sarah Michelle Gellar einige Zeit mit Jerry O'Connell, dem Hauptdarsteller der TV-Serie SLIDERS – DAS TOR IN EINE FREMDE DIMENSION (SLIDERS, USA 1995–2000) liiert, mit dem sie in SCREAM 2 (SCREAM 2, USA 1997) vor der Kamera gestanden hatte. Dessen ständige Eifersucht, so weiß die Klatschpresse aus angeblich sicheren Quellen zu berichten, hat die junge Schauspielerin zur Weißglut getrieben, so dass die Beziehung zwischen ihr und dem drei Jahre älteren Schauspieler, dessen Konterfei als Poster Millionen Wände in Mädchenzimmern in den USA schmückt, auseinander gegangen ist. Vom Trennungsschmerz übermannt, tröstete sie sich daraufhin mit

Freddie Prinze Jr., dessen Bildnis nicht weniger amerikanische Mädchenzimmer schmückt und mit dem sie in ICH WEISS, WAS DU LETZTEN SOMMER GETAN HAST (I KNOW WHAT YOU DID LAST SUMMER, USA 1997) vor der Kamera gestanden hat. Um der Klatschpresse keinen Raum für Spekulationen zu überlassen, haben die beiden keinerlei Versuche unternommen, ihre Beziehung zu verheimlichen. Eine ganze Reihe von Fotos der beiden, die sie turtelnd durch Hollywood flanierend zeigen, haben seither ihren Weg in die einschlägigen Klatsch-Blätter gefunden.
Um ihre Kinokarriere ist es zur Zeit still geworden. Nachdem ihr Film EISKALTE ENGEL (CRUEL INTENTIONS, USA 1999) im Sommer 1999 nicht nur in den amerikanischen Lichtspielhäusern zu einem Überraschungshit avancierte, sondern auch in anderen Ländern ein Erfolg wurde – allein in Deutschland sahen den Film 2,2 Millionen Besucher! –, hat man gedacht, sie relativ schnell in weiteren Teenagerdramen zu sehen, doch dem ist nicht so. Woran dies liegen mag, ist sehr schwer zu sagen. Mit EISKALTE ENGEL hat sie bewiesen, über einen zugkräftigen Namen zu verfügen. War zunächst das Gerücht in Umlauf gesetzt worden, La Gellar würde eine Rolle in HANNIBAL (USA 2001), der Fortsetzung von DAS SCHWEIGEN DER LÄMMER (THE SILENCE OF THE LAMBS, USA 1991) spielen, wurde diese Meldung sehr schnell dementiert. So hat sie tatsächlich seither nur für eine Spielfilmproduktion vor der Kamera gestanden: In HARVARD MAN (USA 2000) ist sie in der Rolle einer sehr jungen College-Dozentin zu sehen, die sich in einen fast gleichaltrigen Studenten verliebt. Bei Redaktionsschluss befand sich der Film noch in der Post-Produktion, wahrscheinlich wird er frühestens Ende 2000, in Europa nicht vor dem Frühjahr 2001 in die Kinos kommen.

NICHOLAS BRENDON IST ALEXANDER »XANDER« HARRIS

Im Gegensatz zu Sarah Michelle Gellar, die spätestens seit EISKALTE ENGEL bewiesen hat, auch im Kino ein Star zu sein, oder David Boreanaz, der mit ANGEL seine eigene TV-Serie bekommen hat, ist es Nicholas Brendon bislang nicht gelungen, aus seinem Serienerfolg auch außerhalb von BUFFYs Welt Kapital zu schlagen. Obwohl sein Konterfei regelmäßig die Titelblätter diverser amerikanischer Teenie-Magazine ziert und er gerade in der Gruppe der 14- bis 21-jährigen (junge Damen) über eine sehr große Popularität verfügt, schien das Interesse an seiner Person bislang eher gering zu sein. Vielleicht könnte sich dies ändern, wenn er mit seiner ersten Spielfilm-Hauptrolle halbwegs in den Kinos »funktioniert«. PIÑATA (USA 2000) heißt der Horrorfilm, in dem er an der Seite von anderen TV-Seriendarstellern zu sehen ist – mit Garrett Wang (aus STAR TREK: VOYAGER [STAR TREK: VOYAGER, USA seit 1994]), Nate Richert (aus SABRINA – TOTAL VERHEXT [SABRINA – THE TEENAGE WITCH, USA seit 1996]) und mit Jaime Pressly aus der in den USA erfolgreichen Comedy JACK & JILL (USA seit 1999): Wie jedes Jahr am 5. Mai lassen sich die Mitglieder einer Studentenverbindung am Strand einer einsamen mexikanischen Insel absetzen; dies ist eine Tradition ihrer Verbindung, abschalten und das Campusleben hinter sich lassen – so lautet das Motto dieses Trips in den paradiesischen Urwald vor den Toren der Vereinigten Staaten. Bislang verliefen diese Reisen nach dem Motto: ankommen, Tequila trinken, Rausch auskurieren. Doch in diesem Jahr entwickelt sich der Urlaub zu einem Horrortrip: Ein 500 Jahre altes Monster erwacht zum Leben; ursprünglich als Schutzpatron der Urbevölkerung erschaffen, sieht es in den

Studenten Eindringlinge in sein Territorium, die es zu bekämpfen gilt.
Die Regisseure des Films, die Hillebrand Brothers, haben im Interview mit der Zeitschrift *Shivers* offen zugegeben, bei der Besetzung bewusst Fernsehschauspieler ausgewählt zu haben, die vor allem bei einem jugendlichen Publikum ankommen sollen. »Wir haben hier einen Teen-Horrorfilm gemacht. Und um das Zielpublikum zu erreichen, brauchten wir ganz einfach ein paar heiße Schauspieler, die bei diesem Publikum beliebt sind.«
Scott und David Hillebrand haben sich bei der Besetzung ganz bewusst für Brendon entschieden, denn für ihn sprachen mehrere Aspekte: Er brachte die erforderliche Physis mit, war und ist bei dem jugendlichen Publikum beliebt – und vor allem wussten sie, dass er keine horrenden Honorarforderungen stellen würde. Allzu viel Geld hatten die Regisseure, die auch das Drehbuch zusammen verfasst haben und in die Produktion involviert sind, für die Besetzung nicht zur Verfügung. Daher waren sie auf Schauspieler angewiesen, die in PIÑATA eine Chance sahen: die Chance, ein wenig aus dem Schatten ihrer populären Serienmitstreiter herauszutreten. »Im Gegensatz zu Sarah Michelle Gellar und Seth Green hat Nicholas Brendon seit Beginn der Serie in keinem Film mitgespielt. Wir würden uns freuen, wenn unser Film ihm helfen würde, seiner Karriere einen Schub zu verleihen.«
Nicholas Brendon vergleicht sein Leben oft mit dem seiner Figur Xander Harris. »Xander ist eine Person, die ihren Platz in der Gesellschaft sucht«, erklärt er das Leben seiner Figur in der vierten Staffel der Serie. Diese Suche kann Nicholas Brendon nachvollziehen. Auch er hat – wie Xander in der Serie – nach der High School kein College besucht, sondern zunächst in den unterschiedlichsten Jobs gearbeitet. Nur zufällig hat ihn einer dieser

Jobs mit einem Produktionsstudio in Verbindung gebracht, gearbeitet hat er zunächst hinter der Kamera. Der 1971 in Los Angeles geborene Schauspieler war Produktionsassistent bei Kino- und TV-Produktionen, erste Erfahrungen vor der Kamera sammelte er in Werbespots (u. a. für Clearasil). »Als ich die Rolle in BUFFY bekam, sagte ich mir, dass ich an meinen Fähigkeiten als Schauspieler arbeiten muss.« Hart hat er dafür gearbeitet – und privat neben der Produktion Schauspielunterricht genommen. Umso überraschter war er, als man ihm sagte, er solle weniger an seiner Schauspielkunst und dafür mehr an seinem Körper arbeiten. Hollywood, so sinniert er nachdenklich, ist schon manchmal ein merkwürdiger Ort. Auf Äußerlichkeiten wird in diesem modernen Babylon oft mehr Wert als auf alles andere gelegt. Viele Schauspieler, bemängelt er, verwandeln sich, sobald die Kameras ausgestellt sind, in Snobs, um die sich die Welt zu drehen hat. Sie verkennen die Tatsache, nur ein Rad in der Produktion zu sein. Ein entscheidendes Rad, das ist klar, doch kein unersetzbares. So ist die wichtigste Person am Set von BUFFY für ihn ohne Zweifel Joss Whedon. Er hat die Serie erfunden, er ist die graue Eminenz im Hintergrund, dem die Darsteller ihre momentane Popularität zu verdanken haben.
Als müßig empfindet er es, über ein mögliches Ende der Serie nach der fünften Staffel zu lamentieren, einen Wechsel Xanders zu ANGEL hält er eher für unwahrscheinlich. »Xander mag Angel bekanntlich nicht besonders«, gibt Nicholas Brendon in einem Interview mit der Zeitschrift *Cult Times* zu bedenken. Bislang ist er, als eine Verkörperung der Normalität in einer alles andere als normalen Welt, unersetzbar. »Xander wird der Serie erhalten bleiben, das kann ich versprechen.«
Der Zukunft sieht Nicholas Brendon gelassen entgegen. Zuletzt wurde sein Name in Zusammenhang mit STAR WARS:

Das Magazin *Cult Times* hat erkannt, was weibliche Fans wollen – nämlich MEHR von Nicholas Brendon alias Xander Harris!

EPISODE 2 genannt, was jedoch, wie Brendon selbst sagt, nicht der Wahrheit entspricht. Tatsächlich war George Lucas am Set von BUFFY, wo er sich über eine Stunde mit Brendon unterhielt. Lucas war jedoch nur zu Besuch gekommen, um mit Whedon zu sprechen. Da dieser im Verkehr feststeckte und Brendon gerade eine Drehpause hatte, nahm er Lucas an die Hand und zeigte ihm das Set der Serie. Dass daraus gleich das Gerücht entstand, er sei für eine Hauptrolle in Lucas' Film vorgesehen, amüsiert ihn. Eine weitere Hauptrolle hat er inzwischen in dem Thriller PSYCHO BEACH PARTY (USA 2000) gespielt. In PSYCHO BEACH PARTY ist Brendon ausnahmsweise einmal nicht in der Rolle eines potenziellen Außenseiters zu sehen, so wie er aus BUFFY bekannt ist. Tatsächlich spielt er in dem Thriller, dessen Handlung in den 60er Jahren angesiedelt ist, den Star-Surfer an einem südkalifornischen Strand. Ein Mädchen (dargestellt von Lauren Ambrose) verliebt sich in den smarten Wellenreiter und wird auf diese Weise in eine unheimliche Mordserie verwickelt, der in regelmäßigen Abständen Strandbesucher zum Opfer fallen. Es ist das Gesetz der Serie, dass auch sie ins Fadenkreuz des Killers gerät. Brendon selbst verspricht, dass ihn das Publikum in diesem Film einmal von einer anderen als der gewohnten Seite erleben wird.

In welche Richtung sich seine Figur Xander in BUFFY entwickeln wird, darauf kann er jedoch keine genaue Antwort geben: »Wahrscheinlich wird er in fünf Jahren als Türsteher für eine Nachtbar arbeiten«, sinniert er. Man wird sich überraschen lassen müssen.

ANTHONY STEWART HEAD IST RUPERT GILES

Anthony Stewart Head hat mit der Figur des Rupert Giles den vielschichtigsten Charakter der Serie entwickelt. Drei Staffeln lang stellte er Buffys *Watcher* dar, stets würdevoll, freundlich – und immer ein wenig verwirrt. Auf den ersten Blick ist er der perfekte Gentleman, für Buffy darüber hinaus ein Vaterersatz, ein Freund, der sie nie bevormundet, sondern ihr stets als Ratgeber und Freund zur Seite steht. All diese Attribute behält Rupert Giles auch in der vierten Staffel bei, doch es hat sich vieles in seinem Leben verändert: Seine Bibliothek wurde am Ende der dritten Staffel in die Luft gesprengt, die High School gibt es nicht mehr, seine Schützlinge Buffy und Willow besuchen das College, Xander arbeitet, Oz verlässt Sunnydale, Cordelia ist in Los Angeles. »Er ist [zu Beginn der vierten Staffel] ein trauriger Mann, der sich daheim einsam fühlt«, erzählt Anthony Stewart Head im Interview mit der Zeitschrift *Shivers*. Er weiß mit seiner Zeit wenig anzufangen, hat eine Affäre mit einer früheren Freundin aus Londoner Tagen (Olivia, dargestellt von Phina Oruche), aus der sich jedoch keine Beziehung ergibt. Und aus der Gruppe der *Scooby Gang* wird er mehr und mehr hinausgedrängt. Seine Schützlinge sind erwachsen geworden, sein Rat ist nur noch selten gefragt. »Wenn ihm dies bewusst wird, ist er es, der die Gruppe wieder zusammenführt und ihr in seinem Haus einen neuen Treffpunkt bietet, einen Treffpunkt wie in den Jahren zuvor die Bibliothek.«
Für den am 20. Februar 1954 in Camden bei London geborenen Darsteller bedeutete BUFFY zwei Jahre lang die einzige Verpflichtung vor der Kamera. Festgelegt auf die Figur des englischen Bibliothekars sah es für ihn schwierig aus, neue Engagements zu bekommen. Der Schauspieler, der in Großbritannien

nach wie vor den Ruf eines exzellenten Bühnendarstellers genießt, hat dies stets gelassen betrachtet und darauf spekuliert, diese Durststrecke über kurz oder lang überwinden zu können – mit Erfolg: Unlängst hat er für den ersten Spielfilm des amerikanischen Entertainment-Senders E! vor der Kamera gestanden. BEST ACTRESS (USA 1999) heißt die schwarze Komödie, die hinter den Kulissen einer Filmpreisverleihung angesiedelt ist. Im Mittelpunkt stehen fünf nominierte Schauspielerinnen, die sich in Kleinkriegen und Intrigen mit allen Mitteln bekämpfen. Anthony Stewart Head ist in diesem Film in der Rolle eines britischen Shakespeare-Schauspielers/Regisseurs zu sehen, der mit einer der Kandidatinnen verheiratet ist – und mit einer anderen eine Affäre hat, was ihm aus verständlichen Gründen eine Reihe von Problemen bereitet. Nach dem Ende der Dreharbeiten zur vierten Staffel hat der Brite außerdem für eine Kinoproduktion vor der Kamera gestanden: In METAL GOD (USA 2000) ist er in der Rolle des Managers einer berühmten britischen Rock-Band zu sehen, die einen Amerikaner in ihre Reihen aufnimmt, was zu allerlei Komplikationen führt. Die Hauptrollen der Komödie spielen Mark Wahlberg und Jennifer Aniston, als Produzent fungiert neben Wahlberg George Clooney.
Trotz seiner Arbeit in Hollywood hat sich Anthony Stewart Head in den letzten beiden Jahren weitestgehend aus Los Angeles zurückgezogen. Lebte er bislang abwechselnd in der amerikanischen Metropole und in dem vornehmen englischen Küstenort Bath, besitzt er in Los Angeles nur mehr ein Apartment. Kritisch steht er dem amerikanischen Bildungssystem gegenüber, in dem seiner Ansicht nach zu sehr auf Äußerlichkeiten geachtet wird; in einem solchen System möchte er seine Kinder nicht aufwachsen sehen. Auch hat er feststellen müssen, dass freundschaftliche und familiäre Bindungen in den USA weitaus ober-

Im Gegensatz zu seinen knackigen Kollegen am BUFFY-Set reißen sich die Magazine nicht wirklich immer um einen Bericht über Anthony Stewart Head – gut, dass das Magazin *X-Posé* sich nun dem Mann, der Rupert Giles spielt, widmet.

flächlicher sind als in seiner Heimat. So leben seine Frau und seine beiden Töchter ausschließlich in Großbritannien, er selbst pendelt zwischen seiner Heimat und den USA hin und her; einfach, gibt er zu, fällt ihm die ständige Trennung von seiner Familie nicht. Gerne würde er wieder in London auf der Bühne oder vor der Kamera stehen, bis 2001 ist er jedoch vertraglich an BUFFY gebunden. Und sollte die Serie danach in eine Verlängerung gehen, wird er der Serie erhalten bleiben, dies steht bereits fest. Wie sich seine Rolle weiter entwickeln wird, dazu kann er keine Angaben machen. »Ginge es nach mir«, erklärte er in einem Interview mit der britischen Zeitschrift *DreamWatch*, »würde Giles einen Plattenladen aufmachen, in dem er echtes Vinyl verkaufen könnte.« Dies passt zu Giles, der in der vierten Staffel de facto arbeitslos ist und in vielerlei Hinsicht in den Tag hineinlebt; ganz abgeneigt ist Joss Whedon dieser Idee übrigens nicht. Ansonsten ist Head mit seiner Rolle mehr als zufrieden, er würde sich lediglich wünschen, mehr Zeit mit seinem Landsmann und Freund Alexis Denisof verbringen zu können. Denisof, Darsteller des *Watchers* Wesley Wyndom-Pryce in der dritten BUFFY-Staffel und der Serie ANGEL, hat seine Anstellung tatsächlich niemand anderem als Anthony Stewart Head zu verdanken. Als Whedon einen Darsteller für Wesley suchte, war es Head, der Denisof, mit dem er im britischen Chichester zusammen auf der Bühne gestanden hat, vorschlug. »Sie suchten jemanden, der von sich glaubt, Pierce Brosnan zu sein, in Wahrheit aber George Lazenby ist.« Ob sich Alexis Denisof durch diesen Vergleich geschmeichelt fühlt?

Mit ihrer Rolle in AMERICAN PIE (AMERICAN PIE, USA 1999) ist Alyson Hannigan überraschend der Sprung aus dem übermächtigen Schatten Sarah Michelle Gellars gelungen. Zwar spielt sie nur eine Nebenrolle, doch diese hat es in sich: Michelle, ihre Figur, ist eine 1:1-Kopie ihrer Willow Rosenberg – allerdings mit Knallbonbon. Ihr stotterndes Gerede über Pfadfinderlager, mit dem sie während der gesamten Laufzeit des Films ihrer Umwelt auf die Nerven geht, hat schließlich nur ein Ziel: endlich einen Jungen ins Bett zu kriegen!

Mit seinen geschmacklosen, aber genialen Gags brachte der Film nicht nur das Zwerchfell der Zuschauer fast zum Platzen: Im Sommer 1999 spielte der Film in den USA weit über 100 Millionen Dollar ein, in Deutschland rannten über fünf Millionen Besucher in die Kinos. Seither mögen Alyson Hannigan, der Tochter einer Wohnungsmaklerin und eines Truck-Fahrers, die Angebote nicht gerade säckeweise auf den Schreibtisch flattern, doch über fehlende Jobs braucht sich die im April 1974 in Washington D.C. geborene Schauspielerin nicht zu beklagen. Unlängst hat sie für Robert Iscove vor der Kamera gestanden: BOYS AND GIRLS (USA 2000) heißt die romantische Komödie, die davon erzählt, was passiert, wenn zwei beste Freunde, dargestellt von Sarah Michelle Gellars Freund Freddie Prinze Jr. und Claire Forlani, zusammen im Bett landen. Ob daraus eine Liebe entstehen kann?

Während BOYS AND GIRLS eindeutig einem Film für ein großes Publikum darstellt und unter dem Banner »romantische Komödie« in die Kinos gebracht wird, wird es BEYOND CITY LIMITS (USA 2000), ihr zweiter Spielfilm, den sie im Frühjahr 2000 gedreht hat, schwer haben. Im Mittelpunkt stehen drei Frauen, die mit viel Witz und Hinterlist bei einem Casino-Raub ihre widerwärtigen männlichen Komplizen ausstechen. Was nach einem klassischen Caper-Movie klingt, wird als Drama angekündigt. Ob das funktioniert?

Vergleicht man nun die Karrieren von Alyson Hannigan und Sarah Michelle Gellar, mag die Darstellerin der Buffy vielleicht etwas erfolgreicher sein, in einem Punkt aber hat Alyson Hannigan ihr im Jahr 1999 den Rang abgelaufen: in der Klatschpresse. Zwar lieferte La Gellar der Klatschpresse genügend Material, als ihre Beziehung zu Jerry O'Connell endete und sie sich in den Armen des nicht minder begehrten Freddie Prinze Jr. wiederfand, doch sowohl O'Connell als auch Prinze Jr. sind nicht gerade Personen, die den Stoff für einen Skandal liefern. Anders sieht dies im Fall von Ginger Fish, dem Schlagzeuger der Skandalband *Marilyn Manson*, aus. Die Band, deren Name sich aus dem Marilyn Monroes und dem des Serienkillers Charles Manson zusammensetzt, ist nicht gerade für jugendfreie Shows und Texte bekannt. 1999 geriet die Band in die Schlagzeilen, als bekannt wurde, dass die Amokläufer von Littleton Fans der Band waren und ihre Texte kultisch verehrten. Als nun ausgerechnet *All-American-Sweetheart* Alyson Hannigan und Ginger Fish eine Beziehung eingingen, hatte die Klatschpresse eine Geschichte, die sie besser kaum hätte erfinden können. Leider lieferten Alyson Hannigan und Ginger Fish ihr zunächst nicht die Skandale, die sie sich erhofft hatte. Zusammen ließen sie sich auf einigen Musik- und Filmpartys blicken, doch statt wilde Drogen- und Sex-Exzesse von ihnen geboten zu bekommen, sah man die beiden vor allem Händchen haltend herumturteln. Enttäuschung machte sich breit – bis ruchbar wurde, dass ihre Beziehung dem Ende entgegenging. Die beiden hatten sich einfach auseinander gelebt, doch die Klatschpresse stürzte sich auf

Mittlerweile reißen sich auch die großen Magazine um die smarte Schauspielerin. In SFX erzählte Alyson Hannigan, dass sie sich hin und wieder von einem Chiropraktiker einrenken lassen muss und sich darüber wundert, dass die Willow-Action-Figur größere Brüste hat als sie selbst.

den Fall und versuchte nun jedes Detail ihrer Liebesbeziehung an die Öffentlichkeit zu zerren. Das Ergebnis war eine ganze Reihe von recht langweiligen Berichten, die außer Mutmaßungen und solch atemberaubenden Meldungen, dass Alyson Hannigan sich während ihrer Beziehung einen Delfin auf einen Knöchel und das japanische Zeichen für Glück auf den Rücken habe tätowieren lassen, nichts zu bieten hatten.
Inzwischen hat Alyson Hannigan nach ihrer Ankündigung, in der fünften Staffel aus der Serie ausscheiden zu wollen, einen neuen Freund, einen Kollegen sogar, doch findet ihre Beziehung weitestgehend unter Ausschluss der Öffentlichkeit statt – und das, obwohl gerade BUFFY-Fans entzückt sein dürften. Der neue Mann an ihrer Seite ist schließlich niemand anderes als Alexis Denisof, Darsteller des *Watchers* Wesley Wyndom-Pryce. Gefunkt hat es zwischen beiden nicht bei den Dreharbeiten zur Serie, sondern am Set von BEYOND CITY LIMITS, jenem Film, dessen männliche Hauptrolle der britische Darsteller übernommen hat.

SETH GREEN IST DANIEL »OZ« OSBORNE

Im Reigen moderner Teenagerfilme ist Seth Green einer der meistverpflichteten Schauspieler überhaupt; überwiegend stellt er die etwas schrägen Typen dar, Nerds, Außenseiter, die mit ihren Freunden in eigenen, verschrobenen Welten leben. In der Regel handelt es sich dabei um witzige Charaktere, Figuren, die Green, der sich selbst als Komödiant bezeichnet, liegen. Einen Beweis dafür erbrachte er 1999 in DIE KILLERHAND (IDLE HANDS, USA 1999), einem Horrorfilm, in dem er einen vollkommen zugedröhnten, hirnlosen Jugendlichen darstellt, der von der Hand seines besten Freundes, der leider von einem bösartigen Dämon besessen ist, ermordet wird. Statt einfach zu sterben, kehrt er als kiffender Zombie auf die Erde zurück, um seinem Freund im Kampf gegen den Dämon zur Seite zu stehen! Zugegeben: Der Humor des Films ist recht derb, doch Green, der im Alter von gerade einmal 13 Jahren seinen Durchbruch in der Woody-Allen-Komödie RADIO DAYS (RADIO DAYS, USA 1987) feierte, ist in diesem Film einfach nur großartig!

Obwohl ihm sein Engagement in BUFFY ein festes Einkommen bis zum Ende der fünften Staffel garantiert hätte, hat er vor Produktionsbeginn der vierten Staffel um die vorzeitige Auflösung seines Vertrages gebeten – zum Ärger von Whedon, der ursprünglich geplant hatte, seine Rolle auszubauen. Greens Problem besteht darin, dass ein Tag für ihn 48 Stunden haben müsste. Er ist der geborene Nebendarsteller, der Sidekick, der Freund der Hauptfigur. Und in dieser Rolle ist er begehrt wie kaum ein anderer Schauspieler zur Zeit. Unlängst hat er den Spielfilm KNOCKAROUND GUYS (USA 2000) abgedreht, in dem er als Sohn eines Mafiagangsters zu sehen ist, der sich mit drei

Freunden in einem verschlafenen Städtchen in Montana auf die Suche nach einem verlorenen Geldkoffer begibt.
Whedon ist seinem Wunsch schließlich nachgekommen und hat ihn aus der Serie hinausgeschrieben, aber eine Tür für eine eventuelle Rückkehr offen gehalten. Ob er wiederkehren wird, steht jedoch nicht fest. Abgedreht ist inzwischen der Horrorfilm THE ATTIC EXPEDITIONS (USA 2000), in dem Green neben Genre-Veteranen wie Jeffrey Combs, Ted Raimi und Hardrock-Legende Alice Cooper vor der Kamera gestanden hat, ebenfalls abgeschlossen sind die Arbeiten zu der Komödie DIARY OF A MAD FRESHMAN (USA 2000). Dem Metier der TV-Serie ist er übrigens nicht vollständig untreu geworden, denn in der Zeichentrickserie BATMAN BEYOND a.k.a. BATMAN OF THE FUTURE (USA seit 1999) leiht er der Figur des Nelson Nash seine Stimme. Seth Gesshel Green, wie er mit vollständigem Namen heißt, bedauert seinen Ausstieg aus BUFFY sehr. Durch den Ausstieg aber hat er die Chance erhalten, quasi ohne Pause vor der Kamera von Kinoproduktionen zu stehen. Seine durch BUFFY gewonnene Popularität weiß der am 8. Februar 1974 in Overbrooke Park, Pennsylvania geborene Mime dabei durchaus zu nutzen: Auch nach seinem Ausstieg ist er ein gern gesehener Gast bei Fan-Conventions, nach wie vor gehört er zu den wenigen Darstellern, die das Internet regelmäßig nutzen, um mit den Fans der Serie zu chatten.
Privat lebt Seth Green nach wie vor zurückgezogen in einem kleinen Apartment in Los Angeles.

MARC BLUCAS IST RILEY FINN

Vor seiner Schauspielerkarriere war Marc Blucas Basketball-Profi, jedoch nicht in der NBA, sondern in die britischen Liga! Manchester Giants heißt die Mannschaft, in der Marc (Marcus) Blucas, der am 11. Januar 1972 in der Kleinstadt Girard in Pennsylvania geboren worden ist, ein Jahr lang sein Glück versucht hat. Scouts der britischen Liga waren auf den jungen Mann aufmerksam geworden an der Wake Forest University, als er für die NBA vorspielte, jedoch kein Glück hatte. Ein Jahr nur spielte Blucas in Großbritannien, 1995 kehrte er in die Vereinigten Staaten zurück und begann mit einem Schauspielstudium. Noch während seiner Ausbildung erhielt er eine Rolle in dem Whoopie-Goldberg-Film EDDIE (EDDIE, USA 1997). Was er in der Basketball-Komödie gespielt hat? Einen Basketballspieler natürlich! Ebenfalls als Basketballspieler durfte man ihn in der nachdenklichen Komödie PLEASANTVILLE (PLEASANTVILLE, USA 1998) bewundern.

Für den Fan der NBA-Mannschaft der San Antonio Spurs, in deren Reihen einer seiner besten Studienfreunde heute spielt, waren die ersten Jahre in Hollywood nicht leicht. Viel Geld hat er mit seinen beiden Spielfilm-Engagements nicht verdienen können, die Rolle des Riley Finn hat ihn jedoch vorerst saniert. Ursprünglich war er nur für eine wiederkehrende Nebenrolle vorgesehen, erst während der Dreharbeiten wurde ihm das Angebot unterbreitet, eine Hauptrolle inklusive Nennung im Vorspann zu spielen. Es ist nicht weiter verwunderlich, dass er dieses Angebot dankend angenommen hat. Dabei entbehrt die Tatsache, dass er die Rolle in BUFFY aufgrund einer Rückenverletzung um ein Haar nicht bekommen hätte, keineswegs einer gewissen Ironie. Wenige Tage vor seinem Termin hatte er sich beim Basketballspielen – er spielt noch immer semiprofessionell in der *Adult League*, einer Art Amateuroberliga – am Rücken verletzt. Nur unter Schmerzen konnte er für die Rolle des Riley Finn vorsprechen. »Dieses Vorsprechen«, so Blucas im *Buffy The Vampire Magazine*, »war eine Katastrophe. Ich konnte mich kaum konzentrieren und verhaspelte mich in einer entscheidenden Szene. Am Ende bedankte ich mich bei allen Anwesenden dafür, mich eingeladen zu haben, und war mir sicher, von diesen Leuten nie wieder etwas zu hören.« Ein paar Tage später flog er nach Hause zu seinen Eltern. An einem Sonntag, dem 27. Juni 1999, feierten einige seiner alten Schulfreunde eine Gartenparty, zu der auch er eingeladen war. Am Nachmittag dieses Tages wurde er ans Telefon gerufen; Irgendjemand aus Hollywood sei am Apparat und wolle ihn sprechen, wurde ihm lapidar mitgeteilt. Der Jemand aus Hollywood war Joss Whedon, und dieser bat ihn, in Kürze bei ihm vorbeizuschauen, um einen Vertrag zu unterschreiben.

Dass viele BUFFY-Fans Riley, den jungen Mann aus Huxley, Iowa nicht mögen, ist Marc Blucas bewusst. Der Schatten von Angel ist lang, gibt er zu. Und als neuer Freund von Buffy muss er damit leben, ständig mit Angel verglichen zu werden. Inzwischen aber haben sich die Wogen geglättet, und der größte Teil der Zuschauer akzeptiert Marc Blucas in seiner Rolle. Seine Popularität als Seriendarsteller versucht er zur Zeit zu nutzen, um sein Gesicht auch außerhalb des »Buffyversums« auf dem Bildschirm zu etablieren. Unlängst war er in der Miniserie THE 60S (USA 1999) zu sehen, in dem Independent-Film THE MATING HABITS OF THE EARTHBOUND HUMAN (USA 1999) spielte er eine kleine Rolle, ebenso in der Kinoproduktion SUMMER CATCH (USA 2000).

JAMES MARSTERS
IST SPIKE (WILLIAM DER BLUTIGE)

James Marsters ist eine Persönlichkeit voller Widersprüche: Wenn er ins Kino geht oder den Fernseher einschaltet, dann liebt er es *the hard way*; Action ist angesagt, und in Interviews lässt er keinen Zweifel daran aufkommen, dass er seine Seele dafür hergeben würde, um einmal in einem großen Actionfilm mitspielen zu dürfen. Auf der anderen Seite mag er die Geschichten von Winnie the Puh und gerät ins Schwärmen, wenn er an die wunderbaren Kindergeschichten über den kleinen tapsigen Teddybär denkt. In Sachen Musik schätzt er Alternativrock, wenn er an seine Jugend in den 80er Jahren zurückdenkt, dann fallen ihm vor allem seine Platten von The Cure ein. Ihre Musik hat nicht nur seinen Musikgeschmack beeinflusst, er kleidete sich auch wie sie: schwarz, gruftig. Auf der anderen Seite schätzt James Marsters Bob Dylan und Miles Davis, er steht auf Blues und liebt Jazz.
Privat gilt der Darsteller des Spike als ausgesprochener Nachtmensch, dabei verbringt er die Nächte am liebsten daheim. Die Zeiten, in denen er durch Clubs zog und mit seinen Freunden durchzechte, sind vorbei. Er verbringt die Nächte lieber mit seiner Freundin, der Schauspielerin Liz Stauber, vor dem Fernseher und zappt sich durch die Kabelprogramme von Los Angeles – mit Chips und Cola, denn Alkohol ist dem gebürtigen Kalifornier nämlich inzwischen ein Gräuel.
Wer BUFFY jemals im amerikanischen Original gesehen hat, wird sich darüber wundern, dass James Marsters ein waschechter Amerikaner ist. In der Serie spricht er ein Englisch, das klar am Cockney-Dialekt der Einwohner Londons angelehnt ist. Diesen Akzent aber, gibt er zu, hat er sich zunächst selbst bei-

gebracht, später erhielt er dann Sprachunterricht von seinem Kollegen Anthony Stewart Head, der hinter der Kamera keineswegs ein solch hochgestochenes Englisch spricht wie in der Rolle des Giles, sondern, wie James Marsters in einem Interview schmunzelnd bemerkt hat, weit mehr nach einem in die Jahre gekommenen Punk klingt als Spike.

Geboren wurde James Wesley Marsters am 20. August 1969 in Greenville, Kalifornien. Er wuchs in Modesto, ebenfalls Kalifornien, auf und verbrachte dort eine weitestgehend unspektakuläre Kindheit und Jugend. Lediglich ein Unfall mit einer Sprinkleranlage (!) sorgte für Aufregung. Beim Spielen verfing sich sein Bein in einem Sprinklerkopf, Haut und Sehnen wurden abgerissen, er erlitt mehrere Brüche. Ein Jahr lang laborierte er an diesen Verletzungen herum, zurückgeblieben sind lediglich einige Narben, die sich über das gesamte linke Bein ziehen.

In der Zeit seiner Genesung begann der Kalifornier das Gitarrespielen; im Lauf der Jahre spielte er in verschiedenen Kellercombos, und seine Auftritte als Sänger schulten dabei seine Stimme, was ihm später in seiner Schauspielerausbildung zugute kommen sollte. Seine Stimme gilt als äußerst klar und ausbaufähig, ihr verdankt er sein Engagement in der Serie, denn sie war es, die sich in Joss Whedons Gehirn brannte und ihm schließlich die Rolle des Spike verschaffte.

Nach Beendigung der High School schrieb sich James Marsters für ein Theaterstudium an der Juilliard ein, einer Eliteschmiede unter anderem für Theaterschauspieler und Dramaturgen. Das Studium war teuer, zu teuer für den jungen Mann aus einfachen Verhältnissen. Zwar erhielt er einen Studentenkredit, musste sich aber trotzdem ziemlich krumm legen, um das Studium durchziehen zu können; er arbeitete in jedem Job, der ihm angeboten wurde, nur um seinen Lebensunterhalt finanzieren zu können. Es ist in den USA durchaus üblich, dass man nach dem Studium Jahre, oft Jahrzehnte die Studienkosten abbezahlt. Dennoch, erklärt James Marsters, hat ihn das Wissen um die Schulden nicht gerade rosig in die Zukunft blicken lassen; dieses Wissen hat ihn zu einem Realisten gemacht. Liest man Interviews mit Marsters, überrascht einen als Leser immer wieder seine Ehrlichkeit. So gibt er offen zu, selbstverständlich den Wunsch gehabt zu haben, in Hollywood zu spielen; doch Chancen rechnete er sich keine aus. Viele Schauspieler, sagt er, versuchen in der Traumfabrik ihr Glück, die meisten von ihnen scheitern allerdings.

So führte ihn sein erster Weg in die Provinz, nach Santa Maria, Kalifornien, wo er am Theater volontierte. Nach dem Ende dieser Lehrzeit ging er schließlich nach New York, der amerikanischen Theaterhauptstadt. Er war sich für kaum eine Rolle zu schade und spielte viele kleine und Kleinstrollen in den unterschiedlichsten Aufführungen. Seine Honorare reichten mittlerweile aus, um ein halbwegs sorgenfreies Leben führen und gleichzeitig sein Universitätsdarlehen zurückzahlen zu können. Allzu gute Erinnerungen hat er an New York allerdings nicht, hier wurde er nämlich das Opfer eines Überfalls: Er wurde angegriffen, beraubt und am Kopf schwer verletzt (die große, sichtbare Narbe über seinem linken Auge ist ein Andenken an diesen Überfall).

In New York erkannte er relativ schnell, dass hier in etwa die gleichen Regeln herrschten wie in Hollywood: Es gab und gibt einige A-Stars, ein paar B-Stars und eine große Masse durchaus talentierter, aber keinesfalls sonderlich erfolgreicher Statisten. Der Fehler, den viele der Letztgenannten unternehmen, besteht darin, auf ihre große Chance am Big Apple zu warten. Viele von ihnen beherrscht die Angst, dass sie nach einem eventuellen

Wechsel in die Provinz nie wieder in New York eine Chance bekommen. James Marsters entpuppte sich diesbezüglich als pragmatisch: lieber in der Provinz ein gutes Einkommen verdienen als in New York von der Hand in den Mund leben. Gemäß dieser Devise schloss er sich einer jungen Schauspielertruppe an. Diese Truppe, das Mercury Theater, gastierte abwechselnd in zwei Städten: in Chicago, das immerhin über eine kleine, sehr feine Theaterszene verfügt, und in Seattle, einer Großstadt, die man in Sachen Theater ungestraft als Provinz bezeichnen darf.

Seattle erwies sich für James Marsters in mehreren Belangen als ein Glücksfall. Als Mitglied des Mercury Theaters sollte er hier nicht nur als Schauspieler tätig werden, sondern er produzierte im Laufe der Jahre auch mehrere Aufführungen; dazu gehörte für ihn die zusätzliche Aufgabe, sich um finanzielle Angelegenheiten der Theateraufführung zu kümmern. Er hat Spaß an dieser Arbeit gehabt, weshalb er bereits darüber nachdenkt, nach dem Ende von BUFFY wieder auf die andere Seite der Bühne zu wechseln. »Wer weiß«, sagt er nachdenklich, »wie lange das Publikum mein Gesicht auf dem Bildschirm sehen möchte?«

Andererseits erhielt er in Seattle sein erstes TV-Engagement. Für die teilweise im Staat Washington produzierte TV-Serie AUSGERECHNET ALASKA (NORTHERS EXPOSURE, USA 1990–95) wurden kleinere Rollen aus Kostengründen immer wieder mit Schauspielern aus der Umgebung (also auch Seattle) verpflichtet. Und so kam Marsters im Frühjahr 1992 zu seiner ersten Erfahrung mit dem Medium Fernsehserie. Interessanterweise sollte er knapp neun Monate später ein zweites Mal für diese TV-Serie vor die Kamera treten – allerdings in einer anderen Rolle als bei seinem ersten Set-Besuch. Spielte er in der ersten

Nicht nur James Marsters ist ein vielbeschäftigter Schauspieler – auch Spike ist innerhalb kürzester Zeit so beliebt geworden, dass man ihm und seiner durchgeknallten Freundin Dru sogar einen eigenen Comic gewidmet hat.

Episode einen jungen, durchschnittlichen Typen, durfte er in seiner zweiten Folge einen Geistlichen darstellen!
Es folgten weitere kleine Nebenrollen in TV-Serien, doch bis 1997 spielte beziehungsweise arbeitete er fast ausschließlich am Theater.
Seit Mitte der 90er Jahre ist in Hollywood ein Trend zu beobachten: Mussten in den frühen 90er Jahren vor allem TV-Schauspieler mindestens mit einem Zahnpastalächeln und einem Waschbrettbauch daherkommen, um sich überhaupt eine Chance auf eine Nebenrolle ausrechnen zu können, ist es doch sehr auffällig, dass seit 1996/97 vermehrt Charakterdarsteller gesucht werden, Schauspieler, die ganz einfach eine Persönlichkeit darstellen können. Jemand wie Marsters, schlank, mit der großen Narbe über dem linken Auge, hätte in den Jahren zuvor kaum eine Chance gehabt. So aber sind Typen wie er neuerdings gesucht, und in der Hoffnung auf einen guten Job kehrte er in seine Heimat Kalifornien zurück und bewarb sich bei einer ganzen Reihe verschiedenster Produktionen. Erfolglos! Bis eines Tages Joss Whedon bei ihm anrief und ihn zu einem Vorsprechen einlud.
Marsters war davon überrascht, vom Produzenten einer Serie persönlich angerufen zu werden. Stars erhalten Anrufe von Produzenten, nicht aber kleine Theaterschauspieler wie er.
Marsters wusste zu diesem Zeitpunkt noch nicht, dass sich Whedon mit seiner Agentur sehr ausführlich über die Figur des Spike unterhalten hatte. Whedon hatte eine ganze Reihe von Videos junger Schauspieler gesichtet – und war so bei Marsters hängen geblieben. Es war zum einen seine Stimme, die Whedon gefiel, zum anderen ging aus seinen Unterlagen hervor, dass er beim Vorsprechen dadurch aufgefallen war, immer perfekt vorbereitet gewesen zu sein. Whedon lud ihn nun zum

Vorsprechen ein, erklärte ihm den Charakter und ließ ihn spielen. Marsters war nicht der einzige Schauspieler, den Whedon eingeladen hatte, nur war er es, der die Rolle schließlich erhielt. »Um eines klarzustellen«, so Marsters in einem Chat mit Fans, »die Rolle des Spike ist die, die Joss Whedon sich erdacht hat. Ich bin nur sein Instrument, der Darsteller, der seine Ideen verkörpert und mit Leben füllt.« Für amerikanische Schauspieler, die stets sehr großen Wert darauf legen zu betonen, dass sie ihre Rollen zu einem großen Teil selbst gestalten können, ist diese Aussage von Marsters fast eine kleine Sensation, doch es passt zu Marsters, dem Pragmatiker. Die rund neun Jahre am Theater haben ihn zu einem Realisten werden lassen, er hat eingesehen, dass auch in der Kunst am Ende immer jemand verdienen will: die Produzenten, das Theater, das Studio, die Schauspieler. In diesem Getriebe ist er ein Rädchen, und die Schauspielerei ist in diesem Getriebe sein Job. Am Set selbst hat Marsters den Ruf, der mit Abstand disziplinierteste Schauspieler zu sein, stets hundertprozentig auf seine Rolle vorbereitet. Gerade die Mitarbeiter hinter der Kamera schätzen Marsters' unkompliziertes Auftreten, er gilt als Team-Arbeiter, im Gegensatz zu einigen seiner Kollegen, die im Laufe der Jahre, nicht zuletzt aufgrund des großen Erfolgs der Serie, Allüren entwickelt haben, wie zum Beispiel Sarah Michelle Gellar und Alyson Hannigan (siehe hierzu das Interview mit Jeff Pruitt).
Was er an Spike mag, das ist seine böse Ader. Spike ist und bleibt ein Bösewicht, ein düsterer Charakter, der im Verlauf der vierten Staffel vielleicht für geraume Zeit die Seiten wechseln mag, dies aber nicht tut, weil er plötzlich so etwas wie Gewissensbisse verspüren würde – sondern weil er ganz einfach dazu erpresst wird. Reizen würde es ihn, eines Tages eine Figur à la Angel zu spielen, einen Vampir, der seine Seele wiederentdeckt.

Er ist davon überzeugt, dass Spike sich in diesem Fall in eine andere Richtung als Angel bewegen würde. Wo Angel der Melancholie verfällt, ist und bleibt Spike ein Zyniker.
Überhaupt liebt Marsters die Bösewichter. »Als der Böse darfst du am Set alles tun, was dich im realen Leben direkt ins Gefängnis bringen würde«, schwärmt der Actionfilm-Fan, dessen Filmkarriere neben BUFFY bislang eher trostlos verlaufen ist. In der dritten Staffel von MILLENNIUM (MILLENNIUM, USA 1996–99) war er Gaststar einer Episode, er spielte eine Rolle in dem Spielfilm WINDING ROADS (USA 1998), vor seinem Einstieg in die vierte BUFFY-Staffel ereilte ihn gar das Schicksal, eine Rolle ohne Namen darzustellen, die im Nachspann des Films HOUSE ON HAUNTED HILL (HOUSE ON HAUNTED HILL, USA 1999) schlicht unter der Bezeichnung »Channel 3 Kameramann« geführt wird. Dass seine Karriere nicht gerade auf Hochtouren läuft, gibt er entsprechend ehrlich zu. Im Gegensatz zu anderen Schauspielern, die auf die Frage nach neuen Projekten die Standard-Phrase dreschen, sie hätten einige interessante Drehbücher zu lesen bekommen (was ein sicheres Indiz für Arbeitslosigkeit darstellt), gibt Marsters zu, nur träumen zu können. Er würde, wie eingangs bereits erwähnt, gerne einmal einen Bösewicht in einem richtig großen Actionfilm darstellen – oder, ganz seiner oft widersprüchlichen Natur entsprechend, einen vollkommen normalen Durchschnittstypen in FRIENDS (FRIENDS, USA seit 1994). Auch eine Gastrolle – oder sogar Hauptrolle – in einer STAR-TREK-Serie könnte ihm gefallen. Sein größter Traum wäre jedoch die Realisierung einer *Macbeth*-Verfilmung. *Macbeth* ist nämlich sein Lieblingsstück von Shakespeare, nicht weil er es für dessen dramatischstes Werk hält, sondern vielmehr für das Stück mit dem höchsten Bodycount – und damit genau das Richtige für den Actionfan Marsters. Ein bisschen

hofft er, dass seine Freundin und er es gemeinsam schaffen, ihre Karrieren gegenseitig anzupuschen. Diese Freundin hat zwar bislang, genau wie er, nur relativ kleine Rollen gespielt, dafür aber in recht großen Studiofilmen wie RETTET MRS. TINGLE (TEACHING MRS. TINGLE, USA 1999) und THREE KINGS (THREE KINGS, USA 1999).

Zurzeit gehört sein Leben jedoch BUFFY. An jeder Einzelepisode wird im Durchschnitt 10 Tage gearbeitet, oft bis zu 20 Stunden an einem Tag. Wenn Whedon dies möchte, hat Marsters in mehreren Interviews bereits anmerken lassen, würde er dessen Arbeit auch nach dem Ende der fünften und damit vermutlich letzten Staffel unterstützen. Er würde sofort zu ANGEL oder einer möglichen zweiten Spin-Off-Serie überwechseln. Vielleicht nimmt sich Whedon auch in irgendeiner Form Marsters' Vorschlag an, die Geschichte Spikes vor und kurz nach seiner Verwandlung zu erzählen (ähnlich der Doppelfolge am Ende der zweiten Staffel, die in Rückblicken das Leben Angels über einen Zeitraum von 200 Jahren darstellt). Wobei sich Whedon und Marsters in diesem Fall über das Alter Spikes erst noch einigen müssten, im Rahmen der vierten Staffel sagt Spike nämlich von sich selbst, »erst« 126 Jahre alt zu sein, Giles jedoch behauptet bereits zu Beginn der zweiten Staffel, Spike sei über 200 Jahre alt.

Marsters lebt zurzeit in Los Angeles, allerdings nicht zusammen mit seiner Freundin, sondern mit seinem 15-jährigen Kater Zachary. Ach ja, und sein Studiendarlehen hat er, dank BUFFY, inzwischen vollständig zurückzahlen können.

EMMA CAULFIELD IST ANYA (ANYANKA)

Sie hat einen Abschluss in Psychologie, stand für ein Dutzend TV-Serien vor der Kamera, spielte in der 1995/96er Staffel von BEVERLY HILLS 90210 eine Hauptrolle, doch erst BUFFY brachte ihr Titelgeschichten ein, wie jene für den *TV Guide*, der wichtigsten amerikanischen Fernsehillustrierten. Dabei sollte Emma Caulfield am Anfang nur einen einzigen Gastauftritt in der Serie absolvieren: In der Episode BtVS-309 WAS WÄRE WENN ... war sie in der Rolle der Anya zu sehen, des neuen Mädchens an der Sunnydale High School. Sie freundete sich mit Cordelia an und entlockte ihr ihren sehnlichsten Wunsch: Cordelia wünschte sich, Buffy wäre niemals in Sunnydale aufgetaucht.

Gesagt, getan, denn hinter dem unscheinbaren Äußeren von Anya verbarg sich niemand anderes als Anyanka, ein 1120 Jahre alter Dämon, darauf spezialisiert, frustrierten Frauen ihre geheimsten Wünsche zu erfüllen, Wünsche, die garantiert im Chaos endeten. Leider basierten Anyankas Kräfte auf einem Amulett, das am Ende der Episode zerstört werden sollte. Mit dem Verlust des Amuletts verlor sie ihre Kräfte – und führt seither das Leben einer jungen amerikanischen Frau am Ende des alten beziehungsweise Beginn des neuen Millenniums; ein Leben, das sie hasst. Wird sie auf der einen Seite von der *Scooby Gang* gemieden, sucht sie doch ihre Nähe, sind sie doch die einzigen, die ihr oft barsches Auftreten verstehen.

Darüber hinaus liebt sie Xander, denn ihm ist es egal, wer oder was sie einmal gewesen sein mag. Er sieht in ihr ein Wesen, das sie alle bislang nicht verstanden: einen Menschen.

Emma Caulfield wurde an einem 8. April in San Diego, Kalifornien geboren. In welchem Jahr, sagt sie nicht, irgendwann in den frühen 70ern auf jeden Fall. Über sie etwas herauszube-

kommen ist nicht einfach, denn ihr Privatleben ist ihr heilig. Interviews mag sie nicht, doch wenn sie einmal ins Reden kommt, entpuppt sie sich als recht angenehme Gesprächspartnerin. Zu BUFFY, erzählte sie der *Cinescape*, sei sie nur durch einen Zufall gekommen. Im Laufe der Jahre hat sie in einer ganzen Reihe von TV-Serien mitgespielt: NASH BRIDGES (NASH BRIDGES, USA 1996–99), BURKES GESETZ (BURKE'S LAW, USA 1994/95) sind zwei Serien, in denen sie jeweils in einer Episode aufgetreten ist, in BEVERLY HILLS 90210 spielte sie, wie schon erwähnt, eine Staffel mit, für einige Monate zwischen 1996 und 1997 gehörte sie zum Ensemble der Seifenoper GENERAL HOSPITAL (GENERAL HOSPITAL, USA seit 1963).
Emma Caulfield bezeichnet sich selbst als geborene Nebendarstellerin, und so sollte auch ihr Zwischenspiel im »Buffyversum« ursprünglich nur eine Episode lang dauern.
Da der Dämon, den sie darstellte, am Ende der Episode nicht vernichtet, sondern in einen normalen Menschen verwandelt wurde, erhielt sie die Option, möglicherweise in einer späteren Episode noch einmal aufzutreten. Dies geschah denn auch; über eine Nebenfigur, die hin und wieder einmal in einer kleinen Rolle auftreten sollte, kam ihre Figur dennoch nicht hinaus. Und da sie nicht am großen Endkampf der dritten Staffel teilgenommen hat, glaubte sie nicht daran, für die vierte Staffel ein Engagement zu erhalten. Der Anruf von Whedon kurz nach dem Ende der Dreharbeiten zur dritten Season überraschte sie denn auch umso mehr. Für zwei Staffeln bot ihr Whedon einen Vertrag an, sie unterschrieb das Papier – und gehört seither, obwohl nicht im Vorspann genannt, zum Hauptcast der Serie.

EIN GESPRÄCH MIT JEFF PRUITT

In der Hierarchie von Fernsehproduktionen oder Kinofilmen stehen Stuntleute normalerweise auf einer niedrigen Sprosse (von reinen Actionproduktionen einmal abgesehen). Stuntleute, die für die Hauptdarsteller einspringen, wenn es für diese zu gefährlich wird, führen ein Schattendasein, sie haben sich der Produktion unterzuordnen und das zu machen, was man von ihnen verlangt – und zwar im Hintergrund. Im Fall von BUFFY hat dies von Anfang an etwas anders ausgesehen: Die Kampfszenen zwischen Buffy und den Dämonen, egal ob Vampiren oder anderen Nachtwesen, stellten von Anfang an einen zentralen Aspekt der Geschichten und ihrer visuellen Umsetzung dar. Whedon wollte keine tumben Prügeleien zwischen Buffy und ihren Gegnern, von Anfang an schwebte ihm ein ästhetisches Konzept vor, in dem der Kampf zu einer Kunst erhöht werden sollte. Whedon wollte die Bodenständigkeit des klassischen, europäischen Faustkampfs, der darauf aus ist, den Gegner so schnell wie möglich auf die Bretter zu schicken, mit der Leichtigkeit und Schnelligkeit des *martial-arts* verbinden. *Martial-arts*-Kämpfe nach dem Vorbild der Hongkong-Filme, in denen nicht selten die Gesetze der Schwerkraft außer Kraft gesetzt werden, sollten es jedoch nicht sein; der goldene Mittelweg schwebte ihm vor.
Mit seinem ersten Stunt-Coordinator Jeff Smolek war es ihm nicht möglich, dieses Konzept zu verwirklichen, denn Smoleks Action-Inszenierung erschien Whedon zu altbacken, zwar bewährt und fehlerlos, für die Serie aber seiner Meinung nach nicht ästhetisch genug. Smolek und Whedon fanden keine gemeinsame Linie, und nach dem Ende der ersten Staffel verließ Smolek die Serie.
So kam Jeff Pruitt an Bord. Geboren und aufgewachsen im konservativen Süden der USA, in Georgia, begann er als Jugend-

licher im Jahre 1973 mit Tang Soo Do, dem im Laufe der Jahre eine ganze Reihe verschiedenster Kampfstile folgen sollten. Seit frühester Kindheit ein Fan von Actionfilmen, stand für ihn nach der High School fest, professioneller Stuntman werden zu wollen. Nun gibt es für den Beruf des Stuntman keine klaren Lehrrichtlinien, und Hollywood hatte nicht unbedingt auf ihn gewartet. Bevor er es also in der Traumfabrik wagen konnte, musste er Erfahrungen sammeln und arbeitete deshalb für unabhängige Produktionen im Mittleren Westen. Bei den Dreharbeiten zu dem Chuck-Norris-Actionfilm INVASION U.S.A. (INVASION U.S.A., USA 1985), die in seiner Heimat Georgia stattfanden, fiel er dem für die Stuntsequenzen verantwortlichen Second-Assistant-Regisseur auf; dieser verpflichtete ihn daraufhin für sein eigenes Team und nahm ihn mit nach Hollywood.

Seither hat Pruitt für eine ganze Reihe von Filmen die Knochen hingehalten, seit 1992 ist er auch immer wieder in kleineren Rollen in Actionfilmen zu sehen (müßig zu erwähnen, dass seine Charaktere fast immer in schwere Prügeleien oder ähnliche Vorfälle verwickelt werden). Als Stunt-Choreograph zeichnete er ab 1993 für die amerikanische Version einer unglaublich erfolgreichen japanischen Kinder-Actionserie verantwortlich: DIE MIGHTY MORPHIN' POWER RANGERS (MIGHTY MORPHIN' POWER RANGERS, USA 1993–98). Ausgerechnet im Kinderfernsehen konnte er seinen Phantasien bei der Gestaltung der Kampfsequenzen freien Lauf lassen – und eine ganze Reihe von Produzenten wurde auf den Mann mit den wilden Kampf-Phantasien aufmerksam. Eine der Stuntfrauen, mit denen er bei der Serie zusammenarbeitete, war Sophia Crawford, eine der wenigen Nicht-Chinesinnen, die es jemals geschafft haben, in Hongkong als Stuntfrau Karriere zu machen; in 35 Hongkong-Actionfilmen hat die Amerikanerin mitgespielt. Jeff Pruitt und

Sophia Crawford verliebten sich, was ein wichtiges Faktum in Pruitts weiterer Karriere darstellen sollte, denn genau diese Sophia Crawford sollte schließlich Sarah Michelle Gellars Stuntfrau werden! Und so wurde Whedon nach Smoleks Ausstieg auf Pruitt aufmerksam, in ihm fand er den Choreographen, der verstand, was er wollte, und der maßgeblich den Look der Serie seit seinem Einstieg mitgestaltet hat.
Bei den Fans ist Pruitt sehr beliebt, da er sich immer wieder in Diskussionsforen im Internet begibt, wo er mit den Fans chattet und stets viel über seine Arbeit am Set erzählt. Wie eine Bombe schlug am Ende der vierten Staffel die Nachricht ein, dass Whedon Pruitt gefeuert hat.
Im folgenden Interview erzählt Pruitt von seiner Arbeit, seinem Rausschmiss und Intrigen hinter den Kulissen von BUFFY.

Frage: Nach welchen Kriterien gestalten Sie das Aussehen der Kämpfe. Welche *Martial-arts*-Stile kombinieren Sie?

Pruitt: Das ist schwer zu sagen. In erster Linie muss das, was wir machen, gut aussehen. Die Schläge basieren zumeist auf harten Links-Rechts-Links-Kombinationen aus dem Boxen, die Tritte entsprechen etwa dem, was in koreanischen Kampfsportarten angewendet wird. Wenn es ums Fallen oder um Sprünge geht, orientiere ich mich an den Techniken des Hongkong-Actionkinos. Meine Freundin Sophia hat fünf Jahre in Hongkong gelebt und gearbeitet, sie weiß stets exakt, was ich möchte, denn in Hongkong wird unter den Stuntleuten eine viel körperbetontere Arbeit geleistet als dies in den USA üblich ist. Diese Körperbetontheit ist es jedoch, die Joss Whedon verlangt. Hinsichtlich der entsprechenden Umsetzung ist Sophia die beste Stuntfrau, die er hat kriegen können.

Die Kämpfe der zweiten, dritten und vierten Staffel habe ich mir allesamt ausgedacht. Ich habe sie zuerst auf einem Storyboard entworfen und sie dann mit der Stunt-Crew und dem jeweiligen Regisseur besprochen. Bei den Dreharbeiten selbst haben wir dann zuerst die Kämpfe mit den Stuntleuten gedreht; erst wenn diese im Kasten waren, haben wir die Schauspieler ans Set geholt und mit ihnen die Close-ups (die Großaufnahmen) gemacht.

Frage: Haben Sie stets exakte Vorgaben bekommen, nach denen Sie die Kämpfe vorbereiten mussten? Oder konnten Sie Ihre eigenen Ideen in die Geschichten einbringen?

Pruitt: Wie ich bereits gesagt habe, habe ich mir sämtliche Kämpfe selbst ausgedacht, choreographiert und als verantwortlicher Koordinator ausgeführt. Die meisten Autoren haben von Dingen wie *martial-arts* keine Ahnung, ihr Job besteht darin, uns mitzuteilen, welches Gefühl ein Kampf vermitteln soll. Soll er bedrohlich wirken? Wer soll gewinnen? Soll es ein locker erkämpfter Sieg sein oder das Resultat eines Kampfes auf Leben und Tod? In den Drehbüchern stand oft zu lesen: »Pruitt wird sich schon etwas ausdenken« oder »große Kampfszene.« Ich konnte dann in der Regel nach meinem eigenen Gusto die Szenen gestalten, solange ich mich an die Zeit- und Budgetangaben hielt; es ist nur sehr selten vorgekommen, dass von einem Autor ein Kampf wirklich ausführlich beschrieben worden ist. Auch Joss Whedon hat hin und wieder einige direkte Anweisungen gegeben, an die wir uns halten mussten, dies war jedoch die Ausnahme von der Regel und betraf vor allem besondere Episoden wie das Ende einer Staffel.

Frage: Das klingt fast schon zu einfach. Ist es nie zu Problemen gekommen?

Pruitt: Es gab schon einige Pannen, vor allem in solchen Szenen, in denen neben dem Kampf noch viel geredet wird. Das reale Leben ist kein Comic, in dem nur einzelne Bilder nebeneinander gestellt werden. Die Anweisungen, wann etwas gesagt werden soll und wann nicht, die müssen schon relativ exakt sein; der Autor muss wissen, ob es nun notwendig ist, etwas zu sagen, oder ob man nicht die Bilder für sich sprechen lassen möchte. Wenn dies nicht klar ist, kann es schnell passieren, dass eine Kampfsequenz, wenn sie zusammengeschnitten ist, nicht funktioniert, weil ihr Rhythmus nicht zum Rest der Szene passt. Wenn dies passiert, bekommt entweder der Schnitt viel zu tun – oder wir müssen die Szene wiederholen.
Um dies zu verhindern, ist es sehr wichtig, am Set bei allen Vorbereitungen relativ flexibel arbeiten zu können, um schnell handeln zu können, sobald man merkt, dass der Fluss einer Szene durch den Kampf ins Stocken gerät. Das ist gerade im Stunt-Bereich oft nur sehr schwer möglich, aber notwendig, um Fehler von vornherein zu vermeiden. Dies funktioniert nur, wenn es zwischen der Regie und den Stuntleuten einen steten Informationsaustausch gibt; ohne diesen sind Pannen vorprogrammiert.

Frage: Mit welchen Schauspielern haben Sie gerne zusammengearbeitet?

Pruitt: James Marsters. Er ist stets hervorragend vorbereitet, er ist immer freundlich und ein Darsteller, mit dem gerade wir Stuntleute gerne zusammenarbeiten, da er ein sehr großes Interesse für unsere Arbeit mitbringt und sich stets darum bemüht, bei den entsprechenden Szenen ein Mitglied des Teams zu werden, und nicht als ein Schauspieler agiert, für den wir nur die gefährlichen Jobs machen. Auch mit Nick Brendon, Anthony Stewart Head, Seth Green und Marc Blucas habe ich gerne gearbeitet. Es mag sich eigenartig anhören, aber ich habe mehr Zeit mit diesen Darstellern verbracht als mit »Buffy«, obwohl mit ihr fast täglich Kampfszenen auf dem Programm stehen. Sarah sondert sich leider sehr von den anderen Darstellern und Crew-Mitgliedern ab und zieht sich nach ihren Szenen zumeist in ihren Trailer (Wohnwagen am Set eines Drehortes) zurück, liest Magazine oder schaut Fernsehen. Sie kommt nur zu den Szenen, zu denen sie wirklich gebraucht wird, und lässt sich kurz erklären, wie sie sich zu bewegen oder wo sie zu stehen hat. Seit aus versicherungstechnischen Gründen fast alle Stunts von Sophia gemacht werden müssen, verbringt sie kaum noch Zeit am Stunt-Set. Oft weiß sie nicht einmal, wie die Kämpfe im Endeffekt aussehen, und bekommt sie erst zu sehen, wenn die jeweilige Episode im Fernsehen ausgestrahlt wird.

Frage: Welche Arbeit am Set von BUFFY haben Sie besonders gemocht?

Pruitt: Die Kämpfe zwischen Buffy und Faith, die ich für Sophia Crawford und Karen Sheperd, Eliza Dushkus Stuntdouble, geschrieben habe, vor allem, da Eliza ständig am Set war und wir sehr spontan immer wieder neue Einstellungen mit ihr erarbeiten konnten, die diesen Kämpfen später auf dem Bildschirm eine ungeheure Dynamik verliehen haben. Ich liebe auch Stunts, die mit Hilfe von Drähten vorbereitet werden, und habe es genossen, für BUFFY spektakuläre Fall-Stunts vorzubereiten oder auch auszuführen.

Frage: Mit wie vielen Stuntleuten haben Sie durchschnittlich an einer Episode zusammengearbeitet?

Pruitt: Das ist sehr schwer zu sagen. Ich habe oft sieben Tage pro Woche an der Serie gearbeitet und das zwischen zehn und achtzehn Stunden pro Tag. Dabei bin ich immer von Kollegen umgeben gewesen, daher ist es schwierig, von einer durchschnittlichen Anzahl zu sprechen. Nehmen wir die letzte Episode der Staffel, BtVS-422 PRIMEVAL: Für sie haben 46 Stuntleute vor der Kamera gestanden, bei anderen Episoden waren es hingegen gerade einmal zwei.

Frage: Warum wurden Sie gefeuert?

Pruitt: Die Geschichte hat mit Eifersüchteleien von Sarah Michelle Gellar gegen meine Freundin Sophia begonnen. Sophia hat als Stuntdouble für die Figur der Buffy natürlich stets sehr viel Aufmerksamkeit erhalten, was Sarah offenbar nicht vertrug; dies ging so weit, dass die Crew ihr nach einem gelungenen Stunt keinen Applaus spenden durfte, wie dies sonst an Sets üblich ist. Das passte mir natürlich nicht und das habe ich auch gesagt, was fast zwangsläufig zu weiteren Spannungen am Set führte; damit habe ich mich auf sehr dünnes Eis begeben. Einige – sagen wir »geschwätzige« – Crew-Mitglieder haben Sarah dann eines Tages erzählt, dass, sollte ich gefeuert werden, auch Sophia die Show verlassen würde. Dies kam ihr offenbar ganz gelegen, denn sie verließ auf der Stelle das Set, ging zu den Produzenten und erzählte diesen, ich hätte hinter ihrem Rücken schlecht über sie geredet und sie würde fortan nicht mehr mit mir zusammenarbeiten. Darüber war ich wiederum ziemlich wütend und habe den Fehler begangen, in privaten E-Mails mit einigen Freunden über diese Dinge zu reden und mir meinen ganzen Frust von der Seele zu schreiben. Dabei bekam auch Joss Whedon einiges von meinem Ärger ab, was mir in dieser Form heute Leid tut. Ich weiß noch immer nicht, auf welchem Weg er von diesen E-Mails erfahren hat, er hat einige von ihnen auf jeden Fall gelesen. Und so hat es zwischen uns gekracht; er wurde derart wütend, dass er Sophia und mich gefeuert hat. Darüber hinaus stieß er die Drohung aus, er würde dafür sorgen, dass wir nie wieder einen Job in Hollywood bekommen würden, gelänge auch nur ein Wort über die Geschehnisse am Set an die Öffentlichkeit. Wir haben uns inzwischen ausgesprochen, und ich muss klar sagen, dass eine solch heftige Reaktion, wie ich sie zu spüren bekommen habe, überhaupt nicht zu Joss Whedon passt. Er hat, glaube ich, einfach Angst um seine Show, denn sie ist sein Kind und er hat sehr viele Kämpfe austragen müssen, um sie zu dem machen zu können, was sie heute ist. Wie dem auch sei: Sophias und meine Geschichte in BUFFYs Welt ist damit abgeschlossen.

Nachtrag: Joss Whedon hat seine Drohung nicht wahr gemacht. Und so stand Sophia Crawford bei Redaktionsschluss dieses Buches als Schauspielerin vor der Kamera: U.S. SEALS 2 (USA 2000) heißt der B-Actionfilm, der in Bulgarien gedreht wurde und in dem sie in der Rolle einer schlagkräftigen Terroristin zu sehen sein wird. Whedons Angebot, zur Serie zurückzukehren, hat sie vorerst jedoch ausgeschlagen.

DIE GENERAL CREDITS

Produktion: 20th Century Fox Televison, Kuzui Enterprises, Sandollar Television, Mutant Enemy Inc.
Entwickelt von: Joss Whedon
Executive Producer: Joss Whedon
Executive Producers: Sandy Gallin, Gail Berman, Fran Rubel Kuzui, Kaz Kuzui
Consulting Producer: David Greenwalt
Co-Producer: David Solomon, Jane Espenson, James A. Contner
Producer: David Fury, Gareth Davies
Supervising Producer: Marti Noxon
Verantwortlicher Story-Editor: Doug Petrie
First Assistant Director: Brenda Kalosh, David D'Ovidio
Second Assistant Director: Mark Hansson
Musik: Christophe Beck
Titelmusik: Nerf Herder
Kamera: Michael Gershman
Produktionsdesigner: Carey Meyer, Steve Hardie
Schnitt: Regis B. Kimble, Skip MacDonald, Kimberly Ray, Geoffrey Rowland, Skip Schoolnik
Casting der Originalbesetzung: Marcia Shulman, C.S.A.
Casting der vierten Staffel: Jennifer Fishman, Anya Collof, Amy McIntyre Britt
Kostüme: Cynthia Bergstrom, Susanna Puisto
Production Sound Mixer: David Barr Yaffe, C.A.S.
Set Designer: Caroline Quinn
Stunt Coordinator: Jeff Pruitt
Sarah Michelle Gellars Stuntfrau: Sophia Crawford
Make-up: John Maldonado u. a.
Vampir-Design: The Burman Studios
Special Effects Coordinator: Bruce Minkus

Assistent von Joss Whedon: George Synder
Assistent von David Greenwalt: Robert Price
Special Make-up Effects: John Vulich
Make-up Supervisor: Todd McIntosh
Visual Effects: Digital Magic
Vorspanngestaltung: Montgomery/Cobb
Regulärer Cast: Sarah Michelle Gellar (Buffy Summers), Anthony Stewart Head (Rupert Giles), Alyson Hannigan (Willow Rosenberg), Nicholas Brendon (Alexander »Xander« Harris), Seth Green (Oz), Marc Blucas (Riley), Emma Caulfield (Anya), James Marsters (Spike).

ANGEL – die Serie:
Produktion: 20th Century Fox Television, Kuzui Enterprises, Sandollar Television, Mutant Enemy Inc., David Greenwalt for Warner Bros. TV
Entwickelt von: Joss Whedon und David Greenwalt
Regulärer Cast: David Boreanaz (Angel), Charisma Carpenter (Cordelia Chase), Glenn Quinn (Doyle, Episoden 1–9), Alexis Denisof (*Watcher* Wesley Wyndham Pryce, ab Folge 10), Elisabeth Rohm (Kate Lockley, Episoden 2, 4–6, 11, 14, 15, 21).

Zur Nummerierung der Einzelepisoden wurden die amerikanischen Produktionskennzeichnungen verwendet. Beispiel: Die erste Episode der vierten Staffel trägt die Kennzeichnung BtVS-401. BtVS = BUFFY THE VAMPIRE SLAYER, 4 = vierte Staffel, 01 = Episode 1. Im Fall der aufgeführten ANGEL-Episoden setzt sich die Kennzeichnung wie folgt zusammen: 1ADH03, 1 = erste Staffel, ADH03 = Episode 3.
Im folgenden Episodenführer werden bezogen auf die vierte Staffel die amerikanischen Titel genannt, da die deutschen bei Re-

daktionsschluss leider noch nicht vorlagen. In den Kommentaren werden, bei Bezügen auf Episoden früherer Staffeln, die deutschen Titel mit der jeweiligen Produktionskennzeichnung verwendet.

Jede Episode erhält darüber hinaus vier Noten: eine für den Gesamteindruck, eine für den Horrorgehalt, eine für den Humorfaktor und eine für den Action-Index. Die Höchstnote sind in jeder Kategorie drei Punkte. Die wichtigste Note ist die für den Gesamteindruck; die anderen drei Bewertungen sind eher für Genrefans interessant: Wer Action mag, sieht, wo die Erwartungen erfüllt werden und wo nicht. Ob eine Episode nun aber drei Actionpunkte bekommen hat oder gar keinen – über die inhaltliche Qualität und damit den Gesamteindruck sagt dies überhaupt nichts aus.

Die Vorstellung der Einzelepisoden besteht aus den folgenden Einheiten:

- Casting-Liste
- Zitat
- Inhaltsangabe
- Kommentar
- Bewertungspunkte

DER EPISODEN-FÜHRER

Die Inhaltsangaben beginnen mit der Nennung der in der jeweiligen Episode relevanten Songs, wobei es sich im Hinblick auf die angegebenen Labels in der Regel um amerikanische Plattenfirmen handelt, was bedeutet, dass der jeweilige Tonträger in Deutschland unter Umständen nur schwer erhältlich ist. Die Zitate wurden von uns nach bestem Wissen und Gewissen aus dem Englischen ins Deutsche übertragen; es ist daher möglich, dass sie in der deutschen Synchronisation ein bisschen anders übersetzt sein werden.

Buffys Freunde und Verbündete werden in der Serie in der Regel *Scooby Gang* genannt, in der Literatur findet sich jedoch auch immer wieder der aus der ersten Staffel bekannte Begriff *Slayeretts*. Beide Begriffe werden im Folgenden verwendet, sie meinen aber das Gleiche! Da wir, während dieses Buch geschrieben wurde, noch keinen Zugriff auf synchronisierte Episoden hatten, lassen sich englische Originalbezeichnungen – vor allem in den Inhaltsangaben – nicht immer vermeiden. Darüber hinaus haben wir – aus alter Anhänglichkeit – zum Teil auch die englischen Originalbezeichnungen für die Jägerin *(Slayer)*, den Wächter *(Watcher)* und den Rat der Wächter *(Council of Watchers)* verwendet.

BtVS-401
THE FRESHMAN

US-Erstausstrahlung: 5. Oktober 1999

Regie und Drehbuch: Joss Whedon. *Gaststars:* Kristine Sutherland (Joyce Summers), Marc Blucas (Riley), Dagney Kerr (Kathy), Pedro Balmaceda (Eddie), Katharina Towne (Sunday), Lindsay Crouse (Maggie Walsh), Mike Rad (Rookie, der bekiffte Vampir), Shannon Hillary (dicker weiblicher Vampir), Mace Lombard (Tom, der angreifende Vampir), Robert Catrini (Professor Riegert), Phina Oruche (Olivia), Denice J. Sealy (Studentin), Evie Peck (verärgertes Mädchen), Jane Silvia (konservative Frau), Walt Borchert (neuer Vampir), Scott Rinker, Jason Christopher, Mark Silverberg

Songs: *Universe* von Stretch Princess (»Stretch Princess«, BMG/Wind Up, 1998); *I Wish I Could Be You* von The Muffs (»Alert Today Alive Tomorrow«, Honest Don's, 1999); *Memory Of A Free Festival* von David Bowie (»Space Oddity«, Ryko, 1990); *You And Me* von Splendid (»Have You Got a Name For It, Mammoth, 1999 – diese CD wurde nur in Australien veröffentlicht)

Willow und Buffy unterhalten sich über Giles, der seine Tätigkeit als Watcher *aufgegeben hat.*
Willow: »Giles genießt es, ein Leben voller Muße zu führen.«
Buffy: »Ist das ein britisches Wort für arbeitslos?«

INHALT

Der erste Tag am College entpuppt sich für Buffy als wenig erfreulich. Sie fühlt sich in dieser für sie neuen Welt verloren.

Ohne Willows Hilfe hätte sie nicht einmal einen Kurs gefunden, für den sie sich hätte einschreiben können. So landet sie schließlich in »Images of Pop Culture« (etwa: Funktionsweisen der Gegenwartskultur). Doch Buffys erster Besuch im vollkommen überfüllten Hörsaal entwickelt sich zu einer persönlichen Demütigung. Sie stellt ihrer Sitznachbarin eine Frage – und wird für die Störung der Vorlesung vom leitenden Professor umgehend des Hörsaals verwiesen!

Deprimiert schlendert sie durch die Gänge des College und trifft Riley, einen jungen Mann, den sie und Willow am Vortag in der Bibliothek kennen gelernt haben. Riley erkennt, dass Buffy Probleme hat, und nimmt sie bei der Hand. Sein Ziel ist der Psychologiekurs von Maggie Walsh, einer strengen, aber – wie er Buffy versichert – sehr menschlichen Dozentin. Dies ist auch der Kurs von Willow; neben ihr fühlt Buffy sich geborgen.

Eigentlich hätte sie in diesem Kurs auch Eddie wiedersehen müssen, ein Frischling wie sie, der ihr am Vortag über den Weg gelaufen ist und sich, wie sie, sichtlich unwohl in diesem neuen Umfeld gefühlt hat. Aber Eddie ist verschwunden; angeblich, ergeben Buffys Nachforschungen, hat er das College verlassen. Doch in der Nachtkonsole neben seinem Bett im Wohnheim findet Buffy ein Buch mit dem Titel *Of Human Bondage*, das, wie Eddie ihr erzählt hat, eine Art Bibel für ihn darstellt. Mehrfach schon hat er dieses Buch gelesen und würde es niemals einfach irgendwo liegen lassen.

Für Buffy steht fest: Eddie hat das College gegen seinen Willen verlassen. Wie in High-School-Zeiten patrouilliert Buffy in dieser Nacht über den Campus – und trifft den jungen Mann, der sich prompt in einen Vampir verwandelt. Sie tötet ihn – um festzustellen, dass sie in eine Falle geraten ist. Eine Gruppe von jungen College-Vampiren, die von der charismatischen, aber auch

arroganten Sunday angeführt wird, überfällt die Jägerin. Buffy ist unkonzentriert, wie seit Tagen schon, daher bleibt ihr nichts anderes als die Flucht. Doch zu wem soll sie gehen?
Etwa zu ihrer College-Zimmernachbarin Kathy (die des Nachts fürchterlich schnarcht)? Nein.
Zu Willow? Auch dies geht nicht. Seit sie das College besucht, ist sie derart aufgedreht, dass sie kaum verstehen wird, warum Buffy sich in dieser neuen Welt verloren fühlt.
Also geht sie zu Giles, doch der hat Damenbesuch. Und Olivia, eine alte Freundin aus Londoner *Council*-Tagen, hat offensichtlich nicht nur Tee mit ihm getrunken. Giles gibt Buffy zu verstehen, dass sie erwachsen und seine Arbeit als *Watcher* abgeschlossen ist.
Also bleibt nur noch ihre Mutter, die sie mit offenen Armen empfängt, Buffys Zimmer allerdings bereits in einen Abstellraum für ihre Galerie umgewandelt hat; so bleibt ihr dieses Asyl ebenfalls verwehrt. Der Zufall führt sie nun mit Xander zusammen, der im Gegensatz zu den anderen kein College besucht. Xander hat sich nach dem High-School-Abschluss in einen Wagen gesetzt und ist durch die USA gerauscht – dachte sie zumindest. Tatsächlich hatte er kurz hinter der kalifornischen Grenze eine Panne und musste drei Monate lang in der Küche eines Männer-Strip-Clubs arbeiten, um das Geld für die Reparatur zusammenzubekommen. Mehr möchte er über seine Erlebnisse nicht erzählen. Es gelingt Xander, Buffy nicht nur mit dieser Geschichte aufzubauen; wann immer er ein Problem hat, erklärt er der Vampirkillerin, überlegt er sich: Was würde Buffy in dieser Situation tun? Sie ist sein Halt, wenn es ihm schlecht geht.
Voller Selbstvertrauen kehrt sie – mit Xander im Schlepptau – zum College zurück und entdeckt anhand eines alten Bauplanes, wo sich die College-Vampire versteckt halten müssen. Xan-

In der ersten Buffy-Episode der vierten Staffel spricht Xander lieber nicht über das, was ihm in seinem »Urlaub« im Männer-Strip-Club passiert ist – und auch Nicholas Brendon schweigt sich dazu im offiziellen BUFFY-Magazin (leider) aus …

der treibt Willow und den ebenfalls am College studierenden Oz auf, um Buffy als *Scooby Gang*, wie zu Zeiten an der High School, zu Hilfe zu kommen. Zusammen nehmen sie das Versteck der Vampire auseinander, wo es Buffy sichtlich Freude bereitet, die hochnäsige, eingebildete Sunday ins Jenseits zu befördern. Als die Schlacht geschlagen ist, erscheint auch Giles, bepackt mit allerlei Kampfutensilien. Obwohl er zu spät kommt, schließt Buffy ihn in die Arme.
Epilog: Zwei männliche Vampire sind Buffy entkommen. Einer von ihnen rennt in Panik über den Campus, als er plötzlich von einer Elektrowaffe niedergestreckt wird. Drei vermummte Männer stürzen sich auf ihn und nehmen ihn gefangen...

KOMMENTAR

Betrachtet man ausschließlich die Rahmenhandlung der Geschichte, ist THE FRESHMAN eine Enttäuschung: Buffy trifft auf College-Vampire, verliert einen Kampf, trifft Xander, wird von ihm wieder aufgebaut – und schickt die Vampire ins Jenseits. Diese Handlung aber ist tatsächlich nur ein Rahmen, der das Gesamtbild zusammenhält. BUFFY-Erfinder Joss Whedon, der diese Episode geschrieben und inszeniert hat, erzählt vielmehr eine sehr traurige Geschichte über den Eintritt in die Welt der Erwachsenen.
Wie unsicher Buffy sich fühlt, wird gleich in der Anfangsszene der Episode dargestellt: Buffy sitzt mit Willow auf einem Grabstein, in der Nacht vor ihrem ersten Tag am College. Die beiden unterhalten sich über ihre Vorstellungen von der Zukunft; in diesem Gespräch offenbart sich die Tatsache, dass Buffy noch immer nicht weiß, für welchen Kursus sie sich im Endeffekt anmelden soll. Und dies einen Tag vor Beginn des Semesters.

Buffy wirkt bereits während dieser Gesprächssituation verunsichert und merkt nicht, wie sich von hinten ein Vampir an sie heranschleicht, der nur deshalb auf einen Angriff verzichtet, weil er zufällig ihren Pflock sieht und sich überlegt, lieber leise, ohne Aufsehen zu erregen, das Weite zu suchen. Diese an sich humoristisch angelegte Eingangsszene deutet bereits darauf hin, dass Buffy Probleme hat, sich mit ihrer neuen Situation zurechtzufinden.

Die bisherigen drei Staffeln der Serie beschäftigten sich mit dem Erwachsenwerden eines Teenagers. Auf der einen Seite stand Buffy, das Mädchen, das nichts anderes wollte als ein bisschen Spaß, ein bisschen Liebe, ein bisschen Freiheit. Auf der anderen Seite stand Buffy, der *Slayer*, ein Mädchen, das gegen seinen Willen eine ungemein große Verantwortung aufgebürdet bekam, eine Last, die es tragen musste, ob es dazu bereit war oder nicht. Erinnert man sich an das Ende der zweiten Staffel und den Beginn der dritten, erlebten wir als Zuschauer ein Mädchen, das seine Liebe opfern muss, um die Welt zu retten. Ein Mädchen, das mit seiner Verantwortung nicht mehr leben kann und in die große Stadt (Los Angeles) zieht, um hier unter dem Allerweltsnamen Anne ein neues Leben in der Anonymität zu beginnen. Doch Buffy ist ein Mädchen, das seinem Schicksal nicht entrinnen kann.

In THE FRESHMAN erleben wir nun Buffy als eine junge Frau, die ausgerechnet in dem Moment, als sie sich mit ihrem Schicksal hat arrangieren können, in eine neue Welt aufbrechen muss: die Welt der Erwachsenen. Die High School ist vorbei – und damit die Jugend. Auf das College zu gehen, das bedeutet, erwachsen zu sein, erwachsen zu handeln, erwachsen zu agieren; es gibt keine Zeit des Übergangs. Die High School ist vorbei, und damit muss Buffy nach den Regeln der Erwachsenenwelt handeln.

Die Widersprüchlichkeit, die diesem Denken innewohnt, offenbart Whedon in einer der ergreifendsten Szenen, die er als Regisseur jemals inszeniert hat: Buffy sitzt erstmals in einem vollkommen überfüllten Hörsaal. Während ihr Dozent, ein gewisser Professor Riegert, bereits begonnen hat, den Studenten zu erklären, wie sein Unterricht ablaufen soll, stellt Buffy ihrer Nachbarin eine harmlose Frage über den Ablauf dieses Kurses. Im Grunde genommen ist es völlig egal, was Buffy ihre Nachbarin fragt, wichtig ist nur die Reaktion Riegerts. Er sieht Buffy reden und spricht sie an als *Blonde Girl*, »blondes Mädchen«; so nennt er sie zweimal. Beim ersten Mal ist diese Ansprache noch im Bereich des Erträglichen, denn er kennt ja niemanden beim Namen und da mag die Ansprache mit einem äußerlichen Attribut durchaus erlaubt sein. Als Buffy jedoch merkt, dass sie gemeint ist, nennt er sie ein zweites Mal *Blonde Girl*. In diesem Fall stellt dies bereits eine Abwertung Buffys als Person dar, denn Riegert reduziert Buffys Persönlichkeit auf das Attribut »blond«. Bevor Buffy nun etwas sagen kann, fällt ihr Riegert ins Wort und schreit: »Get out!« Buffy möchte sich verteidigen, doch Riegert wird noch aggressiver und fragt sie, ob sie ihn nicht verstanden hat.
Der Professor erwartet von seinen Studenten, dass sie in seinem Kurs als Erwachsene mitarbeiten – das ist sein Recht. Gleichzeitig aber behandelt er seine Studenten von einer selbstgerechten Position aus, die ihnen das Recht auf Gleichberechtigung verwehrt. Er ist der Professor, der Erwachsene, sie sind seine Studenten; sie sind keine Kinder mehr, aber sie sollen sich hüten zu glauben, Erwachsene zu sein – und damit gleichberechtigte Partner.
Nach Riegerts Attacke blickt Buffy sich Hilfe suchend um. Sie starrt ihre Sitznachbarin an, die ihre Stimme erheben könnte,

schließlich hat Buffy sie nur bezüglich einer Formalität angesprochen. Ihre Nachbarin aber schaut beiseite und sagt nichts. Sie ist feige, hat Angst, denn Riegert ist das Entree in die Welt der Erwachsenen: Mit einem Collegeabschluss stehen einem alle Türen offen. Würde sie oder irgendein anderer Student die Stimme erheben, bestünde natürlich die Gefahr, dass Riegert auch diese Person des Saales verweist. In diesem Moment aber wäre er im Unrecht – und jeder im Saal würde es wissen. Seine Autorität als Respektsperson wäre innerhalb von Sekunden vernichtet; vor einem solchen Mann könnte man keinen Respekt haben. Dennoch herrscht Schweigen.

Wie ein Schlag in den Magen trifft diese Szene den Zuschauer. Whedon zeigt eine Welt des Prinzips Friss-oder-stirb. Da ist der Professor, er hat Macht. Auf der anderen Seite sind die Kommilitonen, eine graue, gesichtslose Studentenmasse, die nur eines hat: Angst. Angst davor, bei einem Professor in Ungnade zu fallen, zu feige, das Wort zu erheben, verunsichert, da sie nicht weiß, wohin sie ihr Weg führen wird. Diese Studenten sind in einem Alter zwischen der Jugend- und der Erwachsenenwelt gefangen. Für die Jugendlichen sind sie Erwachsene, für die Erwachsenen unmündige Jugendliche. Der Weg, so viel ist klar, führt sie in die Erwachsenenwelt, er ist nicht umzukehren. Diesen Weg wollen sie ohne Hürden nehmen: Augen zu und durch. Dabei werden sie von der Angst geleitet, dass sie, wenn sie auf dem College scheitern, auch im weiteren Leben scheitern werden.

»Der High School entronnen, begann früher für viele amerikanische Jugendliche das wilde Collegeleben«, beschreibt in einem Artikel vom 23. Mai 2000 die in Dortmund erscheinende *Ruhr Nachrichten* das Dilemma, in dem amerikanische Heranwachsende leben. »Doch inzwischen hat sich die Lage nach Ansicht der Studenten grundlegend geändert. Viele klagen über den enormen Stress: 30,2 Prozent der College-Studenten im ersten Jahr geben an, sie würden von den Anforderungen oft erschlagen. Das sind fast doppelt so viele wie 1985. [...] Der tagtägliche Stress hat auch zur Folge, dass die Jugendlichen immer weniger Interesse an traditioneller Politik haben. In einer Untersuchung der Northwestern University erklärten 58 Prozent der 18- bis 24-jährigen, sie ignorierten den Politikteil der Zeitungen komplett. Ein Drittel verfolgt so gut wie nie, was die Regierung tut.«

Whedon präsentiert dem Zuschauer nun zwei verschiedene Professorentypen: Er zeigt ihm Maggie Walsh, die hohe Anforderungen an ihre Studenten stellt, diesen aber zu verstehen gibt, ihnen für Rückfragen aller Art stets zur Verfügung zu stehen (was so nicht immer stimmt – wie der Verlauf der Staffel zeigen wird), zuvor aber erlebt der Zuschauer das Negativbild des College-Professors: Professor Riegert, eine Personifizierung der Arroganz. Whedon weckt mit dieser Charakterisierung im Zuschauer einige sehr negative Empfindungen: Man möchte Riegert ganz einfach den Hals umdrehen. Dieser Professor ist ein greifbares Symbol für den Missbrauch gegebener Macht. Seine Position erlaubt es ihm, über den Studenten zu stehen und seine Macht auszuspielen. Die Reduzierung Buffys auf das Attribut *Blonde Girl* ist ein Indiz dafür, dass es nicht nur ihr Reden ist, das ihn stört: Es ist in vielerlei Hinsicht auch ihr Äußeres. Eine Blondine in seinem Kurs? Ein Witz.

Der einzige Witz aber ist Riegert selbst, noch dazu ein sehr schlechter. Vor allem die älteren Zuschauer werden sich an all die Riegerts erinnern, die einem im eigenen Leben über den Weg gelaufen sind: die Berufsschullehrer, die Professoren, die Meister. Wir alle haben auf unserem Weg diese machtverliebten, oft ganz einfach nur bösartigen Egomanen kennen gelernt. Und meist haben wir das Gleiche getan wie Buffy: resigniert und aufgegeben, weil wir nicht in der Lage gewesen sind, die Situation, in der wir mit Personen dieser Art konfrontiert wurden, im Moment der Konfrontation sachlich zu analysieren. Wäre Buffy dazu in der Lage, könnte sie über Riegert lachen. Was ist schon ein Medienprofessor an einem Provinzcollege? Ein Lehrender, der auf dem Weg zum Erfolg offenbar ins Stolpern geraten ist. Los Angeles, die Hauptstadt des Films, liegt nur eine Stunde von Sunnydale entfernt, doch Riegert lehrt in Sunnydale. Schwingt da in seiner Boshaftigkeit etwa Frustration mit?

Buffy ist jedoch noch nicht in der Lage, solche Überlegungen anzustellen; dafür fehlen ihr die Erfahrungen. Und so ist das Erlebnis im Hörsaal für Buffy etwas Erschreckendes. Ist sie nun eine Erwachsene? Oder eine Jugendliche? Wo in dieser Welt gehört sie hin?

Buffy sucht auf jede Frage eine Antwort. Ihr erster Weg führt sie zu Giles, der ihr zunächst eine eindeutige Auskunft liefert: Sie ist eine Erwachsene. Er war ihr Lehrer, aber das ist nun vorbei – Punkt, Ende, aus. Doch ist die Beantwortung ihrer Frage so einfach? Ist sie, nur weil die Schulzeit vorbei ist, automatisch ein Mitglied der Erwachsenenwelt?

Eine möglicherweise differenziertere Antwort könnte ihr ihre Mutter liefern, doch als sie heimkommt, muss sie feststellen, dass Joyce ihr Zimmer bereits in eine Abstellkammer umgewandelt hat; das Haus ihrer Mutter ist also nicht der Ort, an den sie, wann immer es ihr schlecht geht, zurückkehren kann. Natürlich obliegt dieser Symbolik eine eindeutige Antwort: Buffy wohnt nicht mehr daheim, also ist sie erwachsen; ihr Zuhause ist nun das College. Doch ist dies die Antwort, die Buffy hören möchte? Will sie nicht im Endeffekt von ihrer Mutter hören, dass sie ihr Kind ist, egal, wie alt sie inzwischen sein mag? Ist die Suche nach der Antwort nicht auch eine Suche nach Geborgenheit?

Man könnte an dieser Stelle die Frage stellen: Warum ist Buffy, wenn sie sich so unsicher fühlt, nicht einfach daheim wohnen geblieben? Schließlich besucht sie das College von Sunnydale und keine Hochschule in einem anderen Distrikt oder Staat. Nun, es gehört zu den amerikanischen Eigenarten, dass man in Campusnähe, zumeist in einem Wohnheim, sein Domizil aufschlägt. Dies ist selbst dann üblich, wenn sich das College in der eigenen Stadt befindet und im Hotel Mama mit Vollpension ein durchaus angenehmeres Leben geführt werden könnte.

Buffy erhält ihr Selbstvertrauen nun ausgerechnet von einer Person zurück, die kein College besucht und somit einen Status aufoktroyiert bekommen hat: Xander. Die High School ist vorbei, ein College besucht er nicht – er ist demzufolge ein Erwachsener, ob er dies will oder nicht. Er muss sich einen Job suchen, muss sein Leben selbst bestimmen (wir erfahren als Zuschauer sogar, dass er für sein Zimmer im Haus seiner Eltern nunmehr Miete zahlen muss). Ausgerechnet für ihn ist Buffy, das *Blonde Girl*, ein Vorbild, denn er weiß, was für eine Art von Mensch sie ist, unabhängig von ihrer Position in der Gesellschaft. Sie ist es, die ihm Halt gibt, wenn er nicht weiter weiß, selbst dann, wenn sie weit weg ist. Ein Gedanke an sie reicht aus, um ihn aufzubauen und ihm, wenn es drauf ankommt, sein Selbstbewusstsein zurückzugeben.

Whedon löst Buffys Konflikt vorerst salomonisch auf: Erwachsen zu sein ist für ihn keine Frage des Alters, es ist nicht einmal eine Frage der Reife und der Persönlichkeit.

So interpretiert Whedon in THE FRESHMAN in vielen Belangen W. Somerset Maughams klassischen Entwicklungsroman *Der*

Menschen Hörigkeit, jenes Buch, das Buffys Kommilitone Eddie über alles liebt (engl. Titel: *Of Human Bondage*). *Der Menschen Hörigkeit* erzählt die Geschichte eines aufgrund einer Behinderung zum Außenseiter degradierten jungen Mannes namens Philip Carey. Er verliert früh seine Eltern, leidet unter der Engstirnigkeit seines puritanischen Onkels und stellt ein gefundenes Fressen für die Hänseleien seiner Mitschüler dar, gegen die er sich im Laufe der Zeit mit Brillanz, Sarkasmus und Verweigerung zur Wehr zu setzen lernt. Die Parallelen werden nun besonders ab dem Moment im Roman deutlich, ab dem Philip die Schule verlassen hat und sich auf der Suche nach seinem Platz in der Gesellschaft befindet. Bis er am Ende des Romans schließlich zu sich selbst findet und zur Ruhe kommt, hat er einen langwierigen, schmerzhaften Reifungsprozess zu bestehen.
Postskriptum: In dieser ersten Episode gibt es ein zartes Crossover zur Spin-Off-Serie ANGEL. In einer Szene klingelt das Telefon. Als Buffy den Hörer abnimmt, meldet sich am anderen Ende der Leitung niemand. In der ersten Episode von ANGEL wählt indessen Angel Buffys Nummer. Als diese sich meldet, bleibt der Vampir stumm.

Gesamtbewertung: ●●●
Humor: ★☆☆
Horror: ☠☠☠
Action: ▮▯▯

BtVS-402
LIVING CONDITIONS

US-Erstausstrahlung: 12. Oktober 1999

Regie: David Grossman. *Drehbuch:* Marti Noxon. *Gaststars:* Dagney Kerr (Kathy Newman), Adam Kaufman (Parker Abrams), Paige Moss (Veruca), Clayton Barber (Dämon 1), Walt Borchert (Dämon 2), Roger Morrisey (Tapparich), David Tuckman (Neuling)

Songs: *Believe* von Cher (»Believe«, Warner Brothers, 1998), *Four Star Mary* von Pain (»Four Star Mary EP«, Four Star Mary Music, 1997)

Buffys Hass auf ihre Zimmernachbarin Kathy nimmt paranoide Züge an.
Buffy: »Kathy ist böse. Ich bekämpfe das Böse. Also ist es ganz einfach: Ich werde sie wohl umbringen müssen.«

INHALT

Stevenson Hall, Buffys Wohnheim. Die Augen der Vampirjägerin sind geweitet. Alles in allem macht ihre Zimmernachbarin Kathy einen netten Eindruck. Ist dies nur eine Tarnung? Ist sie vielleicht das Böse unter der Sonne? Seit Stunden schon bügelt sie und faltet ihre Kleidung ordentlich zusammen, zu ordentlich. Und dabei hört sie immer und immer wieder dieses eine Lied: *Believe* von Cher. Dies aber ist nicht alles: Da hat Buffy doch tatsächlich einen Schluck von Kathys Milch getrunken. Einen Schluck! Mit dem Erfolg, dass Kathy, durchaus freundlich, aber doch äußerst kleinkariert, Buffy darauf aufmerksam macht,

dass diese Dinge ihr gehören und Teilen bedeutet, dass auch sie zum Haushalt etwas beizusteuern hat.
Buffy flüchtet aus ihrem Zimmer und erzählt Willow während eines Spaziergangs von Kathys Kleinigkeitskrämerei. Willow hat Verständnis für Buffy, denn ihr geht es nicht viel besser. Ihre Zimmergenossin liebt laute Partys. Jeden Abend – in ihrem Zimmer. Während sich die beiden unterhalten, merken sie nicht, dass sie von einem blauäugigen Dämon beobachtet werden.
Willow verabschiedet sich von der Vampirjägerin, die nur wenige Augenblicke später Gesellschaft von Kathy erhält. Kathy möchte ihre Zimmernachbarin (die sich ja eigentlich auf der Flucht vor ihr befindet) ein bisschen näher kennen lernen und mit ihr reden. Bevor es jedoch soweit kommt, werden die beiden plötzlich von dem Dämon angegriffen. In einem Reflex befördert Buffy Kathy ins Gebüsch, so dass dieser verborgen bleibt, was für eine Kreatur sie angegriffen hat. Der Kampf zwischen Buffy und dem Dämon ist kurz, bevor er eskaliert, flüchtet der Angreifer. Kathy hat nicht gesehen, wer sie angegriffen hat. So lügt Buffy sie an und behauptet, ein Dieb sei auf ihre Handtaschen aus gewesen. Statt sich bei Buffy für ihre schnelle Reaktion zu bedanken, ärgert sich Kathy darüber, dass ihre Strickjacke beim Fall ins Gebüsch verdreckt wurde.
Der Dämon hat indessen Besuch eines zweiten Geistwesens erhalten. »Sie ist es«, teilt er diesem in einer unbekannten, lateinisch klingenden Sprache mit.
Zweifel kommen Buffy, je länger sie über Kathy nachdenkt. Sie erhofft sich Rat von Giles, doch dieser hat sich verändert. In seinem Briefkasten findet sie Motorradmagazine, er joggt. Ist das wirklich Giles, der Bibliothekar? Der einzige Rat, den er Buffy geben kann, besteht darin, Kathy zu tolerieren; bezüglich des Dämons will er Recherchen anstellen.

Während Buffy bei Giles Rat sucht, ärgert sich Kathy daheim weiterhin über den Fleck in ihrer Strickjacke. Da Buffy an dem Fleck schuld ist, geht sie an deren Schrank und sucht sich kurzerhand ein ähnliches Teil heraus. Dabei entdeckt sie Buffys Utensilienkoffer – mit Kreuz, Armbrust und anderen für die Vampirjagd notwendigen Dingen. Überrascht scheint sie nicht zu sein, sie stellt den Koffer zurück und freut sich über Buffys guten Geschmack.

Auf dem Weg in die Mensa sieht Buffy ihre Zimmergenossin in weiter Ferne. Um nicht von ihr entdeckt zu werden, drängelt sie sich in der Schlange um einen Platz nach vorne vor und wird vom Körper eines Kommilitonen verdeckt. »Ein Ex-Freund?«, fragt er lachend. Parker Abrams heißt der Student, der Buffy den Vortritt lässt und sie über das Leben in der Mensa aufklärt, wozu unter anderem die Lektion gehört: Wie bekomme ich auf eine Essensmarke drei Mahlzeiten? Buffy findet Parker nett, dennoch verabschiedet sie sich von ihm, als sie Willow, Oz und Xander an einem Tisch sitzen sieht, wobei Letzterer erklärt, er beobachte nur die Collegegirls!

Just in dem Moment, als Buffy sich über ihre Zimmernachbarin richtig auslassen will, hat Kathy sie gefunden. Jetzt erst erkennt Buffy ihre Strickjacke. Na und, erklärt Kathy lapidar. Hätte Buffy sie nicht geschubst, wäre ihre schließlich noch in Ordnung. Als Kathy beim Essen Ketchup auf Buffys Strickjacke tropft, ist dies für die Vampirjägerin eine Kriegserklärung.

Der Krieg der beiden beginnt am Abend, als Buffy sich etwas zu trinken aus dem Kühlschrank holen möchte – und feststellt, dass alle Lebensmittel, selbst einzelne Eier, mit dem Namen Kathy markiert sind. Verärgert geht Buffy schlafen und träumt von dem blauäugigen Dämon, der versucht, ihr ihre Seele zu entreißen. Von diesem Traum erzählt sie am anderen Tag ihren Freunden

und Giles, doch kaum sitzt sie mit ihnen zusammen, erscheint auch Kathy. Merkwürdig: Sie hat den gleichen Traum gehabt! Hat Buffy ihre Wut über Kathy bislang noch unterdrücken können, kommt es am Abend zur Explosion. Sie betritt ihr Zimmer und trifft Kathy mit Parker, der eigentlich nur gekommen ist, um Buffy ein kleines Geschenk zu machen: Müllsäcke, um Lebensmittel in der Mensa mitgehen zu lassen. Kaum hat er das Zimmer verlassen, knallt es zwischen den beiden jungen Frauen fürchterlich. Kathy bemängelt Buffys Gemeinschaftssinn. Von Kathys Pedanterie genervt, greift sich Buffy eine von Kathys Milchtüten und trinkt einen ganzen Liter mit einem Schluck aus, wobei ein Großteil der Milch auf dem Holzfußboden landet. Ohne den Schlamassel zu beseitigen, verlässt Buffy das Wohnheim, um sich mit Willow zu treffen, diese aber ist verhindert und hat stattdessen Oz geschickt. Oz, dafür bekannt, ein guter Zuhörer zu sein, erfährt von Buffy, dass diese Kathy ganz einfach hasst. Während sie hinaus in den Park gehen, begegnen sie einer Gruppe junger Leute. Eine junge Frau starrt Oz an, und auch dieser fühlt sich eigenartig von ihr angezogen. Oz wundert sich selbst über sein ungewöhnliches Verhalten, doch nur Sekunden nach ihrem Zusammentreffen befindet er sich schon wieder an Buffys Seite, um ihr weiter zuzuhören (die Bedeutung dieses eigenartigen Zusammentreffens wird erst in Episode BtVS-406 WILD AT HEART geklärt).
Am anderen Tag hält Buffy den Beweis in Händen, dass Kathy mehr ist als nur eine nervende Mitbewohnerin, die ihr über einen Zufallsgenerator als Zimmernachbarin zugewiesen wurde: Kathy ist ein Dämon, der Beweis sind ihre Fußnägel. Als sie heimkam, erklärt Buffy ihren Freunden, hat sich Kathy ihre Nägel geschnitten. Heute Morgen aber waren sie bereits wieder nachgewachsen! Bevor sie eine Dummheit anstellt, soll sie un-

bedingt Giles aufsuchen, wird sie von Willow gebeten. Buffy kommt ihrer Bitte nach – und wird in Giles' Haus von Oz, Xander und Giles gefangen und an einen Stuhl gefesselt. Diese glauben, Buffy drehe gerade durch, was einem *Slayer* bei all dem Stress von Zeit zu Zeit mal passieren kann. Buffy aber entkommt ihren Bewachern und sucht Kathy auf, um sie zur Rede zu stellen. Im Streit wird sie von Kathy geschlagen, Buffy schlägt zurück – und reißt ihr die Haut vom Gesicht. Kathy ist ein blauäugiger Dämon!

Während des Kampfes erfährt Buffy, dass Kathy aus einer anderen Dimension stammt, aber den Wunsch hat, ein Mensch zu werden. Zwar hat sie das Äußere eines Menschen angenommen – aber sie hat keine Seele, und dies spüren die anderen Dämonen. »Sie ist es« – das galt also nicht Buffy, sondern Kathy. Kathy hat nun im Traum versucht, sich Buffys Seele »auszuleihen«. Die Dämonen hätten dann Kathy für einen Menschen gehalten – und stattdessen Buffy mit in ihre Welt genommen.

Kathy ahnt nicht, dass Giles inzwischen anhand alter Bücher herausgefunden hat, wer die blauäugigen Dämonen sind – sie heißen Mok'tagar. Anhand einer Analyse der Fußnägel hat er auch herausgefunden, dass Kathy eine Mok'tagar ist. Zusammen mit Willow praktiziert er einen Bann, mit dem Kathys Vorhaben, Buffy die Seele zu stehlen, umgekehrt werden kann.

Xander und Oz wollen indessen Buffy zu Hilfe kommen, doch ein zweiter Dämon erscheint in Buffys Zimmer. In diesem Moment greift Giles' Bann, und Kathy verliert Buffys Seele. Das Interesse des zweiten Dämons gilt zur Überraschung der *Slayeretts* ausschließlich Kathy. Diese fühlt sich, obwohl sie bereits 900 Jahre alt ist, wie ein Kind von den Älteren behandelt. Für ihr Verhalten, gibt ihr der zweite Dämon zu verstehen, sei dies jedoch keine Entschuldigung – und stante pede schickt er sie zurück in ihre Welt, um schließlich selbst, ohne sich um die anderen Anwesenden weiter zu kümmern, zu verschwinden. So wird ein Bett frei – und Willow Buffys neue Zimmergenossin.

KOMMENTAR

LIVING CONDITIONS ist wie kaum eine zweite Episode im BUFFY-Fandom umstritten; auch den beiden Autoren dieses Buches fiel es schwer, sich auf eine Meinung im Kommentar zu einigen, was nur sehr selten der Fall ist. Schaut man sich Diskussionsforen im Internet an, gehen die Bewertungen dieser Episode von »This episode sucks« (in etwa: »Diese Episode ist scheiße«) bis hin zu »A masterpiece!«. Diese beiden Extreme verdeutlichen am besten, wie weit die Meinungen bezüglich LIVING CONDITIONS auseinander gehen.
Wo soll man beginnen? Vielleicht mit dem Humor? Ohne Zweifel handelt es sich bei LIVING CONDITIONS um eine witzige Episode. Der Streit der beiden Zimmergenossinnen steht diesbezüglich im Mittelpunkt des Geschehens. Es beginnt mit einem Song von Cher, es endet mit der Demaskierung eines Dämonen. Haben wir uns nicht alle schon einmal gefragt, welche Fratzen sich hinter den Gesichtern derer, die uns auf die Nerven gehen, verstecken mögen? Dies alles ist recht witzig anzuschauen und durchgängig für einige Lacher gut. Doch warum erzählt LIVING CONDITIONS seine Geschichte eigentlich mit so viel Humor? Um von den Schwächen abzulenken? Oder ist der Autorin Marti Noxon die Widersprüchlichkeit in ihrer Geschichte nicht einmal aufgefallen?
Da wäre zum Beispiel die Person Buffys, die in dieser Episode keinesfalls als Engel der Unschuld daherkommt. Tatsächlich trägt Buffy an der Eskalation ihres Streits keine unerhebliche Mitschuld. Natürlich ist Kathy eine Pedantin; gleich zu Beginn,

noch im Prolog, macht sie Buffy darauf aufmerksam, dass sie einen Schluck Milch aus ihrer Tüte genommen hat. Sich über einen einzigen Schluck aufzuregen, dies zeugt von Geiz, denn es ist unmöglich, in einer Wohngemeinschaft strikt nach den Vorgaben »Deines/Meines« zu leben. Zusammenleben bedeutet stets auch zu teilen. Richtig? Richtig!

Daher versagt die Geschichte an dieser Stelle vollkommen. Kathy ist geizig, keine Frage. Doch was ist Buffy? Schauen wir uns einmal die Kühlschrank-Szene an, in der Kathy alle Lebensmittel, die ihr gehören, mit ihrem Namen gekennzeichnet hat. Diese Szene soll witzig sein, doch was sagt diese Szene neben der Tatsache aus, dass Kathy knauserig ist? Dass sie allen Grund dazu hat – wo nämlich sind eigentlich die Lebensmittel mit der Aufschrift Buffy? Nicht einmal eine Tüte Milch oder ein Marmeladenglas tragen ihren Namen! Heißt das etwa, dass Buffy keine Lebensmittel gekauft hat? Falls nicht: Wovon will sie dann leben? Etwa von Kathys Einkäufen? Oder nur vom Mensa-Futter?

Nein, eine einfache Zimmergenossin ist Buffy wohl kaum, denn es geht noch weiter: Als die beiden eines Abends zu Bett gehen, greift Kathy nach einem Buch auf ihrem Nachttisch – das am Holz festklebt. Der Klebstoff: ein Kaugummi von Buffy.

Nun versucht die Episode mit aller Macht, aus Kathy einen bösartigen Dämon zu machen. Bösartig, da er sich Buffys Seele »borgen« will, was für diese die Verbannung in eine Zwischenwelt der Dämonen bedeuten würde. Die Frage, die sich nun stellt, lautet: Funktioniert diese Geschichte eigentlich?

Nur sehr bedingt!

Die Skrupellosigkeit, mit der Kathy vorgeht, macht sie nun wahrlich nicht gerade zu einer Sympathieträgerin, doch wird ihr Vorgehen relativiert, wenn man ihre Beweggründe kennt. Kathy ist ein zutiefst unglückliches Wesen, ein Dämon, der kein Wesen der Nacht mehr sein will. Sie hat ihre Welt aufgegeben, um ein Mensch zu werden. Die Menschwerdung ist eines der klassischen Konzepte der phantastischen Weltliteratur. Ob Mary Shelleys *Frankenstein* oder Stevensons *Dr. Jekyll & Mr. Hyde*, beide Romane berichten von Personen, die zu ergründen versuchen, was es bedeutet, ein Mensch zu sein. In Shelleys Roman ist es das Monster, das gegen seinen Willen erschaffen wurde. Von den Menschen wird es gefürchtet, von seinem eigenen Schöpfer gehasst. Mr. Hyde wiederum ist die dunkle Seite Dr. Jekylls, der Mann, der dessen dunkelste Abgründe auslebt und gnadenlos offenbart, dass das Böse ein Teil des Menschwerdens ist, ein Teil, der in den meisten von uns verschlossen in dunklen Abgründen schlummert.

Der Prozess, den Kathy erlebt, ist somit nichts anderes als ein Prozess der Menschwerdung. Ein Prozess, geleitet von der Panik, von den anderen Dämonen entdeckt zu werden. In dieser Situation begeht sie ein Verbrechen, indem sie versucht, sich Buffys Seele anzueignen, wohl wissend, welche Konsequenzen dies für Buffy haben wird. Doch ist dies in gewisser Weise nicht sogar nachvollziehbar? Vergleichen wir Kathy doch einmal mit Angel. Angel war als Angelus einer der brutalsten, übelsten Vampire weit und breit. Während seiner Rückverwandlung in der zweiten Staffel tötete er Giles' heimliche Liebe Jenny. Er labte sich an unschuldigen Einwohnern der Stadt und war besessen von dem Gedanken, Buffy Böses anzutun. Dennoch wurde ihm nach der Rückverwandlung in Angel verziehen! Wenn also klar wird, dass Kathys Versuch, Buffy die Seele zu stehlen, nichts anderes als einen Versuch darstellt, ein Mensch bleiben zu dürfen, wäre es da nicht angebracht, Kathy zu helfen? Natürlich, sie ist nervig. Und sie liebt Cher und Celine Dion, was für jemanden wie Buffy nur schwer zu verstehen ist – doch ist dies ein Grund,

In der zweiten Episode der neuen Staffel hat Buffy nicht viel zu lachen – erst versifft Kathy ihr die Strickjacke, dann ist sie auch noch hinter ihrer Seele her. Noch schrecklicher als die grauenhafteste Mitwohnerin aller Zeiten scheint das Designer-Fähnchen zu sein, das Sarah Michelle Gellar für das Magazin *Nylon* tragen musste – oder warum schaut sie sonst so gequält?

sie gleich zurück zu den blauäugigen Dämonen zu schicken? Zwar scheinen diesen Dämonen die Menschen relativ egal zu sein – eine Gefahr geht von ihnen nicht aus –, doch hätte Kathy nicht eine Chance verdient, ein Mensch zu werden?
Wer also ist in dieser Episode die Böse? Die Dämonin, die aus Verzweiflung handelt? Oder Buffy, die sich nicht einmal annähernd bemüht, Kathy zu verstehen? Hinzu kommt, dass die Episode die Gegensätzlichkeiten der beiden jungen Frauen anhand des Zimmers, in dem sie zusammen leben, deutlich machen will. Auf der linken Seite lebt Kathy, ihre Seite könnte fast einem Lehrbuch für die perfekte Hausfrau entsprungen sein. Auf der rechten Seite wohnt Buffy, und diese Seite ist eher als unordentlich zu betrachten. Da ist das Bett mal nicht gemacht, da liegen Kleidungsstücke auf dem Boden, es herrscht Unordnung. Doch um die Widersprüchlichkeit der beiden zu untermalen, hätte es schon einer etwas größeren Unterscheidung bedurft. Einer Unterscheidung, wie sie beispielsweise in dem Film URBAN LEGENDS (URBAN LEGENDS, USA 1998) zu bewundern ist. In diesem Film teilen sich ebenfalls zwei sehr unterschiedliche junge Frauen ein Zimmer am Campus. Die eine ist ein *All-American-Girl,* deren linke Zimmerhälfte ordentlich, amerikanisch-konservativ in hellen Farben eingerichtet ist. Die rechte Hälfte gehört einem Mädchen, das sich selbst als Gruftie bezeichnet und Wände und Möbel vollständig schwarz angemalt hat, wobei die Trennlinie teilweise durch die Möbelstücke verläuft. Von einer solch extremen Unterscheidung sind die beiden Hälften in Buffys und Kathys Zimmer jedoch Lichtjahre entfernt, weshalb diese Symbolik, mit der ihre Unterschiedlichkeit dargestellt werden soll, leider nicht funktioniert.
Betrachtet man nur das reine Handlungsgerüst der Geschichte, hätte LIVING CONDITIONS trotz allem eine große Episode wer-

den können: Die Tatsache, dass niemand Buffy Glauben schenken möchte und sie schließlich gezwungen ist, allein den Kampf gegen den Dämon aufzunehmen, sind Ingredienzien einer guten, vielleicht sogar einer großen Geschichte. In LIVING CONDITIONS aber funktioniert dies nicht, da die Handlungen der *Slayeretts* nicht nachvollziehbar bleiben. Dabei sind Willow und Giles, man mag es kaum glauben, die beiden größten Schwachpunkte. Willow stottert sich unsicher von Szene zu Szene und ist dramaturgisch in keiner Form fassbar, so dass man sich am Ende der Episode fragt: Was hat sie eigentlich zur Geschichte beigetragen?
Betrachtet man unsere bisherige Bewertung, stellt man sich die Frage, warum diese Episode von manchen Fans als Meisterwerk betrachtet wird. Die Antwort auf diese Frage findet sich wahrscheinlich im Humor. Wie bereits am Anfang dieses Kommentars erwähnt, handelt es sich um eine durchgängig witzige Episode. Wenn man nun die Schwächen ausklammert (oder sie ganz einfach nicht wahrhaben will), negiert, dass Buffy in dieser Episode alles andere als eine Sympathieträgerin ist, und die Episode vollkommen auf ihre Grundstory, den Kampf zweier ungleicher Zimmergenossinnen gegeneinander, zusammenkürzt, bleibt allein der Humor übrig. Und genau dies ist es, was die endgültige Bewertung so schwer macht. Als Gesamtwerk betrachtet, ist LIVING CONDITIONS unerträglich, als allein stehende Monster-of-the-Week-Episode mit humoristischen Einlagen betrachtet, ist sie natürlich unterhaltsam.
Der Gesamteindruck ist jedoch bestenfalls ein »Ausreichend«.

Gesamtbewertung: ●○○
Humor: ★★★
Horror: ☠ ☠ ☠
Action: ▮ ▯ ▯

BtVS-403/ANGEL 1ADH03
THE HARSH LIGHT OF DAY/ IN THE DARK

US-Erstausstrahlung: 19. Oktober 1999

Regie: James A. Contner (BtVS-403), Bruce Seth Green (ANGEL 1ADH03). *Drehbuch:* Jane Espenson (BtVS-403), Douglas Petrie (ANGEL 1ADH03). *Gaststar beider Episoden:* James Marsters (Spike). *Gaststars BtVS-403:* Emma Caulfield (Anya), Mercedes McNab (Harmony), Adam Kaufman (Parker), Jason Hall (Devon), Melix (Bryan). *Gaststars ANGEL 1ADH03:* Kevin West (Marcus), Malia Mathis (Rachel), Michael Yavnielli (Lenny), Ric Sarabia (Vendor), Tom Rosales (Manny), Gil Combs (Bounce), Jenni Blong (namenlose junge Frau)

Songs: *Dilate* von Four Star Mary (»Thrown To The Wolves«, MSG Records/Orchard, 1999), *Take Me Down* von Psychic Rain (»Spun Out«, Warner Bros, bei Redaktionsschluss noch nicht veröffentlicht), *Moment Of Weakness, Anything* und *Lucky* von Bif Naked (»I Bificus«, Atlantic, 1999), *It's Over, It's Under* von Dollshead (»Frozen Charlotte«, MCA, 1998)

Giles führt Xander in die Bibliotheksarbeit und die Registrierung von Büchern ein.
Xander: »Ich verstehe dein merkwürdiges Ablagesystem nicht!«
Giles: »Man nennt es Alphabet.«

INHALT

Auf der Bühne des *Bronze* spielt Dingoes Ate My Baby, die Band von Oz, doch für deren Musik ist Buffy kaum empfänglich. Sie beobachtet vielmehr Parker, den jungen Mann aus dem dritten Semester, den sie vor einigen Tagen kennen gelernt hat (siehe Episode BtVS-402 LIVING CONDITIONS). Als Parker sie fragt, ob sie mit ihm spazieren gehen möchte, willigt sie ohne zu zögern ein. Während sie durch die Straßen von Sunnydale flanieren, erzählt Parker Buffy vom Tod seines Vaters, einem Ereignis, das ihn sehr geprägt hat. Aufgrund seines frühen Todes, erklärt er Buffy, habe sein Vater viele der Dinge, die er in seinem Leben noch erleben wollte, nicht tun können. Diesem Schicksal will er auf jeden Fall entgehen, daher lebt er nach der Devise »Lebe im Jetzt«. Er will sich am Ende seines Lebens nicht fragen müssen, was er alles verpasst hat. Für den folgenden Abend lädt er Buffy schließlich zu einer Party im so genannten *Wolfshouse*, einem für seine Partys bekannten Campus-Gebäude, ein.

Während Buffy mit Parker zusammen ist, entgeht ihr nach dem Ende des Konzerts der Band von Oz ein Angriff von Harmony, dem einst »wichtigsten Mädchen« der High School, auf Willow. Von einem Vampir beim Kampf gegen den Bürgermeister gebissen, hat sich auch Harmony in einen Vampir verwandelt. Bei ihrem Angriff auf Willow verletzt sie diese am Hals, doch Oz gelingt es in letzter Sekunde, Harmony in die Flucht zu schlagen. Verärgert zieht sie sich in eine Höhle zurück, in der mehrere Vampire Grabungen durchführen; einer dieser Vampire ist ihr Freund. Es ist Spike!

Nicht nur Spike und Harmony haben eine Beziehung, auch Xander und Anya sind ein Paar, wenngleich Xander bislang nichts davon weiß. Warum, fragt sie ihn, habe er sie auf den Abschlussball ausgeführt? Ist es nicht ein typisch menschliches Ritual, einen Menschen, den man liebt, auf einen solchen Ball einzuladen? Xander spürt, dass Anya verwirrt ist. Die ehemals als Anyanka bekannte Dämonin (siehe BtVS-309 WAS WÄRE

WENN...), die einst Wünsche erfüllen konnte, welche grundsätzlich im Chaos endeten, scheint mit ihrem nunmehr menschlichen Leben nicht zurechtzukommen. Von der *Scooby Gang* nicht gerade geliebt, ist Xander der Einzige, der sie als menschliches Wesen akzeptiert, deshalb fühlt sich Anya zu ihm hingezogen; Xander ist sich seiner Gefühle gegenüber Anya jedoch nicht im Klaren. Bevor er allerdings Zeit zum Nachdenken hat, steht Anya plötzlich nackt vor ihm und küsst ihn; Xander erwidert ihre Zuneigung.

Eine Beziehung der etwas anderen Art führen Spike und Harmony. Spike wurde von seiner großen Liebe Drusilla endgültig sitzen gelassen; seither hat er sich Harmonys angenommen. Auf der einen Seite hasst er die ehemalige Schülerin von Sunnydale High, denn sie versteht nicht, was es bedeutet, ein Vampir zu sein. Sie will Spaß, Leben, Freude empfinden. Für Spike sind dies nur mehr Oberflächlichkeiten, er hat andere Pläne. Mag er Harmony oft boshaft und zynisch gegenübertreten, empfindet er doch Zuneigung für sie. Sie möchte eine Party besuchen? Bitte – auf dem Campus findet eine statt. Sie besuchen die Fete im *Wolfshouse*, wo sie prompt Buffy und Parker in die Arme laufen. Statt es auf einen Kampf ankommen zu lassen, flüchten die beiden. Außerhalb des Gebäudes kommt es dennoch zu einem kurzen Kampf zwischen Spike und der Vampirjägerin. Harmony verlangt von Spike, Buffy zu töten, doch Spike bricht den Kampf ab. Es gibt Wichtigeres zu tun, erklärt er Harmony und erwähnt den *Gem of Amara* (Gem = Edelstein, Juwel, Schmuckstück). Von diesem *Gem of Amara* berichtet Buffy umgehend Giles via Telefon.

Das etwas eigenartige Zusammentreffen mit Spike versucht Buffy Parker damit zu erklären, dass der Vampir ein alter Freund sei, der ein Alkoholproblem habe und dem das Zusammentref-

fen mit ihr offenbar sehr peinlich gewesen sei. Parker akzeptiert diese Erklärung und legt seine Arme um Buffy zum Tanz. Aus dem Tanz wird ein Kuss, der auf seinem Zimmer endet. Beide gleiten aufs Bett – und schlafen miteinander.
Am anderen Morgen erwarten Giles und Willow Buffy in ihrem Apartment. Zuerst hat Giles die Geschichte des *Gem of Amara* nicht ernst genommen, doch dieses Schmuckstück ist für die Vampire eine Art Heiliger Gral: Wer es trägt, wird unverwundbar. Bislang hat man es für einen Mythos gehalten, bei der Recherche hat Giles jedoch herausgefunden, dass der *Gem of Amara* im »Tal der Sonne« versteckt sein soll – Sunnydale! Die drei ahnen nicht, dass Spike die Grotte, in der das Schmuckstück liegen muss, längst entdeckt hat. Es ist mit Schmuck und Juwelen angehäuft, der *Gem of Amara* aber ist weitaus unscheinbarer, als er gedacht hat, denn es ist ein normaler Ring. Diesen entdeckt er zufällig, als er versucht, Harmony einen Pflock ins Herz zu rammen, weil ihre ewigen Nörgeleien über ihr Dasein als Vampir ihn nerven. Statt zu Staub zu zerfallen aber schließt sich Harmonys Wunde. Spike nimmt ihr den Ring, den sie zufällig gefunden und aufgesteckt hat, ab.
Im Haus von Giles entdeckt Xander indes etwas für seinen Arbeitgeber Unglaubliches: einen Fernseher! Giles besitzt einen Fernseher??? Der *Watcher* rechtfertigt sich mit dem Argument, nur PBS (eine Art US-Gegenstück zum deutschen öffentlich-rechtlichen Fernsehen) zu schauen. Xander schaltet das Gerät ein und landet bei den Nachrichten, die vom Einsturz der Fahrbahndecke eines Freeways in Sunnydale berichten; angeblich sollen illegale Tunnelarbeiten unter der Fahrbahn vorgenommen worden sein. Tunnelarbeiten? Für Giles steht fest: Dort werden sie Spike finden. Aber er irrt, der mystische Ring macht Spike nämlich auch für Sonnenstrahlen unantastbar. Längst be-

findet er sich auf dem Campus, wo er mit Freuden einer der größten Niederlagen in Buffys Leben beiwohnt. Buffy beobachtet Parker und eine etwas ältere Studentin, zu der er sich offenbar hingezogen fühlt. Zur Rede gestellt, macht Parker ihr klar, dass er sie mag und die Nacht mit ihr genossen hat – aber auf keinen Fall eine Beziehung mit ihr eingehen möchte. Enttäuscht zieht Buffy sich zurück und gerät an Spike, der seinem angestauten Hass Luft macht und im Kampf gegen die Vampirkillerin die Oberhand gewinnt. Als er jedoch ihre sexuellen Beziehungen zu Männern erwähnt und Parker mit Angel vergleicht, wird Buffy wütend, prügelt auf Spike ein – und reißt ihm den Ring vom Finger. Umgehend beginnt seine Haut Feuer zu fangen, und fluchend rennt er davon und springt durch einen offenen Kanaleingang hinab in die Unterwelt von Sunnydale.

Giles möchte den Ring am liebsten zerstören, denn in den falschen Händen stellt er eine Gefahr dar. Buffy aber möchte ihn an Angel weitergeben, hat selbst aber noch keine Kraft, ihm gegenüberzutreten. Oz, der in Kürze mit seiner Band in Los Angeles auftreten wird, erklärt sich bereit, als Bote zu fungieren.

Deprimiert spaziert Buffy durch den Park des Campus. Sie sieht Harmony nicht, die von Spike verlassen wurde und weint, da sie diese Welt, der sie als Vampir angehört, nicht versteht. Und sie sieht Anya nicht, die nicht versteht, welcher Art die Gefühle sind, die Xander für sie empfindet.

(An dieser Stelle endet die BUFFY-Episode.)

Oz trifft Angel in Los Angeles.

Angel: »Nette Überraschung.«

Oz: »Danke«.

Angel: »Bleibst du lange?«

Oz: »Ein paar Tage.«
Doyle: »Redet Ihr immer so miteinander?«
Oz: »Nein, normalerweise sind wir sehr wortkarg, wenn wir uns treffen.«

In einer dunklen Gasse rennt eine junge Frau, Rachel mit Namen, vor ihrem Freund Lenny davon, doch entkommen kann sie ihm nicht. Eine Pistole auf sie gerichtet, gesteht Lenny ihr seine Liebe. Er kann nicht zulassen, dass sie ihn verlässt, und muss sie deshalb töten. Doch Lenny hat die Rechnung ohne Angel gemacht, mit wenigen Schlägen setzt dieser Lenny außer Gefecht; einmal mehr hat er einem in Not geratenen Menschen geholfen. Er sieht Spike, der ihn von einem Hausdach aus beobachtet und sich über seine Ritterlichkeit mokiert, nicht.
Oz findet derweil Angels Büro und ist überrascht, Cordelia in seinem Vorzimmer vorzufinden. Noch mehr ist er von der Herzlichkeit, mit der sie ihn in ihre Arme schließt, irritiert. Sie will unbedingt wissen, wie es Buffy und den anderen geht, doch bevor Oz auf all ihre Fragen antworten kann, kehrt Angel heim, überrascht, Oz anzutreffen. Ohne Zeit zu verlieren, übergibt Oz dem Vampir den Ring von Amara und erzählt ihm von Spikes Auftauchen. Angel hört ihm ohne sichtbare Gefühlsregungen zu. Wenn ihm Buffy wenigstens einen Brief geschickt hätte, würde ihm all dies etwas bedeuten. So ist es nur ein Ring und er setzt ihn nicht auf! Stattdessen versteckt er ihn unter einem Stein im Kanal unter seinem Haus. Hier sollte er eigentlich sicher sein.
Der nächste Tag beginnt mit einem unerfreulichen Anruf. Lenny, der Freund Rachels, wurde gegen Kaution auf freien Fuß gesetzt; sie hat Angst. Angel, der sich am Tag durch ein unterirdisches Kanalnetz oder in seinem Wagen, dessen Fenster schwarz

getönt sind, fortbewegt, läuft in die Garage. Doch hier steht er unvermittelt einem alten Kampfgefährten gegenüber: Spike. »Verdienst du dein Geld nun als Angel – Vampirdetektiv?«, spottet er und beginnt noch im gleichen Atemzug einen Kampf mit seinem Gegenüber. Vom Lärm aufgeschreckt, eilen Cordelia und Doyle herbei. Drei Gegner sind Spike zwei zu viel. Ohne den Ring bekommen zu haben, rennt er davon.

Während Doyle auf Cordelia aufpassen soll, sucht Angel Rachel auf. Rachel versucht Lennys Verhalten zu entschuldigen. Eigentlich sei er ein netter Kerl, erklärt sie dem Vampir. Es seien nur die Drogen, die ihn manchmal durchdrehen lassen. Und vielleicht sei es ja auch ihre Schuld, dass er manchmal wütend auf sie ist. Angel schüttelt den Kopf. Wie kann sie glauben, von einem Menschen geliebt zu werden, der sie nur eine Nacht zuvor noch ermorden wollte? Nein. Einander zu lieben bedeutet einander zu beschützen. Angel empfiehlt Rachel, ein neues Leben zu beginnen, aufs Land zurückzukehren, woher sie gekommen ist, und das Leben, das sie geführt hat – ein Leben, das ihr bisher nur Ärger gebracht hat –, hinter sich zu lassen. Rachel kommt Angels Aufforderung nach.

So kann sich Angel ganz Spike widmen, doch dieser lässt sich nicht so einfach von Angel einen Pflock ins Herz rammen. Im Gegenteil: Zusammen mit einem Vampir namens Marcus gelingt es ihm, Angel eine Falle zu stellen und ihn gefangen zu nehmen. In einer leeren Lagerhalle hängen sie ihn an Stahlketten in die Mitte des Raumes und beginnen ihn zu foltern. Marcus ist, wie sich herausstellt, Experte für die Folter von Lebenden und Toten. Spike mag Marcus nicht sonderlich, denn dieser ist nicht nur ein Sadist, sondern auch noch ein Kinderschänder, was selbst bei Vampiren Ekel hervorruft. Er ist jedoch der richtige Mann dafür, um aus Angel herauszubekommen, wo

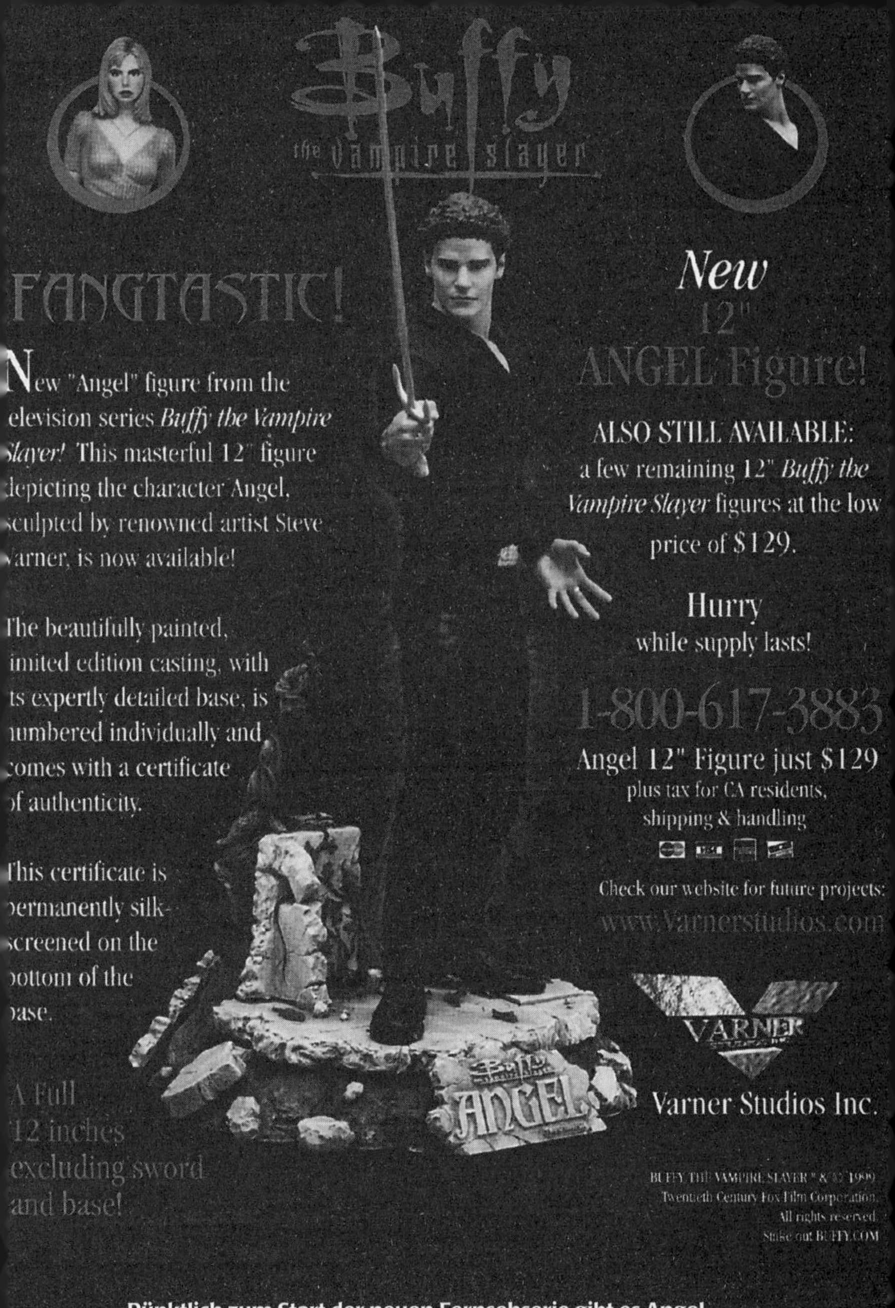

Pünktlich zum Start der neuen Fernsehserie gibt es Angel nun auch als Sammel-Figur. Wie man hier sieht, haben sich die Produzenten mit seinem Gesicht ein bisschen mehr Mühe gegeben als bei Buffy …

er den Ring versteckt. Egal jedoch, was er Angel auch antut – dieser bleibt stumm. Spike bleibt nichts anderes übrig, als Cordelia und Doyle ein Angebot zu machen: Wenn sie ihm den Ring besorgen, wird er Angel laufen lassen.
Mit Hilfe seiner seherischen Fähigkeiten gelingt es Doyle tatsächlich, den Ring im Kanal aufzuspüren. Seine Fähigkeiten verraten ihm aber auch, dass Spike sein Angebot, Angel laufen zu lassen, nicht ernst gemeint hat. Ihr Trumpf ist Oz, von dessen Anwesenheit Spike keine Ahnung hat.
Telefonisch stellt Cordelia Spike nun folgende Bedingung: Er bekommt den Ring nur, wenn sie und Doyle sich persönlich von Angels Unversehrtheit überzeugen können. Spike geht darauf ein und gibt ihnen die Adresse seines Verstecks. Kaum haben Cordelia und Doyle dieses betreten, gibt Spike ihnen zu verstehen, dass er nie daran gedacht hat, sie laufen zu lassen.
In diesem Moment rast Oz mit seinem Lieferwagen durch das verschlossene Hallentor. Sonnenlicht dringt in die Halle ein, Chaos entsteht. Mit einer Armbrust bewaffnet hält Oz Spike auf Distanz, während Cordelia und Doyle Angel befreien, in diesem Chaos aber verliert Cordelia den Ring. Vorrang hat in diesem Moment die Befreiung Angels, der durch die Folter stark geschwächt ist. Kaum liegt er sicher im Transporter, legt Oz den Rückwärtsgang ein und gibt Gas. Spike sind die vier egal, er will den Ring, doch er ist nicht aufzufinden. Ebenso wie Marcus, der längst im Licht der Sonne steht. Frustriert entschließt sich Spike, die Stadt ohne den Ring zu verlassen.
Kaum hat Angel genügend Zeit zum Durchatmen gehabt, gibt er Oz die Order, Marcus zu suchen, denn dieser wird keine Zeit verlieren, seine krankhaften Neigungen im Licht der Sonne auszuleben. Weit kann er noch nicht gekommen sein, und tatsächlich entdecken sie den im Sonnenlicht wandelnden Vampir

auf einem Kai an der nahe gelegenen Küste. Er hat sich bereits einer Gruppe von Kindern genähert, deshalb rast Oz auf den Kai, Cordelia reißt die Seitentür des Transporters auf und Angel stürzt sich auf Marcus. Es dauert nur Sekunden, und sein Körper steht in Flammen, Marcus aber ist von diesem Angriff derart überrascht, dass er sich kaum wehren kann. Angel stürzt mit seinem Gegner ins Meer, unter dem Kai kommt es zwischen den beiden zum finalen Kampf, Marcus' Körper wird dabei von einem Pfahl aufgespießt. Angel nutzt diese Schrecksekunde, um ihm den Ring vom Finger zu reißen. Marcus zerfällt zu Staub.
Im Schatten gefangen, bleibt Angel, wenn er überleben will, keine andere Wahl, als den Ring aufzusetzen. Von seiner Kraft geschützt, tritt er in den Sonnenschein.
Es ist Nacht geworden; auf dem Dach seines Hauses stehend, blickt Angel über die Stadt hinweg. Doyle fragt ihn, ob er den Ring nun tragen wird, doch Angel verneint. Er ist der Schutzengel der Nacht. Und die Gefahr, dass der Ring in falsche Hände gelangt, ist zu groß! Er legt den Ring auf den Boden und zerstört ihn mit einem Ziegelstein.

KOMMENTAR

In den USA war die Verwunderung nach dem ersten Crossover der Serien BUFFY und ANGEL groß. Der TV-Sender WB hatte das Publikum eine Woche lang mit Trailern über die bevorstehende Doppelfolge bombardiert. Und dann verweigerte der Sender den Zuschauern ein Zusammentreffen des *Slayer* mit dem Vampir. Wie sagt Angel noch so schön: »Sie hat mir nicht einmal einen Brief geschrieben.«
Tatsächlich werden die beiden Episoden nur durch einen Handlungsstrang miteinander verbunden: dem Ring von Amara. Spike entdeckt ihn in der ersten Episode, Buffy nimmt ihn ihm weg

und schickt ihn Angel. Ende von Episode 1. Episode 2: Spike reist dem Ring hinterher und will ihn Angel wieder wegnehmen. Der Auftritt von Oz in der ANGEL-Episode ist in diesem Sinne denn auch nur für den Showdown von Belang. Natürlich mag es für viele Zuschauer eine Enttäuschung gewesen sein, dass ihnen der Sender ein Zusammentreffen der beiden Liebenden verweigert hat, es gibt jedoch zwei Gründe, die die Macher entschuldigen und ihre Entscheidung in jedem Fall rechtfertigen.

Da gibt es einmal eine handlungsbezogene Entscheidung. Während der gesamten zweiten und dritten Staffel widmete sich die Serie der Liebe von Buffy und Angel, einer unerfüllbaren, fluchbeladenen Sinnlichkeit. Eine Schlüsselrolle fällt dabei der Episode BtVS-310 HEIMSUCHUNGEN zu: Angel weiß, dass Buffy ihn ewig lieben wird. Ebenso, wie ein Fluch über ihm lastet, lastet ein Fluch namens Liebe über Buffy. Um sie von diesem Fluch zu befreien, beschließt Angel kurz vor dem Weihnachtsfest, seinem Leben ein Ende zu setzen. Er wartet auf den Sonnenaufgang und hofft, dass das Licht der Sonne sein Dasein beenden wird. Ihn von seinem Vorhaben abzubringen gelingt Buffy nicht, und so bleibt ihr nichts anderes übrig, als an seiner Seite auf seinen Tod zu warten. Doch es geschieht ein Wunder: Dichte Schneewolken schieben sich vor die Sonne und verhindern, dass auch nur ein Sonnenstrahl seinen Weg auf die Erde findet. Eine höhere Macht hat Angels Leben verschont. Wenn Angel Buffy dennoch von ihrem Fluch befreien will, bleibt ihm nur eine Wahl: Er muss Sunnydale verlassen.

In dieser frühen Phase der Serie ANGEL, in der die Figur des Großstadt-Vampirs gerade erst kreiert wird, wäre es demnach ein Fehler gewesen, Angel und Buffy aufeinander treffen zu lassen; zu frisch sind die Narben ihrer Trennung, die nur langsam verheilen.

Wie frisch die Wunden sind, beweist Buffys Nacht mit Parker. In ihrem Wunsch nach ein bisschen Liebe und Geborgenheit lässt sie sich auf eine Nacht mit ihm ein. Sie sucht jemanden, an den sie sich anlehnen kann, der sie liebt – und findet am Ende nur einen One-Night-Stand, etwas, was sie niemals gewollt hat. Dieses Vorkommnis zeigt auf, wie verletzlich sie noch ist, wenn es um Angel geht. Dabei war Sarah Michelle Gellar, wie sie in einem Interview mit der Zeitschrift *DreamWatch* erklärt, mit dieser Szene nicht einverstanden. »Buffy würde so etwas nie tun«, maulte sie im Beisein von Joss Whedon und weigerte sich zunächst, diese Szene zu spielen. Doch Whedon ließ sich auf keine Diskussionen ein, selbst als sie die gefährlichste Waffe einsetzte, die eine Frau gegenüber einem Mann einsetzen kann – und während des eskalierenden Streits zu weinen begann. Dies ist die Welt des College, erklärte Whedon seiner Aktrice sachlich, und in dieser Welt zwischen Jugend und Erwachsensein passieren solche Geschichten. Verunsichert durch den Eintritt in eine neue Welt, verletzt aufgrund des Endes einer ersten, wahren Liebe, kann selbst einer an sich starken Persönlichkeit wie Buffy ein Fauxpas wie der mit Parker unterlaufen. Dies ist in gewisser Weise tragisch, doch durchaus plausibel. La Gellar gibt heute zu, im Unrecht gewesen zu sein.
Der zweite Grund, warum ein Zusammentreffen der beiden Figuren unklug gewesen wäre, ist ein marketingtechnischer. Es ist durchaus nicht ungewöhnlich, dass eine Spin-Off-Serie durch den Gastauftritt einer Hauptfigur der Originalserie eingeführt wird. DeForest Kelley aus RAUMSCHIFF ENTERPRISE (STAR TREK, USA 1967–69) gab einen Gastauftritt in der ersten Episode von RAUMSCHIFF ENTERPRISE: DAS NÄCHSTE JAHRHUNDERT (STAR TREK: THE NEXT GENERATION, USA 1987–95). Deren Hauptdarsteller Patrick Stewart wiederum gab sich

die Ehre in der Pilotepisode seines Ablegers STAR TREK: DEEP SPACE NINE (STAR TREK: DEEP SPACE NINE, USA 1992–99). Auf einen solchen Auftritt hat Joss Whedon jedoch ganz bewusst verzichtet. ANGEL sollte von Anfang an für sich allein bestehen, ohne Schützenhilfe aus dem BUFFY-Lager. Wäre Buffy nun in der dritten Episode aufgetaucht, hätte dies auf die Zuschauer den Anschein erwecken können, ANGEL funktioniere alleine nicht. Also ist es auch aus marketingtechnischer Sicht betrachtet eine kluge Entscheidung gewesen, auf ein auf die Hauptfiguren bezogenes Crossover zu verzichten.
Für Spike alias James Marsters hätte es indessen kein besseres Crossover geben können. Sein Auftreten verbindet die beiden Serien weitaus enger miteinander, als dies auf den ersten Blick aussieht, denn tatsächlich wird mit ihm ein Handlungsverlauf fortgesetzt, der in der zweiten BUFFY-Staffel aufgenommen und nie zu einem wirklichen Ende geführt wurde. Erinnern wir uns an die zweite Staffel: Seinerzeit hatte Spike eine Gefährtin – Drusilla. Seine Liebe zu ihr war rein und wahrhaftig und ging weit über das hinaus, was die Serie anderen seelenlosen Vampiren an Gefühlen zugesteht. Mit dem Auftauchen von Angelus, dem bösen Ich von Angel, bekam diese Liebe Risse. Angelus ist der Sire von Drusilla, jener Vampir, der sie mit seinem Biss erschaffen hat. Er tat dies nicht aus Liebe, sondern ausschließlich aus Boshaftigkeit. Angelus machte sich nun einen Spaß daraus, einen Keil zwischen Drusilla und Spike zu treiben, um Spike damit zu verletzen. Und es ist ihm gelungen, denn nach den Geschehnissen, die sie im Verlauf der zweiten Staffel zusammen in Sunnydale erlebt haben, hat Drusilla Spike verlassen. Wenn er in dieser Episode Angel foltern lässt, dann geht es ihm nicht nur darum, den Ring zurückzuerhalten, die Folter gibt ihm zusätzlich die Möglichkeit, an

Angel für dessen Verhalten in Sunnydale Rache zu nehmen. Den Höhepunkt dieser Folter stellt natürlich der Moment dar, in dem Spike seinem Widersacher von Buffys sexuellem Abenteuer mit Parker berichtet. Er weiß, dass Angel die physische Folter erträgt, das Wissen um Buffys Abenteuer mit Parker aber bricht diesem das Herz. Und genau das ist, was Spike beabsichtigt hat.
Dabei stellt sich dem Zuschauer die Frage, warum Buffy sich mit Parker eingelassen hat. Diese Frage ist nicht einfach zu beantworten. Von Angel, den sie wirklich liebt, getrennt, hat Buffy eine Welt betreten, in der es ihr sehr schwer fällt, sich zurechtzufinden: die Welt des College und mit ihm die Welt der Erwachsenen. In Parker findet sie einen Freund, der ihr Schutz bietet, er ist ein Freund, der sie an die Hand nimmt und in diese Welt einführt, aber auch ein junger Mann, der Buffy unzweideutige Avancen macht: Er findet sie sympathisch, mehr aber noch sexuell anziehend. Und genau in dieser Hinsicht begeht Buffy einen Fehler. Parkers Empfindungen sind auf Äußerlichkeiten fixiert. Er sieht in Buffy ein sexuelles, begehrenswertes Wesen, Buffy aber glaubt, seine Empfindungen seien emotional, auf ihr Inneres gerichtet. Aus diesem Missverständnis ergibt sich ihre Liebesnacht. Für Parker ist sie ein Abenteuer, für Buffy ein schmerzliches Erlebnis.

Im Rahmen der serieneigenen Mythologie ist es äußerst bedauerlich, dass der Ring am Ende der Doppelfolge zerstört wird, hätte er doch der Figur Angels auf jeden Fall neue Möglichkeiten eröffnet. Im Rahmen von ANGEL ist dieses Vorgehen jedoch konsequent, denn ANGEL versteht sich, im Gegensatz zu BUFFY, in weitaus größerem Maße als eine aus Einzelepisoden bestehende Anthologie-Serie. Mit seiner Zerstörung ist die Geschichte

endgültig abgeschlossen, ein neues Abenteuer kann beginnen.
Das Motiv der Unverwundbarkeit haben die Macher der Serie bereits in der dritten Staffel in der Person des Bürgermeisters thematisiert, es ist eines der klassischen Themen der Phantastik: die Suche nach einem Symbol, einem Zauber oder einem Elixier, das Unverwundbarkeit – und damit meist auch Unsterblichkeit – verleiht. Die klassische Geschichte schlechthin stellt die des Achill (lat.: Achilleus) dar. Dieser Achill war der Sohn des Königs von Thessalien sowie der Meeresgöttin Thetis. Auch Göttervater Zeus und der Gott Poseidon hätten gerne mit Thetis einen Sohn gezeugt, der Feuergott Prometheus aber warnte sie: Ein Kind von Thetis würde über eine Macht verfügen, die selbst die Götter stürzen könnte; somit stellte Achill also eine potenzielle Gefahr dar. Um ihr Baby vor etwaigen Anschlägen zu schützen, tauchte Thetis das Neugeborene in den Styx, den Fluss, der durch die Unterwelt Hades fließt. Sein Wasser sollte Achill unverwundbar machen. Als sie ihn in das Wasser tauchte, hielt sie ihn jedoch die ganze Zeit an der Ferse fest (= Achillesferse!), weshalb diese trocken blieb.
Die Geschichte Achills ist nun typisch für jene Figuren, die den Segen (oder Fluch?) der Unverletzlichkeit erhalten. Statt seine Macht mit Würde zu tragen, wurde er ein gefürchteter Krieger, der, so die Sage, im Trojanischen Krieg Hunderte von Gegnern tötete. Tapfer war er, aber ebenso rücksichtslos wie brutal. Vergleicht man Achill mit Spike, sind die Parallelen deutlich. Kaum hat Spike seine Unverletzlichkeit erlangt, genießt er nicht etwa sein Leben, sondern zieht direkt in seinen kleinen Privatkrieg gegen Buffy und glaubt, sie »mal eben« besiegen zu können; seine Unverwundbarkeit lässt ihn jegliche Vorsicht oder Voraussicht vergessen. Dabei kennt die Phantastik keine absolute Unverwundbarkeit.

So hatte Achill seine Ferse. Mit einem vergifteten Pfeil, der vom Gott Apollo geführt wurde, traf ihn Paris, ein Sohn des Königs von Troja, in die Ferse und tötete ihn. Eine Entsprechung zu Achills Geschichte findet sich in der deutschen Mythologie im Nibelungenlied: Um unverwundbar zu werden, muss der Held Siegfried einen Drachen töten und in seinem Blut baden. Das Unterfangen gelingt ihm, doch beim Bad im Blut fällt ihm ein Eichenblatt auf den Rücken. Diese Stelle am Rücken bleibt somit vom Drachenblut unbenetzt – und genau diese Stelle trifft eines Tages der Speer seines Widersachers Hagen.

Derart dramatisch geht es in THE HARSH LIGHT OF DAY gar nicht zu. Hier reicht es aus, dem vermeintlich unverwundbaren Vampir den Ring vom Finger zu ziehen.

In der Geschichte von THE HARSH LIGHT OF DAY und IN THE DARK finden sich darüber hinaus Ansätze der Sage vom Heiligen Gral (wie an vorangegangener Stelle erwähnt, sagt Giles, der *Gem of Amara* habe für die Vampire eine ähnliche Bedeutung wie für die Christen der Gral). Auch dem Heiligen Gral werden besondere Fähigkeiten zugeschrieben, die seinen Besitzer möglicherweise auch vor Schmerz und Tod schützen sollen. Beim Heiligen Gral handelt es sich um jenes Gefäß, aus dem Jesus beim letzten Abendmahl getrunken haben soll. Dieser Kelch ging nach seinem Tod, so die Legende, in den Besitz von Joseph von Arimathia über, jenem reichen Mann, der Jesus vom Kreuz nehmen und in seiner eigenen Familiengruft beilegen ließ, um seinem Körper Ruhe zu schenken. Die Legende selbst stammt aus dem keltisch-britischen Raum und findet sich in den unterschiedlichsten Versionen wieder; alle erzählen jedoch davon, dass Joseph von Arimathia nach Britannien kam, nachdem er selbst mehrfach in Gefangenschaft geraten und immer wieder gefoltert worden war; überlebt hat er nur dank der Kraft des

Grals. Die Gralsmythologie sollte schließlich auch ein Hauptbestandteil der berühmten Artus-Sage werden.

Gesamtbewertung: ●●●
Humor: ★☆☆
Horror: ☠☠☠
Action: ▮▮▯

Harmony ist ein Vampir? Wer unser Buch zur zweiten Staffel gelesen hat, weiß selbstverständlich, dass Harmony in der großen Endschlacht in BtVS-322 TAG DER VERGELTUNG von einem Vampir in den Hals gebissen wird: Bei der Flucht vor den herannahenden Untoten hat sie das große Pech, einem von ihnen in die Hände zu fallen. Dieser packt sie und rammt seine Zähne in ihren Hals. Das Problem: Zu sehen bekamen die deutschen Zuschauer diese Szene bei der Ausstrahlung im Januar 2000 nicht, zumindest jene, die BUFFY in der Samstagsfassung auf Pro 7 anschauten. Mit diesem Termin wendet sich Pro 7 schließlich gezielt an ein jugendliches Publikum, und damit ergibt sich ein Problem.

BUFFY ist keine Serie, in der hektoliterweise das Blut fließt, es werden auch keine Gedärme aus lebendigen Leibern gerissen, selbst der Zerfall der Vampire wird mit Hilfe digitaler Tricktechnik dergestalt verfremdet, dass auf das Zeigen von Blut vollkommen verzichtet werden kann. Nun gibt es in Deutschland jedoch das so genannte »Gesetz zum Schutze der Jugend in der Öffentlichkeit«, das unter anderem regelt, inwieweit Jugendlichen in visuellen Medien bestimmte Inhalte gezeigt werden dürfen. Wer nun mit Recht fragt, um welche Inhalte es sich dabei genau handelt, der wird leider keine Antwort erhalten, denn das Gesetz ist, was dies betrifft, äußerst vage formuliert.

Nun gibt es die so genannten Landesmedienanstalten, die mit Argusaugen beobachten, was die Sender 24 Stunden am Tag durch den Äther schicken. Wenn diese Landesmedienanstalten Inhalte von Talkshows, Serien oder Filmen, die im Nachmittagsbereich ausgestrahlt werden, beanstanden zu müssen glauben, werden für die Sender schnell Bußgelder in Höhe von bis zu einer halben Million Mark fällig; Pro 7 vermeidet mittlerweile solchen Ärger, indem Episoden, in denen es schon einmal härter zur Sache geht, geschnitten werden. BUFFY ist allerdings nicht die einzige Serie, die von solchen Kürzungen betroffen ist: RTL beispielsweise setzt regelmäßig bei XENA (XENA: WARRIOR PRINCESS, USA/NZL seit 1996) oder CONNOR, DER KELTE (CONNOR, USA/AUS 1999) die Schere an, um die Gewaltszenen zu entschärfen.

Was Pro 7 aus Episoden im Einzelnen herauskürzt, zeigen die folgenden Beispiele aus den ersten fünf Episoden der dritten Staffel: Schon in BtVS-301 GEFANGEN IN DER UNTERWELT setzte die Jugendschutzabteilung von Pro 7 an einer Stelle die Schere an. Im Endkampf gegen den Anführer jener Dämonen, die Jugendliche in Los Angeles entführen und zu ihren persönlichen Sklaven verwandeln, geraten die Beine des Dämonen-Anführers unter die Gitterstäbe eines herabstürzenden Stahltores. In der deutschen Fassung sieht diese Szene nun so aus, als hätte ihn dieses Tor erschlagen. Das deutsche Publikum sieht nicht, dass der Dämon noch lebt, Buffy nach einem Knüppel greift und das Nachtwesen erschlägt.

Warum diese Szene geschnitten wurde? Vielleicht aufgrund Buffys überraschender Kaltblütigkeit, mit der sie gnadenlos auf den an sich überwältigten Dämon eindrischt? Vielleicht aber auch nur aufgrund der rein visuellen Darstellung. Bei Schnitten ist es oft schwer, die genaue Begründung für diesen Eingriff in das künstlerische Werk des Regisseurs zu verstehen. In der Regel überwiegen jedoch die visuellen Darstellungen als Begründungen für die Schnitte – wie in BtVS-302 DIE NACHT DER LEBENDEN TOTEN. In der Geschichte über eine nigerianische Maske, die ihren Träger in einen Dämon verwandelt und die Toten wieder zum Leben erweckt, fehlen zwei Szenen: Einmal wird einem Jungen von einem Zombie das Genick gebrochen (die gesamte

Sequenz fehlt), zum Zweiten wurden aus einem Kampf zwischen Xander und einem weiteren Untoten mehrere Einzelbilder herausgeschnitten, um ihn zu entschärfen.
Kann man diese Schnitte bislang aufgrund der expliziten Gewaltdarstellungen nachvollziehen, zeigt der erste Schnitt in der dritten Episode, BtVS-303 NEUE FREUNDE, NEUE FEINDE, wie willkürlich manchmal die Schere angesetzt wird. Besagte Episode beginnt damit, dass ein neuer Vampir, Mr. Trick, in der Stadt auftaucht. Er hat Hunger und fährt mit seiner Limousine zu einem Drive-In-Restaurant, wo er sich jedoch keinen Hamburger bestellt, sondern den jungen Mann an der Kasse packt, aus dem Fenster zieht und durch das Autotürfenster in seinen Wagen zerrt. Dann gibt er Gas, und in Deutschland beginnt der Vorspann, tatsächlich aber sieht man für etwa weitere zwei oder drei Sekunden, wie die Beine des jungen Mannes aus dem Türfenster baumeln, und man hört seine Hilfeschreie, bevor sich ein schwarzes Bild über die Szenerie setzt. Warum diese Sekunden fehlen? Es wird das Geheimnis der Zensoren bleiben. Der Rest der Episode verläuft dann schnittfrei – bis zum Showdown. Beim Versuch, einen uralten Vampir, der gegen normale Holzpflöcke längst immun geworden ist, zu töten, schnappt sich Faith eine Art Riesenpflock und rammt diesen in den Körper des Nachtwesens. Die Szene als solche wurde in der Episode belassen, das Hineinrammen des Riesenpflocks aber kann man aufgrund des Herausschneidens mehrerer Einzelbilder nur erahnen.
In BtVS-304 DR. JEKYLL UND MR. HYDE ersparte Pro 7 bei der Nachmittagsausstrahlung seinen jugendlichen Zuschauern zuerst den Anblick eines zerfetzten Psychologen, etwas später dann wird Buffy von einem Vampir, der sich als Angel entpuppt, angegriffen. Diese Kampfsequenz wurde ebenso gekürzt wie die Verwandlung eines Jungen in ein Monster, wirklich bizarr aber

ist der letzte Schnitt dieser Episode, eine der wenigen übrigens, in denen Oz sich in einen Werwolf verwandelt: Oz kämpft mit dem Monster, dessen Verwandlung der deutsche Zuschauer zuvor gekürzt zu sehen bekam, und wird dabei gebissen. Zu sehen ist dieser Biss, Oz' Schrei aber wurde ausgeblendet!
Dass ausgerechnet die »Deutsche-Terroristen-jagen-Buffy-und-Cordelia-Episode« BtVS-305 DIE QUAL DER WAHL bei ihrer Erstausstrahlung ungeschnitten über den Sender ging, zeigt, wie willkürlich teilweise gearbeitet wird.
Ein Tipp: In den nächtlichen Wiederholungen läuft BUFFY generell ungekürzt!

BtVS-404
FEAR, ITSELF

US-Erstausstrahlung: 26. Oktober 1999

Regie: Tucker Gates. *Drehbuch:* David Fury. *Gaststars:* Emma Caulfield (Anya), Kristine Sutherland (Joyce Summers), Marc Blucas (Riley), Lindsay Crouse (Professor Maggie Walsh), Adam Kaufman (Parker Abrams), Marc Rose (Josh), Sulo Williams (Chaz), Walter Emanuel Jones (Edward), Adam Bitterman (Gachnar), Aldis Hodge (kostümierter Teenager), Michele Nordin (Rachel), Darris Love (Zimmernachbar), Adam Grimes (»Hummer«-Boy), Larissa Reynolds (»Geschenk«-Girl)

Songs: *Pretty Please* von Verbena (»Into the Pink«, Capitol 1999)

Giles: »Buffy, wenn es um das Töten [von Dämonen] geht ...«
Buffy: » ... spielt Größe keine Rolle.«

INHALT

Am Abend vor Halloween treffen sich Buffy und ihre Gang in Xanders Keller, um nach traditionellem Vorbild Kürbisse zurechtzuschnitzen. Alle sind mit relativ großem Enthusiasmus bei der Sache, nur Buffy wirkt in sich gekehrt und deprimiert, sie hat ihren Kürbis nicht einmal angerührt. Ihre Gedanken sind bei Parker, und sie möchte jetzt lieber alleine sein; deprimiert geht sie nach Hause.

Am nächsten Mittag in der Universitätscafeteria: Willow spricht mit Buffy über ihre Ambitionen als Wicca-Praktizierende, doch weder die Jägerin noch der hinzukommende Oz sind übermäßig begeistert von ihrem Vorhaben, eine neue Stufe magischen Wirkens zu erklimmen. Die Anwesenheit Parkers treibt Buffy aus der Cafeteria; sie ist derart niedergeschlagen, dass sie bei Giles geradezu darum bettelt, diese Nacht auf Patrouille gehen zu dürfen, und schließlich sogar ihren Psychologie-Kurs verpasst. Als sie sich nach der Stunde die Aufgaben von Professor Walsh holen will, droht diese der Jägerin an, dass sie aus dem Kurs fliegen wird, wenn sie noch eine Sitzung verpasst. Riley versucht, Buffy ein bisschen aufzumuntern, und rät ihr, zu einer der Halloween-Partys zu gehen.

Die wichtigste Party auf dem Campus findet im Haus der Alpha-Delt-Verbindung statt. Hier sind Josh und Edward, zwei ihrer Mitglieder, gerade dabei, die Räume für das an diesem Abend stattfindende »Spukhaus«-Event zu dekorieren; zu den Gimmicks gehören Plastikspinnen, ein lebensgroßes Plastikskelett und ähnliche Scherzartikel, außerdem hat Edward noch ein Buch mitgebracht, in dem sich ein Symbol befindet, das der Dekoration den letzten Schliff verpassen soll. Da das Soundsystem der Verbindung nicht gerade *state-of-the-art* ist, bitten die beiden Oz, ihnen mit seinem Equipment auszuhelfen. Als er etwas später zusammen mit Xander in das Alpha-Delt-Haus kommt, ist Chaz, ein weiteres Verbindungsmitglied, gerade dabei, das magische Symbol aus Edwards Buch auf dem Fußboden des Partyraums zu kopieren. Beim Aufbauen der Anlage verletzt sich Oz an der Hand, ein Tropfen Blut fällt auf das Symbol; daraufhin geht unbemerkt von den Anwesenden eine Art Welle durch den Boden, und eine der Plastikspinnen, die im Kreis des Symbols lag, verwandelt sich in eine Tarantel.

Buffy hat sich dann doch noch dafür entschieden, mit ihren Freunden an der Party teilzunehmen. Sie trifft sich, als Rotkäppchen verkleidet – das Kostüm hatte ihre Mutter noch auf die letzte Minute überarbeitet –, mit Xander, Willow und Oz auf dem Campus. Xander trägt einen Smoking und behauptet, James Bond zu sein, obwohl er mehr wie ein Oberkellner aussieht, Willow geht als Johanna von Orleans und trägt eine mittelalterliche Rüstung, Oz hat sich nur ein Namensschild an seine ganz alltäglichen Sachen geklebt, auf dem »God« (Gott) steht. Auf dem Weg zum Verbindungshaus begegnen sie drei maskierten, mit Gewehren ausgerüsteten Gestalten in *special forces*-Uniformen, die sie für Studenten mit einem etwas seltsamen Sinn für Kostüme halten. Zur gleichen Zeit herrscht auf der Spukhaus-Party Chaos. Die Gimmicks sind zum Leben erwacht, die Studenten irren wie wild und in Panik umher, es hat bereits Tote gegeben; einer von ihnen ist Josh, der eine Treppe heruntergestürzt ist und sich das Genick gebrochen hat. Als die Gang in dem nun wirklich heimgesuchten Haus ankommt, ist die Eingangshalle leer, doch hören sie Lärm von oben. Auf der Suche nach den Partygästen taucht plötzlich eine große Spinne auf Willows Schulter auf, dann werden sie von einem ganzen Schwarm von Fledermäusen attackiert, die urplötzlich verschwinden; zurück bleibt nur eine Plastikattrappe, die ihnen eindeutig sagt, dass hier etwas nicht stimmt.

Inzwischen ist auch Anya am Alpha-Delt-Haus angekommen; sie hatte sich hier mit Xander verabredet, doch die Eingangstür des Hauses ist verschwunden. Sie tritt ein paar Schritte zurück und sieht an einem der oberen Fenster ein völlig verängstigtes Mädchen, das verzweifelt um Hilfe schreit. In diesem Moment beginnt sich die Außenwand des Hauses auszudehnen, das Fenster verschwindet. Aus Sorge um Xander eilt Anya zu Giles und bittet ihn um Hilfe. Die Dinge im Haus stehen nicht sehr gut, die Gang hat sich zerstritten, denn Willow will nicht mehr immer nur die Befehle Buffys ausführen und schlägt stattdessen vor, eine Macht heraufzubeschwören, die ihnen den Weg weisen könnte. Daraufhin trennen sich die vier. Xander folgt Buffy, doch wird er plötzlich unsichtbar für sie. Oz hat sich Willow angeschlossen, die immer noch mit Buffy hadert, als er plötzlich beginnt, sich in einen Werwolf zu verwandeln – und das, obwohl doch gar nicht Vollmond ist. Um Willow nicht zu gefährden, verlässt er sie, aber nicht ohne sie noch vorher an einer Hand leicht zu verletzen. Da sie den anderen unbedingt helfen will, wendet Willow Magie an: Tatsächlich erscheint ein kleines, an ein Glühwürmchen erinnerndes grünes Licht, das sich aber bald in eine Vielzahl von Lichtern spaltet. Diese Lichtpunkte fliegen um Willow herum und nehmen ihr endgültig jede Chance der Orientierung. In einem anderen Raum beklagt Xander sein Schicksal, denn niemand sieht ihn, außer der lebendig gewordenen Attrappe eines verwesenden Schädels. Währenddessen tritt Buffy durch eine Tür und stürzt in den Keller; dort taucht auf einmal der tote Josh auf und sagt ihr, dass alle Menschen sie immer wieder verlassen werden. Plötzlich bricht der Boden auf, und die herauskommenden Zombies versuchen die Jägerin festzuhalten. Sie kann sich befreien und in einen anderen Raum fliehen. Nun findet sie sich auf dem Dachboden – dem Partyraum der Verbindung –

wieder und trifft hier auf alle anderen. Oz ist kein Werwolf mehr, die grünen Lichter verfolgen Willow nicht länger, und Xander wird wieder von allen gesehen und gehört.
In der Zwischenzeit ist Giles zusammen mit Anya an dem Alpha-Delt-Gebäude angekommen. Mit Hilfe einer Kettensäge verschafft er sich Zutritt zu dem Haus und bahnt sich und Anya so den Weg bis ins Dachgeschoss; doch die Wände und Türen verschließen sich wie von Geisterhand bewegt wieder hinter ihnen. Willow hat das Symbol auf dem Fußboden des Partyraums als Zeichen Gachnars, des Dämons der Angst, erkannt. Giles zeigt Buffy eine Abbildung Gachnars und liest dann aus einem Dämonologie-Buch vor, wie Gachnar auszuschalten ist. Nur handelt Buffy übereilt und bringt den noch nicht manifest gewordenen Dämon in unsere Welt, indem sie sein Symbol zerstört. Nun hat dieses Monster der Furcht einen großen Auftritt, der schreckliche Erwartungen weckt, in Wirklichkeit aber nur eine große Show ist: Gachnar ist ein etwa 15 Zentimeter großer Dämon, den Buffy mit einem Fußtritt wie Ungeziefer zerquetscht.

KOMMENTAR

Die ersten drei Staffeln von BUFFY zeichnet jeweils ein gemeinsamer Grundton aus: Jede einzelne Folge variiert eine Stimmung, die so etwas wie einen Zusammenhalt innerhalb der Season herstellt. Im vierten Jahr der Serie, das auch eine Art von Neubeginn darstellt, gibt es diesen einheitlichen Ton nicht mehr. Die Gemeinsamkeit der Folgen, besonders im ersten Drittel der Staffel, liegt gerade in ihrer emotionalen Disparität. Die Gefühle und Stimmungen, die eine einzelne Episode bestimmen, fügen sich nicht wirklich zusammen. Zum Teil sehr unterschiedliche Haltungen stehen unverbunden, wenn nicht sogar unversöhnlich nebeneinander. Die Entwicklung, die die einzelnen Figuren nehmen werden, und die Richtung, in die sich die ganze Serie im weiteren Verlauf bewegen wird, sind noch nicht abzusehen. So wirkt BUFFY – IM BANN DER DÄMONEN auf der einen Seite nun noch düsterer als in den vorangegangenen Jahren. Auf der anderen Seite gewinnt der Humor in der vierten Staffel wieder an Bedeutung: Der Ernst der dritten Season weicht einer Neigung zu Ironie und Gags, die der zunehmenden Verdunkelung des BUFFY-Universums zuwiderläuft.

Diese merkwürdige Mischung aus Horror und Humor, wahrem Schrecken und darüber erhabener Ironie, die schon BtVS-402 LIVING CONDITIONS kennzeichnete und ein atmosphärisches Gleichgewicht innerhalb der Episode unmöglich machte, herrscht auch in dieser vierten Folge der Staffel vor. Man weiß nie so richtig, wie man nun auf die jeweiligen Szenen und Situationen reagieren soll, denn man kann gewiss sein, dass eine etablierte Haltung – wenn nicht noch in der gleichen Szene, so doch auf jeden Fall im weiteren Verlauf – gebrochen werden wird. Regisseur Tucker Gates und Drehbuchautor David Fury treiben beinahe so etwas wie ein Spiel mit dem Zuschauer: Sie bauen Erwartungen auf, um sie dann mit einem gewissen Augenzwinkern nicht zu erfüllen oder zumindest nicht so zu erfüllen, wie man es erwartet hätte; schon die erste Einstellung von FEAR, ITSELF arbeitet mit dieser Strategie.

Der Blick der Kamera richtet sich durch die Augen eines für Halloween zurechtgemachten Kürbisses und fällt dabei auf Xander, der ein elektrisches Messer in der Hand hält, dazu hören wir auf dem Soundtrack einige Takte aus der überaus berühmten Titelmelodie von John Carpenters HALLOWEEN – DIE NACHT DES GRAUENS (HALLOWEEN, USA 1978). Schon dieser Einstieg in die zweite Halloween-Folge der Serie beschwört ein ganzes Spektrum von Assoziationen und Empfindungen herauf und lässt einen amüsiert, aber auch ein bisschen verunsichert zurück. Über die Musik wird eine deutliche Verbindung zu Carpenters Klassiker des Slasher-Kinos geschaffen. Doch das Verhältnis, das hier zwischen der Folge und dem Film etabliert wird, ist alles andere als eindeutig. Die wenigen Takte aus Carpenters Score beschwören eine Atmosphäre des Schreckens herauf, die in keiner Weise mit dem korrespondiert, was wir sehen. Der Blick auf Xander mit dem elektrischen Messer hat nichts Bedrohliches, sondern wirkt vielmehr parodistisch. Zu Halloween (dem Feiertag und dem Film) gehört der wahnsinnige Killer mit dem Messer, so will es die Konvention. Die ihr inhärente Lächerlichkeit wird hier auf die Spitze getrieben: Xander ist der »Wahnsinnige«, sein »Opfer« ein Kürbis. Aber dieser Anfang ist mehr als nur Ironie, mehr als nur eine Persiflage auf ein Genre, zu dem BUFFY eine Gegenwelt erschaffen hat. Denn auch wenn das Objekt des Blickes, Xander, die von der Musik aufgebaute Erwartung konterkariert, bleibt noch der Blick selbst: Er kommt aus dem Inneren des Kürbis und richtet sich auf die Welt um ihn herum. Was wie ein Effekt, wie ein Scherz wirkt, ist in gewisser Weise tiefster Ernst. In der Anfangs-/*credit*-Sequenz von HALLOWEEN, die untermalt wird von John Carpenters hier zitierter Titelmusik, nähert sich ein von einer Kerze von innen heraus erleuchteter Kürbis langsam und stetig der Kamera. Er kommt immer näher, bis er sie scheinbar verschluckt. Der Weg des Films führt also ins Innere des Kürbisses, in dem der reine Schrecken wohnt. Insofern bekommt diese erste Einstellung von FEAR, ITSELF sehr wohl einen äußerst bedrohlichen Unterton. Im Innern des Kürbisses lebt eine Kraft, freigesetzt durch Xanders Bearbeitung, die nun auf die Gang blickt und ihr Leben im folgenden gehörig in Unordnung bringen wird. Für das Wirken Gachnars ist zwar das von den Verbindungsmitgliedern als Dekoration kopierte Symbol verantwortlich, doch auch

schon vorher existiert eine Form von Macht, die im engen Zusammenhang mit den Ritualen Halloweens steht.
Diese Gleichzeitigkeit von Ironie und tieferer Bedeutung zieht sich durch die gesamte Folge und erreicht ihren Höhepunkt in der Auflösung der Geschichte. Gachnar, der vorher so viel Schrecken verbreitet hat, dem es sogar gelungen ist, die Gang völlig auseinander zu bringen, entpuppt sich als Winzling, als ein Dämon, den man nur verspotten kann, so wie es Xander macht – wenn dies nicht wieder ein gewisser Anstand verbieten würde. Fury und Gates haben mit der gesamten Sequenz, die in dem von dem Dämon der Furcht kontrollierten Haus spielt, eine wahre *tour de force* des Schreckens geschaffen, so nah an reinem Terror wie hier ist BUFFY nur sehr selten. Aber das Erscheinen Gachnars nimmt einiges von dem Schrecken wieder weg. Viel Lärm um nichts oder zumindest sehr wenig, so könnte man – vom Schluss aus betrachtet – die Ereignisse in FEAR, ITSELF beschreiben. Fury und Gates machen uns Angst, um dann mit Augenzwinkern alles wegzuwischen; der Schrecken löst sich in einem Lachen auf. Die in der Folge angelegte Ambivalenz zwischen Horror und Komik, die eben nicht nur diese Episode prägt, sondern beinahe so etwas wie ein Markenzeichen großer Teile der vierten Staffel ist, wird zur Strategie erhoben, aber trotz allem hinterlässt sie doch auch einen sehr ambivalenten Eindruck.
Die Strategie hinter FEAR, ITSELF nimmt dem Zuschauer jegliche Sicherheit, hinter dem Schrecken kann sich Komik verbergen, hinter der Komik das Grauen. Ein Schwebezustand entsteht, der einen jede Situation immer wieder neu bewerten lässt. Die Ungewissheit im Zuschauer entspricht dabei in gewisser Weise dem Innenleben der Figuren: Sunnydale war zwar nie ein Ort, an dem Jugendliche gut behütet, vor allen Gefahren der Welt beschützt, aufwachsen konnten, doch die Schule und damit alles

das, was zum Leben eines Schülers gehört, hat den Mitgliedern der Gang eine gewisse Sicherheit gegeben. Ihr Leben verlief, genau wie das jedes typischen Teenagers auf der Welt, in einigermaßen geregelten Bahnen. Mit dem Ende der Schulzeit endet eben auch die Ordnung, die automatisch mit ihr einhergeht. Nun sind Buffy, Willow, Xander und Oz frei, ein neuer Abschnitt hat begonnen, ein Abschnitt, in dem die Eigenverantwortung viel höher ist als noch in der Schulzeit. Aus dieser Situation ergibt sich ein neues und zumindest für eine gewisse Zeit durchaus problematisches Lebensgefühl für die Mitglieder der Gang. Alles, was sie nun erleben, hat eine ganz andere Wirkung. Die Freiheit, die sie mittlerweile besitzen und die in erster Linie eine größere Verantwortung bedeutet, wirkt wie ein Verstärker, der sie jede Kleinigkeit viel intensiver erleben lässt. So entsteht eine Art von emotionaler Unsicherheit, marginale Ereignisse können genauso wie einschneidende Erlebnisse eine ungeheure, ihnen gar nicht angemessene Bedeutung erhalten. Daraus resultiert auf der einen Seite eine Form von Komik – Unwichtiges erscheint überproportioniert und reizt damit zum Lachen –, auf der anderen Seite aber auch eine extreme Dramatik.
Doch obwohl das Konzept der Ambivalenz der Empfindungen, die von dieser und auch anderen Folgen im Zuschauer ausgelöst werden, zu der Entwicklung passt, die von den Charakteren der Serie durchgemacht wird, wirft es letztlich nicht unerhebliche Probleme auf. Die Tatsache, dass die Ambivalenz gewollt ist, ändert nichts daran, dass die einzelnen Episoden durch die ständigen Stimmungswechsel uneinheitlich wirken. Das Erscheinen des Dämons, der plötzlich nur mehr ein Witz, eine armselige, lächerliche Figur ist, zerstört vieles von der Atmosphäre, die FEAR, ITSELF über weite Strecken aufgebaut hat. Daran ändert auch das Wissen nichts, dass Fury und Gates hier einen *der* Klassiker

der amerikanischen Kultur, den »Zauberer von Oz«, zitieren. Auch dieser Zauberer spielt den Bewohnern von Oz etwas vor, er erweckt in Victor Flemings Verfilmung DER ZAUBERER VON OZ (THE WIZARD OF OZ, USA 1939) gerade auch durch eine tiefe Stimme, die gar nicht seine eigene ist, einen Eindruck von Macht und Bedrohlichkeit. Doch am Ende – seine Maskerade ist aufgedeckt worden – entpuppt er sich als kleiner Mann, dessen ganze Macht auf nichts anderem basierte als dem Anschein, den er erweckt hat.

Die Gang hält immer noch zusammen, ist aber zugleich permanent von Auflösung bedroht; diese Ambivalenz innerhalb der Konstellation von BUFFY ist eines der entscheidenden Merkmale in der ersten Hälfte der vierten Staffel. Es hat zwar immer Konflikte zwischen einzelnen Mitgliedern der Gang gegeben, ihre Freundschaft ist auch in den vorhergehenden Seasons ständig auf die Probe gestellt worden, doch nun entwickelt sich das Leben der vier in jeweils verschiedene Richtungen, so dass ihre Freundschaft beinahe automatisch bei jeder Gelegenheit aufs Äußerste belastet wird. Wie weit Buffy, Willow, Xander und Oz sich in ihrer Entwicklung voneinander entfernt haben, offenbart sich dabei zum ersten Mal in seinem ganzen Ausmaß in dieser Folge: Wenn die vier Freunde durch das von Gachnar besessene Haus irren, kommen die Abgründe zwischen ihnen, die ihre Freundschaft überwinden muss, sehr deutlich zum Vorschein; jeder von ihnen ist in einer eigenen Welt gefangen, die ihn von den anderen trennt.

Mit der unzeitgemäßen Verwandlung von Oz in einen Werwolf beginnt ein Handlungsbogen, der schließlich in den Ereignissen von BtVS-406 WILD AT HEART gipfelt. Oz' Lykanthropie bekommt nun eine etwas andere Bedeutung. Zwar stand sie immer schon für eine wilde, ungezügelte Seite der menschlichen Existenz, die jeder Einzelne in mehr oder weniger starkem Maß besitzt und dementsprechend kontrollieren muss, nun aber wird sie zum Inbegriff des Zerstörerischen im Menschen: Oz sieht sich selbst als Gefahr für alle anderen. Seine Angst, sich zu verwandeln, auch wenn kein Vollmond ist, spiegelt eine über das Motiv der Lykanthropie weit hinausgehende Angst. Oz wird in seiner Beziehung zu Willow zur Verkörperung der Menschen, die wie von einem inneren Zwang geleitet stets kurz davor sind, jede ihrer Beziehungen zu zerstören.

Im Verhältnis zwischen Buffy und Willow kommt durch Gachnars Einfluss ein schwelender, in den vorherigen Jahren angedeuteter Konflikt zum Ausbruch. Buffy ist (durch ihre Kräfte) eine dominierende Persönlichkeit, von der Willow sich immer wieder unterdrückt fühlt. In gewisser Hinsicht belastet Willow genauso wie Xander ein Gefühl der Minderwertigkeit, das bei ihr aber nicht in Unsichtbarkeit gipfelt, sondern sie zu Entscheidungen und Handlungen treibt, bei denen sie jegliches Maß verliert. Sie rebelliert gegen Buffy wie gegen eine Mutter oder ältere Schwester und macht dadurch auch für sich selbst gefährliche Fehler.

Eine der auffälligen Entwicklungen innerhalb der ersten Folgen der vierten Staffel ist, dass Buffy zum Teil doch sehr unsympathische Charakterzüge entwickelt. Ihre besondere Stellung, ihr Auserwähltsein brachte auch schon früher eine gewisse Neigung zum Egoismus und zur Egomanie mit sich, doch nun bricht diese Seite Buffys immer offener hervor. Insofern schafft Buffys Verhalten gegenüber Willow hier eine Verbindung zu den Ereignissen von LIVING CONDITIONS. Im Prinzip meint sie es zwar gut, wenn sie Willow davon abrät, mit Zauberformeln und Magie zu experimentieren, nur hat ihr Auftreten dabei etwas extrem Autoritäres. Sie muss erst noch lernen, die Fähigkeiten und die Belastbarkeit der anderen, die zwar nicht ihre Superheldenkräfte, dafür aber eine ganz eigene Stärke und Kraft besitzen, richtig einzuschätzen; auch muss sie sich stärker in die Gruppe integrieren, vor allem weil sie sich von den Wächtern und ihrer Organisation, dem *Council*, losgesagt hat und nun nur mehr ihre Freunde hat.

Insgesamt betrachtet ist FEAR, ITSELF zwar eine faszinierende, aber auch eine ziemlich zwiespältige Episode. Die Art und Weise, in der die Realität werdenden Ängste auf die latent vorhandenen Spannungen in der Gang verweisen, verleiht ihr eine Dichte und Tiefe, die dem von Gachnar ausgelösten Schrecken eine weitere Dimension verleiht. Nur kann auch das nicht darüber hinwegtäuschen, dass die Folge im Prinzip keine eigene Idee enthält, Fury und Gates haben sie vielmehr aus verschiedenen Elementen früherer Episoden zusammengesetzt. Ihre Technik hat dabei etwas von einem Baukastenprinzip: Die Grundidee der Realität werdenden Ängste stammt aus BtVS-110 DIE MACHT DER TRÄUME, nur dass es da Albträume waren, die plötzlich die Wirklichkeit veränderten und diese langsam übernahmen. Auch dem der Serie völlig eigenen Halloween-Mythos fügt diese Folge nichts hinzu, was wir nicht schon aus BtVS-206 DIE NACHT DER VERWANDLUNG wussten. Außerdem erinnert die Erfahrung, die Xander macht, als er plötzlich für Buffy unsichtbar ist, deutlich an die in BtVS-111 AUS DEN AUGEN, AUS DEM SINN entwickelte Variation des alten Horrormotivs vom unsichtbaren Menschen. Fury und Gates verbinden zwar all diese Ideen zu einer schlüssigen Einheit, nur trübt die Nähe zu diesen früheren Folgen den Eindruck, den FEAR, ITSELF hinterlässt, doch etwas.

Gesamtbewertung: ●○○
Humor: ★★★
Horror: ☠☠☠
Action: ⌻⌻⌻

BtVS-405
BEER BAD

US-Erstausstrahlung: 2. November 1999

Regie: David Solomon. *Drehbuch:* Tracey Forbes. *Gaststars:* Adam Kaufman (Parker), Marc Blucas (Riley), Lindsay Crouse (Professor Maggie Walsh), Paige Moss (Veruca), Eric Matheny (Anführer der Höhlenmenschen), Stephen M. Porter (Jack, der Pub-Besitzer), Kal Penn (Hunt, einer der Höhlenmenschen), Jake Phillips (Kip, einer der Höhlenmenschen), Bryan Cuprill (Roy, einer der Höhlenmenschen), Lisa Johnson (Paula, Verbindungsstudentin), Joshua Wheeler (Fahrer des Unfallwagens), Patrick Belton (College Kid 1), Kaycee Shank (College Kid 2), Steven Jang (College Kid 3), Cameron Bender (Stoner)

Songs: *Overfire* von THC (»Adagio«, Brain Surgery Music, 1999) [THC ist die Band, die tatsächlich spielt, wenn wir Shy auf der Bühne des *Bronze* sehen], *Lady Fingers* von Luscious Jackson (»Electric Honey«, Capitol, 1999), *Nothing but you* von Kim Ferron (»BtVS Soundtrack«, TVT Records, 1999)

Anführer der Höhlenmenschen: »Bier. Wäre die allererste Form von Moral unter dem Einfluss von Bier entwickelt worden, gäbe es weder ›Gut‹ noch ›Böse‹. Es gäbe nur ›Nett‹ und ›Ziemlich cool‹. Alles wäre ganz anders.«

INHALT

Buffy kämpft auf dem Friedhof gegen einen Vampir, als Parker hinzukommt. Sie weist ihn an, sich zu verstecken, aber da ist es schon zu spät, zwei weitere Vampire ergreifen ihn. Buffy gelingt es allerdings, die drei Untoten zu überwältigen und in Staub zu verwandeln. Der gerettete Parker bedankt sich bei der Jägerin und bittet sie für das, was er ihr angetan hat, um Verzeihung. Genau in diesem Moment schreckt Buffy aus diesem Tagtraum auf, der einfach zu schön ist, um wahr zu sein. Sie befindet sich in der Klasse von Professor Walsh, die gerade eine Vorlesung über Es, Ich und Über-Ich hält. Ein paar Reihen vor Buffy sitzt Parker und flirtet mit einer Kommilitonin.

Etwas später auf dem Campus. Xander setzt sich zu Buffy und Willow und erzählt ihnen, dass er einen Job als Barkeeper in dem Pub auf dem Universitätsgelände angenommen hat. Die beiden sind darüber bei weitem nicht so enthusiastisch wie er selbst, allerdings hört Buffy ihm auch nicht sehr interessiert zu. Der Jägerin gelingt es einfach nicht, über Parker wegzukommen, um den immer noch fast jeder ihrer Gedanken kreist. Da Willow an diesem Abend ein Date mit Oz im *Bronze* hat, schaut Buffy bei Xander im Pub vorbei. Dort läuft sie als Erstes in Riley hinein. Sie unterhält sich mit ihm über Parker, der mit dem Mädchen aus der Psychologievorlesung in einer der Nischen sitzt. Von Riley erfährt die Jägerin alles über Parkers Ruf als notorischer Frauenheld.

Xander muss in der Zwischenzeit feststellen, dass der Job als Barkeeper bei weitem nicht so glamourös ist, wie er sich das ausgemalt hatte. Die Kunden sind ungeduldig und zum Teil mehr als arrogant. Als er von einem besonders unverschämten Studenten den Ausweis fordert, um zu sehen, ob er überhaupt schon Bier bestellen darf, weist ihn Jack, der Besitzer des Pubs, zurecht. Er soll das Bier einfach ausschenken. Als Xander wenig später versucht, Buffy etwas zu trösten, fordert Jack ihn zur Arbeit auf. Daraufhin will Buffy die Bar verlassen, wird aber von vier Studenten aufgehalten, die sie einladen, mit ihnen Bier zu trinken.

Ein Angebot, das die Jägerin gerne annimmt, schließlich hat Parker das Pub gerade mit einer anderen verlassen.
Auch Willows Abend ist alles andere als ein Vergnügen: Im *Bronze* spielt in dieser Nacht die Band Shy, deren Sängerin Veruca es offenbar Oz sehr angetan und die selbst ein Auge auf ihn geworfen hat. Am nächsten Morgen will Willow der Jägerin vom letzten Abend erzählen, doch die ist überhaupt nicht bei der Sache. Buffy sitzt vor dem Fernseher und benimmt sich wie ein kleines Kind, ihr merkwürdiges Verhalten setzt sich dann im Kurs von Professor Walsh fort. Zuerst macht Buffy mit einer unsinnigen Wortmeldung auf sich aufmerksam, dann reißt sie einem Mädchen, das vor ihr sitzt, ein Sandwich aus der Hand und verschlingt es regelrecht. Zur gleichen Zeit ist jemand in einer Art Laboratorium dabei, eine chemische Substanz herzustellen, die er dann in ein Bierfass der Marke »Black Frost« tropfen lässt. Diese Sorte war es auch, die Buffy am Abend zuvor mit den vier Studenten getrunken hat.
Am Abend. Oz fragt Willow, ob sie mit ihm ins *Bronze* gehen will. Shy spielt wieder, und Veruca hat ihn eingeladen, mit ihnen zusammen aufzutreten. Willow ist von dieser Idee nicht begeistert und gibt vor, lieber lernen zu wollen. Buffy ist wieder im Pub und macht zusammen mit ihren vier neuen Freunden da weiter, wo sie am vorherigen Abend aufgehört haben. Xander beobachtet sie, während sie ein Bier nach dem andern runterkippt. In der Zwischenzeit ist Willow ins Grotto gegangen. Dort sieht sie Parker und konfrontiert ihn damit, dass er Buffy durch sein Verhalten völlig aus der Bahn geworfen hat. Er rechtfertigt sich, indem er die romantische Vorstellung angreift, dass eine Nacht der Leidenschaft immer gleich eine feste Beziehung nach sich ziehen müsse. Zugleich beteuert er aber auch, dass er Buffy nicht verletzen wollte.

Im Pub ist Xander damit beschäftigt, die Jägerin zum Gehen zu bewegen, was ihm schließlich auch gelingt. Mit den vier anderen Biertrinkern hat er allerdings mehr Probleme: Er kassiert zwar ein ziemlich hohes Trinkgeld, denn die vier wissen nun schon gar nicht mehr, was um sie herum passiert, aber als einer von ihnen verwandelt von der Toilette zurückkommt – er sieht aus wie ein Höhlenmensch –, gerät die Situation außer Kontrolle. Der Neandertaler schlägt Xander nieder. Zunächst sind seine drei Freunde darüber noch etwas entsetzt, doch dann mutieren auch sie. Nachdem Xander wieder zu sich gekommen ist, kann er die vier mit seinem Feuerzug aus dem Pub vertreiben. Daraufhin will er Jack über die Vorkommnisse informieren, doch der ist alles andere als überrascht, schließlich ist er für die Regression der Trinker verantwortlich. Nachdem er Jahre lang von Generationen von Studenten schlecht behandelt worden ist, will er sich nun rächen. Von seinem Schwager, einem Zauberer, hat er die Formel für eine Substanz bekommen, die er unter das Bier gemischt hat. Er versichert dem aufgebrachten Xander, dass der Effekt dieses Mittels höchstens ein paar Tage anhalten würde. Vor lauter Sorge um Buffy stürzt Xander aus dem Pub.
Die vier Höhlenmenschen ziehen durch die Straßen, klettern auf Bäume, durchwühlen Müllkörbe, kämpfen teils spielerisch, teils aber auch durchaus ernst miteinander. Einer von ihnen rennt schließlich auf die Straße und wird von einem Auto angefahren. Als der Fahrer aussteigt und die anderen drei sieht, flüchtet er, so schnell es geht; daraufhin stürzen sie sich mit Knüppeln auf das Auto und demolieren es. Als zwei Studentinnen vorbeikommen, verfolgen sie die beiden. Zwischenzeitlich versucht Parker im Grotto, Willow durch seine sanfte und verständnisvolle Art zu verführen. Gerade als sie ihn abblitzen lässt, stürmen die »Neandertaler« mit den zwei Mädchen, die sie überwältigt haben,

in die Bar. Außer Parker und Willow können alle anderen Gäste fliehen.
Xander erreicht zusammen mit Giles, den er um Hilfe gebeten hat und der ihm nun Vorwürfe macht, weil er der Jägerin Bier verkauft hat, das Zimmer von Buffy. Sie sieht zwar noch nicht aus wie ein Steinzeitmensch, benimmt sich aber so. Die Versuche von Giles und Xander, sie zu beruhigen, schlagen fehl. Verrückt nach Bier verlässt sie das Wohnheim. Der ehemalige Wächter und Xander trennen sich und suchen nach der Jägerin, bevor etwas passieren kann. Als Xander Buffy auf der Straße entdeckt, riecht sie plötzlich Feuer und entdeckt, dass es im Grotto brennt. Die vier Höhlenmenschen haben dort ein Feuer angezündet, das außer Kontrolle geraten ist. Buffy stürmt in die Bar und ist erst einmal ratlos, doch als sie die bewusstlose Willow am Boden entdeckt, übernimmt ihr besonders ausgeprägter Überlebensinstinkt die Kontrolle über sie und lässt sie endlich handeln; sie springt über die Flammen hinweg und öffnet ein schmales Fenster, durch das ein Mensch so gerade aus der Kellerbar auf die Straße kriechen kann. Die vier »Neandertaler« und die beiden von ihnen »entführten« Mädchen fliehen aus eigener Kraft ins Freie, Willow wird von Buffy durch das Fenster nach draußen geschoben, wo sie von Xander in Empfang genommen wird; daraufhin kehrt die Jägerin noch einmal in die Flammen zurück. Mit einem Knüppel in der Hand geht sie zu dem gerade zu sich gekommenen Parker und schlägt ihn nieder, dann greift sie sich ihn und schleppt auch ihn in die Freiheit. Während die Feuerwehr mit den Löscharbeiten beschäftigt ist, hat Xander die vier »Brandstifter« in einen Jeep eingesperrt. Parker kommt zu Buffy, und ihr Tagtraum wird wahr. Er bittet sie um Vergebung. Für einen kurzen Moment zögert die Jägerin, dann schlägt sie ihn noch einmal mit dem Knüppel nieder.

KOMMENTAR

Das Ausscheiden von Angel, der High-School-Abschluss der Gang und die Vernichtung des Bürgermeisters am Ende der dritten Staffel haben, wie bereits erwähnt, eine Art von Vakuum hinterlassen. Insofern stehen die ersten Folgen der vierten Staffel vor einer ziemlich schwierigen Aufgabe: Sie müssen dieses Vakuum füllen und der Serie eine neue Richtung geben. Dabei ist BUFFY in den ersten vier Folgen in einen seltsamen Zwiespalt geraten: Auf der einen Seite ist ihr Ton schon eine Spur düsterer, erwachsener – wenn man so will – geworden. Dies passt natürlich dazu, dass die Gang nun nicht mehr die Schule besucht und ein neuer Abschied in ihrem Leben begonnen hat, den man normalerweise mit einer gewissen Form von Erwachsensein verbindet. Auf der anderen Seite haben beinahe alle bisherigen Episoden einen relativ großen komischen Anteil. Es ist fast so, als ob die Autoren und Regisseure dieser Folgen vor dem Ernst, dem Düsteren ihrer Geschichten zurückschrecken, als wenn sie, um auf keinen Fall Publikum zu verlieren, die Veränderungen, die die Serie und ihre Charaktere natürlich durchmachen müssen, durch die Komik überspielen wollen.

Diese seltsame Strategie erreicht mit BEER BAD ihren Höhepunkt: Eine durchaus ernste Geschichte verschwindet völlig hinter einer Art von *camp*-Humor, der alles so weit ironisiert, bis man glaubt, dass die Macher der Episode selbst ein bisschen zu viel »Black Frost«-Bier (diese Marke gibt es übrigens in Wirklichkeit nicht) getrunken haben. Diesem Eindruck entsprechen auch die amerikanischen Reaktionen auf die Folge. Wenn man sich ein bisschen auf den BUFFY-Seiten im Internet und in den einschlägigen *newsgroups* umsieht, wird man in erster Linie auf Verrisse stoßen, die zudem meist noch sehr heftig ausfallen. Es gibt zwar auch ein paar Fans der Serie, die diesen Ausflug in das Reich des *camp* vehement verteidigen, diese aber sind hoffnungslos in der Unterzahl. Wie in den meisten Fällen scheint allerdings auch hier ein gemäßigter Mittelweg die beste Lösung in der Bewertung von BEER BAD zu sein. Dabei geht es nicht darum, eine schwache Folge schönzureden. Es ist vielmehr so, dass Extreme dieser Episode nicht gerecht werden können.

Den großen gedanklichen Zusammenhang, in dem BEER BAD zu sehen ist, breitet Tracey Forbes selbst in der *pre-credit*-Sequenz der Folge aus. Die Vorlesung, die Professor Walsh über die Zusammenhänge von »Es«, »Ich« und »Über-Ich« hält, liefern uns den Schlüssel zu den späteren Ereignissen quasi auf einem silbernen Tablett. Schon darin liegt natürlich ein Problem: Es geht alles zu gut auf. Natürlich gibt es durchaus Synchronizitäten, etwas, das man liest oder das einem jemand in Form einer Vorlesung oder eines Seminars näher bringt, kann die Sicht auf die Welt und bestimmte Ereignisse für eine gewisse Zeit so stark prägen, dass man überall Verbindungen zu diesen neuen Erkenntnissen sieht. Doch dieser natürliche Prozess wird hier überstrapaziert, weil den Figuren gar nicht auffällt, wie groß der Zusammenhang zwischen Professor Walshs Ausführungen und ihrem eigenen Leben ist. Die Vorlesung zu Beginn ist nur für uns, die Zuschauer, gedacht. Wir bekommen ein Rüstzeug an die Hand, damit wir das nun Folgende auch wirklich verstehen. Allerdings sind die Hintergründe der Verwandlung von Buffy und vier weiteren Studenten nicht so komplex, dass ohne die einführenden Worte von Professor Walsh die Episode unverständlich geblieben wäre.

Die Ausführungen von Professor Walsh beziehen sich auf einen Teil von Freuds Theorien zur Psychoanalyse, der zur Grundlage sehr vieler psychologischer und psychoanalytischer Ideen geworden ist und heute als gedanklicher Ansatz praktisch als Allgemeingut gilt. Die Freudsche Psychoanalyse unterscheidet zwischen drei Instanzen des psychischen Apparates: dem Es, dem Ich und dem Über-Ich. Das Es bezeichnet das Unbewusste, den Teil unseres Wesens, der nicht vom Bewusstsein kontrolliert werden kann. Aus ihm heraus erwachsen unsere Triebe und Ängste, die erst dann in ihre Schranken verwiesen werden können, wenn sie an die Oberfläche des Bewusstseins kommen. Diese Oberfläche ist – wenn man so will – das Ich. In der Psychoanalyse ist das Ich der Teil unserer Seele, der uns als Individuum definiert. Er ist zuständig für die bewussten Ich-Funktionen, das heißt für unsere Wahrnehmung, unsere Empfindungen, unsere Gedanken und für jede Form von Planung und Lernen. Seine Aufgabe besteht darin, einen Ausgleich zwischen den unbewussten Instanzen unserer Psyche, dem Es und dem Über-Ich, herzustellen. Unter dem Über-Ich versteht die Freudsche Psychoanalyse die Summe aller verinnerlichten Normen und Werte, in ihm bündeln sich die Forderungen der sozialen Umwelt, die sowohl moralischer Natur sein können als auch Ausdruck von Ansprüchen, die das Umfeld an ein Individuum und seine Entwicklung stellt. Es verursacht Selbstkritik, Selbstverurteilung und Reue, es kann sich aber auch in Anerkennung äußern, die man seinem eigenen Handeln zollt. Die formativen Jahre des Über-Ichs sind die ersten der Kindheit, in denen man zum Teil ausgesprochen, meist aber unausgesprochen mit den Regeln und Erwartungen der Umwelt konfrontiert wird, die dann verinnerlicht werden. Allerdings entwickelt sich das Über-Ich immer weiter, jeder neue Einfluss schlägt sich in ihm nieder.

Neben diesen drei Instanzen der Seele führt Professor Walsh mit dem »Lustprinzip« noch einen weiteren Begriff aus den Freudschen Theorien ein, der im Verlauf der Handlung eine Bedeutung haben wird. Das Lustprinzip ist in der Psychoanalyse in erster Linie an die Libido, den Teil des Unbewussten, der sexuelle Lust hervorruft, gebunden. Wer nur nach ihm handelt, wird immer versuchen, unkontrolliert seine spontane Lust (nicht nur im sexuellen Bereich) zu befriedigen. Dem Lustprinzip steht allerdings nach Freud das Realitätsprinzip gegenüber, das den Normen und Erwartungen der gesellschaftlichen Realität, also der sozialen Umwelt des Individuums, Rechnung trägt und versucht, das vom Lustprinzip bestimmte Handeln zu kontrollieren.

In Prinzip erklären sich aus dieser Konzeption Freuds sämtliche Einzelheiten der auf die Vorlesung von Professor Walsh folgenden Ereignisse. Die einzelnen Stränge der Geschichte und die Handlungen der Figuren illustrieren die psychoanalytischen Theorien in einer Form, in der alles eins zu eins aufgeht. Die magische Ingredienz des Bieres schaltet offensichtlich das Ich und auch das Über-Ich aus; zurück bleiben Höhlenmenschen, die nur vom Es geleitet werden und deren Handlungen nur dem Lustprinzip entspringen. Eine hierfür typische Situation ergibt sich im Hörsaal, als Buffy das Sandwich einer Kommilitonin an sich reißt und verschlingt. Der Impuls zu essen wird nicht mehr vom Bewusstsein kontrolliert: Sie verspürt Lust auf das Sandwich, nimmt es sich, verschlingt es und befriedigt diese Lust. Allerdings ergibt sich ein gewisses Problem mit der durch das Bier verursachten Regression. Das Mittel des schwarzen Magiers verursacht eine völlige Herrschaft des Es, nur warum entwickeln sich diejenigen, die von ihm getrunken haben, in »Neandertaler«? Die Gleichsetzung des Höhlenmenschen mit einem Individuum, das weder Ich noch Über-Ich besitzt, ist eine Spur zu einfach. Natürlich hat sich mit der Entwicklung der Zivilisation auch das Über-Ich immer weiter ausgebildet, die Regeln, die es verinnerlicht, sind immer komplexer und vielfäl-

tiger geworden. Doch das Ich als bewusster Teil der menschlichen Existenz muss auch schon in der Psyche des »Neandertalers« zum Tragen gekommen sein.
Ein Blick auf den zweiten Handlungsstrang, der die Geschichte zwischen Buffy und Parker (siehe hierzu auch den Kommentar von BtVS-403) zu einem Ende bringt, offenbart die Ideologie, die hinter der Verwandlung der Bier trinkenden Studenten steht. Im Prinzip liegt dieser Folge eine Art von Steinzeit-Feminismus zugrunde, dem zufolge alle Männer immer noch Höhlenmenschen sind, deren Handeln und Denken nur von ihrem Penis, also ihrer Libido, bestimmt wird. Auch wenn es Xander ist, von dem die Bemerkung »Nichts kann den Penis besiegen« stammt, und so eine gewisse ironische Distanz in ihr mitschwingt – schließlich wird sie von einem Mann und nicht von einer Frau geäußert –, macht sie sich diese Episode doch weitestgehend zu eigen: Nichts kann den Penis besiegen, das ist die Botschaft von BEER BAD. Nur – so einfach ist es dann doch nicht. Selbst die Figur des Parker Graham, die diese Behauptung illustrieren soll und die von Willow – sie hat schließlich etwas in der Vorlesung von Professor Walsh gelernt – als *Id Boy* (Es-Junge) bezeichnet wird, ist komplexer, als es Tracey Forbes wahrhaben will. Parker ist eben nicht nur *Id Boy*, er ist der klassische Verführer, ein Casanova auf dem Campus der Universität von Sunnydale. Natürlich lässt er sich von seinem Lustprinzip leiten, vergisst aber dabei weder das Realitätsprinzip, noch sucht er die Befriedigung seiner Lust auf Kosten der Frauen. Für sie soll es genauso wie für ihn ein lustvolles Erlebnis sein, aus dem aber nicht gleich eine tiefere, langfristige Bindung entstehen muss.
Die größte Schwachstelle von BEER BAD liegt allerdings in der Konstruktion der Geschichte. Der Plot lässt im Prinzip jegliche Sorgfalt vermissen. So muss man sich allein schon fragen,

warum in einem Pub auf dem Universitätscampus scheinbar nur vier Studenten und die von ihnen dazu verleitete Jägerin Bier trinken. Wahrscheinlich sollte die Geschichte eine gewisse Übersichtlichkeit behalten, das ist im Kontext der Produktionsbedingungen von BUFFY durchaus verständlich. Eine Folge mit unzähligen Studenten, die sich in »Neandertaler« verwandelt haben, wäre logistisch nicht zu bewältigen gewesen. Nur resultiert hier aus den Gegebenheiten der Serie eine Reduktion der Geschichte, die jegliche Logik und Wahrscheinlichkeit über Bord wirft. Selbst wenn man einmal von dem Wirt ausgeht, der sich für alles, was er sich im Laufe der Jahre gefallen lassen musste, rächen will, wäre es völlig unsinnig, eine Biermarke zu verseuchen, die praktisch von niemandem getrunken wird. Außerdem vergisst das Drehbuch diesen Wirt dann auch noch, immerhin benutzt er schwarze Magie in einer Form, die das Leben von Menschen gefährdet, wird aber innerhalb der Folge nicht zur Rechenschaft gezogen.

Eine weitere Schwachstelle innerhalb der Konstruktion der Geschichte ergibt sich aus der Entwicklung, die Buffy im Lauf der Handlung durchmacht. Im Prinzip spricht die Episode eine Warnung aus, sie soll illustrieren, dass die Flucht in den Alkohol – und nichts anderes ist Buffys Verhalten – keine Probleme löst, sondern nur neue schafft. Die Jägerin trinkt, um die Enttäuschung und den Schmerz zu vergessen, und verwandelt sich in einen Höhlenmenschen. So weit, so didaktisch. Doch ist es genau diese Regression, die es ihr ermöglicht, über Parker hinwegzukommen. Weil sie die Kontrolle verloren hat, kann sie ihn niederschlagen und sich aller sie erdrückenden Gefühle entledigen. Geht man also von diesem Ende der Folge aus, muss man sagen, der Alkohol hat schließlich doch ihre Probleme gelöst – wenn auch auf eine etwas andere Art, als sie selbst gedacht hätte.

Gesamtbewertung: ●○○
Humor: ★★★
Horror: ☠ ☠ ☠
Action: ▮ ▯ ▯

BtVS-406

WILD AT HEART

US-Erstausstrahlung: 9. November 1999

Regie: David Grossman. *Drehbuch:* Marti Noxon. *Gaststars:* Marc Blucas (Riley), Lindsay Crouse (Professor Maggie Walsh), Paige Moss (Veruca), James Marsters (Spike)

Songs: *Good Enough* von Eight Stops Seven (»In Moderation«, Reprise 1999); *Dip* und *Need to Destroy* von THC (»Adagio«, Brain Surgery Music 1999) [THC ist die Band, die tatsächlich spielt, wenn wir Shy auf der Bühne des *Bronze* sehen]

Buffy: »Wenn die Stones immer noch rollen können, warum nicht auch Giles?«

INHALT

Buffy läuft, verfolgt von einem Vampir, über den abendlichen Campus. Es sind noch zu viele Studenten unterwegs, deshalb lockt sie den Untoten auf verlassenes Terrain. Als sie allein sind, konfrontiert die Jägerin ihren Verfolger und vernichtet ihn – nicht ohne mit einer gewissen Enttäuschung festzustellen, dass die Mächte der Finsternis sie zur Zeit unterfordern. Diese Klage hört auch Spike, der Buffy aus einiger Entfernung beobachtet.

Noch während er sie leise kommentiert, wird er von einer Art Stromschlag niedergestreckt und dann von einigen Kommandomitgliedern weggeschleift.
Die Gang trifft sich im *Bronze* und ist ziemlich überrascht und irritiert, als plötzlich Giles zu ihnen stößt, der an seine alten Tage als Rock'n'Roll-Fan anschließen will. Dann tritt Veruca mit ihrer Band Shy auf, und die Stimmung am Tisch der fünf sinkt beträchtlich: Oz kann wieder einmal nicht die Augen von der Sängerin abwenden; Willow ist ganz offensichtlich eifersüchtig und hat Angst, ihren Freund zu verlieren; Buffy macht eine geringschätzige Bemerkung über Veruca, während Xander und Giles ziemlich beeindruckt von ihr sind. Am nächsten Morgen wacht Willow neben ihrem Freund in seinem Bett auf. Da sie zu einem Kurs muss, will sie die ersehnte Intimität auf den Abend verschieben, doch Oz erinnert sie daran, dass in der nächsten Nacht Vollmond sei. In dem Moment fällt Willow ein, dass sie an den nächsten drei Abenden einen Einführungskurs der Wicca-Gruppe des College besuchen wollte. Nun macht sie sich Sorgen, weil sie ihren Freund nicht in seinen Käfig sperren kann. Aber Oz versichert ihr, dass es kein Problem gebe.
Buffy bekommt von Professor Walsh eine Arbeit zurück, für die sie eine bessere Note als Willow erhalten hat; außerdem soll sie in einer der nächsten Stunden eine Diskussionsrunde über den Gegenstand der Arbeit leiten. Willow ist von den akademischen Erfolgen ihrer Freundin beeindruckt, aber auch ein bisschen neidisch auf sie. Als sie sich dann mit Oz treffen will, findet sie ihn in ein musikalisches Fachgespräch mit Veruca vertieft. Ihre Ankunft beschwört eine gedrückte Stimmung herauf, so dass Oz sich schnell verabschiedet; die charismatische, aber auch etwas bedrohlich wirkende Sängerin geht kurz danach. Die gerade hinzukommende Buffy tröstet Willow und versichert ihr, dass sie

keine Angst haben müsse, Oz sei nicht der Typ, der sie hintergehen würde.
Kurz vor Sonnenuntergang zieht Oz sich in seinen Käfig in einem Mausoleum auf dem Friedhof von Sunnydale zurück. Er schließt die Tür, doch nach seiner Verwandlung können deren Verankerungen seiner Kraft nicht standhalten: Werwolf-Oz reißt die Tür aus ihren Angeln und läuft davon. Etwas später steht er vor Professor Walsh, die gerade das Universitätsgebäude verlassen hat. Bei dem Versuch, zu flüchten, stößt sie auf einen zweiten Werwolf. Als beide zum Sprung ansetzen, gelingt es ihr gerade noch, in Deckung zu gehen. Die beiden Werwölfe attackieren sich nun gegenseitig, und Maggie Walsh kann entkommen. Am nächsten Morgen wacht Oz nackt in einem Gebüsch auf dem Universitätsgelände auf, sein Körper von Wunden gezeichnet, und neben ihm liegt die nackte Veruca. Oz ist entsetzt und befürchtet, dass er womöglich einen Menschen verletzt hat. Veruca hingegen ist sichtlich zufrieden und kann sich anders als er an einige Details der letzten Nacht erinnern. Um an Kleidung zu kommen, schleichen sie in den Waschraum eines der Wohnheime und suchen sich etwas zum Anziehen heraus. Veruca lehnt Oz' Art und Weise, in der er mit seiner Lykanthropie umgeht, ab und sagt ihm, sie seien nicht nur drei Tage im Monat ein Wolf, sondern immer, ihr menschliches Gesicht sei nur eine Tarnung. Deshalb würden sie beide zusammengehören, doch Oz akzeptiert diese Sichtweise nicht und lässt sie in der Waschküche zurück.
Als Willow zu Oz in die Wohnung kommt, ist er äußerst distanziert und weist ihre Annäherung zurück; enttäuscht und verunsichert verlässt sie die Wohnung und wendet sich an Xander, in der Hoffnung, dass seine männliche Perspektive ihr Aufschluss über Oz' Gefühle gibt. Er empfiehlt ihr einfach, einmal mit Oz über alles ganz genau zu sprechen und so sämtliche Verdächti-

gungen und Vermutungen aus dem Weg zu räumen. In der Zwischenzeit hat Professor Walsh Riley und der dazugekommenen Buffy berichtet, dass sie in der letzten Nacht von zwei riesigen Hunden angegriffen worden sei. Daraufhin eilt die Jägerin sofort zu Giles, der sich wieder einmal ziemlich langweilt und über jede Abwechslung erfreut ist. Der ehemalige Wächter rät ihr, erst einmal mit Oz zu sprechen und dann nach dem zweiten Wolf zu suchen. Als Buffy zu Oz ins Mausoleum kommt, ist er gerade dabei, die Gittertür wieder zu reparieren. Er sagt ihr zwar, dass er in der letzten Nacht frei gewesen sei, sich aber an keinen zweiten Wolf erinnern könne. Buffy versichert ihm, in dieser Nacht Jagd auf den Werwolf zu machen.

Kurz vor Sonnenuntergang kommt Veruca zu Oz' Käfig; er hatte sie angerufen. Einerseits will sie sich zwar nicht einsperren lassen, andererseits aber begehrt sie ihn so sehr, dass sie sich von ihm kurz vor der Verwandlung in den Käfig ziehen lässt. Sie küssen sich leidenschaftlich, während Oz das Gitter schließt; dann setzt auch schon ihre Transformation ein. Am nächsten Morgen kommt Willow zu dem Käfig, um Oz Frühstück zu bringen. Als sie ihn und Veruca ineinander verschlungen sieht, bricht endgültig eine Welt für sie zusammen. Oz versucht sich zu rechtfertigen und bringt sogar den Kuss von Willow und Xander ins Spiel, um so an das Verständnis seiner Freundin zu appellieren, doch für Willow ist das eine nicht vergleichbar mit dem anderen. Außerdem ist sie davon überzeugt, dass nicht nur Oz' Wolf-Ich an Veruca interessiert ist. Als sie ihn damit konfrontiert, kann er ihr letztlich nicht widersprechen, auch wenn er die Sängerin rausjagt, als sie sich in das Gespräch zwischen ihm und seiner Freundin einmischt. Willow verlässt ihn völlig zerstört und wandelt apathisch durch die Straßen von Sunnydale; dabei übersieht sie ein Auto und wird beinahe überfahren. Buffy sieht zwar zufällig, was passiert, ist aber zu weit weg, um ihrer Freundin zu Hilfe zu eilen. Das übernimmt Riley, der sie im letzten Moment von der Straße zerrt. Er versichert ihr, dass – egal, was auch passiert sei – kein Unglück es wert sei, sich deshalb etwas anzutun. Buffy dankt ihm und bringt Willow in ihr gemeinsames Zimmer. Bevor sie losgeht, um Veruca zu finden und unschädlich zu machen, ehe sie noch mehr Schaden anrichtet, sagt die Jägerin Willow, dass sie sich auf keinen Fall selbst die Schuld geben solle. Dieser Rat befreit Willow aus ihrem quasi katatonischen Zustand. Sie beschließt, die Initiative zu ergreifen, und macht sich mit ihren magischen Utensilien in eines der Labore der Universität auf.

In der Zwischenzeit sucht Buffy Oz in dessen Wohnung auf. Er soll ihr bei der Suche nach Veruca helfen, nur Erklärungen und Entschuldigungen möchte sie nicht hören. Seine Werwolfsinne führen ihn und die Jägerin an einen Platz im Wald, an dem die Sängerin einige Kleidungsstücke zurückgelassen hat. Buffy wird bewusst, dass dies ein Ablenkungsmanöver von Veruca ist, und Oz fürchtet, dass sie nun Willow bedrohen wird. Als er losstürmt und Buffy ihm folgt, rennt die mit einem Betäubungsgewehr bewaffnete Jägerin in eines der Kommandomitglieder hinein. Nach einem kurzen Kampf hat sie ihre Waffe wieder aufgesammelt und folgt Oz.

Willow wollte Oz und Veruca mit einem Zauber belegen, der ihnen jede Form von Glück und Frieden rauben würde, doch im letzten Moment kann sie sich nicht dazu überwinden und bricht das magische Ritual ab. Genau in diesem Augenblick, es ist kurz vor Sonnenuntergang, tritt Veruca hinzu, verschließt die Tür hinter sich und schlägt Willow nieder, wird aber von dem hinzukommenden Oz aufgehalten. Sie fordert ihn wieder für sich und behauptet, wenn Willow erst einmal tot sei, müsste auch er seine wahre Natur, die im Töten liege, anerkennen. Daraufhin greift

Oz Veruca an, während beide sich verwandeln. Im Wutrausch durchbeißt er ihre Kehle und tötet sie. Dann wendet er sich zu Willow, doch die gerade ins Labor gekommene Buffy zieht ihn noch rechtzeitig zurück und betäubt ihn mit ihrer Waffe.
Am nächsten Tag berichtet die Jägerin Giles von den Vorkommnissen und ihrer Sorge um ihre Freundin. Giles will versuchen, mehr über die mysteriösen Kommandoeinheiten herauszubekommen; in Bezug auf Willow ist er davon überzeugt, dass sie über ihren Liebeskummer hinwegkommen werde. Doch erst einmal erwartet sie noch eine weitere traurige Überraschung: Als sie zu Oz' Apartment kommt, ist er gerade dabei, seine Sachen zu packen. Er will weg, und auch Willow kann ihn davon nicht abhalten. Oz hat erkannt, dass Veruca Recht hatte, als sie sagte, er sei immer ein Wolf. Diese neue Sicht auf seine Existenz muss er nun, abseits von allen Menschen, allein verarbeiten. Während er geht, gesteht er Willow noch einmal, dass sie der einzige Mensch sei, den er jemals geliebt hat. Daraufhin bleibt sie in Tränen aufgelöst zurück, und auch er selbst muss gegen die Tränen ankämpfen, bevor er mit ungewissem Ziel losfährt.

KOMMENTAR

Einige der besten Episoden von BUFFY – IM BANN DER DÄMONEN sind in erster Linie Liebesgeschichten, alles andere – die Monster, die Gefahr für die Welt, so wie wir sie kennen – ordnet sich in ihnen dem Melodrama einer durch die Umstände unmöglichen oder einfach nur einer nicht erwiderten Liebe unter. Das Übernatürliche wird dabei zu einem Weg, sehr reale Gefühle und Konstellationen noch zu überhöhen und so ihre Wirkung zu steigern. In diese Reihe von melodramatischen Folgen gehört auch WILD AT HEART, die bisher gelungenste Episode der vierten Staffel.

Die zweite Season der Serie gehörte der ersten Liebe. Alle Mitglieder der Gang haben in ihr zumindest für eine gewisse Zeit einen Partner gefunden und den Schritt in eine Partnerschaft gewagt; die Autoren von BUFFY haben dabei verschiedenste Formen von Beziehungen durchgespielt: Der romantischen, an »Romeo und Julia« angelehnten Liebe zwischen Buffy und Angel stand die wilde, nur auf Leidenschaft basierende Affäre von Xander und Cordelia gegenüber. Spiegelten diese beiden Beziehungen, die auf ganz verschiedene Art von Anfang an zum Scheitern verurteilt waren, die Stürme der Gefühle wider, die Extreme, die Teil der Liebe sein können, bildete das, was sich langsam zwischen Willow und Oz entwickelte, so etwas wie einen Gegenpart. Die beiden sind die Einzigen, die ihre Beziehung über die High School hinaus gerettet haben und damit noch als Paar in die vierte Staffel gegangen sind. Während die Serie ansonsten auf die Überhöhung unserer Wirklichkeit setzt – im Universum von BUFFY finden ganz typische Probleme und Entwicklungen von Teenagern einen dramatisierten Ausdruck in Manifestationen des Übernatürlichen –, repräsentieren Willow und Oz eine gewisse Alltäglichkeit.
Obwohl der Musiker auch ein Werwolf ist, spielt diese zweite Seite seines Wesens eine relativ untergeordnete Rolle innerhalb der Serie. Nachdem er als solcher eingeführt worden war, blieb es lange Zeit bei der Erwähnung, dass wieder einmal die Zeit im Monat gekommen ist, zu der er sich selbst einsperrt, um keinen Menschen zu gefährden. Diese absolute Bereitschaft, seine Wolfsexistenz zu kontrollieren und nicht in Freiheit auszuleben, stellte lange Zeit die grundlegende Voraussetzung für den Verbleib seines Charakters in der Serie dar. Da dies quasi von Anfang an feststand, brauchten die Autoren sich mit den Folgen von Oz' Lykanthropie nicht weiter auseinander zu setzen. Er ist zwar

eines der für die Serie typischen Halbwesen, doch seine klare Entscheidung für die menschliche Seite seiner Existenz drängte den Wolf in ihm klar in den Hintergrund. So konnte auch seine Beziehung zu Willow weitgehend unbelastet von seiner zweiten Seite bleiben.

Nun ist mit dem Erscheinen Verucas und der Neubewertung dessen, was es bedeutet, ein Werwolf zu sein, auch die Beziehung zwischen Willow und Oz, die letzte noch verbliebene der in der zweiten Staffel geschlossenen Verbindungen, gescheitert. Und dieses Scheitern überrascht mehr als jede andere Entwicklung, die BUFFY innerhalb dieser Season bisher genommen hat. Dass Willow und Oz, die doch so wenig gemeinsam haben, zusammengehören, ist zu einer der großen Konstanten der Serie geworden. Ihre Beziehung hatte eine angenehme Selbstverständlichkeit, die uns Zuschauern signalisierte, dass so etwas wie ein glückliches Leben zu zweit doch möglich ist, dass es auch etwas anderes gibt als das verzweifelte, hoffnungslose Verliebtsein von Buffy und Angel. Über die ganze Zeit hinweg hat Willow und Oz eine tiefe Liebe und Zuneigung verbunden. Zwischen ihnen herrschte weder wilde, unstillbare Leidenschaft noch eine stürmische Romantik, die – solange sie anhält – alles in einem anderen Licht erscheinen lässt. Jenseits ihrer eher äußerlichen Verschiedenheit, die sich zum einen in ihrem Auftreten und zum anderen in Willows Hang dazu, gar nicht mit dem Reden aufhören zu können, äußert, während Oz eher verschlossen und stoisch ist, bestand zwischen ihnen ein Band, das die beiden in ihrem tiefsten Innern zusammenhielt. Dies war es auch, was sie Willows »Untreue«, die kurze Leidenschaft zwischen ihr und Xander, einigermaßen unbeschädigt überwinden ließ. Die beiden hatten etwas, das (wohl nur scheinbar) stärker war als ein kurzer Rausch der Gefühle, deshalb trifft uns das Ende der Bezie-

Tragische Liebespaare sind fast schon ein Markenzeichen von BUFFY – IM BANN DER DÄMONEN. Aber so bittersüß und tränenreich die Sache mit Willow und Oz auch sein mag: An Buffy und Angel, die nie so vereint sein werden wie auf dem Cover des offiziellen Fanmagazins, kommen sie nicht heran …

hung, Oz' Flucht aus Sunnydale – und anders kann man seine Abreise nicht bezeichnen –, umso stärker. Für Buffy und Angel konnte es kein *happy ending* geben, bei Willow und Oz hätten wir dagegen nie ein *unhappy ending* erwartet.

Durch ihr Ende ergibt sich eine Verbindung zwischen der Beziehung von Willow zu Oz und der von Buffy zu Angel. Marti Noxon und David Grossman loten in WILD AT HEART eine emotionale Situation aus, in der sich noch einmal das widerspiegelt, was schon die Jägerin und den Vampir zu einem der tragischsten Liebespaare der Fernsehgeschichte gemacht hat. Wie Angel verlässt auch Oz seine Freundin nicht, weil er aufgehört hätte, sie zu lieben, sondern gerade weil er sie so liebt. Da nun die Beziehung, die der Werwolf und die Hexe hatten, viel normaler und alltäglicher war als die des Vampirs und der Jägerin, geht von ihrem Zerbrechen eine ganz andere Wirkung aus. Angels Abreise nach Los Angeles war großes Melodram, sein Verzicht ist das größte Opfer, das ein Mensch oder eben auch ein Vampir seiner einzigen Liebe bringen kann. Indem er weggeht, gibt Angel Buffy frei. Er weiß, dass ihre Liebe zu ihm sie nur unglücklich machen könnte, und verzichtet deshalb auf das kurze Glück, das sie ihm selbst geben konnte; in diesem Sinne ist gerade das traurige Ende ihrer Beziehung zutiefst romantisch.

In dem Moment, als Oz in seinen Wagen steigt und selbst mit aller Macht Tränen unterdrückend losfährt, während Willow völlig aufgelöst zurückbleibt, kann von Romantik nicht die Rede sein, es ist vielmehr einer der bittersten Augenblicke in der ganzen Serie. Die Erkenntnis, dass Liebe allein noch lange nicht ewiges Glück für ein Paar bedeutet, vermittelte bereits das Auf und Ab der Beziehung von Buffy und Angel; allerdings wirkten da die Mächte des Schicksals und eine höhere Bestimmung, der sowohl der Vampir als auch die Jägerin den Vorrang vor ihren persönlichen Gefühlen geben mussten. Im Fall von Willow und Oz liegt die Situation etwas anders. Eine Veränderung innerhalb von Oz, die eigentlich nur sehr indirekt etwas mit Willow zu tun hat, schafft neue Voraussetzungen. Er geht, weil er nicht mehr weiß, wer er wirklich ist. Das ist die Entscheidung eines Einzelgängers, der zwar liebt, aber nicht in der Lage ist, seine tiefsten Gefühle mit einem anderen Menschen zu teilen, selbst wenn dieser der einzige Mensch ist, den er je geliebt hat. Die Trennung ist deshalb so bitter, weil sie Willow im Endeffekt sinnlos erscheinen muss. Oz hat sie im Verlauf von WILD AT HEART tief verletzt, aber sie war bereit, trotzdem nicht aufzugeben; deswegen hat sie den Fluch nicht vollendet und deswegen kommt sie am letzten Morgen zu Oz in die Wohnung. Schon einmal hatte ihre Beziehung eine Krise überstanden, und auch diesmal – selbst wenn diese hier bei weitem tiefer geht – ist die Situation eigentlich nicht ausweglos. Willow und Oz scheitern hier daran, dass die Liebe, die Oz empfindet, zwar für ihn sehr stark ist, aber letztlich doch nicht stark genug.

WILD AT HEART – dieser Titel spielt natürlich auf den gleichnamigen Roman von Barry Gifford und dessen Verfilmung von David Lynch an, obwohl es im Prinzip keine tiefer gehende Verbindung zwischen dieser Folge und der Geschichte von Sailor und Lula gibt, funktioniert deshalb besser als alle bisherigen Folgen der vierten Staffel, weil sie in sich völlig geschlossen ist. Marti Noxon und David Grossman verzichten hier ganz bewusst auf größere komische Zwischenspiele. Giles' Auftritt im *Bronze* bleibt der einzige Ausflug auf Komödienterrain, hat aber keine Auswirkung auf das Gleichgewicht, weil sich die Episode zu diesem Zeitpunkt noch in ihrer Exposition befindet. Im weiteren Verlauf hätten Szenen wie diese allerdings die Atmosphäre der Folge empfindlich stören können, deshalb ist der für die vierte Staffel eher ungewöhnliche Verzicht auf den serientypischen Humor einer der großen Pluspunkte von WILD AT HEART, ein anderer sind die darstellerischen Leistungen von Alyson Hannigan und Seth Green.

In jeder Staffel gab es bisher eine oder zwei Folgen, die Alyson Hannigan großartige Auftritte ermöglichten, sie konnte dabei immer ihrem relativ stark festgelegten Charakter neue Seiten hinzufügen beziehungsweise einfach einmal etwas anderes ausprobieren. Hier bekommt sie nun die Gelegenheit, in eine völlige neue Tiefe ihrer Figur einzutauchen. Oz' Verhältnis mit Veruca bringt eine dunkle Seite in Willow zum Vorschein, die sie hier zwar noch kontrollieren kann, die aber darauf hinweist, dass Vampir-Willow (BtVS-309 WAS WÄRE WENN ... und BtVS-316 DOPPELGÄNGLAND) alles andere als nur ein böses Spiegelbild von ihr war, das aber nichts mit ihrem eigentlichen Ich verbindet. Alyson Hannigan gelingt hier sogar, ihrer Figur in einem Maße bedrohliche Züge zu verleihen, die weit über ihre Vampir-Darstellung hinausgehen.

Anders als Alyson Hannigan hatte Seth Green bisher wenig Gelegenheiten, als Oz sein schauspielerisches Können unter Beweis zu stellen; im Prinzip musste er nur stoisch und cool sein. Seine Figur war bis zu diesem Zeitpunkt nicht so sehr das Produkt einer darstellerischen Leistung als vielmehr der Ausdruck einer gewissen Präsenz. Sie repräsentierte eine ganz bestimmte Tradition gerade des amerikanischen Kinos und Fernsehens: In Oz leben all die wortkargen Helden aus Western und aus Filmen der Schwarzen Serie fort. In seiner Abschiedsfolge (er wird zwar im Verlauf der Serie noch für ein paar Gastauftritte zurückkommen, doch im Prinzip endet mit seiner Abreise der um Oz herum gestrickte Handlungsstrang) kann er nun den Werwolf und Musiker als eine innerlich zerrissene Figur porträtieren, hinter deren scheinbar nicht aus der Ruhe zu bringender Oberfläche sich ein zutiefst komplexer und melancholischer Charakter verbirgt. Marti Noxon und David Grossman ermöglichen Seth Green so einen überragenden Abgang, der einen aber auch sehr wehmütig stimmt. In dem Moment, als Oz wirklich interessant wird – gerade die neuen Offenbarungen über seine Natur als Werwolf hätten reichlich Stoff für eine Weiterentwicklung dieser Figur gegeben –, verschwindet er aus der Serie.

Eine kleine, eigentlich völlig zu vernachlässigende Schwäche dieser Episode sollte allerdings auch nicht ganz unerwähnt bleiben. Mit der Entführung von Spike und dem Zusammentreffen von Buffy und einem der bewaffneten Kommandomitglieder treibt WILD AT HEART die Andeutungsstrategie, die das erste Drittel der vierten Staffel prägt, auf die Spitze und übertreibt es damit etwas. Nun wird es wirklich Zeit, dass wir ein bisschen mehr erfahren. Die immer wieder eingestreuten kleinen Szenen sollen uns zwar neugierig machen und auf eine hoffentlich großartige Entwicklung vorbereiten, aber wenn man zu sehr auf die Folter gespannt wird, kann Ungeduld leicht in Unmut umschlagen. Von diesem Punkt ist BUFFY am Ende der sechsten Folge dieser Season nicht mehr weit entfernt.

Gesamtbewertung: ●●●
Humor: ☆ ☆ ☆
Horror: ☠ ☠ ☠
Action: ▮ ▯ ▯

BtVS-407
THE INITIATIVE

US-Erstausstrahlung: 16. November 1999

Regie: James A. Contner. *Drehbuch:* Douglas Petrie. *Gaststars:* Marc Blucas (Riley), Lindsay Crouse (Professor Maggie Walsh), James Marsters (Spike), Mercedes McNab (Harmony Kendall), Adam Kaufman (Parker Abrams), Bailey Chase (Graham), Leonard Roberts (Forrest), Mace Lombard (Tom, gefangener Vampir), Scott Becker (Erstsemester)

Songs: *Welcome* von Jake Lee Rau (»Joy«, Keltone 1999), *Bodyrock* von Moby (»Play«, BMG 1999), *Never say never* von That Dog (»Retreat from the Sun«, Geffen 1997), *Fate* von Four Star Mary (»Four Star Mary«, Four Star Mary Music 1997)

Spike: »Und wer sind *Sie*? Die Regierung, Nazis, eine große Kosmetikfirma?«
Tom: »Wen interessiert's?«

INHALT

Riley sitzt an einem Tisch und korrigiert Hausarbeiten. Sein Freund Forrest versucht ihm klarzumachen, dass er zu viel arbeite und darüber die Schönheiten auf dem Campus vergesse. Eine von ihnen, Buffy, kommt gerade in die Cafeteria und stellt sich reichlich ungeschickt an. Es kommt zu einem Gespräch zwischen Forrest, dem hinzugekommenen Graham und Riley über Buffy, in dem Rileys Freunde das Aussehen der Jägerin preisen, während er feststellt, dass sie irgendwie einen merkwürdigen Eindruck macht. Zur gleichen Zeit wacht Spike in einer weißen, hell erleuchteten Zelle aus der Bewusstlosigkeit auf; als er versucht, die Glastür einzudrücken, erhält er einen Stromschlag. Die Kamera zeigt zwei sich gegenüberliegende, endlos wirkende Reihen von gleichen Zellen, in denen die unterschiedlichsten Dämonen gefangen gehalten werden.

In Giles' Wohnung diskutieren der ehemalige Wächter und Xander über ihre gegenwärtige Situation. Beide langweilen sich, denn auch die Kommandomitglieder, die offensichtlich Menschen sind, stellen für sie keine Herausforderung dar; mit denen wird Buffy schon allein fertig. Doch die Jägerin unterbricht ihr lethargisches Beisammensein, sie hat andere Pläne für diesen Abend. Um Willow aufzumuntern, will sie mit ihr zu einer Party gehen. Deshalb sollen Giles und Xander die nächtliche Patrouille übernehmen. [Schnitt in Spikes Zelle] Aus einer Luke in der Decke fällt eine Blutkonserve. Gerade als Spike seine Zähne in sie versenken will, warnt ihn der in der Nachbarzelle gefangene Vampir Tom. Das Blut enthalte eine Droge, die ihn betäuben würde. Wäre er erst einmal bewusstlos, kämen »sie«, um Experimente an ihm durchzuführen.

Am Ende der Psychologiestunde geht Willow zu Riley, weil Oz anscheinend nicht mehr auf der Teilnehmerliste des Kurses steht. Sie versichert ihm, dass Oz zurückkomme. In diesem Moment schaltet Professor Walsh sich in das Gespräch ein und sagt Willow, dass er an ihrem Kurs nicht mehr teilnehmen dürfe, auch wenn er zurückkommen sollte. Daraufhin verlässt Willow den Tränen nahe den Hörsaal, und Buffy sagt der Professorin sehr deutlich ihre Meinung. Maggie Walsh ist beeindruckt, während Riley nur einmal mehr feststellen kann, dass Buffy etwas merkwürdig wirkt. Zwischenzeitlich haben die beiden Vertreter der Jägerin Xanders Zimmer aufgesucht, um sich dort für die Patrouille mit einigen militärischen Spielereien auszurüsten.

Riley erzählt Forrest und Graham von Buffys Auftritt gegenüber Professor Walsh. Als zufällig Parker vorbeikommt, spricht Forrest ihn auf die Jägerin an. Da er sich ziemlich verächtlich über Buffy äußert, schlägt Riley ihn mit einem Haken zu Boden. Dieser auch für ihn selbst völlig überraschende Gewaltausbruch macht Riley deutlich, was seine Freunde längst wissen: Buffy gefällt ihm, und er möchte sie näher kennen lernen, deshalb trennt er sich von Forrest und Graham. Etwa zur gleichen Zeit öffnet sich Spikes Zellentür. Der Vampir liegt offenbar bewusstlos auf dem Zellenboden, die leere Blutkonserve neben ihm. Zwei Wissenschaftler legen ihn auf eine Bahre. Just in dem Augenblick, als sie ihn festschnallen wollen, öffnet Spike, der seine Bewusstlosigkeit nur vorgetäuscht hat, die Augen und greift die beiden an. Während des folgenden Kampfs befreit er Tom, und gemeinsam fliehen sie, doch eine Kommandoeinheit schneidet ihnen den Weg ab. Spike opfert Tom und kann selbst entkommen.
Riley besucht Willow in ihrem Zimmer, er will von ihr mehr über Buffy erfahren. Aufgrund ihres Liebeskummers ist Willow zunächst alles andere als kooperativ, und als Riley schon enttäuscht gehen will, gibt sie sich einen Ruck und verrät ihm ein wenig über die Jägerin, unter anderem auch, dass sie an diesem Abend zu der Party im Lowell House gehen, in dem Riley wohnt.
In der Zwischenzeit ist Spike in seiner Höhle angekommen und verspricht Harmony, sich nun nur noch um sie zu kümmern, allerdings will er noch eine Kleinigkeit vorher erledigen: Buffy soll nun endlich sterben.
Abends. Während Xander und Giles ihren Posten auf dem Campus bezogen haben, gehen Buffy und Willow zur Party. Dort angekommen, gibt Willow Riley noch ein paar Tipps und warnt ihn, Buffy auf keinen Fall zu verletzen. Doch sein Versuch, die Jägerin anzusprechen, scheitert kläglich. Draußen stößt Xander

auf Harmony, die gerade einige Sachen mit Benzin übergießt. Es kommt zu dem wahrscheinlich peinlichsten und lächerlichsten Kampf in der Geschichte von BUFFY – IM BANN DER DÄMONEN, der natürlich ergebnislos endet. Harmony erzählt daraufhin, dass sie Spikes Sachen, darunter eine Platte der Sex Pistols, verbrennen wolle, weil sie endgültig genug von ihm habe. Dann erwähnt sie sein Vorhaben, Buffy zu töten, und Xander stürmt davon. Auf der Party unterhalten sich Willow und Riley über seinen fehlgeschlagenen Versuch, mit Buffy ins Gespräch zu kommen. Die Freundin der Jägerin verschafft ihm daraufhin eine Möglichkeit: Er soll Buffy mitteilen, dass sie sich in ihr Zimmer zurückgezogen hat. Tatsächlich scheint nun so etwas wie ein Gespräch zwischen Buffy und Riley zu entstehen, doch genau in diesem Augenblick platzt Xander herein und holt die Jägerin von der Party. Forrest und Graham treffen auf Riley und teilen ihm mit, dass sie unten erwartet werden. Sie gehen zu einem großen Spiegel, hinter dem sich ein geheimer Fahrstuhl befindet, der direkt aus dem Lowell House in die unterirdische Anlage führt, in der Spike gefangen gehalten wurde. Riley ist nicht nur die studentische Hilfskraft von Professor Walsh, er ist auch ein Special Agent einer Organisation, die sich »Die Initiative« nennt. In den Anlagen der »Initiative« erwartet Maggie Walsh Riley und seine beiden Freunde schon; sie berichtet den dreien von der Flucht Spikes, die die Existenz ihrer gesamten Organisation gefährde. Riley erhält das Kommando über die Männer, die den Flüchtling zurückbringen oder im Extremfall auch töten sollen.
In Giles' Wohnung unterrichten Xander und ihr früherer Wächter Buffy über die Rückkehr von Spike. Äußerst aufgebracht beschließt Buffy, die Sache mit diesem unbelehrbaren Vampir ein für alle Mal zu beenden. Bevor sie auf die Jagd geht, besteht Xander aber noch darauf, dass sie seine Signalpistole mitnimmt, um

so ihre Unterstützung anfordern zu können. Etwas später auf dem Campus. Riley, Forrest und Graham entdecken Buffy, die auf einer Bank wie auf einem Präsentierteller sitzt. Da sie dort stört, legt Riley seine Uniform ab und geht zu ihr. Er will sie zum Aufbruch bewegen, doch sie denkt gar nicht daran. Ein Wortgefecht entbrennt zwischen den beiden, das durch den Schrei einer jungen Frau abrupt beendet wird; Buffy und Riley stürzen in entgegengesetzter Richtung davon. Forrest und Graham haben mit ihrem Wärmedetektor ein Wesen ausgemacht, von dem sie glauben, es sei Spike.

Der Vampir hat sich in der Zwischenzeit die Zimmernummer der Jägerin besorgt und stattet nun Willow einen Besuch ab. Als er sie beißen will, schießt allerdings ein unerträglicher Schmerz durch seinen Kopf, der es ihm unmöglich macht, Blut zu trinken; auch alle weiteren Versuche scheitern. Willow beginnt ihn zu trösten, doch in einem Moment der Unaufmerksamkeit schlägt sie dem Vampir eine Lampe über den Kopf. Dann stürmt sie zur Tür, die aber verschlossen ist. Zwischenzeitlich haben auch Riley und seine beiden Männer das Wohnheim betreten und den Strom abgeschaltet. Im Schutz der Dunkelheit stürmen sie mit Hilfe ihrer Nachtsichtgeräte zu Willows und Buffys Zimmer. Als sie die Tür mit Gewalt öffnen, fällt ihnen die Freundin der Jägerin entgegen. Spike will den Tumult nutzen, um zu fliehen, wird aber abgefangen. Die Kommandomitglieder stülpen einen Sack über seinen Kopf und fesseln ihn, doch dann lassen sie sich durch eine interne Diskussion darüber, ob sie die möglicherweise infizierte Willow mitnehmen sollen, ablenken. Spike kann sich so von seinen Fesseln befreien und die drei in einen Kampf verwickeln. Als sie auf ihn schießen, fängt er den Schuss mit einem Feuerlöscher ab, der explodiert und den Gang des Wohnheims in dichten Nebel hüllt. In diesem Moment erscheint auch

Buffy und feuert die Leuchtpistole ab. Riley und die beiden anderen werden geblendet und müssen ihre Nachtsichtgeräte abnehmen. Es kommt zu einem völlig chaotischen Kampf, bei dem keiner mehr etwas sieht und niemand weiß, mit wem er gerade kämpft. In dem Durcheinander gelingt Spike die Flucht, und Riley bricht die Mission ab. Im Hauptquartier der »Initiative« fordert die verärgerte Maggie Walsh eine Erklärung. Die unzureichende Beschreibung von Spikes Komplizen, den die drei für einen großen, extrem starken Mann halten, befriedigt die Professorin in keiner Weise, lediglich das Wissen, dass der Vampir niemanden mehr beißen kann, beruhigt sie etwas.
Am nächsten Morgen begegnen sich Riley und Buffy auf dem Campus. Sie entschuldigen sich gegenseitig für ihr Verhalten am vorherigen Abend, ahnen aber nicht, dass sie es waren, die erbittert miteinander gekämpft haben.

KOMMENTAR

Endlich. THE INITIATIVE offenbart wenigstens ein bisschen etwas über die seltsamen Vorgänge auf dem Campus, auf die diese Staffel nun schon seit ihrer ersten Folge angespielt hat. Das Rätsel, wer sich hinter den Uniformen der Kommandomitglieder verbirgt, ist nun geklärt, auch wenn die Auflösung nicht ganz überraschend kommt. Das Zögern eines der Männer dieser Spezialeinheit, als sie in BtVS-404 FEAR, ITSELF Buffy begegneten, legte die Vermutung eigentlich schon nahe, dass es sich bei diesem Kommandomitglied um Riley handelt, der von seinem ersten Auftritt in BtVS-401 THE FRESHMAN an als zukünftiges *love interest* Buffys aufgebaut worden ist. Eine größere Überraschung ist allerdings die Enthüllung, dass Professor Maggie Walsh in leitender Funktion in der »Initiative« tätig ist. Die Autoren der bisherigen Folgen haben alle Hinweise, die es vielleicht in dieser Richtung geben konnte, äußerst geschickt verwischt. Auf den ersten Blick scheint es zwar beinahe selbstverständlich zu sein, dass die Professorin, als deren Hilfskraft Riley arbeitet, auch ein Teil seiner Geheimidentität ist, doch der Zwischenfall mit den beiden Werwölfen, die von Maggie Walsh als »große Hunde« bezeichnet wurden (BtVS-406 WILD AT HEART), hat dem Zuschauer eindeutig den Eindruck vermittelt, dass sie nicht weiß, was in Sunnydale alles passiert.

Im Prinzip ist THE INITIATIVE, diese siebte Episode der vierten Season, mit der deren erstes Drittel endet, so etwas wie ein Wendepunkt innerhalb dieses BUFFY-Jahres. Die Serie hat sich bisher sehr viel Zeit gelassen, indem sie einfach nur ganz und gar für sich stehende Folgen aneinander gereiht hat, in die dann gelegentlich Hinweise auf einen größeren Zusammenhang und tiefer greifende Entwicklungen eingestreut worden sind. Nun offenbart sich zum ersten Mal die Richtung, in die sich das BUFFY-Universum bewegen könnte. Dabei verstehen es Drehbuchautor Douglas Petrie und Regisseur James A. Contner perfekt, Fragen in einer Art zu beantworten, die wieder noch viel mehr Fragen aufwirft. Die Serie nimmt eine nun schon lange ersehnte Wendung, doch der Blick auf den Horizont bleibt weiterhin versperrt. Was wir nun über die Kommandoeinheiten erfahren, die jede Nacht auf dem Campus der UC Sunnydale patrouillieren und Vampire und andere Dämonen gefangen nehmen, befriedigt unsere ungeduldigste Neugier, doch eigentlich wissen wir auch am Ende von THE INITIATIVE fast nichts über diese Organisation. So bleibt unsere Neugier erhalten, während sich zugleich ein riesiger Raum für die weitere Entwicklung der Serie eröffnet.

Mit THE INITIATIVE begeben sich die Macher von BUFFY in gewisser Hinsicht auf Neuland. Das Universum der Serie, das sich bisher auf zwei antagonistische Kräfte – die Gruppe um Buffy, zu der in den vergangenen Staffeln natürlich auch die Organisation der Wächter gehörte, und die Mächte des Bösen – konzentrierte, formiert sich nun neu. Wir können zwar noch nicht wissen, wie diese Neuordnung aussehen wird, doch deutet sich hier zumindest eine ganz andere Ausrichtung an. Wenn man nach Vorbildern für die Konstellation der Serie in den ersten drei Seasons sucht, stößt man relativ schnell auf gewisse Konzepte, die aus den Romanen von Nancy A. Collins und Anne Rice, zwei der bekanntesten Horrorautorinnen der 80er und 90er Jahre, stammen. Von Nancy A. Collins haben sich Joss Whedon und seine Autoren die Vorstellung von der »realen Welt« entlehnt, in der alle Formen von Dämonen und Halbwesen – von den Menschen weitgehend unbemerkt – leben. Aus den Romanen von Anne Rice stammt dagegen die Idee einer Organisation, die über alle Aktivitäten von Dämonen, Geistern, Vampiren und Hexen wacht. Allerdings greifen ihre »Talamasca« nicht in die Geschehnisse ein, sie haben wirklich nur eine beobachtende Funktion.

Mit der Wendung, die BUFFY nun in der vierten Staffel nimmt, nähert sich die von Joss Whedon geschaffene *real world* dem Universum von AKTE X an, der wahrscheinlich einflussreichsten Fernsehserie der 90er Jahre. Durch die Einführung der »Initiative«, einer paramilitärischen, scheinbar wissenschaftlich ausgerichteten Geheimorganisation, erhält die Serie eine ganz neue Dimension. Zwar gab es schon in der ersten Season einen kleinen Hinweis, dass vielleicht auch außer den Wächtern noch andere, rein menschliche Kräfte etwas über die Existenz all der Wesen wissen, die von dem Höllenschlund angezogen werden, doch die sich aus ihm ergebenden Implikationen sind nie aufgegriffen worden. Es blieb dabei, dass am Ende von BtVS-111 AUS DEN AUGEN, AUS DEM SINN Marcie, das unsichtbare Mädchen, von einer Regierungsorganisation in ein besonderes Ausbildungslager gebracht wurde. Auch hier standen die X-Akten zweifellos Pate, doch mit der »Initiative« beschreitet BUFFY einen ganz anderen Weg als in der Schlussszene dieser frühen Folge, die man in erster Linie als eine ironische Hommage an Chris Carters Visionen verstehen kann. Nun nähert Joss Whedons Serie sich ihnen eindeutig an, auch hinsichtlich der Produktion. Das für BUFFY ungewöhnlich aufwendige Reich der »Initiative«, zu dem nicht nur der weiße Gang mit den unzähligen Zellen gehört, sondern auch der riesige in Grau gehaltene Bereich, in dem die Operationen an den Dämonen vorgenommen werden, könnte direkt aus Carters Serie stammen (dazu sei noch einmal erwähnt, dass Whedons Consulting Producer David Greenwalt selbst einmal ein Co-Executive Producer von AKTE X gewesen ist). Petrie und Contner etablieren so auf inhaltlicher wie visueller Ebene eine Verbindung zwischen den beiden Universen. Diese Verknüpfung beschwört von Anfang an sehr zwiespältige Gefühle in Bezug auf die »Initiative« herauf, kann man sich doch nicht sicher sein, ob die Jägerin in Professor Walsh und ihren Einheiten nun Verbündete oder doch vielleicht Gegner finden wird.

Zu diesem Zeitpunkt ist innerhalb der Staffel noch alles möglich. Aber obwohl sich herausstellt, dass die »Initiative« wirklich für das Gute kämpft – ein gewisses Unbehagen, ein mehr als nur vages Gefühl der Bedrohung wird bleiben, allein schon deshalb, weil sie an die so genannten *Blue Berets* erinnern. Einem ungeheuer populären modernen Mythos zufolge handelt es sich bei den *Blue Berets* um eine geheime Spezialeinheit der amerikanischen Armee, die eingesetzt wird, wenn es auf der Erde zu Zwischenfällen mit Außerirdischen kommt. Ihre Legende ist im Umkreis von Verschwörungstheorien und Spekulationen über Kontakte der Menschen mit Aliens entstanden und erfreut sich deshalb extremer Beliebtheit in Mystery-Serien wie AKTE X oder SEVEN

DAYS (SEVEN DAYS, USA seit 1998). In ihnen werden die Mitglieder der *Blue Berets* als Elitesoldaten porträtiert, die eine Geheimidentität angenommen haben. Nach außen hin führen sie scheinbar ein völlig normales Leben, niemand in ihrer Umgebung weiß, welche Aufgaben sie in Wirklichkeit verfolgen. So wie sie halten auch Riley und die anderen Kommandomitglieder der »Initiative« eine nahezu perfekte Tarnung aufrecht, keiner ihrer Kommilitonen käme ohne weiteres auf die Idee, dass sie mehr als nur wissenschaftliche Hilfskräfte sind. In einem entscheidenden Punkt aber unterscheidet sich die »Initiative« von den *Blue Berets*: Es heißt, dass diese Geheimarmee skrupellos alle Zivilisten beseitigt, die Zeugen von Zwischenfällen werden, an denen sie beteiligt sind, Geheimhaltung geht also über Menschenleben. Im Gegensatz dazu sind die Methoden der »Initiative« geradezu zurückhaltend, sie jagen wirklich nur Dämonen und gehen über Begegnungen mit normalen Studenten einfach hinweg. Insofern ist ihre Existenz auf dem Campus von Sunnydale bei weitem nicht so geheim, wie sie es sich selbst wahrscheinlich wünschen. Aber nicht nur im Hinblick auf die »Initiative« kommt in dieser Folge Bewegung in die großen Entwicklungen der vierten Staffel. Von Anfang an besteht ein besonderes Band zwischen Buffy und Riley, nur sind sie sich dessen nicht bewusst. In allen bisherigen Episoden bedeuteten die Begegnungen zwischen den beiden immer auch eine Irritation. Etwas ist da, doch nur wir, die Zuschauer, nehmen es als eine Form der Anziehung wahr, sie selbst reagieren dagegen nur verunsichert. Dies ändert sich auch in THE INITIATIVE nicht grundlegend. Riley wird sich zwar dessen bewusst, dass er Buffy mag und sie gerne näher kennen lernen würde, aber aufgrund seiner Schüchternheit gelingt es ihm immer noch nicht, seine Gefühle eindeutig zu signalisieren. Buffy – im Gegenzug – weiß immer noch nicht, was sie für die Hilfs-

kraft von Professor Walsh empfindet. Riley bedeutet für sie eine Verwirrung der Gefühle. In diesem Sinn ist ihre Bemerkung am Ende der Folge, dass er merkwürdig sei, beinahe so etwas wie das Eingeständnis ihres Verliebtseins.
Joss Whedon und sein Team bauen hier Buffy und Riley als ein ideales Paar auf. Sie empfinden nicht nur etwas füreinander, sie führen auch beide ein Doppelleben. Riley selbst bringt die Probleme, die sich für beide ergeben, auf den Punkt, als er zu seinen Freunden sagt, wie er eine Beziehung aufrechterhalten soll, wenn er jede Nacht auf Jagd nach Dämonen geht. In der gleichen Situation befindet sich auch die Jägerin: Im Prinzip dürfen ihre Freunde nichts von ihrer eigentlichen Identität erfahren, denn sie erschwert nicht nur eine Verbindung, sie bedeutet auch stets eine immense Gefahr für ihren Partner. Da Riley und Buffy eine ähnliche Bestimmung haben und wissen, dass die Welt ein viel gefährlicherer Ort ist, als man normalerweise annimmt, passen sie natürlich perfekt zusammen. Allerdings bleibt dabei eine Frage offen: Stehen sie wirklich auf der gleichen Seite?

Gesamtbewertung: ●●○
Humor: ★☆☆
Horror: ☠ ☠ ☠
Action: ▮ ▯ ▯

BtVS-408/ANGEL 1ADH08
PANGS/
I WILL REMEMBER YOU

US-Erstausstrahlung: 23. November 1999

Regie: Michael Lange (BtVS-408), David Grossman (ANGEL 1ADH08). *Drehbuch:* Jane Espenson (BtVS-408), David Greenwalt, Jeannie Renshaw (ANGEL 1ADH08). *Gaststars in BtVS-408:* Emma Caulfield (Anya), Marc Blucas (Riley Finn), Mercedes McNab (Harmony Kendall), Leonard Roberts (Forrest), Bailey Chase (Graham), Tod Thawley (Hus, Geist der Chumash), Margaret Easley (Professor Gerhardt, Kuratorin der Anthropologie), William Vogt (Anfangs-Vampir), Mark Ankeny (Dekan Guerrero). *Gaststars in ANGEL 1ADH08:* Carey Canon (Orakel), Randall Slavin (Orakel), David Wald (Mohra-Dämon 1), Chris Durand (Mohra-Dämon 2)

Buffy trifft zufällig Riley. Willow möchte die beiden nicht stören und sucht eine Ausrede, um sich absetzen zu können.
Willow: »Oh, schaut mal, die verkaufen Kaffee im Café.«

INHALT

Von einer Vision des Halbdämons Doyle geleitet, führt Angel der Weg nach Sunnydale. In Doyles Vision gerät Buffy in Gefahr, doch wie wird diese Gefahr aussehen?
Buffy ahnt von Angels Besuch in Sunnydale noch nichts. Mit Willow und Anya beobachtet sie vielmehr Xander in seinem neuen Job. Xander arbeitet für ein Bauunternehmen, das im Auftrag des Colleges ein neues Kulturzentrum errichten soll. Für Anyas begierige Blicke haben die beiden anderen jungen Frauen wenig

übrig, ihre Gedanken kreisen um das bevorstehende Thanksgiving-Fest. Buffy würde es gerne mit ihren Freunden feiern, Willow aber blockt ab: Mit Thanksgiving feiert eine Kultur – die der weißen Amerikaner – ihre vermeintliche Überlegenheit über die anderen Kulturen des Landes, erklärt sie der verdutzten Buffy. Ihre Diskussion wird jäh unterbrochen, als Xander auf der Baustelle der Boden unter den Füßen wegbricht und er ihn die Tiefe stürzt. Wie sich im Laufe des Tages herausstellt, ist Xander, der den Sturz unverletzt überstanden hat, inmitten der so genannten Mission gelandet, einer Art Gemeindezentrum aus der Gründerzeit Sunnydales. Diese Mission, hatte man bislang angenommen, sei bei einem Erdbeben 1812 zerstört worden. Was niemand ahnt: Mit der Entdeckung der Mission ist auch der seit langer Zeit ruhende Geist der Chumash, der Ureinwohner Sunnydales, freigesetzt worden, ein Geist, der die Gestalt eines indianischen Kriegers annimmt, dessen erste Tat darin besteht, Professor Gerhardt, die Leiterin des Anthropologischen Instituts des College (und damit Kuratorin indianischer Fundstücke in Sunnydale) zu ermorden; dazu benutzt er ein altes indianisches Messer aus ihrer Sammlung.

An diesem Abend schleicht ein weiterer, wohlbekannter Dämon durch die Wälder der Vorstadt: Spike. Entkräftet schleppt er sich voran, von seinen geheimnisvollen Verfolgern gejagt, unfähig, einen Menschen zu beißen, nicht in der Lage, sich gegen sie zur Wehr zu setzen; entkräftet muss er mit ansehen, wie andere, jüngere Vampire einen jungen Mann »schlachten«, und auch Harmony weist ihm die Tür. Spike ist verzweifelt.

Von Spike ahnt Buffy noch nichts, als sie mit Willow in das Büro der ermordeten Professorin einbricht und entdeckt, dass der Mörder nur ein Messer gestohlen hat – das er offenbar dazu benutzt hat, um der Professorin ein Ohr abzuschneiden. Die Jägerin erzählt Giles davon, der ihren Verdacht, dass ein Dämon für diese Tat verantwortlich ist, teilt und verspricht, sich über die Dämonologie der Chumash kundig zu machen. Giles verabschiedet Buffy, um sich einem im Verborgenen agierenden Gast widmen zu können: Angel. Dieser vermutet, dass diese Geschichte der Grund für Doyles Vision gewesen ist. Er verspricht Giles, ein Auge auf Buffy zu haben. Giles soll Buffy, bittet ihn Angel, zu Vater Gabriel schicken, der ihnen vielleicht weiterhelfen kann, denn die Vorfahren des Geistlichen gehören zu den Gründern der Stadt. Auf ein Treffen mit Buffy will Angel verzichten. Die Wunden, die sein Verschwinden bei Buffy verursacht hat, sind gerade erst verheilt, und er möchte sie nicht wieder öffnen. Stattdessen gibt er sich Willow zu erkennen. Ihr Gespräch endet jedoch abrupt, als Angel Buffy im Gespräch mit einem jungen Mann, Riley, beobachtet – und seine Eifersucht nur schwer zu verbergen weiß. Das Gespräch zwischen Buffy und Riley ist indes kurz: Buffy würde ihn gern zu ihrer kleinen Thanksgiving-Feier bei Giles einladen (ihre Mutter besucht eine Tante in Illinois), doch Riley fliegt heim nach Huxley, Iowa, um das Fest im Kreise seiner Familie zu begehen.

Von Giles am nächsten Tag instruiert, besucht Buffy Vater Gabriel – um diesen tot aufzufinden. Sein Mörder, der indianische Krieger, hat den Tatort noch nicht verlassen, und so kommt es zwischen ihm und Buffy zu einem kurzen, aber heftigen Kampf. Buffy entreißt ihm sein Messer – doch kurz bevor sie zum entscheidenden Stoß ausholen kann, hält sie inne. »Erst habt ihr mein Volk abgeschlachtet«, raunt der Krieger, »nun tötet ihr seinen Geist.« Buffy gibt ihn frei, und er rennt davon.

Während Buffy mit Giles das Thanksgiving-Mahl vorbereitet, ärgert sie sich über ihr Versagen. Giles versteht ihr Handeln, gibt ihr jedoch zu bedenken, dass der Geist ein Mörder ist, der seine

Handlungen nicht, nur weil Buffy ihn hat laufen lassen, nun überdenken wird. Sie müssen einen Weg finden, den Geist unschädlich zu machen. Willow aber, die zwischenzeitlich das Haus betreten hat, negiert Giles' Verlangen. Die Chumash waren ein friedliches Volk, dem Kriege gänzlich unbekannt gewesen sind. Von den weißen Siedlern zusammengetrieben, wurden sie in Lager gesteckt, wo die meisten von ihnen an Krankheiten, die die Weißen mitgebracht hatten, elend zugrunde gingen. Als eine Gruppe von ihnen rebellierte, wurden ihre Anführer aufgehängt; andere, die flüchteten, wurden des Rinderdiebstahls beschuldigt, gejagt und ermordet. Um den Züchtern einen Beweis für ihren Tod zu bringen, wurden den Toten die Ohren abgeschnitten!

Von einem Fluch ist indessen Xander betroffen. Nur mit Hilfe Anyas, die er in dieser Episode übrigens zum ersten Mal offiziell seine Freundin nennt, ist er überhaupt in der Lage, Giles' Haus zu betreten. Xander ist krank, er hat Grippe, ein ganzes Dutzend verschiedener Grippe-Viren hat sein Immunsystem befallen. Darüber hinaus hat er eine leichte Syphilis – all dies Krankheiten, die die Indianer getötet haben. Dabei hat er bislang Glück im Unglück, denn keine der Krankheiten ist bei ihm richtig ausgebrochen.

Bevor das Thanksgiving-Mahl beginnt, das Buffy allen Widrigkeiten zum Trotz durchziehen will, bekommen sie unerwarteten Besuch: Spike. Ein gern gesehener Gast ist er nicht, dennoch bieten sie ihm – allerdings an einen Stuhl gefesselt – Asyl, wenn er ihnen mehr über die geheimnisvollen Jäger auf dem Campus erzählt. Bevor dies jedoch der Fall ist, entwickelt sich ein Streit über das Vorgehen gegen den Geist. Willow weigert sich, den Geist zu töten, und auch Buffy hat kein gutes Gefühl bei dieser Aktion. Es ist ausgerechnet Spike, der die beiden zur Besinnung bringt: »Die Weißen haben«, gibt er ihnen zu bedenken, »sein

Volk ausgerottet. Was könntet ihr ihm wohl sagen, damit er sich wieder ein bisschen besser fühlt?«

Vor Beginn des Essens verlassen Willow, Xander und Anja noch einmal das Haus, um Spuren zu finden, die auf den Geist hindeuten. So treffen sie Angel, der ihnen vom Diebstahl indianischer Waffen erzählt. In diesem Moment wird ihm klar, was der Geist vorhat: Er will in den Kampf gegen den besten Gegner der Gegenseite ziehen. Und dies ist in seiner Gedankenwelt Buffy.

Dieser Gedanke ist Angel nicht eine Sekunde zu spät gekommen, denn längst befindet sich Giles' Haus – wie ein altes Fort – unter der Belagerung der Indianer. Ein Kampf auf Leben und Tod entbrennt, in dem Angel den *Slayeretts* einen Vorteil verschafft, als er im Vorgarten von Giles' Haus gleich mehrere Krieger außer Gefecht setzt. Doch wirklich sterben können die Krieger nicht, beim Kampf gegen ihren Anführer Hus gelingt es Buffy jedoch, dessen Messer in ihren Besitz zu bringen. Sie verletzt ihn am Arm und sieht Blut fließen – sein Messer kann ihn töten! Ohne zu zögern setzt sie es dieses Mal gegen ihn erfolgreich ein, und mit seinem Tod verschwinden auch die anderen Krieger. Von Angels Hilfe hat Buffy nichts bemerkt; für einen Moment beobachtet er sie durch ein Fenster, dann verschwindet er, ohne sich ihr zu zeigen.

So findet das Essen statt, jedoch hat niemand Freude daran. Dieser Geist war kein gewöhnlicher Dämon, er wollte Rache für all die Verbrechen, die seinem Volk angetan wurden. Willow rettet den Abend, indem sie das Fest kurzerhand ein Freundschaftsessen nennt. Ein Essen, das sie von nun an jedes Jahr feiern sollten – und das, um ihre Freundschaft zu feiern, unabhängig von irgendwelchen Feiertagen. »Ja«, pflichtet ihr der wieder vollkommen genesene Xander bei, »vielleicht hat Angel dann ja auch Zeit, zum Essen zu bleiben.« Buffy starrt ihn verständnislos an.

(An dieser Stelle endet die BUFFY-Episode.)

Ein Dämon überfällt Angel in seinem Büro. Nur mit Glück können Buffy und Angel ihn mit vereinten Kräften vertreiben.
Buffy: »Ein Freund von dir?«
Angel: »Ich habe ihn noch nie in meinem Leben gesehen.«
Buffy: »Das war unhöflich. Wir sollten ihn umbringen.«
Angel: »Ich habe Zeit.«

Drei Tage sind seit den Geschehnissen in Sunnydale ins Land gezogen. Deprimiert verbringt Angel seine Zeit mit Dingen wie dem Aufräumen seines Schreibtischs. Seine Niedergeschlagenheit wird jäh durch das Auftauchen Buffys in seinem Büro unterbrochen. Sie sei in Los Angeles, erzählt sie ihm, um sich mit ihrem Vater zu treffen; in erster Linie aber beabsichtigt sie, Angel die Leviten zu lesen: Sie ist kein kleines Mädchen mehr, das einen Schutzengel braucht. Sein Auftritt in Sunnydale war nicht fair. Einfach wäre sein Besuch für sie nicht geworden, gibt sie zu – aber es wäre von ihm ein Akt der Fairness gewesen, sich zu zeigen, statt aus dem Schatten heraus zu agieren.
Angel entschuldigt sich für sein Benehmen, er hätte mit ihr reden müssen. Bevor ihm Buffy antworten kann, wird ihr unvermutetes Zusammentreffen von einem Dämon unterbrochen, der durch eine Fensterscheibe in Angels Büro einbricht und ohne Vorwarnung versucht, Angel zu töten. Im gemeinsamen Kampf gelingt es der Jägerin und dem Vampir, den Dämon, dessen auffälligstes äußeres Attribut ein eingewachsener Diamant auf der Stirn darstellt, in die Flucht zu schlagen. Die beiden verfolgen den Dämon in die Kanalisation, wo sie sich trennen und Angel, kaum dass er allein ist, prompt von dem Dämon attackiert wird. Im Zweikampf gelingt es ihm, dessen Schwert zu fassen zu bekommen. Er rammt es dem Dämon in den Bauch. Ein Schwall grünes Blut trifft Angels Hand, die während des Kampfes verletzt wurde.

WICKED

THE ULTIMATE GUIDE TO
HORROR ENTERTAINMENT

LIVE BARKER
glimpse inside the mind
f horror's greatest artist

HE NINTH GATE
ohnny Depp and director
oman Polanski beat the devil

MERICAN PSYCHO
detailed look at the year's
ost controversial film

INAL
ESTINATION
n the set of the latest
upernatural teen thriller

David Boreanaz
finds success with TV's hottest new genre series

AN MVP MEDIA GROUP PERIODICAL
$6.95 U.S. $9.25 Canada
Spring 2000

ANGEL

ANGEL © THE WB

Und wieder mal »Zwei Seelen, ach, in meiner Brust« – Angel hat es weder in BUFFY noch in seiner eigenen Serie wirklich leicht. David Boreanaz sagte dem Magazin *Wicked* dazu: »Angel ist eben nicht wie die Vampire, die man bisher kannte. Das Tolle an ihm ist, dass in ihm ganz verschiedene Persönlichkeiten miteinander kämpfen.«

Ihr Blut vermischt sich und Angel bricht zusammen. Als Angel wieder erwacht, kann er kaum glauben, was er fühlt: Er lebt! Zurück in seinem Büro, erzählt er Doyle, was mit ihm geschehen ist. Er fühlt einen Puls, er kann durch das Sonnenlicht gehen – und er hat Hunger! Angel stürzt sich auf den Kühlschrank und stopft, was immer er finden kann, gierig in sich hinein.
Anhand einer Beschreibung des Dämons identifiziert ihn Doyle mit Hilfe eines Buches als einen Mohra: Ein Mohra ist ein Attentäter, ein Mörder, dessen Blut über die Fähigkeit der Selbstregeneration verfügt. Wird der Mohra schwer verletzt, baut das Blut den Körper wieder auf, und innerhalb kürzester Zeit ist der Mohra wieder gesund; sein Blut scheint mit dem der Menschen kompatibel zu sein.
Bevor Angel sein menschliches Antlitz Buffy präsentieren kann, will er eine Antwort. »Die Mächte, die sind« haben ihm Doyle geschickt, damit dieser ihm im Kampf gegen die Dämonen der Nacht zur Seite stehen kann. Sie haben einen Plan für ihn – doch wie kann er diesen Plan, wie immer er aussehen mag, als Mensch ausüben?
Doyle führt Angel zum »Eingang der verlorenen Seelen«. Wenn er durch dieses Portal tritt, trifft er auf der anderen Seite zwei Orakel, die ihm auf seine Fragen eine Antwort geben können. Angel tritt durch das Tor und trifft einen Mann und eine Frau, die ihrem goldenen Aussehen nach direkt der griechischen Götterwelt entsprungen sein könnten. Da er nunmehr ein Mensch ist, betrachten sie ihn als niederes Wesen. Warum »die Mächte, die sind« zugelassen haben, dass er ein Mensch geworden ist, können sie ihm nicht sagen. Ob er noch gebraucht wird? Darauf haben sie eine einfache Antwort: Nein! Er soll gehen und seine Sterblichkeit genießen.
So tritt Angel schließlich Buffy gegenüber. Im Sonnenlicht. Und er gesteht ihr seine Liebe. Buffy ist verwirrt. Was wird ihnen die

Zukunft bringen? Wird er nach Sunnydale kommen? Werden sie nun eine Zukunft haben? Wird ihre Liebe von ihrem Fluch befreit? Angel hat auf all diese Fragen keine Antwort, er weiß nur, dass er Buffy über alles liebt. Und so geben sie sich einander hin – und dieses Mal bleibt ihre Liebe ohne fürchterliche Konsequenzen. Angel bleibt Angel. Kein Fluch lastet mehr auf ihren Seelen.

Oder etwa doch nicht? In einer Vision sieht Doyle, dass sich der vermeintlich tote Dämon, dem Angel seine Menschwerdung verdankt, regeneriert hat. Er informiert Angel, der sich entschließt, den Dämon endgültig zu vernichten, jedoch allein, um Buffy nicht zu gefährden. Der Kampf aber entwickelt sich zu einem Desaster, Angel gelingt es nicht, den Diamant an der Stirn des Dämons zu zerstören, der, laut Doyle, seinen Tod herbeiführt.

In letzter Sekunde kann Buffy in den Kampf eingreifen, und nach einem Zuruf des am Boden liegenden Angel rammt sie dem Dämon ihrem Fuß gegen die Stirn. Unter der Wucht ihres Trittes explodiert der Diamant und der Dämon löst sich in Luft auf. Hätte Buffy Cordelia nicht genötigt, ihr zu sagen, wo Angel sich aufhält, wäre Angel in diesem Kampf gestorben. Als Mensch ist er schwach.

Die letzten Worte des Dämons geben Angel zu denken: »The end of days has begun and can't be stopped (etwa: »Das Ende der Zeit hat begonnen, und nichts kann es aufhalten.«). Ein zweites Mal sucht er die Orakel auf. War der Dämon nur eine Vorhut, will er wissen, gesandt, um ihn, den Dämonenjäger, zu vernichten? Und wenn dies stimmt, was wird dann mit der Vampirkillerin geschehen? Sie wird, so die Antwort, das Schicksal aller Sterblichen erleiden. Nur etwas früher!

Angel ist in einem Zwiespalt der Gefühle: Er liebt Buffy, doch wird er sie vor dem, was immer auch kommen mag, beschützen können, wenn er ein Mensch ist? Wird ihre neu entflammte Liebe sie nicht beide im Endeffekt schwächen, da Buffy stets darauf bedacht sein wird, ihn zu beschützen? Dies kann er nicht zulassen, daher bittet er die Orakel um Hilfe. Er bittet sie, ihm sein menschliches Leben zu nehmen, um wieder ein Vampir zu werden, denn nur als Vampir, als Schutzengel der Stadt, ist er in der Lage, Buffy zu beschützen; ihr Leben bedeutet ihm mehr als sein eigenes. Der männliche Part des Orakels verweigert ihm die Erfüllung des Wunsches, nicht aber der weibliche Teil. Wer bereit sei, sein Leben für seine Liebe zu opfern, der habe bewiesen, ein höheres Wesen zu sein. So wird seiner Bitte entsprochen: Sie werden ganz einfach die Zeit bis zu dem Moment des ersten Dämonenangriffs zurückdrehen. Und außer Angel wird sich niemand daran erinnern, was ursprünglich nach diesem Angriff geschehen ist.

Angel überbringt Buffy genau diese Nachricht: Alles, was sie in Los Angeles erlebt hat, ist niemals geschehen. Buffy weint. Sie wird nichts von dem, was geschehen ist, vergessen, verspricht sie ihm. Doch kaum hat sie ihm dieses Versprechen gegeben, wird die Zeit zurückgedreht. Und Buffy steht in Angels Büro, um ihn zur Rede zu stellen. Sie ist kein kleines Mädchen mehr, das einen Schutzengel braucht. Sein Auftritt in Sunnydale war nicht fair. Einfach wäre sein Besuch für sie nicht geworden, gibt sie zu – aber es wäre von ihm ein Akt der Fairness gewesen, sich zu zeigen, statt aus dem Schatten heraus zu agieren.

Angel entschuldigt sich für sein Benehmen, er hätte mit ihr reden müssen. Bevor Buffy ihm antworten kann, wird ihr unvermutetes Zusammentreffen von einem Dämon unterbrochen, der durch ein Fenster in Angels Büro einbricht und ohne Vorwarnung versucht, Angel zu töten. Doch bevor er zu einem Schlag ausholen kann, rammt Angel ihm mit einem Fußtritt den Diamanten ins

Gehirn. Der Dämon heult auf und löst sich in Luft auf. Er habe irgendwann einmal etwas über diese Dämonen gelesen, erklärt er Buffy die Tatsache, dass er auf Anhieb wusste, wie der Dämon zu zerstören sei. Ansonsten möchte er sich für sein Verhalten in Sunnydale entschuldigen. Was er getan hat, war nicht richtig. Buffy nimmt seine Entschuldigung an und verlässt sein Büro, ohne sich an das, was in den letzten 24 Stunden – die für sie niemals stattgefunden haben – zu erinnern. Im Gegensatz zu Angel, der Buffy traurig hinterherblickt.

KOMMENTAR

Bei einem Crossover zweier TV-Serien versuchen die Autoren in der Regel, ein Gleichgewicht zwischen den zusammenfließenden Formaten zu erreichen. In diesem Crossover ist dies nur bedingt der Fall, denn im Kontext ihrer Serien betrachtet, handelt es sich bei der BUFFY-Folge um kaum mehr als eine Monster-der-Woche-Episode, in der zufällig David Boreanaz als Gaststar auftritt. Zur Lösung des Konflikts steuert er wenig bis gar nichts bei, es ist lediglich sein Verhalten gegenüber Buffy, das von Bedeutung ist und schließlich die Geschichte der ANGEL-Episode ergibt, in der die beiden Liebenden erstmals in dieser Season aufeinander treffen.

Und an dieser Stelle beginnt das wahre Crossover.

I WILL REMEMBER YOU funktioniert nur mit der Figur der Buffy. Buffy ist die zentrale Figur des »Buffyversums«, sie ist die Figur, um die sämtliche Charaktere, ja die gesamte Mythologie der Serie entwickelt wurde; sämtliche episodenübergreifende Handlungsstränge sind mit ihrer Figur verknüpft. Aus diesem Grund hat die Serie ANGEL bis zu diesem Augenblick auf eine eigene Mythologie – weitestgehend – verzichtet. Zwar wurde in der ersten Episode die Figur des Doyle eingeführt – ein Dämon mit der Gabe,

Visionen empfangen zu können – und Angel wurde darüber hinaus erklärt, dass die so genannten »Mächte, die sind« ein wachsames Auge auf ihn werfen, doch warum sie dies tun, darauf ist die Serie bis zu diesem Zeitpunkt nicht eingegangen. Stattdessen war ANGEL bislang eine TV-Serie, die sich ganz den Geschichten um das Monster der Woche verschrieben hatte: Angel trifft auf einen Dämon und vernichtet ihn. So sahen die Handlungen der Einzelepisoden bislang, in einem Satz zusammengefasst, aus.
I WILL REMEMBER YOU bricht mit dieser eher simplen Erzählweise, stattdessen wird ein episodenübergreifender Handlungsbogen initiiert, der davon erzählt, dass es Mächte gibt, die die Menschheit vernichten wollen. Diese Mächte entsprechen vielen alten Bekannten aus BUFFY, Bekannten wie dem Meister aus Staffel eins, der auf der Erde eine neue Herrschaft der Dämonen errichten wollte, um sich an den Menschen zu laben. Oder wie der Bürgermeister, der die Welt ins Chaos stürzen wollte, um auf diesem Chaos seine Macht zu errichten. Um diese Initiierung erfolgreich durchführen zu können, muss ANGEL sich zunächst einmal zu seiner Herkunft bekennen. ANGEL ist und bleibt ein Teil des »Buffyversums«, einer Welt, in der Dämonen hinter der Fassade der Realität wandeln. Beide Serien erzählen von Schutzengeln, die darüber wachen, dass die Fassade aufrechterhalten wird und wir, die wir von der Wahrheit hinter der Realität nichts ahnen, ruhig schlafen können. Und als reichte dies nicht aus, verbindet diese beiden Schutzengel eine reine Liebe, die ohne zu übertreiben mit der von *Romeo und Julia* verglichen werden darf. An dieser Stelle gelingt I WILL REMEMBER YOU etwas wirklich Ungewöhnliches: Indem beide Serien miteinander verschmolzen und auf ein Handlungsgrundgerüst gestellt werden, werden sie voneinander separiert. Die Episode PANGS ist in diesem Zusammenhang, um dies noch einmal zu betonen, von unter-

geordneter Bedeutung, ihre Aufgabe besteht allein darin, einen Grund für Buffy zu finden, sie nach Los Angeles zu schicken. In Los Angeles angekommen, führt I WILL REMEMBER YOU die Liebe zwischen Angel und Buffy nun zu ihrem tragischen Höhepunkt. Schon in der Eingangssequenz, mit dem ersten Auftritt Buffys, versucht sie sich von Angel endgültig zu trennen. Es geht in dieser Sequenz nicht darum, ihre Liebe zu beenden, denn ihre Liebe wird fortbestehen. Es geht ihr vielmehr darum, Fakten zu schaffen: Sie ist keine High-School-Schülerin mehr. Sie ist erwachsen geworden. Und Angel muss dies respektieren. Wenn sich ihre Wege, wie geschehen, zufällig kreuzen, dann darf er nicht hinter ihrem Rücken agieren. Die beiden haben sich getrennt, wissend, dass sie keine gemeinsame Zukunft erleben werden. Der Fluch auf Angels Seele ist gleichbedeutend einem Fluch auf ihrer Liebe. Er weiß das, sie weiß das. Und mit diesem Wissen müssen sie leben.
Diese Eingangssequenz wird jedoch durch den Auftritt des Dämons jäh unterbrochen. Wie von einem Instinkt getrieben, begeben sich die Jägerin und der Vampir auf die Jagd nach dem Angreifer. Angel wird mit dessen Blut infiziert – und somit wird er ein Mensch. Ist dies der Beginn einer reinen Liebe, in der zwei Menschen sich sorgenfrei einander hingeben können?
Mitnichten. Die Geschichte entpuppt sich als tragisch, als zynisch gar. Sie mögen miteinander schlafen können, ohne dass Angel sich gleich in den bösen Angelus verwandelt (wir erinnern uns an die Episoden BtVS-213 und 214, DER FLUCH DER ZIGEUNER bzw. DER GEFALLENE ENGEL, jene Episoden, in denen ihre Liebe einen Fluch auslöst, der Angel in Angelus verwandelt). Eine Zukunft gibt es für die beiden dennoch nicht, denn Buffy ist die Jägerin, auserkoren, die Welt vor den Dämonen der Nacht zu beschützen. Diese Aufgabe benötigt ihre gesamte Konzentration, mit

dem Menschen Angel an ihrer Seite aber wäre sie nicht mehr in der Lage, sich voll und ganz ihrer Aufgabe zu widmen. Als Mensch besitzt Angel keinerlei besondere Fähigkeiten, die Buffy im Kampf gegen das Böse unterstützen könnten. Dies an sich wäre vielleicht kein Problem, denn Xander oder Giles sind auch normale Menschen, die ohne übernatürliche Kräfte gegen das Böse kämpfen. Als Angel jedoch erfährt, dass das Ende der Zeit angebrochen ist (was das genau bedeutet, wird in dieser Staffel nicht mehr geklärt werden), besucht er die Orakel, um zu erfahren, was dies für Buffy bedeuten wird. Die Antwort ist einfach: Sie wird sterben.

Um dies zu verhindern, ist Angel bereit, das Wertvollste, was er besitzt, zu opfern: sein Leben! Mit seiner Rückverwandlung in einen Dämon wird auch der Fluch, der auf seiner Seele lastet, reaktiviert. Ihre Liebe bleibt somit eine unerfüllbare Sehnsucht nach einer gemeinsamen Zukunft – ein Zustand, von dem Angel weiß, dass Buffy ihn akzeptiert hat. Ganz nebenbei hat seine Rückverwandlung in einen Dämon den Vorteil, dass er Buffy wieder ein Helfer, ein Schutzengel gar, sein kann (nur weil er sie freigibt, heißt dies ja nicht, er würde sie nicht mehr lieben, ganz das Gegenteil ist schließlich der Fall, seine Liebe ist größer als jemals zuvor).

Mit seinem Opfergang interessiert er auch »die Mächte, die sind« wieder für sich, die, ohne Angabe von Gründen, offenbar das Interesse an ihm verloren hatten (diese Geschichte bleibt im weiteren Verlauf der Serie leider ohne weitere Erklärungen, was als Schwachpunkt dieser Episode gewertet werden darf). Ein Wesen, das bereit ist, sein Leben für seine Liebe zu opfern, das weckt ihr Interesse, und so erfüllen sie ihm nicht nur seinen Wunsch, sie gehen sogar noch einen Schritt weiter und drehen die Zeit bis zu dem Moment, an dem er erstmals wieder mit Buffy direkt zu-

sammentrifft, zurück. Außer ihm wird sich niemand an das Geschehene erinnern (zu einem späteren Zeitpunkt der Serie verweigern sie Angel übrigens einen solchen Akt, da der Vorfall, für den er sie um diesen Gefallen bittet – der Tod eines Freundes, der sich in einem Moment der Gefahr für Angel opfert – in ihren Augen nicht wichtig genug ist).
Die Geschichte beginnt von vorne: Buffy betritt Angels Büro und erklärt ihm, keine High-School-Schülerin mehr zu sein; sie ist erwachsen geworden. Wenn sich ihre Wege, wie geschehen, zufällig kreuzen, dann darf niemand hinter des anderen Rücken agieren. Sie müssen mit dem Wissen, dass ihre Liebe keine Zukunft hat, leben. Nachdem sie sich ihren Frust von der Seele geredet hat (und zwischendurch der Mohra-Dämon von Angel mit einem einzigen Fußtritt ins Jenseits befördert wurde), macht sie ihm ein Angebot: Sie ist bereit, diesen Vorfall zu vergessen. Angel willigt in ihren Vorschlag ein, und Buffy verlässt sein Büro.
Buffy ist frei, sie weiß nichts von den Geschehnissen der letzten 24 Stunden, weiß nichts von der Liebe, die Angel und sie in dieser Zeit füreinander empfunden haben. Angel hingegen kann sich an jeden Moment bewusst erinnern. Für ihn ist die Trennung ein tiefer Schmerz – und doch auch eine Befreiung. Er weiß nun um die Konsequenzen, die eine Erfüllung ihrer Liebe mit sich bringen würde. Und eben weil er Buffy über alles liebt – lässt er sie gehen.
Für die Serie ANGEL bedeutet dies die Trennung von BUFFY – IM BANN DER DÄMONEN. Natürlich wird es weitere Crossover-Episoden geben, und mit dem Wissen um das Ende der Zeit, dem *end of days*, wird der Grundstein für einen Handlungsstrang gelegt, der eines Tages wahrscheinlich beide Serien in irgendeiner Form vereinigen wird (man wird sich diesbezüglich überraschen lassen müssen). Bis dahin aber wird es zwei Serien in BUFFYs

Welt geben, und es ist ein offenes Geheimnis, dass diesen zwei Serien eine dritte folgen wird (siehe hierzu das Zwischenkapitel »Wer hätte gedacht, dass ...«).

Bei all diesen Interpretationen um die Geschehnisse im Liebesleben von Buffy und Angel besteht die Gefahr, dass die anderen Aspekte der Geschichte auf der Strecke bleiben. Dies wäre schade, denn vor allem PANGS hat einige interessante Hintergründe zu bieten.
Da wäre zum Beispiel der Geist, der erwacht und Rache für den Tod seines Volkes nimmt. Tatsächlich ist er mehr als ein Geist, er ist *the spirit*. Der englische Begriff *spirit* geht weit über den deutschen Begriff Geist hinaus, denn er kann unter anderem auch mit dem Wort »Seele« übersetzt werden. Dies macht diesen Geist im Kontext der Serie zu einem der interessantesten Gegner von Buffy, denn dieser Geist ist kein einfacher Dämon, er ist die Geistwerdung der Gedanken eines ganzen Volkes – eines Volkes, das massakriert, ermordet, ausgelöscht wurde, ohne jemals etwas Böses getan zu haben. Diese Tatsache ist es auch, die es Willow fast unmöglich macht, gegen ihn zu kämpfen. Für die Verbrechen, die an seinem Volk begangen wurden, hat es niemals eine Bestrafung der Verantwortlichen gegeben, im Gegenteil: Die, die sein Volk ermordeten, werden heute in den USA Pioniere genannt. Für Willow ist sein Rachegedanke nachvollziehbar. Sie heißt seine Taten nicht gut, weigert sich jedoch, ihn für sein Tun zu bestrafen. Vielmehr sucht sie mit ihm einen Dialog, doch mit wem will sie sprechen? Genau dies ist nämlich das Problem: Das gesamte Volk des Geistes ist abgeschlachtet worden. Es gibt demnach keine menschlichen Nachfahren derer, denen man Unrecht angetan hat und bei denen Nachfahren derer, die wiederum dieses Unrecht begangen haben, um Vergebung bit-

ten könnten. So ist die Lösung des Problems bitter: Der Geist muss getötet werden, will man verhindern, dass weitere unschuldige Menschen sterben! Eine andere Lösung gibt es nicht, auch wenn mit dieser niemand wirklich glücklich sein kann.

Etwas geschmacklos mag in diesem Zusammenhang die Tatsache angesehen werden, dass es die Chumash wirklich gegeben hat; diese lebten tatsächlich im Süden des amerikanischen Bundesstaates Kalifornien, wo sie zunächst in Frieden mit den weißen Siedlern zusammenlebten (zu dieser Zeit, Anfang des 19. Jahrhunderts, stand Kalifornien noch unter mexikanischer Verwaltung). Mit den zunehmenden Spannungen zwischen weißen Siedlern und der mexikanischen Verwaltung, die 1847 in einem amerikanisch-mexikanischen Krieg gipfelten, gerieten auch die Chumash zunehmend ins Visier der Siedler, was schließlich zur Internierung und massenweisen Ermordung der Chumash führte; nur wenige Angehörige der Chumash-Stämme haben dies überlebt.

Die Geschichte des indianischen Geistes geht einher mit der Feier von Thanksgiving, der amerikanischen Antwort auf das europäische Erntedankfest, obschon dieser Vergleich, wie sich im Folgenden zeigen wird, hinkt. Thanksgiving ist ein Fest, mit dem in erster Linie die Besiedlung der USA gefeiert wird. Als die Pilgrims, eine religiöse Minderheit (es wäre nicht vermessen, sie eine Sekte zu nennen), Großbritannien im Jahre 1620 verlassen mussten, führte sie ihr Weg an die Küste Neuenglands im Nordosten der heutigen USA. Mit ihnen betraten jene weißen Siedler das Land, die heute als Gründerväter der USA verehrt werden. Zuerst lebten sie mit den einheimischen Indianern in Frieden zusammen, die Indianer lehrten die Einwanderer unter anderem den Anbau von Mais, sie halfen ihnen bereitwillig bei der Nutzbarmachung des Landes. 1621, nur ein Jahr nach der Ankunft der

Pilgrims, hatten ihre Felder bereits einen derart großen Überschuss erwirtschaftet, dass sie, so die Legende, aus Dank zusammen mit den Ureinwohnern ihre reiche Ernte mehrere Tage zum Erntedankfest – Thanksgiving – feierten. 1789 nannte der erste US-Präsident George Washington Thanksgiving den Tag der Dankbarkeit, 1941 wurde er offiziell zum Feiertag erklärt, und seither wird er jeweils am vierten Donnerstag im November eines Jahres gefeiert.

An Thanksgiving werden farbenprächtige Paraden durchgeführt, im Mittelpunkt aber stehen die Familientreffen, bei denen groß gespeist wird – traditionell mit Maiskolben, Pumpkin Pie (Kürbisauflauf) und Truthahn, all die Ingredienzien, die auch Buffy in dieser Folge zusammenträgt.

Das alles klingt doch recht idyllisch, dennoch hat Willow keine Lust, dieses Fest zu feiern. Warum? Dafür gibt es mehrere Gründe, die ihre Erklärung allesamt in der Vergangenheit finden: Als religiöse Fanatiker – und genau das waren die Pilgrims – konnten sie es nicht ertragen, mit »Wilden« zusammenzuleben. Sie taten also das, was christliche Fanatiker in Europa seit Hunderten von Jahren getan haben: entweder christianisierten sie fremde Völker, oder wenn dies nicht funktionierte, landeten die Andersgläubigen auf dem Scheiterhaufen.

Da es in den USA offiziell keine kirchlichen, sondern ausschließlich nationale Feiertage gibt, ist Thanksgiving heute ein Fest, das nicht nur die weißen, angloamerikanischen Protestanten feiern. Ob Katholiken, Lutheraner, Asiaten, Farbige: Für sie ist Thanksgiving eine Art Familienfeiertag, ein Tag, an dem man heimkehrt, so wie Riley, der von Sunnydale in Kalifornien heim nach Iowa fliegt.

Doch nicht alle Volksgruppen feiern diesen Tag, ein großer Teil der Juden beispielsweise feiert ihn aufgrund seiner christlichen

Herkunft nicht; und aus verständlichen Gründen ist dieser Feiertag bei den amerikanischen Ureinwohnern ebenfalls nicht gerade beliebt. Für sie ist Thanksgiving ein Tag, an dem der Ermordung ihrer Vorfahren gedacht wird: Sie haben den weißen Siedlern die Hand der Freundschaft gereicht und mit ihnen diesen Tag gefeiert. Zum Dank haben die Siedler sie abgeschlachtet. Es ist also kein Zufall, dass die Geschichte von PANGS ausgerechnet zu Thanksgiving spielt.
Mit dieser Geschichte hat BUFFY ein Tabu gebrochen, denn eine kritische Hinterfragung des Thanksgiving-Festes ist in den USA äußerst unpopulär. Gefeiert wird schließlich der Pioniergeist der Pilgerväter und nicht ihr krankhafter Fanatismus, der im Genozid eines ganzen Volkes endete!

Gesamtbewertung: ●●●
Humor: ★☆☆
Horror: ☠☠☠
Action: ▮▮▯

BtVS-409
SOMETHING BLUE

US-Erstausstrahlung: 30. November 1999

Regie: Nick Marck. *Drehbuch:* Tracey Forbes. *Gaststars:* Emma Caulfield (Anya), Marc Blucas (Riley), James Marsters (Spike), Andy Umberger (D'Hoffryn), Elizabeth Anne Allen (Amy)

Songs: *All the Small Things* von Blink 182 (»Enemy of the State«, Universal 1999)

Buffy *(über Riley)*: »Ich bin gerne mit ihm zusammen, weißt du. Und ich glaube, er mag mich wirklich. Aber ... ich habe irgendwie das Gefühl, etwas fehlt.«
Willow: »Er macht dich nicht unglücklich.«
Buffy: »Genau.«

INHALT

Zwischen Riley und Buffy entwickelt sich langsam eine Art von Beziehung. Er lädt die Jägerin zu einem Picknick ein und macht ihr Komplimente. Buffy ist sichtlich erfreut, aber etwas lässt sie nicht in Ruhe. All ihre Beziehungen waren bisher von Schmerzen und Kämpfen begleitet worden, und sie weiß nun nicht, ob sie diese wilde, leidenschaftliche Seite der Liebe in einer ganz normalen, ausgeglichenen Partnerschaft nicht vermissen wird. Aber nicht nur Riley beschäftigt die Jägerin zur Zeit, denn sie steht immer noch vor dem Rätsel, was es mit den Kommandos auf sich haben könnte, die auf dem Campus Dämonen jagen und entführen. Spike, der Einzige, der ihr etwas mehr verraten könnte, zeigt sich allerdings nicht sehr kooperativ, obwohl er von Buffy und ihrer Gang mit Ketten gefesselt in Giles' Badewanne gefangen gehalten wird. Da er nicht reden will, schlägt Willow vor, ihn mit einem Wahrheitszauber zu belegen. Giles ist von dieser Idee sehr angetan und bittet Willow, die notwendigen Zutaten zu besorgen. Auf dem Weg geht Willow noch einmal bei Oz' Wohnung vorbei und muss dort feststellen, dass ihr Freund all seine Sachen hat abholen lassen – ohne sie darüber zu informieren. Völlig am Boden zerstört erzählt Willow Buffy am Abend von dieser Entwicklung, deshalb versucht die Jägerin, sie zu trösten, doch im Moment kann nichts, was sie sagt, Willow wirklich helfen.
Am nächsten Morgen: Giles ist verärgert, weil Willow sich nicht wegen des Wahrheitszaubers bei ihm gemeldet hat, und ruft bei

ihr an, doch es läuft nur der Anrufbeantworter. Währenddessen genießen Buffy und Riley ihr Picknick. Doch als Willow hinzukommt, senkt sich ihre Melancholie und Verzweiflung wie ein dunkler Schatten über die beiden. Umso überraschender ist Willows Verhalten an diesem Abend im *Bronze*. Während Buffy, Xander und Anya noch überlegen, wie sie ihrer Freundin helfen können, tanzt sie ausgelassen zur Musik. Die anderen freuen sich über Willows Stimmungswandel, müssen allerdings bald feststellen, dass dafür Bier verantwortlich ist, das sie ins *Bronze* eingeschmuggelt hat. Als Xander ihr klarzumachen versucht, dass Alkohol keine Lösung sei, wird sie ausfallend; daraufhin zerrt die Jägerin Willow weg und geht mit ihr zurück zum Wohnheim. Als Buffy schläft, vollführt Willow im Waschraum einen Zauber, der ihr die Macht geben soll, ihren Willen und jeden ihrer Wünsche Realität werden zu lassen.
Als Willow am nächsten Morgen ihre neuen Kräfte testet und nichts passiert, ist sie sich sicher, dass sie wieder einmal versagt hat. Doch darin täuscht sie sich, nur sieht ihre Macht etwas anders aus, als sie es sich vorgestellt hat. Das Opfer ihrer neuen Kräfte wird Giles, der bei ihr vorbeikommt, weil sie offensichtlich den Wahrheitszauber, der ihn von Spike befreien könnte, vergessen hat. Sie gibt dem ehemaligen Wächter die für den Zauber nötigen Zutaten und wirft ihm vor, dass er ihren momentanen Schmerz nicht verstehe und sie nicht sehen könne. Daraufhin hat Giles plötzlich tatsächlich Schwierigkeiten mit dem Sehen, sein Augenlicht verschwindet langsam. Zwar kommt er noch nach Hause, kann dann aber die Anleitung zu dem Zauber, mit dem er Spike belegen will, bereits nicht mehr richtig lesen. Während er versucht, den Spruch zu zitieren, verliert er unbemerkt den Schlüssel für Spikes Fesseln. So kann der Vampir sich befreien und aus Giles' Haus entkommen.

Willow versinkt immer tiefer im Selbstmitleid und bezeichnet sich Buffy gegenüber selbst als eine Hexe ohne jede Macht. Während sie darüber lamentiert, dass die als Ratte bei ihr lebende Amy viel größere Zauberkräfte habe als sie, verwandelt sie Amy zurück in einen Menschen und im gleichen Augenblick wieder in einen Nager. Ein Telefonanruf unterbricht Willows Lamentieren: Giles unterrichtet Buffy davon, dass Spike entflohen ist. Daraufhin will die Jägerin sofort los, um den Vampir wieder einzufangen. Doch Willow beklagt sich, dass dieser Abend nur ihr gehören solle und Buffy ihr beistehen müsse. Als die Jägerin trotzdem geht, behauptet Willow noch, dass sie Spike sowieso sofort aufspüren würde. Im nächsten Augenblick finden sich Buffy und Spike zusammen auf dem Campus wieder; beide sind zwar etwas überrascht, doch dann fällt dem Vampir auf, dass hier der Zugang zu den Labors der »Initiative« gewesen sein muss, nur findet er ihn jetzt nicht wieder. Buffy verliert die Geduld, schlägt ihn nieder und schafft ihn dann zu Giles' Wohnung zurück.
Willow wendet sich in ihrer Enttäuschung über Buffy an Xander. Im Verlauf des Gesprächs sagt sie unter anderem, dass Spike der Jägerin scheinbar wichtiger sei als sie selbst und Buffy ihn doch gleich heiraten solle. Außerdem bezeichnet sie Xander, dem es auch nicht gelingt, die völlig egomanische Hexe etwas zu beruhigen, als einen Magnet für Dämonen. Ihre neue Kraft verwandelt diese beiden Bemerkungen in Flüche, die sofortige Wirkung zeigen: Buffy und Spike sind plötzlich ineinander verliebt und wollen noch in den nächsten Tagen heiraten. Als Giles Zeuge von Spikes Heiratsantrag wird, kann er nicht glauben, was da gerade passiert, er ist entsetzt und angewidert; zur gleichen Zeit wird er endgültig völlig blind. Nun ist er davon überzeugt, dass magische Kräfte für seinen Zustand und für die seltsame Entwicklung

zwischen Buffy und Spike verantwortlich sind. Der plötzlich um Giles besorgte Vampir schlägt einen Umkehrzauber vor, der dem ehemaligen Wächter sein Augenlicht zurückgeben könnte. Buffy bricht auf, um die notwendigen Ingredienzien zu besorgen, doch auf ihrem Weg wird sie von einem Schaufenster abgelenkt, in dem ein Brautkleid ausgestellt wird. Während sie es verträumt betrachtet, kommt Riley vorbei. Von dem Anblick, der sich ihm bietet, sichtlich irritiert, spricht er die Jägerin an, die ihm prompt gesteht, dass sie einen viel älteren Mann namens Spike heiraten werde. Riley verlässt Buffy enttäuscht und verärgert.

Etwa zur gleichen Zeit wollen es sich Xander und Anya in seinem Kellerzimmer gemütlich machen, doch plötzlich tritt ein Dämon die Tür ein und stürzt sich auf den jungen Mann. Mit Anyas Hilfe gelingt es ihm, den Angreifer in der Spüle zu ertränken. Nur erscheint in diesem Moment am Fenster der nächste Dämon, der es offenbar ebenfalls auf ihn abgesehen hat. Xander und Anya bleibt nur die Flucht, und es gelingt ihnen tatsächlich, die sie verfolgenden Dämonen abzuschütteln und Giles' Wohnung unbeschadet zu erreichen, wo sie Zeugen von Buffys und Spikes Glück werden. Das bringt Xander auf die richtige Spur. Er erinnert sich daran, was Willow gesagt hat, und auch Giles fällt wieder ein, dass Willow ihm vorgeworfen hat, dass er sie nicht sehen könne. Um weiteres Unheil zu verhindern, begeben sich Buffy, Spike, Xander und Anya zu Willows Zimmer im Wohnheim, doch sie kommen zu spät. Das Einzige, was sie finden, ist ein verbrannter Kreis auf dem Zimmerboden, den Anya als ein Portal zum Reich des Dämons D'Hoffryn erkennt. Während die Jägerin sich Sorgen um ihre Freundin macht, erzählt Anya, dass es ihr vor gut elfhundert Jahren ähnlich ergangen sei. Auch sie hatte aufgrund eines gebrochenen Herzens Menschen mit Zaubersprüchen belegt. Daraufhin hatte D'Hoffryn sie nach Arashmaharr, seinem Reich, geholt und sie zu einem Rachedämon gemacht. Da sie Willow vor einem ähnlichen Schicksal bewahren wollen, suchen die vier nach einem Ort, an dem Anya D'Hoffryn heraufbeschwören kann. Auf dem Weg durch einen von Sunnydales Friedhöfen werden sie von verschiedenen Dämonen angegriffen und flüchten in ein Mausoleum. Buffy, Spike und Xander versuchen, die Dämonen am Eindringen zu hindern, damit Anya ungestört D'Hoffryn anrufen kann, doch die Angreifer sind in der Übermacht und dringen in die Grabstätte ein. Es kommt zu einem Kampf, in dem die vier eigentlich keine große Chance haben.

Zur gleichen Zeit bietet D'Hoffryn Willow in seinem Reich an, sie in einen Rachedämon zu verwandeln. Sie ist überrascht von diesem Vorschlag, da sie sich gar nicht bewusst ist, was sie in den letzen Tagen angerichtet hat. Als ihr D'Hoffryn zeigt, wie ihre Freunde gegen eine Armee von Dämonen um ihr Leben kämpfen, hat sie nur noch einen Wunsch: Sie will zurück und alles wieder gutmachen. D'Hoffryn ist zwar etwas enttäuscht, entlässt sie aber aus seinem Reich, allerdings nicht ohne ihr einen Talisman zu geben, mit dem Willow ihn rufen kann, sollte sie einmal ihre Meinung ändern. Gerade in dem Moment, als sie in dem Mausoleum erscheint, kämpfen Xander und Anya mit einem Dämon, Buffy und Spike aber küssen sich mal wieder. Willow macht ihren Zauber rückgängig, die Dämonen lösen sich in Luft auf, und die Jägerin und der Vampir sind entsetzt darüber, dass sie sich gerade geküsst haben. Mit Schrecken fällt Buffy außerdem ein, dass Riley immer noch glaubt, sie sei mit Spike verlobt. Als die Jägerin ihn dann trifft, erklärt sie Riley, dass alles nur ein Spaß gewesen sei, weil er so entsetzt auf das Hochzeitskleid im Schaufenster reagiert habe. Er gesteht ihr daraufhin, dass er Frauen nicht verstehe, aber von ihr lernen möchte.

KOMMENTAR

Die erste Hälfte der vierten Staffel von BUFFY – IM BANN DER DÄMONEN steht ganz im Zeichen von romantischen Verwicklungen und Enttäuschungen. Wie schon während der zweiten Season, entwickelt sich auch hier eine Dynamik in erster Linie aus den bereits bestehenden oder sich nun ergebenden Pärchen-Beziehungen. Allerdings hat sich der Blick auf die Liebe dem Alter der Figuren entsprechend verändert: Während vor zwei Jahren noch der Zauber der ersten Liebe wirkte, der zwar nicht alle Hindernisse überwindet, die Welt aber doch in ein schöneres Licht taucht, herrscht nun Ernüchterung. Die ersten Beziehungen sind gescheitert, ein neuer Anfang schwer, und im Hintergrund lauern stets die Erinnerungen an den Schmerz, der einhergeht mit dem Verlassenwerden. Buffys kurze Affäre mit Parker, die sie aus ihren romantischen Träumen gerissen und mit einer Wirklichkeit konfrontiert hat, in der Sex und Liebe nicht unbedingt zusammenhängen müssen, und ihre von Unsicherheit und Missverständnissen geprägte Annäherung an Riley erzählen von den emotionalen Komplikationen, die zu jedem Leben dazugehören und es immer wieder aus einer scheinbar sicheren Bahn werfen können. Glück und Schmerz, Hoffnung und Enttäuschung prägen Buffys Privatleben während der ersten Monate an der Universität; diese emotionale Achterbahnfahrt, die bisher die stärkste Klammer zwischen den einzelnen Folgen bildet, konfrontiert sie mit ihren Wünschen und Sehnsüchten, aber auch mit ihren Abgründen. Durch sie bekommt Buffy, die in der Serie zwar nie der *airhead* war, als der sie sich in Fran Rubel Kuzuis Film (BUFFY, DER VAMPIRKILLER [BUFFY THE VAMPIRE SLAYER, USA 1992]) präsentierte, eine Tiefe, die sie in den früheren Staffeln nicht besaß.

In SOMETHING BLUE darf sie sich zum ersten Mal selbst analysieren – die Vorlesungen von Professor Walsh scheinen ihre Wirkung zu zeigen. Ihre Erkenntnis, dass sie sich immer wieder zu unsicheren Beziehungen mit Partnern hingezogen fühlt, die sie aller Wahrscheinlichkeit nach irgendwann verletzen werden, weil Leidenschaft und Schmerz in ihren Vorstellungen eine Einheit bilden, verweist auf eine gewisse masochistische Ader und zugleich auf eine romantische Vorstellung, die sich aus Romanen und Filmen über die Liebe speist. Das Drehbuch von Tracey Forbes etabliert sie hier offen als eine Frau, die im Hinblick auf Beziehungen eine selbstzerstörerische Tendenz aufweist. Dabei betont die Autorin quasi in der Retrospektive gewisse Aspekte in Buffys Beziehungen, die bisher eigentlich höchstens latent waren. Durch Buffys Aussagen darüber, was für sie Teil einer festen Beziehung ist, ergibt sich eine neue Sicht auf ihre Beziehungen zu Angel und selbst zu Parker, die vielleicht nicht direkt im Widerspruch zu allem Bisherigen steht, aber doch unsere Einschätzung dieser Verbindungen entscheidend verändert.

Tracey Forbes geht zwar von Buffys Verhältnis zu Angel aus, setzt aber in dessen Bewertung neue Akzente; dabei lässt sie in gewisser Hinsicht außer Acht, dass Buffy sich bereits zu dem Vampir hingezogen fühlte, als sie noch nichts über ihn wusste. Dass sich die Jägerin gleich mehrmals für ihre Liebe zu Angel und gegen ihre eigene Vernunft entschieden hat, obwohl sie wusste, dass wirkliches, ungetrübtes Glück für sie beide ein Traum bleiben muss, impliziert zwar eine gewisse Leidensbereitschaft, aus ihr aber gleich eine masochistische Grundeinstellung zu machen, ist ein gewagter Schritt. Hinter der Beziehung zwischen der Jägerin und dem Vampir mit einer Seele stand nicht eine typische zerstörerische Konstellation, in der sich eine Frau (oder auch ein Mann) einen Partner sucht, von dem sie weiß, dass er sie über kurz oder lang zerstören und vielleicht sogar töten wird, in ihr offenbarte sich viel eher eine ganz und gar romantische Konzeption einer großen, unmöglichen Liebe, wie sie spätestens seit Shakespeares *Romeo und Julia* in jedem Medium zum Kanon romantischer Geschichten gehört.

Noch problematischer erscheint Buffys Beziehung zu Parker im Licht dieser neuen psychoanalytischen Einsichten in den Charakter der Jägerin. Wenn – wie sie sagt – Schmerz und Kämpfe für sie gleichbedeutend sind mit Leidenschaft und Liebe, dann ergibt das Zwischenspiel mit Parker keinen Sinn mehr – es sei denn, sie hätte geahnt, wie er sich verhält, nachdem sie miteinander geschlafen haben, doch darauf weist eigentlich nichts in vorherigen Folgen hin. Sie fühlte sich gerade deshalb zu Parker hingezogen, weil er es verstand, ein Bild von sich als romantischem, zärtlichem und mitfühlendem Mann zu projizieren. Er versprach ihr genau den Trost, den sie brauchte, nachdem Angel sie für immer in Richtung L.A. verlassen hatte. Darin eine masochistische Tendenz erkennen zu wollen – nein, ist nahezu unmöglich. Insofern ergibt sich eine etwas andere Perspektive auf Buffys Selbstanalysen: Sie vertiefen zwar ihren Charakter und weisen auf eine unterschwellig vorhandene Disposition zur tragisch Leidenden hin, doch entscheidender scheint hier eine gewisse didaktische Funktion zu sein.

Das zentrale Element von SOMETHING BLUE ist allerdings nicht Buffys Selbstanalyse, obwohl sie im Kontext der Serie und auch der Folge interessanter ist als alles andere, was hier noch passiert, sondern Willows Versinken im Liebeskummer. Er bringt die Welt der Gang völlig durcheinander und ist der Ausgangspunkt für die äußerst amüsanten Komplikationen, die sich aus Willows Zauber ergeben. Allerdings liegt in ihrem Verhalten auch die größte Schwäche der Folge: Willows Reaktionen sind zwar absolut verständlich und in einem gewissen Grad auch normal, erinnern aber sehr stark an Buffys Verhalten, nachdem Parker ihr zu verstehen gegeben hat, dass aus ihrer gemeinsamen Nacht nichts weiter folgt. Tracey Forbes arbeitet hier mit einer Strategie, die man als Wiederholung der Emotionen bezeichnen kann und hinter der ein quasi musikalisches Kompositionsprinzip steht, das auf Repetitionen und leichten Variationen von etablierten Motiven setzt. In gewisser Hinsicht ergibt diese Strategie auch einen Sinn, schließlich geht es in der ersten Hälfte dieser Staffel verstärkt um die Folgen der Liebe, aber aus der Nähe der einzelnen Folgen zeigt sich eine gewisse Redundanz. Willows Verhalten, ihre völlige Ich-Bezogenheit, nervt hier etwas, nicht so sehr, weil sie dadurch unsympathisch wird, sondern weil sich nur wenige Folgen zuvor Buffy praktisch genauso benommen hat.

Alles in allem ist SOMETHING BLUE in erster Linie ein amüsantes, äußerst unterhaltsames Zwischenspiel, eine *fan fiction*, in der das Team der Serie verschiedenste Phantasien durchexerziert, die in den Köpfen der Fans in der einen oder anderen Form existieren. Die absurden Verwicklungen sollen Spaß machen, und zugleich befreit man sich durch sie von Forderungen und Spekulationen, deren Urheber beispielsweise ernsthaft eine Beziehung zwischen Spike und Buffy in Betracht gezogen haben. Allerdings gelingt es Tracey Forbes – und das ist der große Pluspunkt dieser Episode – trotz des auf Spaß ausgerichteten Grundkonzepts einige weitergehende Entwicklungen voranzutreiben, und dies nicht nur mit Blick auf Buffy und ihr Verhältnis zu Riley. Beinahe nebenbei formt sie außerdem noch Anyas Charakter aus, der bisher wirklich nicht mehr als eine grobe Skizze für eine durchaus interessante Figur war. Wir erfahren nun, wie sie vom Menschen zum Dämon geworden ist. Dieses Wissen bringt aber nicht nur ein bisschen Licht in ihre Vergangenheit, es lässt sie in einem völlig anderen Licht erscheinen. Durch die Ereignisse in dieser Folge etabliert Tracey Forbes eine Parallele zwischen

Willow und Anya. Die Umstände, unter denen sie in den Dienst von D'Hoffryn getreten ist, verlieren damit jegliche »Dämonie«. Sie war nicht böse, sondern nur eine enttäuschte und verbitterte Liebende, die nicht das Glück hatte, Freunde zu besitzen, die ihr wichtiger waren als die Macht zur Rache.
Auch wenn SOMETHING BLUE sicherlich zu den witzigsten Episoden der ganzen Serie gehört und gerade Buffys und Spikes Hochzeitspläne wahrlich umwerfend sind, bleibt doch eine kleine Szene, die den Spaß am Humor der Folge trübt. Wenn Willow Amy innerhalb von zwei Sätzen wieder zum Menschen und dann erneut zu einer Ratte macht, ohne dass sie oder Buffy es mitbekommen, bricht ein für BUFFY ganz und gar untypischer Zynismus durch. Dieser Gag ist eher böse als wirklich amüsant, da er im Prinzip überflüssig ist und nur auf eine gewisse Schadenfreude setzt, wenn die gerade erlöste Amy wieder zu ihrer tierischen Existenz verdammt wird, noch bevor sie überhaupt etwas sagen konnte. Außerdem widerspricht dieser Moment der inneren Logik der Episode: Willows Zauber hat offensichtlich nicht so funktioniert, wie sie es sich vorgestellt hat. Ihre ersten Wünsche, die keinerlei negative Auswirkungen auf ihre Umwelt hätten, gehen nicht in Erfüllung. Nur wenn sie ihre Wünsche im Zorn äußert und mit ihnen die anderen strafen will, wird ihr Wille Wirklichkeit. Nun steht aber hinter Amys Verwandlung zurück in einen Menschen kein böser Wille, und sie schadet auch niemandem. Insofern steht sie im Widerspruch zu den ersten drei unerfüllt bleibenden Wünschen der egomanischen Hexe.

Gesamtbewertung: ●●○
Humor: ★★★
Horror: ☠☠☠
Action: ▮▯▯

BtVS-410
HUSH

US-Erstausstrahlung: 14. Dezember 1999

Regie und Drehbuch: Joss Whedon. *Gaststars:* Emma Caulfield (Anya), Marc Blucas (Riley), James Marsters (Spike), Lindsay Crouse (Professor Maggie Walsh), Amber Benson (Tara), Leonard Roberts (Forrest Gates), Phina Oruche (Olivia), Brooke Bloom (Möchtegern-Hexe 1), Jessica Townsend (Möchtegern-Hexe 2), Camden Toy (Gentleman), Charlie Brumbly (Gentleman), Doug Jones (Gentleman), Don W. Lewis (Gentleman), Carlos Amezcua (Nachrichtensprecher), Elizabeth Truax (kleines Mädchen), Wayne Sable (Erstsemester)

Songs: *Danse Macabre* von Camille Saint-Saëns

Buffy *(über ihre Beziehung zu Riley)*: »Ich weiß nicht. Ich werde nervös und fange an zu stammeln, und er fängt an zu stammeln, und es gibt ein großes Stammel-Fest.«

INHALT

Während einer ihrer Psychologie-Vorlesungen bittet Professor Walsh Buffy zu sich nach vorne; sie soll sich auf den Tisch legen und von Riley küssen lassen. Noch bevor ihre Lippen sich treffen, verspricht Riley, dass dieser Kuss die Sonne untergehen lässt. Es verlöschen dann tatsächlich fast alle Lichter im Hörsaal, und die anderen Studenten sind plötzlich genauso verschwunden wie Professor Walsh. Dafür hört Buffy nun die Stimme eines kleinen Mädchens, das ein düsteres Wiegenlied von den »Gentlemen« singt. Die Jägerin löst sich von Riley und folgt der Stimme in den Gang; dort sieht sie ein vielleicht zehnjähriges Mädchen mit einer würfelförmigen Holzschachtel in der Hand. Der hinter Buffy stehende Riley legt ihr eine Hand auf die Schulter. Als sie sich umdreht, hat er sich allerdings in eine albtraumhafte Gestalt mit grauer Haut und zu einem dämonischen Grinsen verzogenen Lippen verwandelt. In diesem Moment schreckt Buffy hoch – sie hat gerade einmal wieder einen Teil von Maggie Walshs nun beendeter Vorlesung verschlafen. Beim Verlassen des Hörsaals begegnet sie Riley, der sich erkundigt, ob er in Buffys Traum vorgekommen sei. Willow lässt die beiden Flirtenden alleine und geht zu dem Treffen ihrer studentischen Wicca-Gruppe. Buffy und Riley erfinden beide Ausreden, warum sie an diesem Abend keine Zeit haben, und versetzen damit der zwischen ihnen herrschenden Stimmung einen Dämpfer, weshalb denn ihr erster Kuss auch diesmal ausbleibt.

Als Buffy Giles wegen ihres merkwürdigen Traums anruft, um ihm das Wiegenlied wiederzugeben und das Monster zu beschreiben, reagiert er nicht gerade sehr interessiert, verspricht aber, Nachforschungen anzustellen; doch ihn beschäftigen im Moment andere Dinge. Er wartet gerade auf Xander, der auch kurz darauf zusammen mit Anya bei ihm ankommt. Die beiden streiten sich, da Anya Xander vorwirft, dass er nicht an ihr, sondern nur an Sex interessiert sei. Der von diesem Thema peinlich berührte Giles unterbricht die Diskussion der beiden und bittet Xander, Spike für ein paar Tage bei sich aufzunehmen, da er eine Freundin zu Besuch erwarte. Von dieser Bitte sind allerdings weder Spike noch Xander und Anya besonders angetan.

Währenddessen muss Willow in ihrer Wicca-Gruppe feststellen, dass ihre Kommilitoninnen eine etwas andere Vorstellung von den Tätigkeiten einer Hexe haben. Als sie vorschlägt, dass sie sich doch einmal mit Zaubersprüchen beschäftigen könnten, wird sie dafür gescholten und verspottet. Nur Tara, eine scheinbar sehr schüchterne Mitstudentin, würde wohl gerne auf ihren Vorschlag eingehen, wagt aber nicht, etwas zu sagen. Später trifft sich Willow mit Buffy und beschwert sich über die Mitglieder der Wicca-Gruppe, die nur reden, aber nichts tun. Als sie die Jägerin schließlich nach Riley fragt, muss diese zugeben, dass auch sie immer noch nur reden – meist sogar nur ziemlich sinnlos und wirr. Schuld daran sei auch ihre zweite Existenz als Jägerin, über die sie Riley am liebsten alles erzählen würde. Zur gleichen Zeit führt Riley im unterirdischen Hauptquartier der »Initiative« ein sehr ähnliches Gespräch mit Forrest, der ihn noch einmal daran erinnert, dass er Zivilisten nicht über seine Tätigkeit informieren darf.

Giles ist gerade mit Nachforschungen über die »Gentlemen« beschäftigt, als seine Freundin Olivia etwas verspätet bei ihm ankommt. Anders als Buffy und Riley verschwenden die beiden nicht viel Zeit mit Reden, sondern fallen sich praktisch sofort in die Arme und küssen sich. Zur gleichen Zeit legt sich Xander in seinem Zimmer zum Schlafen; Spike hat er an einen Sessel gebunden. Im Uhrenturm von Sunnydale öffnet einer der »Gentlemen«, der genauso aussieht wie das Wesen aus Buffys Traum, die kleine Box, die das singende Mädchen bei sich hatte. In diesem Moment verlässt etwas in Form einer kleinen Nebelschwade die Körper aller Einwohner von Sunnydale. Die Schwaden vereinigen sich in der Luft und finden ihren Weg in den Würfel, der von dem »Gentleman« nun verschlossen wird.

Als Buffy und Willow am nächsten Morgen aufwachen, müssen sie wie auch jeder andere Mensch (und Dämon) in Sunnydale feststellen, dass sie ihre Stimme verloren haben. Überall herrscht stumme Aufregung, und selbst Xander, der zunächst Spike beschuldigt, erkennt sehr bald, dass hier unbekannte Mächte am

Werk sind. Riley und Forrest können den geheimen Fahrstuhl in ihrem Wohnheim zwar betreten, nur wird er für sie fast zu einer tödlichen Falle, denn seine Türen öffnen sich im Untergeschoss nur nach erfolgreicher Stimmerkennung. Da aber keiner von ihnen etwas sagen kann, setzen die Sicherheitsmechanismen ein. Riley versucht noch, den Code einzugeben, der das Einströmen eines tödlichen Gases verhindert, aber in seiner Panik tippt er die falsche Kombination. Letztlich aber öffnen sich die Türen doch noch: Professor Walsh erwartet die beiden mit anderen Mitgliedern der »Initiative«; mit Hilfe eines Computers mit Sprachprogramm erteilt sie ihre Befehle. Die Teams sollen in Zivilkleidung durch die Stadt patrouillieren und Chaos auf den Straßen verhindern.

Auf dem Weg zu Giles kommen Buffy und Willow an einem Prediger, der auf der Straße eine stumme Messe hält, und einem fliegenden Händler vorbei, der kleine, immer wieder beschreibbare Tafeln verkauft. Die Bürger von Sunnydale sind teils in Panik, teils in Lethargie verfallen, eine Art von Ordnung existiert nicht mehr. Bei Giles treffen die Jägerin und ihre Freundin dann auf Xander, Anya, Olivia und den früheren Wächter. Sie alle sehen eine Nachrichtensendung, in der es heißt, dass alle Einwohner der Stadt unter einer schweren Kehlkopfentzündung leiden und Sunnydale vorerst unter Quarantäne gestellt wurde. Buffy beschließt, in dieser Nacht auf jeden Fall auf Patrouille zu gehen, und begegnet dabei Riley, der zwei Streitende trennt; als einer der beiden auf ihn losgehen will, bricht Buffy dem Angreifer die Hand. Die Jägerin und ihr Freund umarmen sich und beruhigen einander. Sie wollen sich schon wieder trennen, doch Riley hält Buffy zurück und gibt ihr einen langen, leidenschaftlichen Kuss. Etwas später – die Straßen der Stadt sind verlassen – kommen die »Gentlemen«, jeweils zu Pärchen gruppiert, aus dem Uhrenturm; dabei gehen sie allerdings nicht wie Menschen, sondern schweben ein paar Zentimeter über dem Boden. Eine Reihe buckliger Kreaturen in nicht zugebundenen Zwangsjacken begleiten sie. Auf ihrem Weg durch das stumme Sunnydale werden sie von niemandem außer Olivia bemerkt, die nicht schlafen kann und zufällig gerade aus einem Fenster schaut, als die »Gentlemen« an Giles' Haus vorbeikommen. Eines der Pärchen betritt zusammen mit seinen Handlangern Stevenson Hall, das Wohnheim der Erstsemester an der UC Sunnydale. Sie gleiten durch die Gänge und klopfen schließlich an die Tür Nr. 118. Der dort wohnende Student öffnet und wird sofort von den Gehilfen der »Gentlemen« überwältigt. Sie halten ihn auf seinem Bett fest, während ein »Gentleman« ein Skalpell herausnimmt und es dem Jungen in die Brust stößt. Als Buffy am nächsten Morgen an Zimmer Nr. 118 vorbeikommt, schleicht sie sich an der Polizei vorbei und sieht den Toten. Zur gleichen Zeit liest Giles in der Zeitung von einem brutalen Mord, bei dem einem Jugendlichen das Herz herausgeschnitten wurde. Olivia zeigt ihm eine Zeichnung von dem »Gentleman«, den sie in der Nacht zuvor gesehen hat. Dieses Bild bringt Giles endlich auf eine Spur. Er holt aus seinem Bücherschrank einen Band mit Märchen hervor und organisiert daraufhin ein Treffen der kompletten Gang in einem der verlassenen Hörsäle an der Universität. Mit Hilfe von Folien unterrichtet er die anderen über die »Gentlemen«. Sie sind Dämonen, die in einem Märchen vorkommen und den Menschen die Stimme rauben können. Um zu leben, brauchen sie die Herzen von sieben Menschen. In der Geschichte wurden sie von einer jungen Prinzessin aufgehalten, die sie mit einem Schrei vernichtet hat. Als Willow freudig eine CD aus ihrer Tasche nimmt, muss Giles sie und die Gang enttäuschen: Nur eine echte, nicht aufgezeichnete menschliche Stimme kann die »Gentlemen« töten.

Ein Traumpaar mit Hindernissen: Nicht nur in der Serie haben es Buffy und Riley schwer miteinander – viele Fans können sich nicht für den smarten Mann an Buffys Seite begeistern. Das offizielle Magazin steht aber natürlich voll hinter Riley.

Am Abend. Riley verlässt, nun mit Waffen ausgerüstet, das Hauptquartier der »Initiative«. Er bemerkt mehrere Schatten im Uhrenturm und beschließt, dort allein zu ermitteln. Irgendwo auf dem Campus nimmt Tara, die Studentin aus der Wicca-Gruppe, einen Zettel mit der Zimmernummer von Willow und mehrere Bücher mit Zaubersprüchen in die Hand. Auf dem Weg zur Stevenson Hall hört sie ein Geräusch und entdeckt einige der »Gentlemen«. Sie flüchtet und erreicht knapp gefolgt von den Dämonen das Wohnheim. Als sie dort an jede Tür klopft, ist niemand bereit zu öffnen. Sie kommt in den zweiten Stock, und Willow wird durch den Lärm auf dem Flur darauf aufmerksam, dass etwas nicht stimmt. Sie verlässt ihr Zimmer und stößt mit Tara zusammen. Beim Fall zieht sie sich eine Verletzung an einem Fußgelenk zu. Trotzdem gelingt es ihr, zusammen mit Tara in den Keller und dort in einen der Waschräume zu fliehen. Der Versuch, einen Cola-Automaten vor die Tür zu schieben, scheitert an Willows Verletzung. Auch als sie ihre telekinetischen Kräfte einsetzt, wackelt die Maschine nur. Daraufhin ergreift Tara Willows Hand, und gemeinsam schaffen sie es, den Automaten allein durch ihren Willen vor die Tür zu schieben.
In der Zwischenzeit hat Buffy auf ihrem Rundgang einen »Gentleman« entdeckt, wird aber im gleichen Augenblick von dessen Helfern angegriffen. Sie tötet einen und verfolgt einen anderen. Im Uhrenturm wird Riley derweil von anderen Handlangern der »Gentlemen« attackiert. Er hat Schwierigkeiten, sich gegen die Übermacht zur Wehr zu setzen, als plötzlich Buffy hereinstürmt. Zunächst sind sie durch ihre jeweiligen Gegner zu sehr abgelenkt, um den anderen zu bemerken, doch nach kurzen Kämpfen stehen sie sich dann gegenüber, die Waffen – Elektroschock-Gewehr und Armbrust – im Anschlag. Etwa zur gleichen Zeit kommt Xander bei Giles an, sieht Spike mit blutverschmier-

ten Lippen über die schlafende Anya gebeugt und befürchtet sofort das Schlimmste (er weiß nicht, dass Spike nur etwas Blut aus einer Tasse getrunken hat). Wie ein Wilder stürzt er sich auf den Vampir und schlägt ihm immer wieder ins Gesicht. Anya wacht auf und greift ein. Nun weiß sie, dass Xander wirklich etwas für sie empfindet; sie fallen einander in die Arme.

Im Uhrenturm kämpfen Buffy und Riley noch immer gegen die Handlanger, außerdem sind nun auch die »Gentlemen« da, denen noch genau zwei Herzen fehlen. Die Jägerin und der Soldat der »Initiative« haben im Prinzip fast keine Chance. Buffy ist bereits überwältigt und durch einen Skalpellstich in den Rücken verwundet, als sie den Würfel aus ihrem Traum zwischen den Gefäßen mit den Herzen entdeckt. Durch Zeichen bedeutet sie Riley, das Kästchen zu zerschlagen, doch versteht er sie zunächst falsch und zerstört eine neben ihm stehende kleine Flasche. Der Verzweiflung nahe, weist die Jägerin noch einmal auf das Kästchen. Diesmal versteht Riley, was sie meint, zerschlägt die Box und befreit die in ihr gefangenen Stimmen. Buffy beginnt sofort, einen extrem lauten, äußerst unangenehmen Schrei auszustoßen, der die Köpfe der »Gentlemen« zerplatzen lässt.

Am nächsten Morgen erzählt Tara Willow, dass sie aufgrund ihrer Äußerungen beim Wicca-Treffen nach ihr gesucht habe. Sie wollte zusammen mit ihr nach einem Zauber suchen, der den Bürgern von Sunnydale vielleicht ihre Stimme wiedergegeben hätte. Außerdem erklärt sie Buffys Freundin, dass sie schon seit frühester Kindheit über ihre Kräfte verfügt und ihre Mutter so wie nun Willow eine sehr mächtige Hexe war. Willow weist das Kompliment zurück, fühlt sich aber sehr geschmeichelt. Zur gleichen Zeit gesteht Olivia Giles, dass sie ihm seine Geschichten über Monster und Dämonen nie geglaubt hat. Auf seine Frage, ob sie nun Angst habe, die impliziert, dass er es verstehen würde, wenn sie ihre

Beziehung beenden wolle, antwortet sie ehrlich, dass sie es nicht wisse. In Stevenson Hall bekommt Buffy in diesem Moment Besuch von Riley. Sie sind beide ungeheuer befangen und können nicht viel mehr sagen, als dass sie reden müssen. Doch es bleibt erst einmal bei einem schwer über allem lastenden Schweigen.

KOMMENTAR

Wenn man über Filme, Musik, Comics oder eben Fernsehserien schreibt, kommt man unweigerlich immer wieder an einen Punkt, an dem man sich nach dem Sinn des Ganzen fragt. Im Schreiben nähert man sich dem Werk eines anderen an, das sich allein durch seinen Ursprung in einem Medium, das die Sprache transzendiert, den Worten entzieht. In der Regel spielt das für den Rezensenten keine entscheidende Rolle, er ist sich der grundsätzlichen Inkompatibilität der Medien bewusst und macht sie sich in gewisser Weise sogar zunutze. Indem er Worte für etwas findet, das eigentlich jenseits der Sprache liegt, schafft er im Idealfall das von ihm besprochene Werk noch einmal – allerdings in einem neuen Kontext. Die Sprache vernachlässigt dabei natürlich bestimmte Aspekte, die sie nicht adäquat aus dem anderen Medium übersetzen kann. Aber so viel auch bei dem Vorgang der Übersetzung verloren geht, es bleibt auch etwas erhalten und es entsteht zudem noch etwas Neues – die ursprüngliche Erfahrung erscheint in einem anderen Licht, eine neue Perspektive öffnet sich, die auch für das eigentliche Werk einen Gewinn bedeuten kann. Doch so funktioniert der Prozess des Schreibens über in anderen Medien entstandene Werke nicht immer. Es gibt Filme, Musikstücke, Comics und Episoden von Fernsehserien, an denen jedes Schreiben im Endeffekt nur scheitern kann. Zu viel geht verloren, ohne dass auf der anderen Seite ein signifikanter Gewinn stände, der den entstandenen

Verlust rechtfertigen könnte. In diese Situation gerät automatisch jeder, der sich schreibend mit HUSH auseinander setzt.
Die zehnte Folge der vierten Staffel von BUFFY ist vielleicht die beste überhaupt, und selbst wenn das eine Übertreibung und unzulässige Verallgemeinerung eines individuellen Geschmacks sein sollte, so gehört sie doch unzweifelhaft zu den Top-3- oder zumindest Top-5-Episoden der Serie. Joss Whedon gelingt hier gleich auf mehreren Ebenen etwas, an dem die meisten Macher von Fernsehserien genauso wie die von Kinofilmen gescheitert wären. Man kann nun natürlich beschreiben, was alles so ungewöhnlich und herausragend an dem ist, das Whedon in HUSH als Autor und Regisseur realisiert, doch das ist nicht mehr als eine reine Bestandsaufnahme, die nüchtern einzelne Elemente der Folge verzeichnet und dabei hofft, ihre Essenz zu erfassen. Doch die Genialität dieser Episode liegt jenseits der Summe ihrer einzelnen Teile. Im Prozess der Konfiguration ist etwas dazugekommen, das HUSH aus den Grenzen ihres Kompositionsprinzips erhebt. Joss Whedon transzendiert sein Material. Es ist wie bei einem Puzzle, bei dem plötzlich alle Teile an ihren richtigen Platz fallen, und das Bild, das sich damit ergibt, übertrifft jede vorher existierende Erwartung. Die Wirkung von HUSH lässt sich nicht beschreiben, sie ist das Ergebnis einer ganz seltenen Perfektion, der man sich ergeben kann, die sich aber nie ihr Geheimnis wird entreißen lassen. Insofern bleibt einem hier nur ein Weg: zu beschreiben, was sich in Worte fassen lässt, und sich dabei aber immer der Kapitulation bewusst zu bleiben, die dieses (Be-)Schreiben nur sein kann.
HUSH ist in jeder Hinsicht eine außergewöhnliche Folge. Schon ihre Grundidee sprengt quasi den Rahmen oder läuft – anders ausgedrückt – nahezu allem, was sich an Erwartungen mit der Serie verknüpft, zuwider. Darauf weist schon die Tafel hin, die

vor der amerikanischen Erstausstrahlung einblendet wurde. Mit ihr weist der Sender darauf hin, dass in der folgenden Sendung 29 Minuten lang auf Dialoge verzichtet wird. Diese Angabe stimmt zwar nicht ganz, es sind nur gut 27 Minuten, in denen bis auf einen Nachrichtensprecher, das Sicherheits- und Identifikationssystem eines Fahrstuhls und einen Sprachcomputer niemand etwas sagt, doch das ändert nichts daran, dass HUSH mehr als die Hälfte seiner Laufzeit ein Stummfilm ist. Darin liegt gleich ein mehrfaches Wagnis, denn einerseits bricht Joss Whedon hier ganz allgemein mit den typischen Erwartungen und Gewohnheiten des Fernsehzuschauers.

Das Fernsehen war von Anfang an nicht nur der kleine Bruder des Kinos, sondern auch der große des Radios. Seine Bilder ermöglichten zwar andere Formen des Erzählens und der Informationsvermittlung, als sie vom Radio etabliert worden waren, trotzdem aber hatte das gesprochene Wort, der Dialog, die Moderation oder auch das *voice-over* eine herausragende, nicht wegzudenkende Bedeutung. Wenn wir den Fernseher einschalten – selbst dann, wenn wir ihm nicht unsere ganze Aufmerksamkeit widmen –, erwarten wir doch zwei Dinge von ihm: die sich bewegenden Bilder und die Stimmen, die Teil seiner Geräuschkulisse sind. Indem Whedon hier nun über weite Strecken auf die Dialoge verzichtet, zwingt er uns zu einer anderen Art des Fernsehguckens. Die Betonung liegt nun ganz auf der visuellen Erfahrung der Geschichte, wir müssen wirklich sehen, was passiert, schließlich gibt es keine Dialoge, die uns über alles Wichtige informieren.

Aber diese lange, nur von Musik begleitete stumme Passage wirft nicht nur grundsätzliche Vorstellungen, die wir vom Fernsehen haben, über Bord, im Kontext einer Serie wie BUFFY erscheint sie als noch ungewöhnlicher, als sie es an sich schon ist. In den zurückliegenden 65 Episoden ist ein relativ klares Bild von der Serie entstanden, wir wissen in etwa, womit wir rechnen und was wir erwarten können. Eines davon waren immer die Dialoge, die durch Witz, Esprit und ihre Modernität zu einem entscheidenden Teil zum Erfolg von BUFFY beigetragen haben. Die *one liner* der Jägerin, die zynischen Bemerkungen von Spike, die meist etwas verunglückten Witze von Xander – all das haben wir über die Zeit nicht nur liebgewonnen, es ist auch zu einem integralen Bestandteil der Serie geworden. Die Geschichten und mehr noch die Beziehungen zwischen den einzelnen Figuren funktionieren normalerweise gerade über diese Dialoge. Da Whedon sie sich hier nun selbst versagt hat, muss er im wahrsten Sinne des Wortes einen anderen, neuen Ton finden.

Genau darin liegt natürlich für ihn, der mit BUFFY so ziemlich alles erreicht hat, was er sich nur erträumen konnte, der besondere Reiz an einer Geschichte wie HUSH. Der Verzicht auf Dialoge ist auch ein Verzicht auf den einfachen Weg des Erzählens im Fernsehen. Da wir uns beim Fernsehen in den meisten Fällen damit begnügen, dass uns etwas gesagt, also in Dialogform mitgeteilt wird, können sich die Autoren und die Regisseure von Fernsehserien in der Regel auf die Sprache verlassen, ihre visuelle Phantasie wird nicht herausgefordert. Hier gibt es nun dieses Sicherheitsnetz der Dialoge nicht, deshalb musste Whedon einen Weg finden, die Geschichte von den »Gentlemen« ganz über die Bilder und ihre Atmosphäre zu erzählen. Dass ihm dies auf so grandiose Weise gelungen ist, bedeutet dabei nicht nur einen Triumph für ihn, sondern auch für das Fernsehen an sich. In HUSH offenbart sich, dass dieses immer noch oft (und in vielen Fällen nicht zu Unrecht) geschmähte Medium durchaus mit dem Kino mithalten kann – und nicht nur das: Es kann ihm sogar noch etwas zeigen. Denn HUSH braucht den Vergleich mit den meisten Horrorfilmen der letzten Jahre nicht zu scheuen. Was Joss Whedon hier im Hinblick auf Stimmung und klassischen Horror realisiert, davon können nicht wenige Filmregisseure noch etwas lernen.

Die eigentliche Größe von HUSH liegt aber darin, dass der Verzicht auf Dialoge nicht nur eine konzeptionelle Spielerei ist, mit der Joss Whedon seine eigenen Fähigkeiten als Autor und Regisseur testen und unter Beweis stellen kann. Er ist ein integraler Bestandteil der Folge und der Serie zu diesem Zeitpunkt. Mit HUSH hat Joss Whedon ein neues Märchen geschaffen; Giles entdeckt die »Gentlemen« zwar in einer Märchensammlung, doch der Text, auf den er sich der Gang gegenüber bezieht, existiert in Wirklichkeit nicht. Whedon hat nach dem Vorbild der großen Märchen die Geschichte von diesen merkwürdigen grauen Herren, die statt der Zeit Herzen stehlen, erfunden und dabei versucht, Stimmung und Ton dieser klassischen Geschichtenform zu treffen. In diesem Kontext kann man auch seine Entscheidung für einen ›Stummfilm‹ sehen: Der Worte beraubt, besitzen die Figuren, die in dieser Episode auftreten, eine Verletzlichkeit, die der der Helden im klassischen Märchen gleichkommt; außerdem entsteht durch das Fehlen der Dialoge eine irreale Stimmung, eine durch und durch unheimliche Atmosphäre, die zu einer anderen Zeit und in einem anderen Medium den Effekt hervorruft, den die schwärzesten Märchen haben, wenn man sie in der Kindheit erzählt bekommt.

Wie schon in anderen Episoden, so liefert auch hier der Einstieg in die Geschichte über eine Vorlesung von Professor Walsh eine Art von Schlüssel zum Verständnis dieser Folge. Maggie Walsh spricht zu Beginn über nonverbale Kommunikation und ihre Bedeutung. Natürlich ist die Sprache unser wichtigstes Mittel zur Kommunikation, auf unserer Fähigkeit zum Sprechen basiert praktisch die gesamte menschliche Zivilisation. Ohne die verschiedensten Formen von Sprache wären wir nie an den Punkt gekommen, an dem wir nun stehen. Das heißt allerdings nicht, dass Sprache wirklich alles vereinfacht. Sie kann – gerade auch im Bereich zwischenmenschlicher Beziehungen – zu einem wahren Hindernis werden, das bestimmte Entwicklungen verhindert. Manchmal kann es sehr schwer oder sogar unmöglich sein, bestimmte Empfindungen verbal zu vermitteln, die Sprache und die an sie gebundenen Gedanken treten dann in den Weg der Gefühle. Von solchen Situationen erzählt HUSH.

Zu Beginn der Folge stecken zumindest zwei Beziehungen – die von Buffy und Riley und die von Anya und Xander – in einer Art Sackgasse. Die Jägerin und die Hilfskraft von Professor Walsh kommen nicht weiter, weil die Worte sie immer wieder von einem direkten Ausdruck ihrer Gefühle abhalten. In dem, was sie sagen, offenbart sich ihre Vorsicht und eine Zögerlichkeit, die beinahe schon an Angst vor Beziehungen an sich grenzen. Sie folgen nicht dem, was sie empfinden, sondern geben durch ihre Äußerungen den Zweifeln nach, die ihre Gedanken in Aufruhr halten. Erst als sie nicht mehr sprechen können, ergreift Riley die Initiative; mit ihrer Stimme haben sie auch die intellektuellen Abwehrmechanismen verloren, die ihre Emotionen kontrollieren. Bei Anya und Xander ist das kommunikative Problem noch etwas anders gelagert: Ihre Beziehung existiert eigentlich nur auf einer nonverbalen Ebene, die aber rein körperlich bleibt – ein Zustand, für den Anya zwar mitverantwortlich ist, da sie zunächst nur Sex wollte, der aber nicht mehr ihrer emotionalen Involviertheit entspricht. Sie hat Xander bewusst verführt, um körperliche Erfahrungen zu machen, doch sind bei ihr aus dieser ausschließlich physischen Beziehung relativ schnell Gefühle für Xander erwachsen, die er scheinbar nicht erwidert. Deshalb versucht sie ihn zu einer verbalen Aussage zu zwingen, zu der er aber nicht bereit ist. In dem Moment, in dem er Angst um sie hat und nicht erst fragen kann, was gerade passiert ist, reagiert er sofort. Das durch die Sprache nicht verzögerte Handeln kommuniziert mit den Gefühlen, von denen Anya wissen wollte, ob er sie empfindet. Damit wird Xander hier zu einem geradezu paradigmatischen Beispiel eines Menschen, der seine Gefühle sprachlich nicht ausdrücken kann. Die Gründe hierfür offenbaren sich nicht beziehungsweise liegen in einem nicht näher bezeichneten persönlichen Defekt, der sich auch schon in seiner Beziehung zu Cordelia gezeigt hat.

Aber nicht nur die beiden Paare profitieren von dem Verlust der Sprache, der sie auf das Handeln als einzige Ausdrucksmöglichkeit zurückwirft, auch Willow und noch mehr Tara gibt das Stummsein eine Möglichkeit, die Initiative zu ergreifen. Joss Whedon führt Tara von Anfang an als eine äußerst schüchterne Person ein, die zumindest in einer Gruppe nicht in der Lage ist, sich verbal Gehör zu verschaffen. Da sie Willow auch nach der Sitzung der Wicca-Gruppe nicht anspricht, muss man davon ausgehen, dass sie den dafür nötigen Mut nicht aufbringt. Erst der Verlust der Stimme, der auch allen anderen keine Gelegenheit lässt, sie in einer verbalen Kommunikation zu unterdrücken, gibt ihr die Chance, aktiv zu werden. Die Sprachlosigkeit liefert aber nicht nur ihr eine bessere Ausdrucksmöglichkeit, Willows genauso wie Taras Gesten bekommen durch sie eine stärkere Bedeutung. Das Unbewusste, das von der Sprache verdrängt und ausgeschlossen wird, teilt sich in ihnen direkt, ohne jede Brechung und Kontrolle mit. Insofern entsteht der Eindruck, dass sich in dem Moment, als Tara und Willow jeweils die Hand der anderen ergreifen, nicht nur zwei Hexen gefunden haben. Natürlich geht es in diesem Augenblick um eine Vereinigung ihrer

Kraft, die sie vor dem Zugriff der »Gentlemen« bewahren soll. Aber da ist noch mehr: Unterschwellig manifestieren sich in dieser Geste Gefühle, derer sich die beiden aller Wahrscheinlichkeit nicht im Geringsten bewusst sind.

Die »Gentlemen« und das von ihnen erzählende Märchen sind – wie schon erwähnt – von Joss Whedon frei erfunden worden. Man sollte den Begriff »erfunden« hier allerdings in einem postmodernen Sinn verstehen, denn Ästhetik und Programm der Postmoderne haben die Grenze zwischen »er-funden« und »gefunden« aufgelöst: Das Innovative liegt nicht mehr nur in der Originalität eines Werkes, es kann sich nun auch in der Montage von vorgefundenem Material manifestieren. Dieses Prinzip der Komposition eines Werkes aus Motiven und Ideen, die aus anderen Filmen und Romanen stammen, wendet Joss Whedon hier mit einer Perfektion an, die einem wirklich die Sprache rauben kann. Im Prinzip ist nichts, aber auch wirklich gar nichts neu in HUSH, alles stammt aus den Mythen des Genres, und doch hat Whedon mit dieser Episode eine völlig eigenständige, ganz und gar persönliche Welt erschaffen. Man kann nun hingehen und versuchen, sämtliche Quellen und Vorbilder für einzelne Elemente von HUSH zu benennen, doch letztlich führt einen dieser Weg nicht weiter, denn es sagt nichts über diese Episode aus, wenn man weiß, dass die »Gentlemen« in ihrem Aussehen an den Vampir Nosferatu aus Friedrich Wilhelm Murnaus NOSFERATU – EINE SYMPHONIE DES GRAUENS (D 1921/22) und aus Werner Herzogs NOSFERATU – PHANTOM DER NACHT (D 1978) und noch mehr an die außerirdischen Herren der Zeit in Alex Proyas' DARK CITY (USA 1998) erinnern, deren Erscheinungsbild ihrerseits bereits von den beiden deutschen Vampirfilmen geprägt war. Joss Whedon lädt den Zuschauer hier zu einer Art von *pop quiz* der Horrorfilmgeschichte ein, das aber unabhängig von der Geschichte der Episode funktioniert. Es macht Spaß, die Ursprünge einzelner Ideen von HUSH zu erraten und Whedons Variationen zu ihnen zurückzuverfolgen. Blickt man aber nur auf die Geschichte, die Inszenierung und deren Wirkung, verliert diese Folge auch dann nichts von ihrer beeindruckenden Geschlossenheit, wenn man noch nie einen Horrorfilm gesehen hat. Whedon zitiert zwar, aber nicht um auf frühere Texte und Filme zu verweisen. Er löst seine Zitate völlig aus ihrem Kontext und erfüllt damit alles, was er von anderen übernommen hat, mit eigenem Leben. Das Zitat wird damit zur Erfindung, zu einem in jeder Hinsicht schöpferischen Prozess.

Gesamtbewertung: ●●●
Humor: ★☆☆
Horror: ☠☠☠
Action: ▮▮▯

BtVS-411
DOOMED

US-Erstausstrahlung: 18. Januar 2000

Regie: James A. Contner. *Drehbuch:* Marti Noxon, David Fury, Jane Espenson. *Gaststars:* Marc Blucas (Riley), James Marsters (Spike), Leonard Roberts (Forrest Gates), Bailey Chase (Graham Miller), Ethan Erickson (Percy West), Anastasia Horne (Laurie), Anthony Anselmi (der tote Student im Bett)

Songs: *Hey* von Hellacopters (»Payin' the Dues«, Sub Pop 1999), *Mouth Almighty* von Echobelly (»Lustra«, Sony 1997)

Giles: »Das ist das Ende der Welt.«
Buffy, Willow & Xander *(zusammen)*: »Schon wieder?!«

INHALT

Buffy und Riley sitzen immer noch schweigend im Zimmer der Jägerin; als sie endlich die Kraft finden, etwas zu sagen, kommen sie sich aber keinen Schritt näher: Riley will nichts über seine Identität als Mitglied der »Initiative« verraten und versteckt sich hinter deren Geheimhaltungsregeln. Eigentlich braucht er aber gar nichts zu sagen, da Buffy bereits eine ziemliche genaue Vorstellung von seiner Arbeit hat. Nachdem sie ihm diese unterbreitet hat, verkündet Buffy, dass sie *The Slayer*, die Jägerin sei. Leider hat Riley offensichtlich noch nie etwas von der »Jägerin« gehört, deshalb beschließen sie, dass sie erst einmal allein über die neue Situation nachdenken wollen. Gerade in dem Moment, als Riley gehen will, beginnt die Ratte (Amy) sich äußerst aufgeregt zu verhalten, Sekunden später erschüttert ein Erdbeben Sunnydale. Während Riley fast so etwas wie Freude empfindet – schließlich war das sein erstes Erdbeben in Kalifornien –, ist Buffy mehr als nur leicht beunruhigt.
Da Spike noch immer im Keller bei Xander lebt, muss er sich selbst von ihm Befehle erteilen lassen. Diese Situation wird zunehmend unerträglicher für den einstmals gefürchteten Vampir, dessen Selbstwertgefühl längst unter den Nullpunkt gesunken ist, doch das Implantat in seinem Kopf verhindert, dass er seine Wut an Xander auslassen kann. Buffy will gerade ihr Zimmer verlassen, als Willow kommt und ihr erzählt, dass in Porter Hall, einem anderen Wohnheim auf dem Campus, durch das Erdbeben der Strom komplett ausgefallen sei und dessen Bewohner nun eine große Party veranstalten. Die Jägerin erklärt ihrer Freundin, dass sie im Moment keine Zeit habe und auch Riley,

den sie auf Willows Vorschlag hin einladen sollte, sicherlich beschäftigt sei, verspricht aber, später noch bei der Party vorbeizuschauen. Bei einem Gang durch die unterirdischen Anlagen der »Initiative« erkundigt sich Riley bei Forrest nach »der Jägerin«, doch sein Freund versichert ihm, dass es sie nicht gebe und das Gerede über sie nicht mehr als ein Mythos sei, mit dem Dämonen ihre Kinder disziplinieren.

Buffy ist bei Giles und sagt ihm, dass sie aufgrund des Erdbebens ein schlechtes Gefühl habe, doch will ihr ehemaliger Wächter in dem Beben kein Zeichen einer kommenden Apokalypse sehen; ihn interessieren viel stärker die Kommandoteams der Initiative, von denen er glaubt, dass sie ihr Zentrum unter der Universität von Sunnydale haben und dass wahrscheinlich Kommilitonen von Buffy ihnen angehörten. Aus erfindlichen Gründen will die Jägerin darüber im Moment nicht sprechen, schließlich weiß sie, wie Recht Giles hat. Willow ist inzwischen zur *Aftershock*-Party in der Porter Hall gegangen, doch kennt sie dort niemanden und irrt ziemlich verlassen zwischen den feiernden Studenten umher, bis sie ihren ehemaligen Nachhilfeschüler Percy West entdeckt. Sie spricht ihn an, doch dessen Freundin Laurie unterbindet ein längeres Gespräch. Es ist zumindest auch ein ungebetener Gast auf der Party eingetroffen, ein Dämon, der einem Studenten, der gerade in einem Raum abseits des allgemeinen Trubels allein ein paar Getränke mixt, die Kehle aufschlitzt.

Etwas später wird Willow unfreiwillig Zeugin eines Gesprächs zwischen Percy und Laurie. Ihr früherer Mitschüler bezeichnet sie als *nerd* und versichert seiner Freundin, dass er mit jemandem wie Willow niemals flirten würde. Daraufhin zieht sich Willow deprimiert in eines der dunklen Zimmer des Wohnheims zurück, legt sich dort aufs Bett und sehnt sich danach, woanders zu sein. Plötzlich geht das Licht im gesamten Haus wieder an, und Willow muss feststellen, dass sie neben dem von dem Dämon umgebrachten Studenten liegt. Sein Mörder hat ihn ausbluten lassen und ein Symbol – ein Dreieck mit einem Auge darin – in seine Brust eingeritzt. Als Buffy schließlich in Porter Hall eintrifft, ist die Polizei schon da und die Party beendet. Sie findet die niedergeschlagene Willow, die ihr erzählt, dass sie den Toten gefunden hat. Die Jägerin bringt ihre Freundin zu Giles, um ihn über den Mord zu unterrichten. Etwa zur gleichen Zeit erfahren auch Riley und Forrest von Graham, dass ein Student auf dem Campus getötet worden ist. Da Graham aber nicht mehr weiß, will Riley selbst erst einmal Nachforschungen anstellen, während die anderen beiden Professor Walsh Bericht erstatten sollen.

In der Zwischenzeit ist auch Xander, der Spike zuvor in seinem Zimmer noch einmal vor Augen geführt hat, wie sinnlos dessen Existenz geworden ist, bei Giles eingetroffen. Gemeinsam bespricht die Gang die Ereignisse des Abends, und Giles erkennt in dem Symbol auf der Brust des Toten ein Zeichen, das das Kommen der Apokalypse ankündigt. Buffy erinnert ihn daran, dass sie eine solche Entwicklung schon vor Stunden befürchtet hat, und beschließt, den Untergang der Welt auf eigene Faust zu verhindern. Auf dem Friedhof entdeckt sie über dem Eingang der Mausoleen das Symbol, sie verschafft sich Zutritt – und steht sogleich einem großen Dämon gegenüber, der gerade einige Knochen aus dem Skelett eines Kindes stiehlt. Es kommt zu einem Kampf, in dem die Jägerin dem übermächtig starken Dämon unterliegt. Gerade als sie wieder auf die Beine kommt, taucht Riley auf und sagt ihr, in welche Richtung der Dämon geflohen sei. Buffy versteht nicht, warum er ihm nicht gefolgt ist, woraufhin Riley ihr erklärt, dass er es allein und ohne Waffen nie mit einem Dämon dieser Größe aufnehmen würde. Bevor sie sich wieder trennen, teilt die Jägerin Riley noch mit, dass eine gemeinsame Beziehung keine Zukunft habe und sie ihn nicht mehr treffen wolle.

Wieder in Giles' Wohnung. Der ehemalige Wächter identifiziert Buffys Gegner als Vahrall-Dämon, dadurch stößt Willow in einem anderen Buch auf ein »Das Opfer der Drei« genanntes Ritual, das die Apokalypse herbeiführen soll. Neben dem Blut eines Menschen und den Gebeinen eines Kindes benötigen die Dämonen für dieses Ritual noch etwas, das *Word of Valios* (»Wort des Valios«) genannt wird. Da die Gang annimmt, dass es sich dabei um ein Buch handelt, wollen Willow und Xander zum lokalen Museum, um dort in der Abteilung für alte Bücher zu suchen. Auf dem Weg dorthin machen sie einen Zwischenstopp in Xanders Keller und kommen gerade rechtzeitig, um zu sehen, wie Spike versucht, sich umzubringen. Xander schlägt vor, dass er das doch übernehmen könnte, aber Willow setzt alles daran, den depressiven Vampir aufzumuntern, aber erst als sie die bevorstehende Apokalypse erwähnen, hebt sich seine Stimmung etwas, und er schließt sich ihnen an. Die Suche im Museum bleibt ergebnislos und gibt Spike damit Anlass, Xander und Willow zu sagen, dass sie der Jägerin nicht helfen, sondern sie nur behindern.

In der Zwischenzeit ist Buffy noch einmal mit Riley zusammengetroffen, beide suchen auf ihre Art nach dem Dämon, die Jägerin geleitet von ihrer Intuition, Riley mit Hilfe der technischen Spielereien der »Initiative«. Als er sie davon überzeugen will, dass die Welt nicht so schwarz sei, wie Buffy sie sieht, und sie jemanden an ihrer Seite bräuchte, weist Buffy ihn erneut zurück. Giles hat währenddessen in seinen Büchern eine Abbildung des *Word of Valios* entdeckt, bei dem es sich in Wirklichkeit um einen Talisman aus dem 15. Jahrhundert handelt, der sich seit einiger Zeit in seinem Besitz befindet. In dem Moment, als der ehemalige Wächter sein Haus mit dem Talisman verlassen will, wird er von drei Vahralls attackiert, die ihn zusammenschlagen und das *Word of Valios* mitnehmen. Als Buffy wieder in Giles' Haus ankommt, ist der Rest der Gang schon da und kümmert sich um die Verletzungen des Ex-Wächters. Er informiert sie über alles, was vorgefallen ist, und teilt ihnen mit, dass die Dämonen den unterhalb der ehemaligen Bibliothek der Sunnydale High School gelegenen Höllenschlund öffnen wollen.

Zusammen mit Spike kehren Buffy, Willow und Xander zu ihrer alten, nun zerstörten Schule zurück; in den Ruinen der Bibliothek entdecken sie die drei Vahrall-Dämonen, die gerade dabei sind, »Das Opfer der Drei« zu zelebrieren. Während Buffy sie angreift, sollen Willow und Xander den Dämonen das Menschenblut, die Kinderknochen und das *Word of Valios* entreißen. Das gelingt ihnen auch, allerdings jeweils nur für einen Moment. Einer der Dämonen schnappt sich das Gefäß mit dem Blut und springt in die Öffnung zur Hölle; die drei Vahrall sind selbst das Opfer. Im allgemeinen Chaos stellt Spike fest, dass sein Implantat ihn nicht daran hindert, Dämonen zu schlagen und zu töten, nur wirft er im Überschwang leider den zweiten Vahrall, der den Beutel mit den Knochen noch greifen konnte, in den Schlund. Ein erneutes Erdbeben erschüttert daraufhin Sunnydale, und Buffy befiehlt den anderen zu fliehen, während sie gegen den letzten Dämon kämpft. Plötzlich kommt Riley hinzu, aber auch er kann nicht verhindern, dass der dritte Vahrall, das *Word of Valios* in der Hand, in den Spalt im Boden springt. Allerdings gehört ein starkes Metallseil und eine Winde zu seiner Ausrüstung und ermöglicht der an ihm befestigten Buffy, dem Dämon zu folgen. Riley zieht ihn dann zusammen mit der Jägerin, die den Vahrall noch im Flug in die Hölle packen konnte, wieder hoch. Als sie den Dämon neben dem Spalt auf den Boden wirft, stirbt er, und das Erdbeben endet. Riley versucht nun, seine geheime Identität der

Gang gegenüber aufrechtzuerhalten, scheitert dabei aber kläglich.

Am nächsten Morgen besucht die Jägerin Riley in seinem Zimmer. Er ist am Boden zerstört, weil Zivilisten nun von seiner Arbeit und der Existenz der Kommandoteams der »Initiative« wissen. Das ist das Ende der Welt für ihn – zumindest so lange, bis Buffy ihn küsst. In Xanders Zimmer birst Spike derweil beinahe vor neu gewonnener Energie. Er will zusammen mit Xander und Willow, die gerade zum Fernsehgucken da ist, einen großen Krieg für das Gute führen und Dämonen und Vampire töten.

KOMMENTAR

Nach der grandiosen, in jeder Hinsicht außergewöhnlichen Episode HUSH ist es natürlich nicht leicht, in den Alltag einer Serie zurückzukehren, die einfach bestimmten Regeln folgen muss. Egal wie es weitergeht, es wird immer ein Rückschritt sein. Dieser Situation waren sich natürlich auch Joss Whedon und sein Team bewusst, wahrscheinlich hat man sich auch deshalb dafür entschieden, das nächste Drehbuch von Marti Noxon, David Fury und Jane Espenson, drei äußerst profilierten Autoren der Serie, gemeinsam schreiben zu lassen, eine relativ gewagte Entscheidung, denn wie es so schön heißt, verderben zu viele Köche den Brei, doch hat sich diese Strategie im Endeffekt ausgezahlt. DOOMED kann selbstverständlich nicht mit seinem Vorgänger mithalten – diese Episode war eben von Anfang an *doomed* (verdammt), weil sie an HUSH anschließen musste. Nur sollte man nicht vergessen, dass Joss Whedons Folge zwar einen Standard dafür gesetzt hat, was im Format einer Fernsehserie möglich ist, aber eben keinen Standard, den nun jede Show mit jeder Episode erreichen muss; Folgen wie HUSH werden immer die Ausnahme bleiben.

Noxon, Fury und Espenson haben sich glücklicherweise gar nicht erst für einen Versuch, mit der vorhergehenden Folge in Konkurrenz zu treten, entschieden, stattdessen haben sie einen ganz eigenen Weg gewählt, der innerhalb der ganzen Serie ähnlich singulär ist wie der von Joss Whedon bei HUSH. Es fällt ungeheuer schwer, DOOMED einzuordnen, diese Folge entzieht sich praktisch auf jeder denkbaren Ebene einer klaren Einschätzung. Auf der einen Seite fügt sie sich natürlich ein in die lange Reihe der Episoden der vierten Staffel, die komödiantische Elemente zumindest betonen und zum Teil sogar uneingeschränkt in den Vordergrund stellen, doch auf der anderen Seite war wahrscheinlich seit BtVS-112 DAS ENDE DER WELT keine Folge mehr so schwermütig wie diese. Aber das ist nicht der einzige Widerspruch, der DOOMED zu einer wahrhaft bizarren *extravaganza* innerhalb von BUFFY – IM BANN DER DÄMONEN macht. Auf den ersten Blick scheint die ganze Geschichte um Vahrall-Dämonen und ihr Ritual, das wieder einmal den Höllenschlund öffnen soll, eine einzige Parodie auf das Apokalypse-Motiv zu sein, zu dem die Serie scheinbar in unregelmäßigen Abständen immer wieder zurückkehren muss. Nur gab es schon eine Folge, in der die Weltuntergangsphantasien von wild gewordenen Dämonen nicht mehr als ein Gag waren. In BtVS-313 DIE NACHT DER LEBENDEN LEICHEN war der Versuch, das Tor zur Hölle aufzustoßen, wirklich nicht mehr als ein komischer Hintergrund für eine Episode, die sich ganz und gar auf Xander konzentriert. Im Gegensatz dazu ist die Vahrall-Handlung eine geradezu klassische Superhelden-Geschichte, in die sich nur gelegentlich ein bisschen Ironie mischt.
Dabei hätte allein schon der Termin der amerikanischen Erstausstrahlung (18. Januar 2000) nahegelegt, dass sich das BUFFY-Team über all die Apokalypse-Ängste, die über Jahre hinweg die

westliche Welt beschäftigt haben, lustig macht. DOOMED ist nun einmal die erste neue Folge der Serie, die im Jahr 2000 gesendet wurde. Die Silvesternacht 1999/2000, der Jahrtausendwechsel, war in der zweiten Hälfte der 90er Jahre so etwas wie ein magisches Datum, an das sich gelegentlich Hoffnungen, meist aber irrationale Ängste knüpften. Die Propheten des Untergangs erhoben dieses Datum, das durch seine schiere Numerik zwar die Aura des Besonderen und Außergewöhnlichen trägt, zu einem schicksalhaften Moment, aber im Prinzip gab es dafür natürlich keinen sinnvollen Grund; der 1. Januar 2000 war auch nur ein Datum wie jedes andere, schließlich wurde der Ausgangspunkt unserer christlichen Zeitrechnung eher willkürlich gewählt. Da nun die erste BUFFY-Episode des neuen Jahrtausends den Titel DOOMED trug und auch noch von einigen Dämonen handelt, die durch ein Selbstopfer die Welt vernichten wollen, wäre eine wilde Parodie genau das gewesen, was man erwarten konnte. Nur – und das ist eine der wirklichen Stärken dieser Folge und auch der Serie insgesamt – haben sich die drei Autoren genau dieser Erwartung entzogen. Sie parodieren die Apokalypse-Angst und -Hysterie hier nicht, bauschen die Gefahr, die von den Vahrall-Dämonen ausgeht, aber auch nicht auf. Es herrscht vielmehr *business as usual* in DOOMED – besser konnte eine Serie, die sich dem Horrorgenre und dem Kampf des Guten gegen das Böse verschrieben hat, gar nicht auf den Übergang vom 20. ins 21. Jahrhundert reagieren.

Eines der charakteristischen Merkmale aller Folgen seit BtVS-407 THE INITIATIVE ist es, dass sie zwischen der jeweils in sich abgeschlossenen Handlung und Elementen hin und her changieren, die Teil eines größeren Bogens sind und die einzelnen Folgen in den Kontext einbinden, den die vierte Staffel als Ganzes darstellt. Auch in DOOMED gibt es diese zwei Bewegungen –

wobei die Szenen, die in den größeren Zusammenhang gehören, sich also entweder mit der »Initiative« oder der Entwicklung der Beziehung zwischen Buffy und Riley beschäftigen, hier einen ungewöhnlich großen Anteil der Handlung ausmachen. Marti Noxon, David Fury und Jane Espenson bedienen sich eines faszinierenden filmischen Tricks, um uns mehr über die »Initiative« und ihre Arbeitsweisen zu erzählen. Sowohl Buffy und ihre Gang als auch die Kommando-Teams unter Professor Walsh jagen die Vahrall-Dämonen; die Episode parallelisiert ihre Bemühungen und baut damit einen klaren Antagonismus zwischen diesen beiden Gruppen auf.

Die »Initiative« offenbart sich nun als rein technokratische Organisation, die Jagd auf Dämonen oder – wie sie sie nennen – *Hostile Sub-Terrestrials* (feindselige Unter-Irdische) macht, ohne auch nur die geringste Ahnung von den metaphysischen Zusammenhängen zu haben, die diese Arbeit impliziert. Sie fangen oder töten (Riley gibt den Befehl, den Vahrall-Dämon zu töten) diese Wesen, um dann wissenschaftliche Experimente an ihnen durchzuführen und ihre physische und psychische Struktur zu verändern; dabei sind sie sich des Kampfes, der in der Welt zwischen den Mächten des Guten und denen des Bösen ausgetragen wird, offensichtlich nicht bewusst. In diesem Sinne ist die »Initiative« – zumindest so, wie sie sich hier in DOOMED präsentiert – kein tragender Spieler in der großen Schachpartie des Lebens, in der Buffy mal Bauer und mal Dame zu sein scheint. Für ihre Mitglieder sind die *Hostile Sub-Terrestrials* nichts weiter als Tiere, sie werden in den Rahmen der Schöpfung, so wie sie uns unsere heutige wissenschaftlich aufgeklärte Zivilisation darstellt, gepresst. Doch damit erweisen sich Riley und alle anderen Angehörigen der Kommando-Teams als ahnungslose Militärs, die im besten Fall im Dienst der Forschung, im schlimmsten in dem einer noch nicht offenbarten, viel dunkleren Macht stehen. Inwieweit sich das Vorgehen der Jägerin, die sich auf alte Überlieferungen, okkulte Texte und Stoffe verlässt, die man in Geschäften für Hexen und New-Age-Praktizierende erwerben kann, mit dem der »Initiative«, die nur auf wissenschaftlich verifizierbare Fakten und Technik baut, ergänzen kann, wird sich im weiteren Verlauf der Serie herausstellen; die völlig differenten Methoden versprechen einige interessante Entwicklungen.

DOOMED ist eine Folge der Wiederkehr des Verdrängten, im eigentlichen wie im metaphorischen Sinn. Auf der Oberfläche kommt mit der Bedrohung durch die Vahrall-Dämonen eine Gefahr zurück, von der Buffy, Giles und auch der Rest der Gang dachten, sie sei ein für alle Mal beseitigt. Der Höllenschlund war geschlossen, die Schule abgebrannt, doch die Vergangenheit ist noch lebendig, deshalb müssen die Jägerin und ihre Freunde an den Ort zurückkehren, an dem sie drei Jahre lang gegen die Mächte der Finsternis gekämpft haben. Der Gang in die Ruinen der Bibliothek wird damit zu so etwas wie einem endgültigen Abschluss. Noch einmal müssen sie an diesem Ort kämpfen, das Schlimmste verhindern und die Welt retten – nun sollten die Autoren von BUFFY den Höllenschlund allerdings wirklich ruhen lassen, nicht nur weil seine storytechnischen Möglichkeiten jetzt unzweifelhaft bis zum Letzten ausgereizt sind. Entscheidender ist noch, dass diese Rückkehr eben auch eine metaphorische, psychologische Bedeutung hat: Mit ihr endet unwiderruflich eine Phase in der Entwicklung von Buffy, Willow und Xander.

Die Jägerin und ihre beiden besten Schulfreunde dachten – und wir waren durchaus der gleichen Ansicht –, dass mit dem Schulabschluss und dem Wechsel zur Universität beziehungsweise in ein Leben, das aus einer endlosen Reihe von Gelegenheitsjobs besteht, Kindheit und Jugend abgeschlossen sind. Die erste

Folge der vierten Staffel, das war ein Neubeginn, die Karten wurden noch einmal gemischt und verteilt, was in der Vergangenheit war, ist auch wirklich vergangen. Doch so einfach ist das im Leben nicht, es beginnt nicht von einem Tag auf den anderen ein völlig anderer Abschnitt, der alles Vorherige auslöscht. Buffy, Willow und Xander haben bis zum Beginn von DOOMED die Vergangenheit nicht abgeschlossen, sondern nur verdrängt. Sie dachten, nun jemand anders zu sein, doch in Wirklichkeit, im übermächtigen Unterbewusstsein, sind sie *stuck in high school*, hängen noch immer in ihrer Schulzeit fest. Das Verdrängte kommt nun in DOOMED mit aller Macht zurück, als Riley Buffy mit ihrer depressiven Sicht der Welt konfrontiert und von ihr den Mut zu einer Beziehung fordert, als Willow durch Percys Äußerungen erfährt, dass sie für die coolen Leuten, die *jocks* und die umwerfend aussehenden *co-eds*, immer noch der »Primus der *nerd*-Riege« ist, und als Spike Xander wieder einmal daran erinnert, wo er im Leben steht, und ihm so die Kluft zwischen seiner Vorstellung und seiner Wirklichkeit vor Augen führt.
Die tatsächliche Rückkehr an die High School wird somit zu einem Katalysator, der sie in dem Kampf um die Rettung der Welt auch das Verdrängte zersetzen lässt. Wo die drei nun stehen, darüber gibt DOOMED noch wenig Aufschluss; zumindest bei Xander muss man sich fragen, ob er sich überhaupt verändert hat oder ob er zu den Menschen gehört, die zu den Veränderungen, die das Erwachsenwerden eigentlich mit sich bringen sollte, einfach nicht in der Lage ist. Aber bei Willow und bei Buffy hat nun definitiv ein Prozess der Loslösung von der Vergangenheit eingesetzt. Bei Buffy manifestiert er sich in einer Handlung, dem Kuss, den sie Riley am nächsten Morgen gibt. Damit signalisiert sie nicht nur eine Bereitschaft zu einer Beziehung, er bedeutet auch, dass sie ihre grundsätzliche Einstellung zum Leben,

insbesondere zu ihrem ganz eigenen Leben, verändert hat.
In für Willow geradezu typischer Art äußert sich bei ihr die durch die Rückkehr zur Schule in Gang gesetzte Befreiung über eine Bemerkung, die sie macht: Die High School kommt ihr nun relativ klein vor. Auch wenn man diese Aussage natürlich auf die räumlichen Ausmaße der Ruine beziehen soll, vollzieht sich bei Willow über sie zugleich ein psychologischer Prozess: Sie sieht die Schule und ihre Zeit dort nun realistisch, sie ist nichts Überlebensgroßes mehr, sondern nur ein Abschnitt, der vorübergegangen ist – nicht wichtiger, aber auch nicht unbedeutender als jeder andere auch. Damit relativieren sich natürlich auch die dort gemachten Erfahrungen, sie muss nun nicht mehr alles machen, um dem Bild, das einige Klassenkameraden von ihr hatten, nicht zu entsprechen, sie kann einfach sehen, wie sich ihr Leben weiterentwickelt. Denn die Traumata der High-School-Zeit, das sind nicht sie.

Gesamtbewertung: ●●○
Humor: ★☆☆
Horror: ☠☠☠
Action: ▮▮▯

BtVS-412
A NEW MAN

US-Erstausstrahlung: 25. Januar 2000

Regie: Michael Gershman. *Drehbuch:* Jane Espenson. *Gaststars:* Amber Benson (Tara), Lindsay Crouse (Professor Maggie Walsh), Robin Sachs (Ethan Rayne), Elizabeth Payne (Kellnerin), Michelle Ferrara (Mutter)

Spike *(nach seinem Unfall mit Giles' Wagen)*: »Ich kann Dämonen töten. Ich kann Autos zu Schrott fahren. Die Dinge stehen wieder besser!« (Diese Dialogzeile fehlt in der Fernsehausstrahlung, weil die kleine Szene nach dem Unfall aus Zeitgründen herausgeschnitten werden musste.)

INHALT

Willow stürmt in das Zimmer, das sie sich mit Buffy teilt, und unterbricht damit einen romantischen Moment zwischen der Jägerin und Riley. Ein feuerspeiender Dämon treibe in einem der Räume der Universität sein Unwesen, berichtet sie. Doch als die drei dort ankommen, erwartet Buffy nicht eine erneute Auseinandersetzung mit dem Bösen, sondern eine Überraschungsparty zu ihrem 19. Geburtstag. Alle feiern ausgelassen, nur Giles steht etwas abseits und kommt sich ziemlich nutzlos und verloren vor; seine Stimmung hebt sich auch nicht gerade, als die Jägerin ihm Riley vorstellt und er so erfährt, dass sie einen neuen Freund hat. Am nächsten Morgen. Während Spike alles für seinen Auszug aus Xanders Keller vorbereitet – er will sich etwas Eigenes suchen, eine nette Krypta beispielsweise –, ist Buffy zusammen mit Riley im Büro von Maggie Walsh. Sie informiert die Professorin, die auch immer dachte, »die Jägerin« sei nur ein Mythos, über ihre Bestimmung und ihre eindrucksvollen Erfolge im Kampf gegen Dämonen. Walsh will sich bemühen, Buffy in den nächsten Tagen den Zugang zu den Räumen der »Initiative« zu ermöglichen. Beim Blättern in einem seiner Bücher entdeckt Giles, dass der Dämonenprinz Barvain an diesem Tag auferstehen wird. Er ruft die Jägerin an, erreicht aber nur Willow. Auf dem Campus unterhalten sich Buffy und Riley über ihre Erfahrungen im Kampf gegen die Mächte des Bösen; er ist von ihren Geschichten ziemlich beeindruckt und schlägt indirekt ein Kräftemessen zwischen ihnen vor. Auf der Suche nach Buffy schaut Giles auch im Büro von Professor Walsh vorbei. Das kurze Gespräch zwischen ihnen offenbart, dass sie völlig verschiedene Ansichten in Bezug auf die Erziehung und Ausbildung von Jugendlichen haben, und endet mit dem Vorwurf von Maggie Walsh, im Leben der Jägerin fehle eine starke Vater-Figur.

Da er Buffy, sie trainiert mit Riley in einer Turnhalle und stellt dabei – für ihren Freund ziemlich schmerzhaft – ihre übernatürliche Kraft unter Beweis, nicht finden konnte, geht Giles zusammen mit Willow und Xander zu einem Mausoleum, in dem er die Auferstehung Barvains erwartet. Sie sind etwas spät dran, doch gibt es keinerlei Zeichen, die auf etwas Ungewöhnliches wie die Ankunft eines mächtigen Dämonenprinzen hinweisen. Als Willow daraufhin die »Initiative« und Riley erwähnt, ist der ehemalige Wächter völlig überrascht und verwirrt. Er muss nun erfahren, dass er der Einzige in Buffys Umkreis ist, der nicht wusste, dass Riley ein Mitglied der von Professor Walsh geleiteten Kommando-Teams ist; enttäuscht und ziemlich verärgert durch diese Offenbarungen schickt Giles Willow und Xander weg. Als er selbst wenig später die Grabstätte verlässt, tritt Ethan Rayne aus den Schatten des Gemäuers und verkündet, dass sein ehemaliger Freund eine ziemlich böse Überraschung erleben werde. Da er eine Stimme gehört hat, kehrt Giles in das Mausoleum zurück. Die Anwesenheit seines ganz persönlichen Feindes hebt sofort die Stimmung des arbeitslosen Bibliothekars. Er will ihn zusammenschlagen und sich so etwas abreagieren, doch Rayne hält ihn von diesem Vorhaben ab, indem er Giles wichtige Informationen verspricht.

Etwas später sitzen sie zusammen in einer Bar, und Ethan erzählt von einer geheimnisvollen Organisation, die in der Welt der Dämonen für Aufregung und Angst sorge. Seine Informationen sind – wie er selbst sagt – sehr vage, doch was er immer wieder gehört habe, sei die Zahl 314. Nachdem beide schon ziemlich betrunken sind, lamentiert Giles über die Situation, in der er sich zur Zeit befindet, während Ethan einer alles andere als begeisterten Kellnerin seine Telefonnummer aufdrängt. Ungefähr zur gleichen Zeit führen Willow und Tara in deren Zimmer ein kompliziertes magisches Ritual durch, das die Synchronizität ihrer Gedanken und Regungen testen soll. Sie wollen eine Rose zum Schweben bringen und ihr dann allein durch die Kraft ihrer Gedanken gemeinsam ein Blatt nach dem anderen ausreißen. Der Zauber scheint zu gelingen, doch als sie mit den Blättern beginnen wollen, fliegt die Rose plötzlich wie ein Geschoss durch den Raum, um schließlich in den Boden einzuschlagen – ihre Blütenblätter sind verschwunden, ihr Stamm raucht. Weder Willow noch Tara haben die geringste Ahnung, was da gerade passiert ist.

Als Giles am nächsten Morgen aufwacht, erlebt er tatsächlich die von Ethan Rayne am Abend zuvor angekündigte böse Überraschung: Er hat sich in einen Dämon verwandelt, der über ungeheure physische Kräfte verfügt, die Giles nicht wirklich kontrollieren kann. So demoliert er selbst seine Wohnung und reißt beim Verlassen des Hauses die Eingangstür aus den Angeln. Während des gemeinsamen Frühstücks unterhalten sich Buffy und Willow über die Beziehung zwischen der Jägerin und Riley, außerdem teilt Willow ihrer Freundin mit, dass sie am vorherigen Abend während eines Zaubers die Präsenz einer dunklen magischen Macht gespürt hat. Die Jägerin will sich darüber mit Professor Walsh unterhalten, doch Willow rät, zu Giles zu gehen, der an sich schon sehr gekränkt sei, weil Buffy ihn nicht über Riley informiert habe. Die Jägerin behauptet daraufhin, dass sie dachte, ihrem ehemaligen Wächter alles erzählt zu haben. Dieser ist in der Zwischenzeit bei Xander angekommen. Giles weckt

den typischen *Slacker* und spricht die ganze Zeit auf ihn ein, nur erkennt Xander den früheren Bibliothekar nicht und kann auch dessen Worte nicht verstehen – Giles spricht, ohne sich dessen bewusst zu sein, eine Sprache der Dämonen. Xander schreit in Panik herum und bewirft den Dämon mit verschiedensten Gegenständen; daraufhin verlässt Giles den Keller und erregt bei seiner Flucht durch die Nachbarschaft die Aufmerksamkeit etlicher Bewohner von Sunnydale.
Inzwischen ist es Abend geworden, und die Gang will Giles wegen Xanders ungewöhnlichem Besuch zu Rate ziehen. Doch als sie bei ihm ankommen, finden sie ein leeres, dafür aber halb verwüstetes Haus vor. Anya vermutet, dass der Dämon, der auch bei Xander war, Giles verschlungen habe. Während die Jägerin und die anderen noch in den Büchern des Wächters nach Abbildungen des Dämons suchen, taucht plötzlich Riley auf, denn die »Initiative« hört alle Notrufmeldungen ab und hat so von dem durch die Straßen irrenden Dämon erfahren. In der Zwischenzeit ist Giles auf einem Friedhof zufällig Spike begegnet, der seine Dämonen-Sprache versteht und ihm sagt, er sei nun ein Fyarl. Für 200 Dollar ist er bereit, Giles bei seiner Suche nach Ethan Rayne, den der Bibliothekar für den Verantwortlichen hält, zu unterstützen. Sie fahren schließlich in Giles' Citroën durch Sunnydale, und es fällt dem Wächter immer schwerer, seine dämonischen Instinkte nicht auszuleben, doch will er auf keinen Fall zu einem Monster werden. Nur als er Professor Walsh entdeckt, kann er sich nicht mehr zurückhalten und befiehlt Spike, an den Straßenrand zu fahren. Er steigt aus und verfolgt die verängstigte Professorin; danach geht es Dämon-Giles wieder etwas besser.
Endlich hat Xander in einem der Bücher eine Abbildung eines Fyarl-Dämons entdeckt. Während Willow Buffy über Einzelheiten informiert, Fyarls können nur mit einer Waffe aus Silber getö-

Keine Episode mehr ohne Spike – und kein Horrormagazin ohne James Marsters. *Fangoria* erzählte er, dass nichts auf der Welt einem Schauspieler so viel Spaß macht wie eine durch und durch böse Rolle zu spielen.

tet werden, bekommt Riley einen Anruf auf seinem Mobiltelefon, der ihn darüber informiert, dass der Dämon aus einem grauen Citroën gesprungen ist und Professor Walsh attackiert hat. Buffy und ihre Freunde nehmen nun an, dass der Dämon den Wagen von Giles gestohlen hat und er durch einen Zauber, dessen Auswirkungen Willow letzte Nacht gespürt hatte, kontrolliert wird. Buffy bricht, nachdem sie sich einen silbernen Brieföffner geschnappt hat, zusammen mit Riley zu Sunnydales Geschäft auf, in dem es alle nur erdenklichen magischen Utensilien zu kaufen gibt, auf, während die anderen bei Giles warten sollen, für den Fall, dass er doch wieder auftaucht. Zwischenzeitlich sind Spike und der frühere Wächter in der Bar angekommen, in der Giles am Abend zuvor mit Ethan Rayne gewesen ist. Von der Kellnerin erfährt der Vampir, in welchem Motel Raynes wohnt.

Als Buffy die Tür des Magie-Ladens aufbricht, informiert Riley sie darüber, dass er einen Generalschlüssel für alle an der Hauptstraße Sunnydales liegenden Geschäfte besitzt. In den Verkaufsunterlagen stößt die Jägerin sehr schnell auf den Namen Ethan Rayne; daraufhin teilt ihr Riley mit, dass Professor Walsh ihm ausdrücklich gesagt hat, dass Buffy nicht an der Aktion gegen den Dämon teilnehmen darf. Das kann sie aber auf keinen Fall akzeptieren und stellt die Dinge richtig. Nicht sie benötigt Rileys Erlaubnis, sondern er darf mitkommen, weil sie ihn mitnimmt. Währenddessen werden Giles und Spike in ihrem Citroën von zwei Militär-Jeeps verfolgt. Der Wächter verspricht dem Vampir noch einmal 100 Dollar, wenn er ihn aus dem Wagen springen lässt und die Verfolger von ihm ablenkt. Der Plan gelingt, und Spike kann seine beiden Verfolger sogar abschütteln. Doch im Moment seines Triumphes ist er unachtsam und rast mit dem Wagen gegen eine Hauswand. Giles erreicht Raynes Zimmer, als dieser da-

bei ist, seine Koffer zu packen. Ethan macht ihn darauf aufmerksam, dass er – sollte er ihn töten – für immer ein Dämon bleibe. Doch auch das kann Giles nicht davon abhalten, sich auf seinen alten Gegenspieler zu stürzen. Aber bevor er ihn töten kann, kommen Buffy und Riley dazu, der über Raynes Kreditkartennummer und die Informationsquellen der »Initiative« den Aufenthalt des Schwarz-Magiers ermittelt hat. Riley hält Ethan fest, während Buffy mit dem Dämon kämpft. In dem Augenblick, als sie ihm den Brieföffner in die Brust stößt, erkennt sie an den Augen des Dämons Giles! Doch glücklicherweise ist der silberne Brieföffner nur ein Imitat. Rayne verwandelt den Wächter zurück und wird von Militärpolizisten abgeholt, die Riley gerufen hat.
Am nächsten Morgen besucht Buffy Giles, um sich noch einmal für ihre Verschwiegenheit zu entschuldigen. Er warnt sie vor der »Initiative«, da er Raynes Bemerkungen über die Unruhe in der Dämonenwelt sehr ernst nimmt. Zur gleichen Zeit informiert Professor Walsh Riley darüber, dass sie gar nicht glücklich darüber sei, wie die Aktionen des vorherigen Abends abgelaufen sind. Buffy störe die Disziplin, aber sie hoffe trotzdem, dass die Zusammenarbeit mit der Jägerin erfolgreich verlaufen werde. Nachdem Riley und sie sich getrennt haben, verschafft sich Professor Walsh mit ihrer Code-Karte Zutritt zu einem besonders gesicherten Bereich des Hauptquartiers. Dort geht sie in einen mit der Zahl 314 gekennzeichneten Raum.

KOMMENTAR

Jede Staffel einer Serie braucht Folgen wie A NEW MAN, die ohne Zweifel zu den *filler episodes* der vierten BUFFY-Staffel gehört. Es können nicht alle 22 bis 24 Episoden, die zusammen ein Jahr bilden, so außergewöhnlich sein wie HUSH, und sie können auch nicht alle immer nur auf das große Bild abzielen, das über die gesamte Dauer einer Staffel hinweg entstehen sollte. Folgen, die einfach nur ohne großes Aufheben ihre Geschichte erzählen und vielleicht sogar noch ein paar winzige Splitter des großen Puzzles liefern, gehören nicht nur als eine Art Füllmaterial dazu, sie können auch durchaus etwas Angenehmes haben, denn sie geben dem Zuschauer eine Atempause. Da sie eine gewisse Offenheit kennzeichnet – die Regeln der Serie sind etabliert, doch besonders solche für sich stehenden Episoden können die von ihnen gesteckten Variationsmöglichkeiten so weit wie möglich nutzen –, bieten sie ihren Machern gleichzeitig die Gelegenheit, ein wenig mit den Erwartungen der Fans zu spielen.

Aber gerade in dem Rahmen, den das über die Jahre hinweg entstandene Konzept für Füll-Episoden geschaffen hat, erweist sich A NEW MAN als etwas problematisch oder zumindest zwiespältig, mischt auf eine durchaus interessante Art und Weise für diese Folgen Typisches und Untypisches. Auf der einen Seite präsentiert ihre eigentliche Geschichte eine geradezu klassische *monster-of-the-week*-Handlung, die mit ihrem Abschluss eigentlich endgültig erledigt ist und an die die Figuren der Serie höchstens einmal mit Nostalgie oder aber ein bisschen peinlich berührt zurückdenken – Letzteres dürfte in diesem Fall für Giles gelten, der seine Erfahrungen mit Fyarl-Dämonen sicher nicht zu den Höhepunkten in seiner Biographie zählen wird. Auf der anderen Seite hat die Drehbuchautorin Jane Espenson diese Episode sehr stark in den die Staffel überspannenden *story arc* eingebunden. Während man in der Regel einen *filler* ruhig verpassen und irgendwann später nachholen kann, ist A NEW MAN gerade in der Chronologie der vierten Staffel eine ungeheuer wichtige Folge.

Jane Espenson gehörte auch zu dem Team, das für das Drehbuch der letzten Episode BtVS-411 DOOMED verantwortlich war,

und das merkt man in A NEW MAN zum Teil auch an der Art, wie sich hier die Beziehung, die sich erst mit dem abschließenden Kuss zwischen Buffy und Riley unzweifelhaft als eine solche etabliert hatte, entscheidend weiterentwickelt. Jane Espenson versteht es dabei, ein spielerisches Element in die Szenen zwischen der Jägerin und dem Offizier der »Initiative« einzubringen, das es so bisher in BUFFY – IM BANN DER DÄMONEN nicht gab. Buffy und Angel, das war zutiefst romantisch, immer bedroht von den Mächten eines Schicksals, das die beiden trennte, so nah sie sich auch waren; Cordelia und Xander, das war eine dieser seltsamen Hasslieben, die zwei Menschen zusammenführen, die sich eigentlich nur gegenseitig zerstören können; und Willow und Oz, das war eine gewisse Form von Alltäglichkeit, schon deshalb hat man als Zuschauer gerade diese Beziehung immer wieder ein bisschen aus dem Blick verloren, sie war einfach selbstverständlich, in ihrer Normalität genauso wie in ihren außergewöhnlichen Momenten.
Auch zwischen Buffy und Riley könnte sich eine gewisse Normalität einstellen – das deutet Jane Espenson hier zumindest an. Doch sie wird eine ganz andere Form haben; ein ständiges Kräftemessen zeichnet sich hier ab, das aus ihren ähnlichen Lebensumständen, aber ihren völlig verschiedenen Hintergründen resultiert. Der Junge aus dem Mittelwesten wird die kalifornische Superheldin immer wieder herausfordern. Daraus wird sich – auf jeden Fall für den Zuschauer – immer ein gewisser Spaßfaktor ergeben, diese Beziehung wird garantiert nie langweilig werden. Doch Jane Espenson legt hier auf eine sehr geschickte, eher unterschwellige Art eine Saat, die später auch in Form eines Konfliktes aufgehen kann. Wenn Riley immer wieder eine Konkurrenzsituation zwischen sich und Buffy schafft, wird eine gewisse Frustration nicht ausbleiben, denn er hat im Prinzip keine Chance,

sie einmal »zu schlagen«, auf jeden Fall nicht, wenn sie sich nicht extrem zurückhält und Riley damit bewusst die Oberhand lässt. Insofern kann man sich hier nun freuen über die Beziehung, die zwischen der Jägerin und dem Mitglied der »Initiative« entstanden ist, denn sie bietet für die Autoren der Serie ein ungeheures Potenzial im Hinblick auf die Charakterentwicklung von Buffy. Auf der anderen Seite darf man gespannt sein, wie sich dieses Element des großen BUFFY-Universums weiterentwickeln wird, wie die beiden mit ihrer so verschiedenen Vergangenheit und ihren so unterschiedlichen Voraussetzungen umgehen werden.
Wenn man A NEW MAN als einen entscheidenden Schritt innerhalb der vierten Staffel auffasst, dann sind die Informationen, die Jane Espenson den Zuschauern hier über die »Initiative« vermittelt, allerdings noch zentraler als die Entwicklungen der Beziehung von Buffy und Riley. Zum einen erfahren wir hier, dass es sich bei ihr tatsächlich um eine militärische Operation handelt, die quasi uneingeschränkte Freiheiten besitzt und wahrscheinlich über unerschöpfliche Ressourcen verfügt. Allerdings bleibt noch unklar, ob es sich bei der »Initiative« um eine regionale Operation handelt, die nur in Sunnydale tätig ist und auf die Kooperation anderer militärischer *outfits* baut, zu denen dann auch die Organisation gehören würde, in deren geheimes Lager in Nevada Ethan Rayne zur »Rehabilitierung« gebracht wird, oder ob die »Initiative« in ganz Amerika operiert, dann wäre die Einrichtung in Nevada auch ihr unterstellt.
»This is not America.« Dieser Satz traf in gewisser Weise immer auf Sunnydale zu. Natürlich repräsentieren die jugendlichen Hauptfiguren typische Gruppierungen von Teenagern, die man so in jeder Stadt in Amerika und in der ganzen westlichen Welt antreffen kann. Auch ihre Probleme entsprechen, sieht man einmal von der übernatürlichen, phantastischen Komponente ab,

denen realer Teens und Twens, doch durch das spezielle Universum der Serie, durch den Einfluss des *Hellmouth* haben sich in der Stadt besondere Konstellationen gebildet. Die Pläne und Intrigen des Bürgermeisters und ihre Auswirkungen in der dritten Staffel besaßen eine Tragweite, die weit über jegliche in der Realität existierende Korruption hinausging. Die Verbindung von städtischer Politik und dämonischen Machenschaften verschränkte also die »realistische« und die rein phantastische Seite der Serie derart, dass Sunnydale endgültig aus dem Kosmos eines realen Amerika herausgehoben wurde. Die Serie präsentierte damit eine Welt, die sich von unserer durch mehr als nur die Existenz von Dämonen unterschied. Man konnte die kleine kalifornische Stadt dabei aber immer noch als eine Enklave verstehen, die Ereignisse dort ließen den Rest der Vereinigten Staaten weitgehend unberührt; doch dies ändert sich nun mit den Enthüllungen über die »Initiative«.

Dies ist nicht das Amerika, das man zu kennen glaubte. Die Selbstverständlichkeit, mit der die »Initiative« jedes Bürgerrecht außer Kraft setzen kann – ihre Mitglieder hören nicht nur sämtliche Notrufe (und wer weiß welche anderen Gespräche und Anrufe noch) ab, sie besitzen auch noch Generalschlüssel für die Geschäfte der Stadt, können zu jeder Zeit über Daten verfügen, die normalerweise dem Datenschutz unterliegen und auf die selbst polizeiliche Organisationen nicht so ohne weiteres Zugriff haben, und können scheinbar auch jeden Menschen ohne das übliche rechtsstaatliche Prozedere in eines ihrer Lager schaffen lassen –, ruft Entsetzen hervor. Jane Espenson präsentiert hier das BUFFY-Universum de facto als einen Militärstaat, in dem geheime militärische Organisationen eine Art von Schattenherrschaft ausüben und die demokratische Gewaltentrennung einfach aufheben können. Noch ist zwar nicht abzusehen, wohin

sich dieser große Strang innerhalb der Serie entwickeln wird, nur fällt es einem nach den Ereignissen von A NEW MAN um einiges schwerer, daran zu glauben, dass Buffy und die »Initiative« wirklich auf ein und derselben Seite stehen.
Konflikte zwischen der Jägerin und dieser militärischen Organisation sind auf jeden Fall vorprogrammiert. Buffy ist über die Jahre als eine wahre Individualistin gezeigt worden, die sich einer sie kontrollierenden Organisation nicht unterordnen kann und auch nicht will. Deshalb ist es in der dritten Staffel schließlich auch zu einem Bruch zwischen ihr und der Organisation der Wächter gekommen, doch gegen die »Initiative« wirkt der *Watcher Council* nun wie eine mustergültige liberale Einrichtung, die ihren Angehörigen einen riesigen Freiraum lässt. Professor Walshs Äußerungen lassen keinen Zweifel daran, dass innerhalb der »Initiative« Unterordnung und Disziplin alles sind. (Allerdings stellt sich die Frage: Unterordnung unter wen oder was? Denn bisher wirken die Verantwortlichen eher naiv und uninformiert.) Da es unwahrscheinlich ist, dass Buffy ihre Einstellung und ihre eigenwillige Vorgehensweise ändern wird, kann es eigentlich nur zu Schwierigkeiten mit der »Initiative« kommen. Dabei wird dann interessant sein, wie Riley sich verhält. Immerhin deutet seine Äußerung, dass ihm Buffys Unabhängigkeit und ihre Entscheidungsfreiheit gefielen, darauf hin, dass er vielleicht doch kein ganz so vorbildlicher Soldat ist.
Der Widerspruch, der sich schon in den vorherigen Folgen, besonders aber in DOOMED, offenbart, wird hier noch extremer. Auf der einen Seite ist die »Initiative« ungeheuer mächtig und kann über die neuesten Technologien und wissenschaftlichen Erkenntnisse verfügen, doch auf der anderen Seite wirkt sie völlig ahnungslos. Damit ergibt sich zu diesem Zeitpunkt natürlich die Frage, worauf die Autoren von BUFFY, allen voran Jane

Espenson, mit dieser auf Konfrontationen ausgerichteten Charakterisierung hinauswollen. Allein die Tatsache, dass die »Initiative« ein Hauptquartier in Sunnydale hat, wirkt im Licht dieses Widerspruchs erstaunlich. Im Prinzip ist es selbstverständlich, dass eine solche Organisation hier, in der Stadt des *Hellmouth*, operiert und forscht, nur ist sich Professor Walsh genauso wie ihre Untergebenen der mystischen Dimension ihrer Tätigkeit offensichtlich in keiner Weise bewusst; sie selbst hat ja die »Jägerin« nur für einen Mythos gehalten. Auch die Art, in der sie Buffy über Rileys Erfolge im Kampf gegen Dämonen und Vampire informiert, lässt nur einen Schluss zu: Sie hat nicht die geringste Ahnung, wie mächtig und zahlenstark die Kräfte sind, die sie bekämpfen und erforschen soll. Dabei lässt sich die Ignoranz, gerade von Professor Walsh, nicht mehr nur mit der wissenschaftlichen Ausrichtung der »Initiative« erklären. Jemand, der Kommando-Truppen in einem geheimen Krieg gegen übernatürliche Wesen befehligt, sollte eigentlich nicht sofort schreiend weglaufen, sobald er einem Dämon auf der Straße begegnet.
So gelungen A NEW MAN im Hinblick auf ihre übergreifenden Elemente ist, so problematisch ist die Episode in Bezug auf ihre Haupthandlung, die von ihrer Idee und Struktur her eben doch ganz die einer *filler*-Episode ist. Der Auftritt von Ethan Rayne, die Verwandlung von Giles – all das wirkt wie eine etwas fadenscheinige Konstruktion, um eine letztlich pädagogisch ausgerichtete Geschichte zu erzählen. Im Prinzip dreht sich hier alles um einen Abnabelungsprozess einer erwachsen werdenden jungen Frau, die sich auf ganz natürliche Weise von ihrer Vater-Figur löst, die damit nicht klarkommt. Über die Jahre hinweg hat die Serie das Verhältnis von Buffy und Giles als ein äußerst freundschaftliches etabliert, in dem der Wächter eine deutlich väterliche Position einnimmt. Er hat in den gut drei Jahren Buffy den

abwesenden Vater ersetzt und damit auch in seinen eigenen Vorstellungen diese Rolle übernommen. Da spielt es keine Rolle, dass er – wie er im Gespräch mit Professor Walsh betont – an eine freiheitliche Erziehung glaubt, die dem Kind/Jugendlichen die Möglichkeit gibt, seinen eigenen Weg zu finden. Damit präsentiert er sich nur als die antiautoritäre Variante eines Vaters, von dem sich das »Kind« aber genauso lösen muss.

Buffys Verhalten ist hier eigentlich völlig normal, sie vollzieht im Prinzip sogar eine sehr sanfte Loslösung, die sich nur darin offenbart, dass sie Giles nicht mehr alles erzählt und sich von anderen Menschen, die durchaus eine Vorbildfunktion haben können wie etwa Professor Walsh, beeindrucken lässt. Sie will Giles damit in keiner Hinsicht verletzen, und die Heftigkeit seiner Reaktion spiegelt nur die Stärke seiner Gefühle für die Jägerin wider. Die Krise, in die der frühere Wächter damit gerät, kann er dann über seine Verwandlung ausleben – insofern funktioniert die Episode nach dem gleichen Prinzip wie BtVS-405 BEER BAD: Eine auf übernatürliche Einflüsse zurückzuführende Verwandlung wird zur Möglichkeit, eine psychische Krise auszuleben. Gegen dieses Strickmuster ist im Kontext von Buffy eigentlich gar nichts einzuwenden, schließlich basiert die Grundidee dieser Serie in einem entscheidenden Ausmaß auf dieser Strategie, doch wird es hier etwas zu aufdringlich und damit durchsichtig eingesetzt. Jane Espenson hat sich für überdeutliche, psychoanalytisch motivierte Metaphern entschieden, dies gilt nicht nur für Giles' Verwandlung: Sein dämonischer Zorn ist der Zorn des Vaters, der glaubt, seine geliebte Tochter zu verlieren, weil sie erwachsen wird. Auch die Szene, in der Buffy dem Dämon den Brieföffner in die Brust stößt, um dann zu erkennen, dass sie gerade auf Giles eingestochen hat, funktioniert eindeutig nach diesem Muster. Es ist der symbolische Vatermord, der offensichtliche Akt der Ablösung von den Eltern, den Buffy hier vollziehen darf, ohne dass er Konsequenzen nach sich zieht. Zum psychischen Prozess des »Vatermordes«, zu dem das Verschweigen ihrer Beziehung und ihre Bewunderung für Professor Walsh zählen, kommt damit noch die reale Tat, die – da sie ohne reale Auswirkung bleibt – eine deutlich reinigende Funktion erhält. Diese doch recht einfache Psychologie lässt sich auch durch die erste Autoverfolgungsjagd der Serie nicht wirklich vergessen machen. Allerdings kann man A NEW MAN auch nicht wirklich böse sein, dafür enthält die Episode viel zu viele wirklich amüsante Momente.

Gesamtbewertung: ●●○
Humor: ★★☆
Horror: ☠ ☠ ☠
Action: ▮ ▯ ▯

BtVS-413/414
THE I IN TEAM/GOODBYE IOWA

US-Erstausstrahlung: 8. und 15. Februar 2000

Regie: James A. Contner (BtVS-413), David Solomon (BtVS-414). *Drehbuch:* David Fury (BtVS-413), Marti Noxon (BtVS-414). *Gaststars beider Episoden:* Amber Benson (Tara), George Hertzberg (Adam), Leonard Roberts (Forrest Gates), Bailey Chase (Graham Miller), Jack Stehlin (Dr. Angleman). *BtVS-413:* Lindsay Crouse (Professor Maggie Walsh), Neil Daly (Mason). *BtVS-414:* JB Gaynor (kleiner Junge), Saverio Guerra (Willy), Amy Powell (Reporterin), Andy Marshall (Wissenschaftler)

Songs (BtVS-413): *Trahed* von Lavish (»Polaroid«, Festival 1999), *Keep Myself Awake* von Black Lab (»BtVS Soundtrack«, TVT Records 1999), *Windows of Your Soul* von Delerium (»Karma, EMD 1997). Songs (BtVS-414): *Romeo and Juliet* von Lou Reed (»New York«, Warner Brothers 1989)

»Um Himmels willen: Putzen Sie sich nie die Schuhe ab, wenn Sie ein fremdes Heim betreten?« *(Spike zu Giles, als dieser sein Grabgewölbe betritt.)*

Buffy, Willow und Anya schauen sich einen Zeichentrickfilm mit Willy Kojote und dem Roadrunner an, in dem Willy von einer Stahlkugel zermatscht wird, ohne physischen Schaden zu nehmen.
Buffy: »In der Realität ist das nicht möglich!«
Willow: »Ja, daher nennt man es Cartoon und nicht Dokumentation.«

INHALT

Die »Initiative« treibt einen Keil zwischen Buffy und ihre Freunde. Buffy ist von der Größe des Stützpunktes beeindruckt und fühlt sich geehrt, als sie von Professor Walsh in das Team aufgenommen wird. Ihre Kräfte, sagt sie Buffy, seien eine große Bereicherung für ihre Organisation. Dass sie in dieser Militäreinheit unwillkommen sein könnte, kommt Buffy nicht in den Sinn. Doch nicht nur Rileys bester Freund Forrest hegt Zweifel daran, ob Buffy für diese Organisation geeignet ist, auch Dr. Angleman, die rechte Hand von Professor Walsh, meldet Bedenken an, Bedenken, die von der Professorin zerstreut werden: Wenn es Ärger gibt, wird man sich Buffys eben entledigen müssen.
Auch ihre Freunde glauben, dass Buffy mit ihrem Eintritt in die »Initiative« einen Fehler begeht, nicht nur, weil sie nur mehr Augen

für Riley hat und Xander und Willow vernachlässigt. Gerade Xander kommt diese Einheit äußerst suspekt vor. »Bin ich der Einzige, der dieser ›Initiative‹ nicht traut?«, fragt er Willow beim gemeinsamen Pokerspiel – zu dem auch Buffy eingeladen war, aber nicht gekommen ist. Was will diese »Initiative«, welche Ziele verfolgt sie? Was machen sie mit den Dämonen, die sie fangen?

Vor allem Willow leidet unter Buffys Verhalten. Gerne würde sie Buffy ihre neue Freundin Tara vorstellen, für die sie offensichtlich mehr als nur freundschaftliche Gefühle empfindet – ohne diese Gefühle bislang jedoch artikulieren zu können, genau darüber möchte sie schließlich mit Buffy sprechen: im *Bronze*, während eines Treffens der *Scooby Gang*, im engsten Kreis mit Xander, Anya und eben Buffy. Doch Buffy erscheint zu diesem Treffen nicht nur eine Stunde zu spät, sie erscheint in Begleitung von Riley und seinen Kameraden! Willow ist enttäuscht, denn sie hat Buffy ausdrücklich gebeten, allein zu kommen, doch Buffy hat ihr wohl nicht zugehört. Nur wenige Minuten nach ihrem Eintreffen beginnt Buffys Pager, den sie von Professor Walsh erhalten hat, zu piepen: Ein Einsatz steht bevor. Willow ist von Buffy enttäuscht und geht zu Tara, um mit ihr diese Nacht zu verbringen.

Der Auftrag, den das Kommando der »Initiative« auszuführen hat, ist eigentlich einfach: Ein so genannter Polgara-Dämon ist gesichtet worden. Diese können mit Hilfe eines ein Meter langen Spießes, den sie aus ihren Unterarmen ausfahren können, ihre Gegner mühelos durchbohren. Der Auftrag lautet, einen Polgara zu fangen. »Warum?«, fragt Buffy. Und zum ersten Mal spürt sie, dass sie in dieser Einheit nicht wirklich willkommen ist. Die Soldaten erhalten ihre Befehle – und führen sie aus. Niemand hinterfragt das Warum. Buffy, dies wird Professor Walsh klar, ist in der »Initiative« wahrscheinlich tatsächlich fehl am Platz. Sie wird

in dieser Meinung bestärkt, als sie etwas später Buffy und Riley beim Sex beobachtet: Von ihrem gemeinsamen erfolgreichen Kampf gegen den Polgara animiert, geben sich Buffy und Riley in der Nacht einander hin. Von der Kamera, die die beiden dabei beobachtet und ihre Bilder direkt ins »Initiative«-Hauptquartier sendet, ahnen sie nichts.
Während der Jagd auf den Polgara haben die Soldaten zufällig Spike entdeckt. Dieser konnte sich ihrem Zugriff zwar entziehen, doch in seiner Schulter steckt ein Geschoss. Von Schmerzen malträtiert, sucht er den einzigen Menschen auf, den er, auch wenn er dies niemals zugeben würde, respektiert: Giles! Zusammen mit Xander versucht dieser nun, das Projektil aus Spikes Schulter zu entfernen. Sie ahnen nicht, dass in dem Geschoss ein Peilsender steckt und die Soldaten bereits die Ortung aufgenommen haben.
Zur gleichen Zeit wird Buffy ins Hauptquartier gerufen. Da die Soldaten einen Auftrag zu erfüllen haben, soll sie sich um einen kleinen Dämon kümmern, erklärt ihr Professor Walsh. Diese Dämonen seien in etwa so gefährlich wie Waschbären, scherzt sie, aber jeder Sichtung müsse nun einmal nachgegangen werden. Buffy kommt ihrem Auftrag nach – und findet sich kurze Zeit später in einer Falle von walrossartigen (!), extrem gefährlichen Dämonen wieder. Es entbrennt ein Kampf, in dem Buffy ihre Mini-Kamera, über die ihre Aktivitäten ins Hauptquartier übertragen werden, verliert. Professor Walsh erklärt Buffy für tot.
Indessen ist Willow in Giles' Haus gerufen worden. Sie haben das Projektil als Sender enttarnt, und mit Hilfe eines Zauberspruchs gelingt es der jungen Hexe, ein Kraftfeld um das Haus zu errichten, damit die Soldaten das Signal nicht weiter orten können. So brechen diese die Jagd ab und kehren ins Hauptquartier zurück, wo Riley von Buffys Tod erfährt. Doch kaum hat Professor Walsh

die Worte ausgesprochen, meldet sich die Jägerin über die Kamera. Es bedarf mehr als zweier Dämonen, erklärt sie der Professorin, um einen *Slayer* zu ermorden. Angewidert wendet Riley sich von seiner Vorgesetzten ab. Buffy kehrt indessen in den Schoß ihrer Freunde zurück und berichtet ihnen von dem Versuch der »Initiative«, sie zu ermorden; die Stimmung ist gedrückt.
Von Riley enttäuscht, zieht sich Professor Walsh in ihr Labor hinter der Tür 314 zurück, einem Labor, in dem das Geheimnis der »Initiative« verborgen liegt: Adam, ein Hybride aus Mensch, Dämon und Maschine, erschaffen, um als perfekte Waffe zu dienen. Zusammengesetzt aus dutzenden verschiedenster Dämonen, besitzt er unter anderem einen Polgara-Arm. Die Professorin ahnt nicht, dass ihr Geschöpf nicht mehr schläft. Adam ist also wach. Und er verlangt seine Freiheit. Aus seinem Polgara-Arm schießt der Spieß hervor und durchbohrt das Herz der Professorin. Die Augen vor Entsetzen weit geöffnet, starrt ihn die Professorin an – und bricht tödlich verwundet zusammen.
(An dieser Stelle endet die erste Episode.)

Erst Stunden nach ihrem Tod wird Professor Walshs Leichnam von ihrem Assistenten Dr. Angleman entdeckt. Adam selbst ist verschwunden, längst hat er einen Weg aus dem Hauptquartier der »Initiative« entdeckt. Dabei ist der erste Mensch, den er in Freiheit trifft, ein kleiner Junge, der vor ihm, trotz seines abstoßenden Äußeren, keine Angst hat. Fasziniert vom Anblick des kleinen Jungen, will er mehr über seine physische Beschaffenheit erfahren – und so bringt er ihn um!
Buffy und die *Scooby Gang* wissen noch nichts vom Tod der Professorin, sie wissen jedoch, dass sie sich in Gefahr befinden. Wenn die »Initiative« versucht hat, Buffy umzubringen, werden sie vor den *Slayeretts* nicht Halt machen. Ihr Treffen wird vom

jähen Auftauchen Rileys unterbrochen, der einen nervösen Eindruck auf sie macht. Seine ganze Welt sei zusammengebrochen, erklärt er Buffy. Stets habe er geglaubt, für das Gute zu kämpfen. Doch was ist das Gute, was das Böse? So ist Riley sichtlich verwirrt, in Giles' Haus Spike anzutreffen. Ein Dämon auf der Seite der Guten? Eines steht außer Frage: Riley sagt die Wahrheit!

Buffy und die *Scooby Gang* verstecken sich in Xanders Kellerwohnung. Die »Initiative« weiß von seinen Verbindungen zur *Scooby Gang* so gut wie nichts, und Riley wird sie nicht verraten. Aus dem Fernsehen erfährt Buffy von dem Mord an dem kleinen Jungen, der die Handschrift eines Polgara-Dämons trägt. Doch noch nie hat ein Polgara-Dämon ein Kind ermordet!

Buffy schaut sich den Fundort des Jungen an und trifft hier auf Riley. Professor Walsh ist tot, teilt er Buffy zitternd mit. »Bist du nun glücklich?« Diese Frage schockiert Buffy. Wie kann Riley glauben, dass der Tod eines Menschen sie glücklich machen könnte? Enttäuscht wendet sie sich von Riley ab und geht zurück in die Stadt. Wie die Soldaten der »Initiative« glaubt auch Buffy weiterhin, einen Polgara zu jagen. Dass in Wahrheit Adam aus dem Hauptquartier ausgebrochen ist, ein Dämonoid (wie Professor Walsh ihn getauft hat), ahnt sie nicht. Es gibt nur zwei Wege, um herauszufinden, wo sich der Polgara-Dämon aufhält. Möglichkeit Nummer 1: Willow versucht es mit einem Zauberspruch. Nummer 2: Willy, der Mensch, der Angel einst aus seinen Depressionen half und auf Buffy aufmerksam machte. Willy leitet inzwischen eine Bar: »Willy's Place«. Und er ist noch immer ein Wandler zwischen den Welten. Seine Bar, das ist neutraler Boden. Trotzdem scheint er über Buffys Auftauchen nicht erfreut. Für viele Dämonen ist er die einzige Verbindung zu der Welt der Menschen, sie vertrauen ihm. Ihn in Begleitung der Jägerin zu sehen ist für seinen Ruf nicht gut, dennoch hilft er Buffy. Unter

»Ich bin nur so gut wie die Serie, die ich drehe«, bekannte Sarah Michelle Gellar in *Dreamwatch*, »und solange ich nichts finde, was mich genau so herausfordert wie Buffy, bin ich mit dieser Rolle gesegnet und bin ausgesprochen glücklich, sie spielen zu dürfen.«

den Dämonen herrscht Angst, eine Angst, wie er sie noch nie erlebt hat. Sie sind nervös, einige leiden gar unter Daseins-Ängsten, was es unter Dämonen noch nie gegeben hat. Gerade als Buffy die Bar verlassen will, stürmt Riley in Willys Etablissement. Was zur Hölle hier vorgehe, will er von Buffy wissen. Sie sei eine Dämonenjägerin. Wie könne sie sich mit Dämonen umgeben? Riley steht kurz vor einem Nervenzusammenbruch; bevor er das Bewusstsein verliert, führt Buffy ihn hinaus und bringt ihn zu Xander, wo er sich erholen soll.
Auch Willow hat keinen Erfolg. Zusammen mit Tara will sie einen Zauberspruch zelebrieren, mit dem der Polgara aufgespürt werden soll. Dazu müssen die beiden Hexen ein Pulver versprühen. Der Zauber aber schlägt fehl, da Tara ihren Anteil vom Pulver verschwinden lässt; Willow kriegt dies jedoch mit. Da niemand etwas über einen Polgara-Dämon gehört hat, der aus dem »Initiative«-Hauptquartier entflohen ist, bleibt Buffy nur noch eine dritte Möglichkeit offen: Sie muss sich in die Höhle des Löwen wagen! Zusammen mit Xander, der seit seiner Verwandlung in einen G.I. (in BtVS-206 DIE NACHT DER VERWANDLUNG) das Wissen eines Elitesoldaten in seinem Gehirn mit sich herumträgt, gelingt es ihr tatsächlich, bis in das Labor von Dr. Angleman vorzudringen. Buffy ist überrascht, Riley hier anzutreffen. Er sieht schlecht aus, zittert, hat Fieber. Dennoch hat er sich, als er zufällig von Willow erfahren hat, was Buffy vorhat, aufgerafft und ist ihr bis in dieses Labor gefolgt, wo auch er von Angleman die Wahrheit über ihr Projekt erfahren will.
Bevor Angleman ihnen Details über die wahren Hintergründe der »Initiative« erzählen kann, erscheint in ihrer Runde niemand anderes als Adam. Er, erklärt er ihnen, ist das geheime Projekt der »Initiative«, einer Organisation, die keine Ahnung hat, was sie mit ihm erschaffen hat. Adam kennt auch den Grund für

Rileys Unwohlsein: Seiner Nahrung wurden Drogen beigemischt, Medikamente, mit denen seine Reflexe und seine Intelligenz gestärkt beziehungsweise gesteigert werden sollten. Er ist nicht mehr der Mensch, der er einst gewesen ist, sondern das, was Professor Walsh aus ihm gemacht hat. Und damit sind Adam und er Brüder.

In diesem Moment versucht Angleman zu fliehen, doch bevor er die Tür erreicht, wird er von Adam aufgespießt; und bevor Soldaten der »Initiative« das Labor stürmen können, flieht Adam durch einen Lüftungsschacht.

Forrest nimmt sich seines erkrankten Vorgesetzten an und erklärt Buffy, dass ihre Präsenz in der »Initiative« nicht weiter erwünscht sei. Buffy aber will Riley, der erschöpft am Boden liegt, nicht allein lassen. Erst Xander gelingt es, die Jägerin zur Vernunft zu bringen. Sie befinden sich im Fadenkreuz der Soldaten, die, auch wenn dies jeder Logik entbehrt, glauben, diese Katastrophe habe im Endeffekt niemand anderer als Buffy ausgelöst.

Epilog: An einem Tropf angeschlossen, liegt Riley in einem Militärkrankenhaus. Er kämpft mit den Tränen. In seinen Händen hält er ein Kopftuch von Buffy fest umschlungen.

KOMMENTAR

Denken wir an Wissenschaftler im phantastischen Film, so denken wir an Dr. Frankenstein und sein Monster – sowie an eine Reihe von namenlosen Verrückten, die in der Sekundär-Literatur unter dem Begriff des *Mad Scientist* zusammengefasst werden. »Die distanzierte intellektuelle Neugier des Wissenschaftlers erscheint im Kino fast ausschließlich in karikierter Form, als Irrsinn, der normale menschliche Beziehungen unmöglich macht. Das tiefverwurzelte zeitgenössische Misstrauen gegen den Intellekt konzentriert sich in diesen Filmen auf den Wissenschaftler als Intellektuellen. Der individualistisch-geniale Wissenschaftler, der, unkontrollierbar im Gegensatz zum weniger phantasiebegabten Techniker, den Bausatz der Weltzerstörung in seinem Gehirn zu tragen scheint, ist niemand anderes als der der schwarzen Magie kundige Alchimist des Mittelalters, der gegen die Gesetze der Kirche verstößt.« So beschreibt der deutsche Autor Rolf Giesen den *Mad Scientist* in seinem Buch *Der phantastische Film* aus dem Jahr 1983.

Der real existierende Alchimist wird zum Vorbild des fiktiven Forschers im phantastischen Film, doch bedeutet ein Verstoß gegen Moralitäten oder gesellschaftliche Konformitäten automatisch, geisteskrank sein zu müssen? Nein! So ist Professor Walsh alles andere als eine verrückte Wissenschaftlerin. Sie ist ein, wie Giesen dies nennt, »individualistisch-genialer Wissenschaftler, der, unkontrollierbar im Gegensatz zum weniger phantasiebegabten Techniker, den Bausatz der Weltzerstörung in seinem Gehirn zu tragen scheint«.

Tatsächlich arbeitet sie an einem Projekt, das diese Weltzerstörung Realität werden lassen kann: Adam. Adam, der Name des ersten von Gott erschaffenen Menschen, wird der Name ihrer Kreatur. Mit ihrer Arbeit fordert die Wissenschaftlerin Gott heraus. Sie greift in die von ihm erschaffene Ordnung ein und fügt zusammen, was nicht zusammengehört.

Joss Whedon bezieht sich in seiner Geschichte nun auf zwei Vorbilder: den Roman *Frankenstein* und seine berühmte Verfilmung aus dem Jahr 1931.

Die literarische Vorlage, *Frankenstein oder Der neue Prometheus,* von Mary Shelley aus dem Jahr 1818, gehört zweifellos zu den bekanntesten Romanen des phantastischen Genres (und gilt bei etlichen Sachverständigen sogar als Vorläufer der Science-Fiction-Literatur). Shelleys Werk besteht aus einer Sammlung von Briefen, in denen die Geschichte des jungen angehenden Schweizer Arztes Viktor Frankenstein erzählt wird. Frankenstein, voll von neuen Ideen, hat es sich zur Aufgabe gemacht, das Geheimnis des organischen Lebens zu entschlüsseln. Er negiert die Seele als Zentrum der menschlichen Existenz (was eine deutliche Parallele zur Figur von Professor Walsh darstellt, die in den Dämonen nur Wesen aus Fleisch und Blut sieht) und reduziert den Menschen auf dessen Körperlichkeit. Um seine Theorie zu beweisen, setzt er, natürlich heimlich, einen Menschen aus einer Vielzahl verschiedener Leichenteile zusammen. Mit Hilfe von Elektrizität gelingt es ihm schließlich, seinem Prometheus Leben einzuhauchen. Doch das Wesen wirkt animalisch, es hat, außer seiner Äußerlichkeit, nichts Menschliches an sich, es ist ein Monster. Eines Tages entkommt es Frankensteins Laboratorium; auf seiner Flucht versteckt es sich in der Kammer eines Bauern und beginnt von hier aus, die Menschen zu beobachten, entdeckt dabei seine eigene Menschlichkeit, den erbärmlichen Zustand seines Daseins und die Tatsache, dass er niemals von einem anderen Menschen geliebt werden wird. So kehrt er zu Frankenstein zurück, damit dieser ihm eine Frau erschaffe. Die Geschichte endet jedoch tragisch: Elisabeth, Frankensteins Frau, wird vom Monster getötet. Von diesem Moment an verbringt Frankenstein des Rest seines Lebens damit, seine Kreatur zu verfolgen. Bis zum Nordpol, wo es zum letzten Zusammentreffen der beiden kommt, das Frankenstein mit seinem Leben bezahlt. In diesem Moment erkennt das Monster, welch grausige Taten es selbst angerichtet hat, und beschließt, neben seinem »Vater« zu verbleiben, bis es von der Kälte ebenfalls getötet wird.

In einem entscheidenden Punkt unterscheidet sich die Geschichte Adams von der seines »Vorbildes«: Frankensteins Monster ist gezwungen, aus dem, was es sieht, und dem, was es spürt, Rück-

schlüsse auf das eigene Dasein zu ziehen. Und so entwickelt es Emotionen: die erste, echte Emotion ist Hass, die zweite das Bedürfnis nach Liebe, die letzte, nach dem Tod seines »Vaters«, Trauer. Und so dürfte eines bewiesen sein: Wenn die Seele eines Menschen aus der Gesamtheit seiner Emotionen besteht, besitzt Frankensteins Monster eine Seele. Dem gegenüber steht nun Adam. Die kybernetischen Komponenten seines Körpers erklären ihm seine Gefühle und Empfindungen, er benötigt lediglich eine Diskette, schiebt sie in einen im Brustbereich seines Körpers angebrachten Schlitz und erhält so alle Informationen über das, was er gerade erlebt. Ein Diskettenlaufwerk wird zum Ersatz seiner Seele, sämtliche Informationen über seine Empfindungen entstammen einer kühlen Paradigmen-Berechnung; nichts von dem, was Adam spürt und fühlt, ist echt. Wenn Frankensteins Monster seinen »Vater« tötet, bleibt es bei ihm und wartet auf seinen eigenen Tod im ewigen Eis. Bei all dem Hass, den das Monster für Viktor Frankenstein empfunden hat, ist dieser doch sein Vater. Adam hingegen nennt Professor Walsh im Moment ihres Todes »Mami«, für ihn ist dies jedoch nur ein Wort. Er empfindet bei ihrem Tod weder Genugtuung, Hass noch Traurigkeit.
Dies macht Adam zu dem vielleicht gefährlichsten Gegner Buffys. Adam mag das intelligenteste Wesen auf Erden sein, in seinem Inneren aber herrscht eine vollkommene emotionale Leere. So kann er auch keinerlei Gefühle für den kleinen Jungen empfinden, den er nach seinem Ausbruch tötet. Er mag den Jungen faszinierend finden, doch es ist kein echtes Gefühl, das er dabei spürt; für ihn sind die Informationen, die er aus dem Tod des Jungen bezieht, einfach nur Daten, die er seiner internen Datenbank zufügt. Diese Szene ist wichtig, da es in dem Film FRANKENSTEIN (FRANKENSTEIN, USA 1931), auf den sich die Autoren neben dem Buch beziehen, eine Entsprechung gibt: Nachdem

das Monster aus dem Labor seines Erschaffers geflohen ist, trifft es an einem Teich ein Mädchen, das keine Angst vor ihm hat. Zusammen werfen sie Blütenblätter ins Wasser, was dem Monster sichtlich Freude bereitet. Nach einiger Zeit aber gehen ihnen die Blütenblätter aus und das Monster wird traurig, denn es will weiterspielen. Der einzige »Gegenstand« aber, den es noch ins Wasser werfen könnte, ist das Mädchen. Also nimmt es das Mädchen, wirft es in das Gewässer und versteht nicht, warum es untergeht. Das Monster wird zum Kindsmörder, ohne sich dieser Tat bewusst zu sein (diese Szene ist in der Ur-Fassung des Spielfilms stark geschnitten, eine restaurierte TV-Fassung aus den 70er Jahren aber zeigt sie in voller Länge!).
Wo sich das Monster, weder im Roman noch im Film, zu Beginn seiner Taten bewusst ist, weiß Adam von dem Moment an, als er zum Leben erwacht, um seine Überlegenheit gegenüber den Menschen – und Dämonen. Doch welche Rückschlüsse soll er aus dieser Überlegenheit ziehen? Darauf hat ihm Professor Walsh keine Antwort gegeben. Natürlich weiß jeder Zuschauer vom ersten Auftritt Adams an, dass das Militär mit ihm versucht, die perfekte Waffe zu erschaffen. Genau diese Information aber fehlt Adam, also zieht er aus seiner Existenz folgenden Rückschluss: Wenn er das perfekteste aller Wesen ist, das jemals erschaffen wurde, ist es seine Bestimmung, über die anderen Wesen zu herrschen. Wo Gott Adam nach seinem Ebenbild erschuf, ihm aber das ewige Leben und die Erkenntnis über den Sinn des Lebens verwehrte, hat Professor Walsh mit Adam den Unbezwingbaren erschaffen, ein Wesen, das über den anderen Wesen dieses Universums steht. Welchen endgültigen Rückschluss er aus diesen Überlegungen zieht, erfahren wir als Zuschauer jedoch erst in der vorletzten Episode dieser Staffel!

Dass sich das Militär stets auf der Suche nach einer perfekten Waffe befindet, überrascht niemanden. Warum aber hat sich eine intelligente Frau wie Professor Walsh in dessen Dienst begeben? Was dies betrifft, nähert sich die von Whedon entwickelte Geschichte einmal mehr dem Spielfilm FRANKENSTEIN an. »Gefährlich! Was hat das schon zu sagen! [...] Haben Sie niemals den Wunsch gehabt, etwas Gefährliches zu tun? Wie wär's um unser Leben bestellt, wenn der Forschungsdrang den Menschen nicht erfüllte? Haben Sie nie wissen wollen, was hinter den Wolken ist und welche Kraft es ist, die die Pflanzen wachsen lässt? Wie aus der Dunkelheit Licht entsteht? Aber wenn ein Mensch so redet, dann behauptet die Welt, er wäre verrückt: Wenn ich die Möglichkeit hätte, eines von diesen Dingen zu erforschen, nur ein einziges, was die Ewigkeit ist zum Beispiel, dann würde ich es ruhig hinnehmen, vor den Augen der Welt als verrückt zu gelten.«
Dies ist der Monolog, mit dem Dr. Frankenstein in der Verfilmung von James Whale sein Tun erklärt. Und dieser Monolog beweist, dass er alles andere als ein verrücktes Genie ist. Er ist vielmehr »... ein übermütiger Forscher, dem aufgrund seines jungen Alters die Weisheit älterer Kollegen fehlt, der noch nicht die Grenze zwischen Gott und Mensch kennt«, so Rolf Giesen in seinem bereits erwähnten Buch. Diese Beschreibung trifft durchaus auch auf Professor Walsh zu. Die Jüngste mag sie nicht mehr sein, aber in der Welt der Wissenschaft hat sie es dennoch schwer, denn sie ist eine Frau. Sehen wir das Hauptquartier der »Initiative«, sehen wir Männer: als Soldaten, als Wissenschaftler. Professor Walsh mag zwar die Grenzen zwischen Gott und Mensch kennen, sie ist jedoch bereit, diese Grenzen ohne zu zögern zu überschreiten. Wo Frankenstein die Grenzen überschreitet, um sich trotz seiner Jugend in den etablierten Zirkeln der Wissenschaft Gehör zu verschaffen, überschreitet Professor

Walsh die Grenzen, um sich gegenüber einer von Männern dominierten Welt behaupten zu können. Für sie reicht es nicht aus, ebenso gut wie ihre männlichen Kollegen zu arbeiten. Sie muss besser sein.

Der amerikanische Titel der ersten Episode dieser inoffiziellen Doppelfolge, THE I IN TEAM, bezieht sich auf eine im amerikanischen Militär und Sport gleichermaßen verbreitete Redewendung: »I« ist nicht nur ein Buchstabe, »I« bedeutet im Englischen bekanntermaßen »Ich«. So ist diese Phrase wie folgt zu erklären: Da es in dem Wort Team aber kein »I« gibt, gibt es im Team nur eine Gemeinschaft und kein Individuum. Das Team ist das Ich, das alle Mitwirkenden umfasst. Was eigentlich ganz vernünftig klingt, entpuppt sich in der Realität als blanker Unsinn. Ein gutes Team funktioniert schließlich nicht, weil das Ich ausgeschaltet wird. Ein gutes Team funktioniert, wenn das Ich zu einem Teil der Gruppe wird. Moderne Teamfähigkeit bedeutet, die eigenen Fähigkeiten in den Dienst einer Gemeinschaft zu stellen und mit der Gruppe, dem Team, zusammen nach beruflichem oder sportlichem Erfolg zu trachten.

Das Militär ist in diesem Zusammenhang ein archaisch geordnetes System, in dem das Team aus Mitgliedern besteht, nicht aber unbedingt aus Individuen. Wenn Buffy nun beginnt, Fragen über die Aufgabe der Initiative zu stellen, verletzt sie ein System, das eigentlich nach simplen Regeln funktioniert: Auf der einen Seite steht ein Kommandant, der einen Befehl gibt (in diesem Fall Professor Walsh), auf der anderen Seite stehen die Soldaten als Befehlsempfänger.

Eigenartigerweise wird dieses System von amerikanischen Filmen und Fernsehserien gerne glorifiziert: Nationalismus und Patriotismus verschmelzen in diesen Darstellungen zu einem Begriff, die Nation wird zur patriotischen Gemeinschaft, die nur funktioniert, wenn alle Mitglieder zusammenhalten. Wer nun ein solches System kritisch hinterfragt, macht sich verdächtig – so wie Buffy. Auf der einen Seite ist nun Riley, der beginnt, Buffys Fragen ernst zu nehmen und seine Arbeit kritisch zu betrachten. Auf der anderen Seite steht Rileys Freund und Untergebener Forrest, der in Buffy eine Gefahr für die Gruppe sieht, da sie nicht nur unfähig ist, sich in die Gruppe zu integrieren, sondern ihr »destruktives« Denken darüber hinaus auf andere Mitglieder der Gruppe überträgt.

Geblendet von den Möglichkeiten, die die Initiative ihr bietet, erkennt Buffy zunächst nicht, in welchem emotionalen Konflikt sie persönlich längst steckt, spürt nicht, wie sie ihre Freunde verliert, jene Menschen, die sie als Teil ihrer Gruppe betrachten, eben weil sie ihre Persönlichkeit schätzen. Wo die Initiative die eigene Persönlichkeit ausschaltet, um ein Team zu bilden, ist die *Scooby Gang* eine Gemeinschaft von Freunden, Freunden, von denen sich Buffy mehr und mehr entfernt. Die Buffy der vierten Staffel entpuppt sich in der persönlichen Interaktion mit anderen Menschen als überraschend unreif. Nach der Enttäuschung mit Parker und der langsamen Eingewöhnung in das College-Leben hat Buffy nur noch Augen für Riley, mit dem sie in dieser Episode zum ersten Mal schläft. In ihm hat sie den idealen Partner gefunden. Er sieht gut aus, er mag sie und er jagt Dämonen – ihr ganzes Denken gilt nur noch seiner Person. Was um sie herum geschieht, nimmt sie nicht wahr. Weder spürt sie, wie sich ihre Freunde von ihr abwenden, noch hinterfragt sie ernsthaft Ziel und Zweck der Initiative (so liegt zwischen Professor Walsh und Buffy im Endeffekt ein Missverständnis vor: Während die Professorin glaubt, Buffy hinterfrage den Sinn und Zweck des gesamten Projekts, gelten Buffys Fragen während der Einsatzbesprechung eigentlich nur diesem einen speziellen Einsatz).

Damit Buffy aufwacht, muss es erst zu einer Katastrophe kommen, um sie erkennen zu lassen, was um sie herum geschieht. Wie die nächsten Episoden jedoch zeigen werden, ist die Entfremdung zwischen Buffy und der *Scooby Gang* bereits derart gewachsen, dass ihre Rückkehr zur Gruppe am Ende der Episode THE I IN TEAM allein nicht ausreicht, um sie wieder in eine schlagkräftige Einheit zu verwandeln. Im Gegenteil: Ihre Gemeinschaft ist so brüchig geworden, dass, wie sich noch zeigen wird, einige wenige Intrigen ausreichen, um die Gräben zwischen Buffy und ihren Freunden nicht nur wieder zu öffnen, sondern sogar breiter zu machen.

Gesamtbewertung: ●●●
Humor: ★☆☆
Horror: ☠ ☠ ☠
Action: ! ! !

BtVS-415
THIS YEAR'S GIRL

US-Erstausstrahlung: 22. Februar 2000

Regie: Michael Gershman. *Drehbuch:* Douglas Petrie. *Gaststars:* Amber Benson (Tara), Eliza Dushku (Faith), Kristine Sutherland (Joyce Summers), Harry Groener (Bürgermeister Richard Wilkins III), Leonard Roberts (Forrest Gates), Bailey Chase (Graham Miller), Chet Grissom (Polizist in Zivil), Alastair Duncan (Collins), Jeff Ricketts (Weatherby), Kevin Owers (Smith), Mark Gannt (Dämon), Kimberly McRae (Besucherin im Krankenhaus), Sara Van Horn (Krankenschwester), Brian Hawley (Pfleger), Jack Esformes (Arzt)

Spike: »Kann keiner aus eurem verdammten kleinen *Scooby* Club wenigstens einmal versuchen, sich daran zu erinnern, dass ich euch alle hasse?«

INHALT

Faith, die immer noch im Krankenhaus von Sunnydale liegt, ohne das Bewusstsein wiedererlangt zu haben, wird im Koma von Träumen verfolgt: Diesmal sieht sie sich zusammen mit Buffy in einem von Sonnenlicht durchfluteten Zimmer. Die beiden beziehen gerade ein Bett, und alles scheint in bester Ordnung zu sein, doch dann fallen Blutstropfen auf das frische weiße Bettlaken. Das Messer, mit dem Buffy auf die zweite Jägerin eingestochen hat, steckt noch immer in deren Unterleib. Als sie Buffy bittet, es herauszuziehen, stößt die Jägerin es Faith noch tiefer hinein.

Buffy, Giles und Willow haben ihre Zelte bei Xander noch nicht ganz abgebrochen. Sie besprechen, wie die Jägerin gegen Adam vorgehen will, und diskutieren darüber, was die »Initiative« wohl mit Riley macht, den Buffy nicht besuchen darf; sie macht sich große Sorgen um ihn. Währenddessen versucht Xander, ein defektes »Blaster«-Gewehr zu reparieren, mit dem Professor Walsh Buffy auf ihre Todesmission geschickt hat. Etwa zur gleichen Zeit kommt Riley auf der Krankenstation der »Initiative« zu sich. Er zieht etwas an und will das Hauptquartier verlassen, doch der hinzukommende Forrest versucht ihn aufzuhalten. Er spricht sich immer noch gegen Buffy aus und betont, dass sie in diesem Moment der Krise umso enger zusammenarbeiten müssten.

Faith hat wieder einen ihrer Träume. Sie sitzt zusammen mit Bürgermeister Wilkins in einem Park und genießt ein friedliches Picknick. Plötzlich taucht Buffy auf und schneidet ohne jede Vorwarnung Faith' Ersatzvater mit deren Messer die Kehle durch. Bei

ihrer nächtlichen Patrouille entdecken Buffy, Willow und Xander einen zwischen zwei Bäumen aufgehängten Dämon, dessen Brustkasten wie bei einer Autopsie geöffnet worden ist. Wieder zurück in Xanders Keller, besprechen sie diesen grausigen Fund. Sie sind sicher, dass Adam, der das Wesen und das Funktionieren jedes Organismus erforschen will, dafür verantwortlich ist. Um sich ganz auf Adam konzentrieren zu können und außerdem noch dringend benötigte Unterstützung zu bekommen, beschließt Buffy, als Erstes Riley aus den Fängen der »Initiative« zu befreien. Noch während sie den anderen erklärt, wie sie vorgehen will, erscheint Riley. Die Jägerin und er fallen sich in die Arme, danach entschuldigt sich Riley für sein Verhalten beim letzten Treffen.
Noch einer von Faith' Träumen: Buffy, das Messer in der Hand, jagt sie über einen nächtlichen Friedhof. Als Faith in ein offenes Grab fällt, springt Buffy hinterher. Nach einem kurzen Kampf kommt Faith allein aus dem Grab zurück. In diesem Moment erwacht die zweite Jägerin aus ihrem Koma. Nachdem ihr bewusst geworden ist, wo sie sich gerade befindet, zieht sie sich selbst die Schläuche aus dem Handrücken und verlässt das Krankenzimmer. Im Gang trifft sie eine Teenagerin, der sie sagt, sie müsse schnellstens zur Abschlussveranstaltung der Sunnydale High School. Das sichtlich irritierte Mädchen erzählt ihr daraufhin, dass es die Schule nicht mehr gebe und dass sich dort vor Monaten – um genau zu sein: vor 8 Monaten – eine Katastrophe ereignet habe, bei der sowohl der Schuldirektor als auch der Bürgermeister ums Leben gekommen seien. Etwas später verlässt Faith in den Sachen des Mädchens das Krankenhaus.
In Buffys Zimmer unterhalten sich die Jägerin und ihr Freund über die »Initiative« und seine Zukunft. Riley hat Angst, weil er immer ein Soldat gewesen ist und nur gelernt hat, Befehle aus-

zuführen, doch Buffy versichert ihm, dass er viel mehr könne. Zur gleichen Zeit besichtigen ein Arzt und ein Polizist in Zivil zusammen mit der zuständigen Krankenschwester das Zimmer von Faith. Keiner versteht, wie es passieren konnte, dass eine im Koma liegende Verdächtige in mehreren Mordfällen einfach so verschwinden kann. Ein Pfleger kommt hinzu und teilt ihnen mit, dass man ein übel zusammengeschlagenes Mädchen entdeckt habe, dem die Kleider gestohlen worden sind. Während der Arzt und der Polizist ihm folgen, führt die Krankenschwester ein Telefongespräch. Sie teilt einem Unbekannten mit, dass »es« passiert sei.
Faith sucht die Ruinen der High School von Sunnydale auf und wandert dann scheinbar ziellos durch die Straßen der Stadt. Schließlich kommt sie zu Giles' Haus und kann eine Besprechung der Gang belauschen. Riley repariert den »Blaster«, und Buffy erhält einen Anruf, aus dem sie erfährt, dass Faith verschwunden sei. Daraufhin verkündet die Jägerin, dass sie zunächst einmal Faith suchen werde, um sich dann wieder Adam zuzuwenden. Die Besprechung endet damit, dass Riley wissen will, wer Faith sei. Am nächsten Morgen unterhalten sich Buffy und Willow bei einem Gang über den Campus über die Situation. Plötzlich steht Faith vor ihnen, und Buffys Hoffnungen auf eine friedliche Einigung mit der zweiten Jägerin erweisen sich als trügerisch. Faith will Rache, und es kommt augenblicklich zu einem Kampf zwischen den beiden, der allerdings durch das Hinzukommen von zwei Polizisten unterbrochen wird. Faith gelingt es, sowohl den Uniformierten als auch Buffy zu entkommen.
Etwas später. Willow patrouilliert mit Tara über den Campus und erzählt ihr von Faith. Sie beschreibt die zweite Jägerin, die die Seiten gewechselt hat, und verwendet dabei auch eine ihre Standardredewendungen, »Five by Five«, die wohl heißt, dass alles in

The bitch is back – Faith erwacht nicht nur aus ihrem Koma, um Buffy erneut das Leben schwer zu machen, sondern taucht auch endlich wieder auf dem Cover des offiziellen Magazins auf, was vor allen Dingen männliche Fans freuen dürfte!

Ordnung sei, bei der aber keiner so richtig weiß, was sie genau bedeutet (deswegen verzichten wir hier auch auf eine Übersetzung; man darf gespannt sein, was sich die Synchron-Autoren von Pro7 für diesen Ausdruck einfallen lassen). Wieder etwas später, inzwischen ist es dunkel geworden, gehen Xander und Giles, ausgerüstet mit dem wieder funktionstüchtigen »Blaster«, durch die Straßen von Sunnydale. In einer dunklen Gasse entdecken sie Spike. Nachdem Xander ihm die Situation beschrieben hat, verspricht der gezähmte Vampir in seiner zynischen Art zu helfen, doch nicht so, wie Xander sich die Hilfe vorstellt. Wenn er Faith gefunden habe, will Spike ihr genau sagen, wo sich die einzelnen Mitglieder der Gang befänden, um dann dabei zuzusehen, wie sie jeden von ihnen töte. Etwa zur gleichen Zeit landet ein Hubschrauber auf dem Krankenhausgelände; seine drei mysteriösen Passagiere werden bereits von der für Faith zuständigen Krankenschwester erwartet.
Die zweite Jägerin streicht wieder einmal durch die Innenstadt von Sunnydale und versucht, den Polizeistreifen aus dem Weg zu gehen. In einer Seitenstraße spricht sie ein Dämon an und behauptet, etwas von einem alten Freund für sie zu haben. Faith zögert nicht lange, tötet ihn und nimmt ihm dann einen großen Briefumschlag ab, der unter anderem eine Videokassette enthält. Sie verschafft sich Zutritt zu einem Geschäft für Unterhaltungselektronik und sieht sich dort das Band an, das Bürgermeister Wilkins für sie gemacht hat. Er teilt ihr mit, die Tatsache, dass sie sich diese Aufzeichnung ansehe, bedeute, ihre Pläne seien gescheitert und er lebe nicht mehr. Außerdem versichert Wilkins Faith noch, dass es nun keinen Platz mehr für sie auf der Welt gebe und ihre Tage gezählt seien, aber er habe noch ein kleines Geschenk für sie, mit dessen Hilfe sie sich mit einem großen Auftritt von der Bühne verabschieden könne. In einer kleinen Box

findet der Schützling des verstorbenen Bürgermeisters ein kompliziertes silbernes Objekt, das entfernt an ein Amulett erinnert. In Rileys Zimmer diskutieren Buffy und ihr Freund über Faith. Er ist davon überzeugt, dass die Jägerin ihm nicht alles sagt, und sie betont nur immer wieder, wie gefährlich Faith sei. In diesem Moment dringt die zweite Jägerin in das Haus von Mrs. Summers ein und schlägt Joyce nieder. Sie hält Buffys Mutter in deren Schlafzimmer als Geisel und versucht sie gegen ihre Tochter aufzubringen, während sie gleichzeitig mit Joyces Schminkutensilien herumexperimentiert. Gerade als Faith ein Messer zieht und Joyce damit bedroht, springt Buffy durch ein geschlossenes Fenster ins Zimmer. Mrs. Summers greift sofort zum Telefon, und Buffy und Faith beginnen einen erbitterten Kampf, in dessen Verlauf sie die Treppe aus dem ersten Stock hinunterstürzen und einiges an Mobiliar zu Bruch geht. Etwa zur gleichen Zeit kommt Giles in seinem Haus an. Als er das Licht einschalten will, funktioniert es nicht, dafür entdeckt der ehemalige Wächter die drei Männer, die zuvor mit dem Hubschrauber am Krankenhaus angekommen waren, einer von ihnen begrüßt ihn.
In Joyces Haus geht inzwischen der Kampf zwischen den Jägerinnen unvermindert heftig weiter. Draußen sind bereits Polizeisirenen zu hören, als Faith das Geschenk des Bürgermeisters mit einer Hand umschließt und damit dann Buffys Hand ergreift. Ein Licht erfasst den Raum, und für einen Moment sind die beiden wie gelähmt, doch Buffy kommt schnell wieder »zu sich« und schlägt Faith nieder. Während Joyce sich noch Sorgen um ihre Tochter macht, wirft Buffy das silberne Objekt, das sie jetzt in der Hand hält, auf den Boden und zertritt es. Die Polizei kommt herein, um Faith mitzunehmen, und Buffy versichert Joyce, alles sei »Five by Five«.
Die Einblendung »Fortsetzung folgt« erscheint.

KOMMENTAR

Da es sich bei THIS YEAR'S GIRL und der nächsten Episode WHO ARE YOU um eine Doppelfolge handelt, deren Teile so eng miteinander zusammenhängen, dass man im Prinzip die ganze erste Episode als eine Art Vorspiel bezeichnen kann, bietet es sich an, hier auf einen Kommentar zu verzichten. Deswegen folgt an dieser Stelle nur die reine Bewertung der von Douglas Petrie geschriebenen und von Michael Gershman inszenierten Folge. Alles Weitere dann im Kommentar zu WHO ARE YOU.

Gesamtbewertung: ●●○
Humor: ★☆☆
Horror: ☠☠☠
Action: ▮▯▯

WER HÄTTE GEDACHT, DASS ...

... Joss Whedon vergessen hat, Buffy ein Geburtsdatum zu verpassen? Kein Scherz. Im Vorfeld der Serie hat Whedon jeder Figur eine Vita gegeben, in der er die Personen ausführlich mit Stärken, Schwächen, Hobbys und Vorlieben beschreibt; nur mit Daten hat er es dabei nicht allzu genau genommen. So erfahren wir als Zuschauer in der Episode BtVS-108 COMPUTER-DÄMON, dass Buffy am 10. Oktober 1980 geboren wurde. In der gleichen Episode erlaubt der Regisseur dem Zuschauer allerdings auch einen Blick in Buffys Schulakte, in der als Geburtsdatum der 5. Juni 1979 vermerkt ist. Peinlich, peinlich ...

... Joss Whedon ein Freund deutscher Phantastik ist? Bei der Gestaltung des Meisters in der ersten Staffel der Serie hat er sich unter anderem an Murnaus Klassiker NOSFERATU (D 1921) und seiner expressionistischen Machart orientiert. Whedon verzichtete in der Serie schließlich darauf, dem Meister – oder »The Master«, wie er im Original heißt – einen menschlichen Namen zu geben, um ihn zu einem vollkommen mystischen Wesen zu machen. In der Vorproduktion besaß der Meister jedoch einen äußerst menschlichen Namen. Und der war deutsch: Heinrich Joseph Nest!

... dass Seth Green bereits im BUFFY-Spielfilm mitgespielt hat? Wie, ihn hat niemand in diesem Film erkannt? Kein Wunder: Alle Szenen, in denen er aufgetreten ist, wurden herausgeschnitten.

... Sarah Michelle Gellar im Februar 2000 zwei Ottos, den Leserpreis von Deutschlands Teenie-Zeitschrift Nummer 1, der *Bravo*, gewonnen hat? In der Kategorie »Beste Schauspielerin in einer Serie« belegte sie den ersten Platz, auf den dritten Platz kam sie in der Kategorie »Beste Schauspielerin«.

... Anthony Stewart Head der erste Darsteller der Serie mit einem eigenen Fanclub gewesen ist? Der Mitgliedsbeitrag beträgt pro Jahr 18 Dollar. Adresse: Sonja Isaacs (ASHFC), 10725 20th Ave Ne, Seattle, WA 98125, USA. Fanclub-Unterlagen können auch via E-Mail geordert werden:
Sonja_at_gaspers@eskimo.com.

... Sarah Michelle Gellar am 9. Juni 1999 mit dem »Saturn Award« in Century City, Kalifornien, als beste Serienschauspielerin ausgezeichnet worden ist? Dieser Preis zeichnet die besten Genrefilme und Unterhaltungsserien aus.

… dass Joss Whedon unter die Comicautoren gehen wird? Für den Comicriesen Dark Horse schreibt er eine achtteilige Miniserie mit dem Titel *Fray*, die im Sommer 2001 erscheinen soll. Um was es geht? Dumme Frage: um einen *Vampire Slayer* natürlich. Die Geschichte ist jedoch 500 Jahre in der Zukunft angesiedelt. Für aktuelle Informationen lohnt sich ein Besuch auf der Homepage von Dark Horse: www.dhorse.com.

BtVS-416
WHO ARE YOU

US-Erstausstrahlung: 29. Februar 2000

Regie und Drehbuch: Joss Whedon. *Gaststars:* Amber Benson (Tara), Eliza Dushku (Faith), Kristine Sutherland (Joyce Summers), George Hertzberg (Adam), Leonard Roberts (Forrest Gates), Bailey Chase (Graham Miller), Chet Grissom (Polizist in Zivil), Alastair Duncan (Collins), Jeff Ricketts (Weatherby), Kevin Owers (Smith), Rick Stear (Booke), Amy Powell (Reporter), Rick Scarry (Sergeant), Jennifer S. Albright (Date)

Songs: *Vivian* von Nerf Herder (»How to Meet Girls«, Honest Don's 2000), *Watching Me Fall* von The Cure (»Bloodflowers«, Elektra 2000), *Sweet Charlotte Rose* von Headland (keine Veröffentlichung)

Faith *(im Körper von Buffy, während sie auf »sich selbst« einschlägt)*: »Halt den Mund. Glaubst du, ich habe Angst vor dir? Du bist nichts! Abscheulich! Mörderisches Miststück! Du bist nichts! Du bist abscheulich!«

INHALT

Während die Polizei die halb bewusstlose »Faith« (Anmerkung: im Weiteren sind die Namen von Buffy und Faith mit Anführungszeichen versehen, um den Tausch der Körper anzudeuten; »Faith« meint also Buffy und »Buffy« Faith) abtransportiert, macht »Buffy« eine zynische Bemerkung, die Joyce etwas irritiert. Überhaupt benimmt sich ihre Tochter für ihren Geschmack ziemlich seltsam. Als sie versucht, Faith' Verhalten zu erklären und wenigstens ein bisschen zu rechtfertigen, weist »Buffy« solche Überlegung brüsk zurück und entzieht sich dann einer Umarmung von Joyce. Im Badezimmer gewöhnt sich Faith an ihren neuen Körper und übt vor dem Spiegel Posen und Bemerkungen, die sie für Buffy-typisch hält. Dabei geht sie aber immer einen Tick zu weit. Derweil wacht »Faith« im Krankenhaus auf und versucht, den Ärzten und der Polizei zu erklären, dass sie in Wirklichkeit Buffy sei. Man glaubt ihr natürlich nicht und betäubt sie mit einem starken Sedativum.
In Taras Zimmer drückt Willow ihre Sorgen bezüglich Faith aus. Dabei kommt das Gespräch auch darauf, dass sie Tara ihren Freunden bisher nicht vorgestellt habe. Sie erklärt dies damit, dass sie etwas beziehungsweise jemanden haben möchte, der nur ihr gehört. Tara versichert ihr daraufhin, dass sie »ihre« sei. In der Zwischenzeit hat sich »Buffy« etwas aus ihrem Kleiderschrank herausgesucht und ihren Pass entdeckt. Mit der Kreditkarte von Joyce bucht sie für den nächsten Morgen um 10.00 Uhr einen Flug. Als Mrs. Summers hinzukommt, behauptet »Buffy«, dass sie sich nur ihre Post ansehen wollte. Joyce teilt ihr mit, dass Giles angerufen habe und sie bei sich sehen möchte. Um zu erfahren, was ihre Feinde vorhaben, entscheidet »Buffy« sich dafür, der Gang einen Besuch abzustatten. In diesem Moment kommt »Faith« auf dem Rücksitz eines Polizeiautos wieder zu sich, das kurz darauf von einem gepanzerten Wagen gerammt wird. Zwei

der drei Männer, die zuvor mit dem Hubschrauber in Sunnydale angekommen sind, steigen aus. Einer von ihnen richtet eine Pistole mit Schalldämpfer auf die offenbar bewusstlosen Polizisten, während der andere »Faith« aus dem Wagen zieht. Sie sperren sie in den Laderaum ihres Wagens und teilen »Faith« mit, dass sie sich nun im Gewahrsam des *Council of Watchers* befinde.

Als »Buffy« bei Giles ankommt, unterrichtet er sie, Willow, Anya und Xander darüber, dass ein für Spezialeinsätze zuständiges Team des *Council* »Faith« in seiner Gewalt habe und nach England bringen werde. »Buffy« triumphiert und benimmt sich auch ansonsten recht merkwürdig. Aber obwohl sie offensichtlich Anya nicht erkennt und scheinbar auch nichts über Adam und die von ihm ausgehende Bedrohung weiß, werden die anderen nicht misstrauisch. Sie sagt ihnen, sie sollten sich keine Sorgen machen, denn sie würde, so lange es nötig sei, auf Patrouille gehen. Wie ernst sie dieses Versprechen nimmt, zeigt sich aber nur wenig später. Anstatt nach Adam zu suchen, tanzt und flirtet sie so ziemlich mit jedem männlichen Besucher des *Bronze*. Einer von ihnen ist Spike, den sie natürlich nicht sofort erkennt. Als ihr bewusst wird, wen sie da vor sich hat, reizt sie ihn noch mehr, um Spike schließlich einfach den Rücken zu kehren. Der Vampir schwört ihr Rache und will, sobald er den Chip in seinem Kopf los ist, wieder gegen sie antreten. Irgendwo unter der Stadt kommt derweil eine kleine Gruppe von Vampiren in einer Höhle zusammen. Dort werden sie schon von Adam erwartet, der einem von ihnen den Kopf abreißt und so seine Macht demonstriert. Danach sagt er dem Anführer der Vampire, dass sie etwas zu besprechen haben.

»Faith« versucht inzwischen, den Mitgliedern der Spezialeinheit des *Council* klarzumachen, wer sie wirklich ist, doch keiner der drei nimmt sie ernst. Nun sind auch Willow und Tara im *Bronze*

angekommen. Als Willow »Buffy« entdeckt, beschließt sie, ihr endlich Tara vorzustellen. Danach lässt sie ihre beiden besten Freundinnen kurz allein, um Getränke zu holen. »Buffy« nutzt diese Zeit für einige gemeine Bemerkungen, mit denen sie darauf anspielt, dass Tara lesbisch sei. Bei ihrer Rückkehr an den Tisch weist Willow »Buffy« darauf hin, dass sich gerade ein Vampir mit einem Mädchen in einen Lagerraum zurückzieht; auf Drängen Willows folgt die Jägerin den beiden. Nachdem sie den Vampir getötet hat, bedankt sich das Mädchen überschwänglich und schlägt damit eine Saite in »Buffy« an, die man so von Faith noch nicht kannte: Für einen Moment scheint sie wirklich etwas zu empfinden! Dann aber gewinnt sie die Kontrolle zurück und geht wieder zu Willow und Tara. Die beiden brechen auf, weil es Tara im Moment nicht gut gehe, und beim Gehen bringt Willow »Buffy« auf die Idee, dass sie doch Riley besuchen könnte.
Wieder in der Lagerhalle, die den Killern des *Council* als Unterschlupf dient: »Faith« randaliert in dem Laderaum des gepanzerten Wagens, in dem sie immer noch gefangen gehalten wird. Als einer der drei, Smith, nachsieht, was mit ihr ist, gelingt es ihr, ihn zu überwältigen. Sie legt ihre Fesseln um seinen Hals und droht, ihn zu töten, wenn man sie nicht freiließe. Daraufhin teilt ihr Collins, der Anführer, mit, dass in einem solchen Moment ihr Auftrag wichtiger als ihr Leben sei. Er und Weatherby, der zu bedenken gibt, dass der Transport der Jägerin nach England sich wahrscheinlich gar nicht lohnen werde, ziehen sich zurück. Nun völlig ratlos, schmeißt »Faith« Smith aus dem Wagen. Etwa zur gleichen Zeit erlebt Riley in seinem Zimmer in Lowell House eine Überraschung: Eine sichtlich ungehemmtere »Buffy« steht in seiner Tür. Inzwischen sind auch Willow und Tara wieder in Taras Zimmer angekommen. Tara teilt ihrer Freundin nun mit, sie habe gemerkt, dass mit »Buffy« etwas nicht stimme, dass sie nicht sie

selbst sei. Sie schlägt ihrer Freundin deshalb einen Zauber vor, der es Willow ermöglichen würde, in die »Unterwelt« zu gelangen, ein Reich, in dem sie Buffys Körper auf einer anderen Ebene finden könnte, um festzustellen, was nicht in Ordnung ist. Gleichzeitig warnt Tara Willow auch vor diesem Zauber, denn es kann leicht etwas misslingen. Aber Willow vertraut ihr vollkommen und will das Risiko eingehen.

In Rileys Zimmer ist »Buffy« nun dabei, ihren Freund auf eine Art zu verführen, die ihn etwas aus dem Gleichgewicht bringt. Sie ist in sexueller Hinsicht ungewöhnlich aggressiv, und er will wissen, was sie auf einmal habe. »Buffy« gelingt es, all seine Zweifel mit einem langen, liebevolleren Kuss beiseite zu wischen. Tara und Willow sind zwischenzeitlich mitten in dem Ritual: Ein Kreis aus Licht bildet sich um sie herum und steigt langsam vom Boden hoch. Als sich das Licht »zerstreut«, ist es, als ob Willow eine Art von Anfall hat, ihr Oberkörper fällt zurück und sie kann nur noch stöhnen. In Rileys Zimmer liegen »Buffy« und er erschöpft nebeneinander. Gerade in dem Moment, als er ihr sagt, dass er sie liebe, stößt sie ihn zurück und führt ein kurzes, sehr merkwürdiges Selbstgespräch. Als sie sich wieder unter Kontrolle hat, versichert sie Riley, dass das gerade Geschehene keine Bedeutung habe. Er deckt »Buffy« sorgfältig zu und hält sie fest. Etwa zur gleichen Zeit hält Adam den Vampiren in ihrer Höhle eine Rede, in der er ihnen seine Bestimmung verrät und befiehlt, dass sie den Menschen sein Kommen ankündigen sollen.

Am nächsten Morgen stiehlt sich »Buffy« aus dem Zimmer des noch schlafenden Riley. Auf dem Weg nach draußen begegnet sie Forrest, der ihr Vorwürfe macht, weil sie Riley ablenke. Als er sie auch noch als Killerin bezeichnet, reagiert die Jägerin verärgert und verlässt das Lowell House. Inzwischen hat der *Council* Collins, dem Anführer seines Sonderteams, mitgeteilt, dass sie

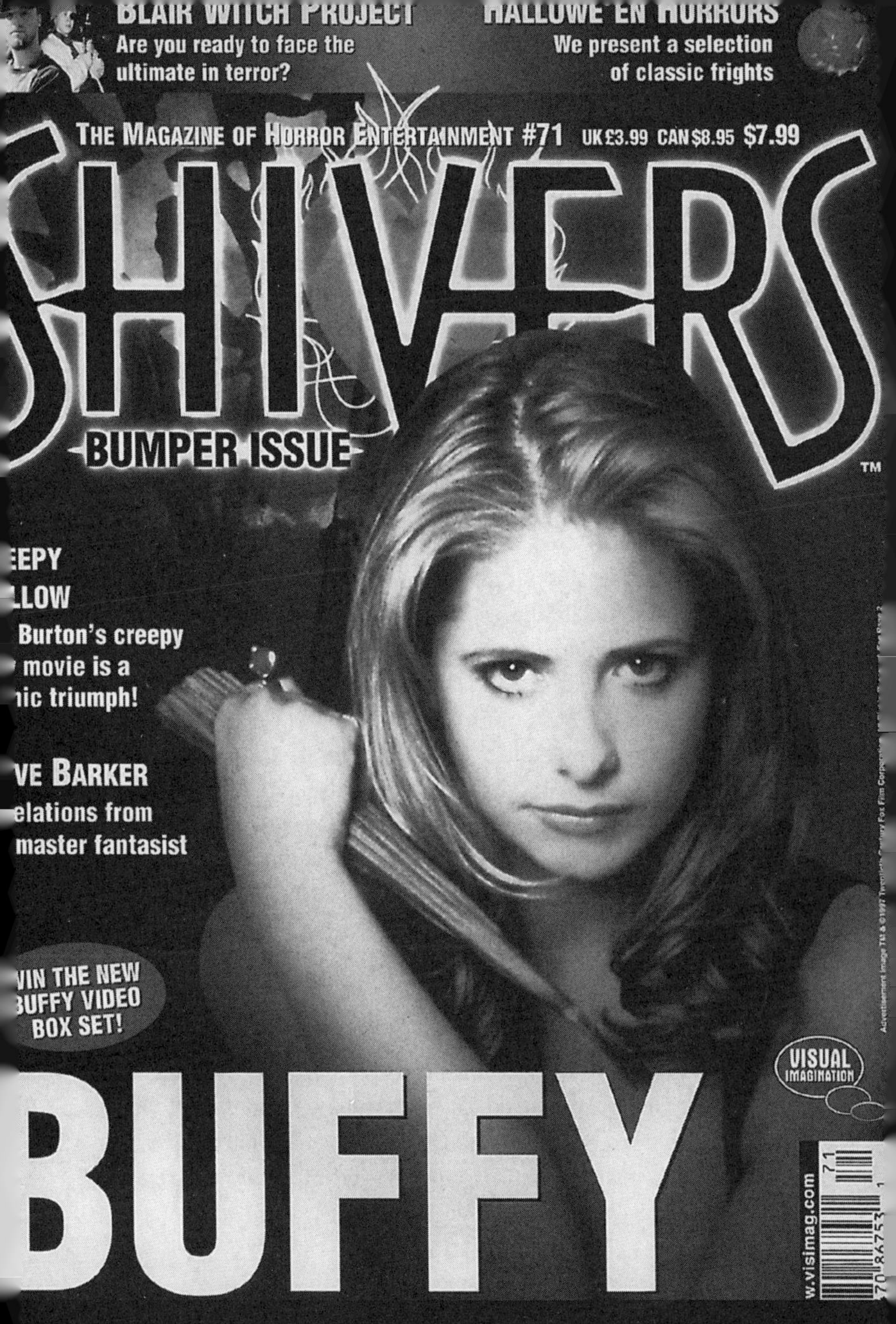

Buffy – oder Faith? Auch *Shivers* vermag das nicht zu klären – aber immerhin dürfte Mr. Pointy Mr. Pointy sein.

keine Papiere bekommen können, um »Faith« außer Landes zu schaffen; deswegen soll Faith getötet werden. Er selbst nimmt seine Pistole mit Schalldämpfer und befiehlt Weatherby, das Gas zu holen, mit dem sie das Lagerhaus später in die Luft jagen können. Smith gibt zwar noch zu bedenken, dass ihre Gefangene ihn in der vergangenen Nacht hätte töten können, doch das ändert nichts für Collins. Er hat allerdings nicht damit gerechnet, dass »Faith« nur auf seinen Zug gewartet hat. Es gelingt ihr, durch einen Überraschungsangriff in den Besitz der Waffe zu kommen. Mit ihrer Hilfe zerschießt sie ihre Fesseln und verschafft sich Zutritt zur Fahrerkabine des gepanzerten Wagens, schließt ihn kurz und flüchtet aus dem Lagerhaus.

Als »Faith« bei Giles ankommt, versucht sie ihren ehemaligen Wächter davon zu überzeugen, dass sie in Wirklichkeit Buffy ist. Er glaubt ihr allerdings erst, nachdem sie ihm einiges gesagt hat, was wirklich nur sie wissen kann. In diesem Moment kommen auch Willow und Tara im Haus von Giles an, um ihm zu berichten, dass Faith Buffys Körper gestohlen hat. Die beiden haben eine kleine leuchtende grüne Kugel, ein »Katra«, dabei, das sie durch einen Zauber erhalten haben und mit dessen Hilfe Buffy ihren Körper zurückbekommen kann. Eine Nachrichtensondersendung im Fernsehen unterbricht die vier: Eine Gruppe von nicht identifizierten Männern ist in eine Kirche eingedrungen und hat die dort versammelte Gemeinde als Geiseln genommen. »Buffy«, die gerade am Flughafen ihr Ticket abgeholt hat, sieht die gleichen Nachrichten.

In der Kirche kündigen die vier von Adam zu seinen Handlangern gemachten Vampire an, dass sie die Gemeindemitglieder einzeln töten werden, um so ein Erscheinen Gottes zu provozieren. Draußen erfährt der den Einsatz leitende Polizist über Telefon, dass es sich hierbei nun um eine militärische Operation

handle und Riley das Kommando übernehme. Als der sich der Kirche nähert, entdeckt er »Buffy«. Er will sie davon abhalten, allein in die Kirche zu gehen, sie solle auf Verstärkung warten. Sie lehnt jedoch kategorisch ab und betritt das Gotteshaus. Es dauert nicht lange, bis der Anführer der Vampire weiß, dass er es nun mit der Jägerin zu tun hat. Inzwischen sind auch Giles, »Faith«, Willow und Tara mit dem gepanzerten Wagen des *Council* bei der Kirche angekommen. Giles lenkt die Polizisten ab, damit »Faith« unbemerkt eindringen kann. »Buffy« hat zwischenzeitlich drei der Vampire getötet, allerdings scheint der Anführer der Vampir-Gang ihr nicht nur gewachsen, sondern sogar überlegen zu sein. Als er sie niedergeschlagen hat und über ihr steht, wird er von »Faith« hinterrücks attackiert und getötet. Die etwas überraschte »Buffy« greift ihre Retterin an, doch im Verlauf des Kampfes gelingt es »Faith«, das »Katra« in der Hand, die Hand ihrer Gegnerin zu greifen. Sie tauschen die Körper, und während Faith den Moment nach dem Zauber nutzt, um zu fliehen, bleibt Buffy einfach erschöpft sitzen.
Später in Rileys Zimmer: Durch ein Telefongespräch erfährt Buffy, dass Faith verschwunden ist und das Einsatzkommando des *Council* wieder abgereist sei. Riley grübelt währenddessen immer noch darüber nach, wie »das« passieren konnte. So erfährt Buffy, dass er letzte Nacht mit Faith geschlafen hat. Sie ist sehr verletzt, und auch Rileys Beteuerung, dass er mit »ihr«, also ihrem Körper zusammen gewesen sei, ändert daran nichts. Faith befindet sich zu dem Zeitpunkt in einem Güterwagen der Eisenbahn. Sunnydale liegt hinter ihr.

KOMMENTAR

THIS YEAR'S GIRL und WHO ARE YOU nehmen unter den ganzen Folgen der vierten Staffel von BUFFY – IM BANN DER

DÄMONEN zweifellos eine Sonderstellung ein. Dabei spielt es noch nicht einmal eine so große Rolle, dass sie zusammen die erste offizielle Doppelfolge innerhalb dieser Staffel bilden, entscheidender sind vielmehr einige Entwicklungen, die zunächst gar keine weiteren Auswirkungen haben werden. Wie schon an anderer Stelle erwähnt, hat diese Staffel einen Bruch in der Serie gebracht, einen Bruch, der allerdings weiter geht als der, den ihre Figuren durch den Übergang von der High School zum College (beziehungsweise hin zu Gelegenheitsjobs oder sogar in die Arbeitslosigkeit) erlebt haben. Die ersten drei Staffeln der Serie bilden trotz aller Unterschiede, trotz der sehr verschiedenen großen Gegenspieler, mit denen sich Buffy und die Gang auseinander setzen mussten, eine gewisse Einheit, die sich natürlich zum einen durch die Situation der Figuren ergab, aber auch auf die Struktur des »Buffyversums« insgesamt zurückzuführen war. In diesen Staffeln existierte so etwas wie ein geschlossenes System, zu dem Buffy als die Jägerin, Giles als ihr Wächter, der *Council* als die ihr übergeordnete Organisation und Angel als ihr Beschützer, Freund und große Liebe gehörten. Mit dem Ende der dritten Staffel ist dieses System nicht nur aufgebrochen, sondern regelrecht zerbrochen worden: Angel hat Sunnydale verlassen, Giles ist bereits in der Mitte der Staffel als Wächter suspendiert worden, und Buffy hat sich vom *Council* losgesagt. Durch diese Entwicklungen herrschte zu Beginn der vierten Staffel eine Art von Vakuum, in das dann zumindest innerhalb eines gewissen Rahmens Riley und die »Initiative« gestoßen sind. Riley hat Angel ersetzt, und die »Initiative« lässt sich durchaus als ein Gegenentwurf zur Organisation der Wächter sehen, ein Gegenentwurf, der allerdings auch einige Parallelen aufweist. Aber trotz dieser Entwicklungen stehen Buffy und Giles hier zum ersten Mal wirklich allein.

Der Doppelfolge THIS YEAR'S GIRL/WHO ARE YOU kommt nun eine außergewöhnliche Stellung in der vierten Staffel zu, weil hier zum ersten und auch zum einzigen Mal innerhalb dieser Staffel von BUFFY der *Council*, die Vereinigung hinter den Wächtern und der Jägerin, in Erscheinung tritt. Joss Whedon und sein Team erinnern uns damit daran, dass Buffy und auch Giles eben nicht immer so frei und ungebunden waren wie zur Zeit, und sie legen damit auch eine weitere Vermutung nahe: vielleicht sind sie sogar jetzt nicht so frei und ungebunden, wie sie selbst glauben. Darüber kann man zwar noch nichts sagen, da es vorerst bei diesem kurzen und nicht sehr erfolgreichen Eingriff des *Council* bleiben wird, doch dafür kann man nun umso mehr über die Natur dieser Organisation sagen, die ja schon in der dritten Staffel ins Zwielicht geraten ist. Ihre Methoden erschienen auch da mehr als nur fragwürdig, denn die Art und Weise, in der sie sowohl mit Buffy als auch mit Giles umgegangen sind, hat eindeutig Zweifel an ihren Methoden und an ihren wirklichen Zielen aufkommen lassen. Nur ist das alles noch gar nichts im Vergleich zu dem, was man nun gerade in WHO ARE YOU – zum Teil sogar nur in Andeutungen – erfährt.
Allein schon die Tatsache, dass eine Krankenschwester den *Council* über das Verschwinden von Faith informiert und scheinbar auch weiß, was diese Information bedeutet, wirft ein ganz neues Licht auf diese Organisation. Offensichtlich gehören ihr nicht nur Wächter an, sie verfügt anscheinend auch über andere Mitarbeiter und Helfer, die sie in strategische Positionen gebracht hat. Über sie verfügt der *Council* über eine gewisse Kontrollmacht und bleibt immer informiert, auch wenn er anscheinend nicht präsent ist. Seine Macht an sich erweist sich damit als viel größer, als man nach den ersten drei Staffeln erwarten konnte. Und zumindest seine Methoden sind noch viel bedenklicher und ver-

werflicher, als es die letzte Staffel angedeutet hat. Das Team, das hier nun nach Sunnydale kommt, besteht nicht einfach aus einer Art von Spezialisten, die besonders schwierige Aufträge übernehmen, sondern aus drei kaltblütigen, professionellen Killern. Sie mögen zwar zunächst den Auftrag haben, Faith nach England zu bringen, doch es kann kein Zweifel darüber bestehen, dass sie in der Regel keine Gefangenen machen. Dabei weist sie nicht allein der Versuch, Faith zu töten, als Profis aus. Schon in dem Moment, in dem sie den Polizeiwagen rammen und Faith entführen, deutet sich an, dass sie ihre mit Schalldämpfer ausgerüsteten Pistolen nicht »nur so« mit sich herumtragen. Joss Whedon legt durch die Inszenierung der Szene, durch das Vorgehen von Collins, nahe, dass dieser die Polizisten ohne zu zögern erschießen würde, falls sie ihre Mission behinderten. In diesem Zusammenhang ist auffällig und sehr interessant, dass in der Inhaltsangabe von WHO ARE YOU, die man auf der offiziellen Web-Seite der Serie (www.buffy.com) findet, die Methoden und Vorgehensweisen dieses Spezialteams geschönt und verharmlost werden. Die Inhaltsangabe erwähnt zum einen nicht, dass Collins auf die Polizisten zielt und nur aus dem Grund nicht abdrückt, da die Polizisten bewusstlos sind. Außerdem wird in ihr später Collins' Schusswaffe als Betäubungspistole bezeichnet. Als sollte Faith nur betäubt und nicht erschossen werden!

Über die eigentliche Ziele des *Council* lässt einen Joss Whedon auch in WHO ARE YOU noch völlig im Dunkeln. Man bekommt nur eine Kostprobe von dem, wozu er offensichtlich fähig ist. Diese neuen Informationen und die Fragen, die sie aufwerfen, legen allerdings eine entscheidende Vermutung nahe, die noch dadurch bekräftigt wird, dass Joss Whedon hier selbst das Drehbuch geschrieben hat: Dieser Doppelfolge, und besonders ihrem zweiten Teil, kommt aller Wahrscheinlichkeit eine Übergangsfunktion zu. Sie stellt eine neue Verbindung zur Vergangenheit her, mit der man in dieser Form und zu diesem Zeitpunkt innerhalb der vierten Staffel (durch das Erscheinen Adams zeichnet sich schließlich gerade erst der Weg ab, den diese *Season* noch bis zu ihrem Höhepunkt beschreiten wird) nicht gerechnet hätte, und scheint einen zugleich direkt in die Zukunft der Serie zu führen. Dies ist zwar nur eine Vermutung, doch spricht alles dafür, dass der *Council* in der fünften Staffel zurückkehren wird.

Der jedes Leben bestimmende Konflikt zwischen notwendiger Anpassung und ersehnter Individualität ist eines der zentralen Themen in Joss Whedons Universum, auf das BUFFY – IM BANN DER DÄMONEN über die Jahre hinweg immer wieder zurückgekommen ist. Die Frage, wie weit der Ungehorsam gegenüber verschiedensten Autoritäten, zu denen neben Eltern und Lehrern auch ältere Freunde gehören können, gehen darf oder auch gehen muss, beschäftigt natürlich die wichtigste Zielgruppe der Serie, die Fans, die ungefähr in Buffys Alter sind, besonders. Die Antwort, die von den Autoren der einzelnen Folgen gegeben wurde, weist den Weg zu einem reizvollen Kompromiss und erfüllt damit auf unspektakuläre Weise eine erzieherische Funktion. Im Lauf der vergangenen Staffeln hat sich rund um die Jägerin ein komplexes soziales System gebildet, in dem sie rebellisch und verantwortungsbewusst zugleich auftreten konnte. Es gab Autoritäten wie den *Council* und in einem gewissen Rahmen auch ihre Mutter, gegenüber denen sie ihre Freiheit betont hat, und es gab mit der Gang einen Kreis von Menschen, denen sie sich in der Regel vollkommen verpflichtet fühlte. Wenn man so will, waren dabei die letzten drei Schuljahre die formative Zeit, in der Buffy zum einen ihre Individualität bewahren und zum anderen lernen musste, wann sie sich und ihre ganz eigenen Interessen zurückstellen sollte. So besitzt sie nun in der vierten *Staffel* größtmögliche Freiheit, sie hat sich dafür entschieden, ohne die Kontrolle – aber auch ohne die Unterstützung – des *Council* ihrer schweren Berufung nachzukommen. Zugleich hat sie aber auch ihre Verpflichtungen akzeptiert, gegenüber ihren Freunden genauso wie gegenüber der Welt im Ganzen, und lebt damit eine Individualität, die sich ihrer Verantwortung bewusst ist.

Mit Riley stellt sich die Frage nach dem Gleichgewicht zwischen Gehorsam und Freiheit, das jeder anstreben sollte, noch einmal neu. Während Buffy von Anfang an eine rebellische Persönlichkeit hatte, die eher zur Verweigerung jedweden Befehls neigt, bevor sie auch nur eine – und sei sie noch so sinnvolle – Anordnung akzeptiert, ist Riley als Soldat der geradezu klassische Befehlsempfänger, dessen Ausbildung ein Ziel in den Vordergrund gestellt hat – er musste lernen, keine Fragen zu stellen. Seine Beziehung zur Jägerin bringt damit sein ganzes Leben durcheinander, es bietet sich ihm damit aber auch eine einzigartige Chance, eine eigene Persönlichkeit zu entwickeln – nur wird sich das als ein sehr langer und schwieriger Weg entpuppen. Buffys Furcht, dass die »Initiative« Riley einen Chip eingesetzt hat, der ihn in ihrem Sinne kontrolliert, ist in dieser Hinsicht berechtigt und zugleich ein Zeichen dafür, dass sie die Situation weitestgehend verkennt. Riley braucht im Prinzip keinen solchen Chip, er ist über Jahre hinweg einer viel subtileren Form der Gehirnwäsche ausgesetzt gewesen. Die Armee und schließlich die »Initiative« haben ihn zu einem funktionierenden Soldaten erzogen, der – wenn er überhaupt noch so etwas wie Individualität besitzt – sich selbst und seine Gedanken und Ideen immer zurückgestellt hat. Er muss nun erst einmal lernen, Fragen zu stellen und, noch wichtiger, Befehle in Frage zu stellen. Anders als Buffy, die – wie sie ihm in THIS YEAR'S GIRL selbst sagt – immer nur die Befehle des *Council* ausgeführt hat, die ihren eigenen

Vorstellungen entsprachen, hat Riley immer das getan, was man ihm gesagt hat. Dabei hat er zweifellos in gutem Glauben gehandelt, das heißt, er war davon überzeugt, nicht nur etwas Notwendiges, sondern auch das Richtige zu tun. Die Entwicklungen innerhalb der »Initiative« und die Offenbarung über Professor Walsh haben diesen Glauben zerstört, und damit ist Riley im Prinzip in eine existenzielle Krise geraten, die der erste Teil der Doppelfolge auch in den Gesprächen zwischen ihm und der Jägerin andeutet. Allerdings bietet sie Stoff für eine wahre und ernsthafte Auseinandersetzung mit dem Typus des Militärischen, des Soldaten, die hier noch nicht stattgefunden hat.

Das Motiv des Körpertausches, das im Prinzip nur eine besondere Variante von Besessenheitsgeschichten darstellt, gehört zu den Standards innerhalb von Fantasy- oder Horror-Romanen und -Filmen. Eine der interessantesten Variationen hat in den letzten Jahren Anne Rice mit ihrem vierten Vampir-Roman *Nachtmahr* (*The Tale of the Body Thief*, 1995) vorgelegt. Hier wird der Tausch der Körper zu einem wahren Albtraum für den Helden, den Vampir Lestat, der zuvor seiner Existenz als Blutsauger überdrüssig geworden war. Im Kino ist der Persönlichkeitstausch allerdings in erster Linie für komödiantische Geschichten genutzt worden. So hat sich eine Art von Tradition entwickelt, die von Peter Ustinovs VICE VERSA (GB 1948) über Gary Nelsons EIN GANZ VERRÜCKTER FREITAG (FREAKY FRIDAY, USA 1977) bis hin zu Norman Renés romantischer Komödie ZAUBERHAFTE ZEITEN (A PRELUDE TO A KISS, USA 1992) reicht. Eine ungleich düsterere Variation dieses Motivs hat allerdings zuletzt John Woo mit IM KÖRPER DES FEINDES (FACE/OFF, USA 1997) gedreht und es dabei zugleich seinen angestammten Genres entrissen. Der Schrecken, der darin liegen kann, seinen Körper an einen anderen zu verlieren und dann in dessen Hülle gefangen zu sein, offenbart sich hier im Gewand eines Action-Films, der auch eine tiefgründige Reflexion über die Nähe von Gut und Böse ist. Im Horrorkino selbst ist der Tausch zweier Persönlichkeiten relativ selten als Ausgangspunkt für eine Geschichte genutzt worden – eine Ausnahme macht da die dänisch-schwedische Koproduktion BRAIN X CHANGE (DRENGEN UDEN KROP, DK/S 1996) von Jorn Faurschou, in dem ein todkranker Arzt einem 16-jährigen Jungen den Körper stiehlt, um so sein eigenes Überleben zu sichern. Den Fans von BUFFY sollte der erzwungene Tausch der Körper zweier Menschen noch bekannt sein aus der Episode BtVS-103 VERHEXT (THE WITCH), in der Amys Mutter der jungen Hexe ihren Körper gestohlen hat, um so den Traum ihrer eigenen Jugend noch einmal zu leben. Damals haben die Autoren der Serie das klassische Komödienmotiv von dem Elternteil, das in die Haut des Kindes schlüpft, umgekehrt in eine der kritischsten Folgen der ganzen Serie. So radikal wie dort hat BUFFY und auch jede andere amerikanische Serie nur ganz selten mit den Idealen der Vereinigten Staaten gebrochen, doch in dieser Doppelfolge bekommt der Körpertausch eine ganz andere Bedeutung, so dass man hier in keiner Hinsicht von einer Wiederholung sprechen kann.

Joss Whedon bricht in gewisser Weise mit den Erwartungen, die der Körpertausch am Ende von THIS YEAR'S GIRL aufbaut. Im Prinzip ist dies keine Episode, die auf den Schrecken setzt, der daraus erwachsen könnte, dass Faith, die zum Bösen übergelaufene Jägerin, den Körper von Buffy gestohlen hat. Es kommt eben nicht der große Abgang, den ihr der Bürgermeister verspricht, sondern eine Folge, die den Persönlichkeitsswitch dafür nutzt, den Charakter von Faith weiter auszubauen und ihm neue Konturen zu verleihen. Vieles von dem, was Faith hier in Gestalt von Buffy tut, ist natürlich typisch für ihr Verhalten und ihre

Handlungsweisen. Gerade ihre Nacht mit Riley fügt sich quasi perfekt in ihre bisherige Geschichte ein – und die echte Buffy wird noch einige Zeit benötigen, um über diesen Rückschlag, den ihr Freund ihr hier versetzt hat, hinwegzukommen. Geschichte wiederholt sich! Allerdings muss man Riley zugute halten, dass er nicht wissen konnte, mit wem er diese Nacht verbracht hat.

Doch entscheidender als dieses Detail der Geschichte von WHO ARE YOU sind die Momente, in denen Faith sich wirklich wie Buffy zu benehmen scheint. Der Körper mag von der Persönlichkeit zu trennen sein, sonst wäre ein solcher Tausch einfach unmöglich, aber trotzdem besitzt er hier eine gewisse Auswirkung auf die Persönlichkeit. Immer wieder offenbart sich eine etwas andere Faith, so als ihr das Mädchen im *Bronze* dafür dankt, dass sie den Vampir getötet hat, so als Forrest die Jägerin als eine Killerin bezeichnet, und in der vielleicht zentralen Szene der Folge, als Faith schon kurz vor ihrem Abflug aus Sunnydale steht und sich aufgrund der Nachrichtensendung im Fernsehen für die Pflicht der Jägerin und nicht für ihre eigenen Interessen entscheidet. Gerade diesen letzten Moment spielt Whedon beinahe herunter. Er betont den Entschluss von Faith nicht weiter durch seine Inszenierung, er zeigt ihn einfach, beinahe so, als sei er selbstverständlich. Da man nicht davon ausgehen kann, dass Buffys Körper Faith' Persönlichkeit völlig umstrukturiert, deuten diese kleinen Szenen darauf hin, dass die zweite Jägerin eben nicht das von Anfang an verdammte *bad girl* ist. Es scheint vielmehr so zu sein, dass bestimmte Eigenschaften und Regungen versteckt in ihr existieren, die – von dem anderen Körper begünstigt – hier an die Oberfläche kommen. Es wird interessant sein, was Whedon und seine Autoren aus dieser Entwicklung von Faith in Zukunft machen werden (einen kleinen

Einblick liefert schon ihr Auftritt in ANGEL, siehe hierzu auch das Kapitel BEINAHE EIN CROSSOVER).

Nicht nur Faith präsentiert sich in dieser Doppelfolge etwas anders, als man es zunächst erwarten konnte, auch Buffy selbst wird hier zumindest indirekt noch einmal in Frage gestellt. Anders als die zweite Jägerin verändert sie sich zwar nicht, auch offenbaren sich keine Seiten ihres Charakters, die nun alles bisher Gewesene zur Disposition stellen. Es ist vielmehr so, dass THIS YEAR'S GIRL und WHO ARE YOU einen Blick auf die Jägerin werfen, dessen Perspektive eine andere ist, als die Serie ihr gegenüber in der Regel einnimmt. Sie erscheint nicht plötzlich als Böse, auch wenn sie genau das in den Träumen von Faith ist, und wir werden unsere Haltung zu ihr ganz sicherlich nicht verändern, aber beide Folgen zeigen, dass man Buffy unter bestimmten Voraussetzungen auch anders sehen kann. Natürlich projiziert Faith in ihren komatösen Albträumen ihre eigene Schuld auf ihre Konkurrentin Buffy, doch ist das nicht nur ein psychischer Selbstschutz und eine Art von Verdrängungsmechanismus, denn die Träume offenbaren vielmehr, wie sie die Jägerin wirklich sieht. Buffy hatte in ihrer überlegten, verantwortungsbewussten Art Faith gegenüber immer etwas Selbstgerechtes, sie war nicht die Freundin und »Schwester«, die Faith sich gewünscht hat, sondern jemand, der ihr bewusst und oft auch unbewusst ihre Fehler vorgehalten hat. Ohne es zu wissen und ohne es zu wollen, hat Buffy Faith in die Arme des Bürgermeisters getrieben – darüber kann nun, nach dieser Doppelfolge, nicht mehr auch nur der geringste Zweifel bestehen. Als Faith schließlich im letzten großen Kampf die noch in ihrem Körper gefangene Buffy wüst beschimpft, ist es praktisch unmöglich zu entscheiden, gegen wen sich ihr Zorn richtet, gegen Buffy oder gegen sich selbst. Im Prinzip vermischt sich beides: Zum einen bahnt sich hier noch einmal ihr Hass gegen die

Jägerin, die sie für all ihr Unglück verantwortlich macht, seinen Weg, der noch dadurch verstärkt wird, dass Buffy nun in ihrem Körper steckt, dem Körper, der zu einem Gefängnis für Faith geworden ist, das nur ihre schlechten Seiten hervorbringt. Zum anderen beschimpft sie natürlich auch sich selbst, genauer gesagt eben diese dunkle Hälfte ihres Charakters.

Einen zweiten Blick von außen auf die Jägerin erhält man in WHO ARE YOU durch Forrest. Natürlich ist der Soldat, der einmal Rileys scheinbar bester Freund war, voreingenommen. Eine gewisse Eifersucht manifestiert sich in seinem ganzen Verhalten und in den meisten seiner Äußerungen. Doch wenn er Buffy als »Killer« bezeichnet, drückt er damit eine Sicht auf sie aus, die unter gewissen Umständen durchaus nachvollziehbar ist. Für jemanden wie ihn, der fest in ein größeres gesellschaftliches System eingebaut ist und dessen Handlungen sich nur aus seiner Stellung in diesem System ergeben, muss eine Individualistin wie Buffy zwangsläufig etwas Gefährliches sein. Wenn er tötet, ist es durch den Kontext der »Initiative« und ihren Auftrag gerechtfertigt, wenn Buffy tötet – und seien es auch nur Dämonen, *Hostile Sub-terrestrials* –, dann ist sie eine Killerin. Die Armee sanktioniert und rechtfertigt Handlungen, die eine einzelne Person eindeutig zu einer Bedrohung machen können. Wir wissen zwar, dass die »Initiative« das Gleichgewicht stört, das zwischen der Welt der Dämonen und der der Menschen besteht, doch wenn man die Situation aus dem Blickwinkel von Forrest betrachtet, dann ist es die Jägerin, die einen Fremdkörper in der Ordnung der Dinge darstellt.

Durch die Augen von Faith und Forrest öffnet sich eine weitere Perspektive auf das Universum von BUFFY. Sie verändern nichts an den großen Zusammenhängen, sie werden auch unsere Einschätzung von Buffy nicht umstürzen, doch sie demonstrieren, wie abhängig eben diese Einschätzung von der Position ist, von der aus sie gemacht wird. Joss Whedon und sein Team haben im Sinne der Dramaturgie der Serie unseren Blick immer gelenkt. Es war nicht notwendig, die Jägerin und ihre Taten weiter zu hinterfragen, schließlich präsentiert die Serie sie innerhalb eines Zusammenhangs, der alles rechtfertigt. Doch genau dieser Zusammenhang ist eine Konstruktion, und auch eine Superheldin ist nicht völlig unangreifbar – das ist letztendlich die Botschaft von THIS YEAR'S GIRL und WHO ARE YOU, mit denen BUFFY – IM BANN DER DÄMONEN somit auf eine Meta-Ebene gelangt, auf der ihre Strategien und Voraussetzungen transparent werden.

BUFFY und ANGEL repräsentieren verschiedene Aspekte des großen von Joss Whedon geschaffenen Universums, und die beiden Staffeln dieses Jahres sind zu einem großen Teil den Unterschieden gewidmet, die zwischen Angels Los Angeles und Buffys Sunnydale bestehen. Doch bei aller Differenz gehören die Serien natürlich auch zusammen und beeinflussen sich gegenseitig. Dass ANGEL und die Entwicklungen innerhalb der Spin-Off-Serie nicht spurlos an BUFFY vorbeigehen, davon zeugt spätestens diese Doppelfolge. Wenn man einen der großen Unterschiede zwischen beiden Schöpfungen Whedons kurz umreißen will, dann reicht eigentlich schon das Stichwort »Dämonologie«. In BUFFY gab es – etwas vereinfacht – die Menschen und die Dämonen, und in der Regel standen sie sich feindlich gegenüber. Das nicht Menschliche – bis auf ganz wenige Ausnahmen und Abarten wie eben Angel, den mit einer Seele »belasteten« Vampir – stellte dabei eine Bedrohung für die Menschen dar, die aus dem Weg geräumt werden muss. In ANGEL erfahren wir im Gegensatz dazu, dass eine friedliche Koexistenz von Menschen und zumindest bestimmten Dämonen durchaus möglich ist. Nicht jedes Wesen aus der anderen Welt ist automatisch eine Verkörperung des Bösen. So weit geht BUFFY zwar auch hier noch nicht, aber durch das

Auftreten von Adam, dem künstlich geschaffenen Über-Dämon, werden die bisher eindimensionalen Dämonen ungleich komplexer. So thematisiert Joss Whedon in WHO ARE YOU zum ersten Mal die besondere Stellung, die Vampire in seinem Universum einnehmen. Sie sind seelenlose, vom Bösen infizierte Wesen, die gefangen sind in einem rein menschlichen Körper, sie stehen also zwischen den Welten und gehören keiner an. Was aus dieser Sonderstellung resultiert, das deutet sich hier in dieser Episode nur an. Aber die Veränderungen, die Adam durch seine Lehren – von denen wir bisher gerade einmal Bruchstücke kennen – provoziert, sind enorm und zugleich ungeheuer erschreckend. Sie allein machen diesen an Frankensteins Monster angelehnten Maschinen-Dämon zu einer der faszinierendsten Gestalten im gesamten Universum von BUFFY.

In gewisser Weise ist WHO ARE YOU eine der aufschlussreichsten und auch mutigsten Folgen der gesamten Serie. Joss Whedon hat BUFFY zwar nie direkt in einen religiösen Zusammenhang gestellt, aber zumindest hatten die typischen religiösen, sprich christlichen Zeichen und Symbole ihre angestammte Bedeutung innerhalb des Universums. Vampire waren durch ein Kreuz und durch Weihwasser in Schach zu halten, dadurch wurde diesen Insignien eine höhere Macht zugeschrieben, die indirekt auf ein Weltbild deutete, hinter dem Gott und der Teufel als Repräsentanten der Prinzipien Gut und Böse standen. Auch wenn der Teufel nie in Erscheinung getreten ist, so gab es doch an dieser grundsätzlichen Konstellation keine tiefer gehenden Zweifel, sie war in unseren Vorstellungen vom BUFFY-Universum die ganze Zeit latent präsent. Doch nach WHO ARE YOU hat sich alles verändert.

Adam, der selbst seine Schöpferin, also auch seinen »Gott«, getötet hat, klärt die Vampire auf. Die Kirche, das Kreuz und das

Weihwasser besaßen nur Macht, weil die Untoten selbst an den Legenden der Menschen hingen. Sie haben den Glauben – oder sagen wir lieber Aberglauben – ihrer Feinde nie in Zweifel gezogen. Gott und seine Macht waren also nichts anderes als eine Phantasie, die nun erst der künstliche Dämon Adam – der Erste seiner Art, der Nachfolger des biblischen Adam, welcher damit zur reinen Fiktion wird – als solche entlarvt. Nun wird einem auch bewusst, warum der Teufel, der doch eigentlich ein faszinierender Gegner für die Jägerin und ihre Gang hätte sein müssen, nie in Erscheinung getreten ist – es gibt ihn innerhalb der Serie einfach genauso wenig wie Gott, insofern wird der Auftritt der Vampire in der Kirche, der eine Herausforderung an Gott darstellt, zu einem Lehrstück für den Zuschauer. Was er stillschweigend vorausgesetzt hatte, war eine Illusion, das Ergebnis der gesellschaftlichen, kulturellen und religiösen Zusammenhänge, in denen er groß geworden ist. Die Welt, die Joss Whedon hier in seiner Serie erschaffen hat, ist eine ganz und gar säkulare. Dieses sich erst im letzten Drittel der vierten Staffel offenbarende atheistische Konzept ist – im amerikanischen Kontext betrachtet – schon so etwas wie eine Provokation. Die Religionen, der Glaube an Gott, das Beharren auf bestimmten christlichen Werten und Traditionen, all das hat in den Vereinigten Staaten eine viel größere Bedeutung als bei uns. Im Vergleich zu den Staaten Europas sind die USA ein fundamentalistisches Land, insofern wagt sich Joss Whedon mit WHO ARE YOU sehr weit vor und riskiert es, dass seine Serie(n) ins Kreuzfeuer christlich-fundamentalistischer Gruppierungen geraten, die über eine nicht zu unterschätzende publizistische und öffentlichkeitswirksame Macht verfügen. Dass dies bislang nur vereinzelt geschehen ist, verdankt Whedon der Tatsache, sich bei diesen Dingen sehr zurückzuhalten und jederzeit einen erzählerischen Rückzug antreten zu können.

Wenn eine Serie so lange läuft wie BUFFY, ist die Gefahr groß, dass sich eine gewisse Routine einstellt – nicht nur bei ihren Machern und Darstellern, auch bei ihren Zuschauern. Man neigt dazu, vieles einfach als gegeben zu betrachten und mit einer Art von Selbstverständlichkeit auf die Leistungen der Verantwortlichen zu reagieren, die automatisch dazu führt, dass sie unterschätzt werden. Dies gilt zwar auch schon für die Regisseure und Drehbuchautoren, die nur noch wahrgenommen werden, wenn sie den von der Serie gesetzten Standard weit unter- oder weit überschreiten, aber noch viel stärker sind die Schauspieler von diesem letztendlich unaufmerksamen Sehen der Serie betroffen. So wissen wir alle, dass BUFFY, die Serie wie die Figur, Sarah Michelle Gellar ungeheuer viel verdankt, doch im Prinzip nehmen wir ihr Spiel erst wieder zur Kenntnis, wenn sie in ganz anderen Zusammenhängen auftritt wie in Roger Kumbles EISKALTE ENGEL (CRUEL INTENTIONS, USA 1999). Deswegen ist WHO ARE YOU auch ein Geschenk an sie, denn mit ihrer Darstellung der von Faith besessenen Buffy kann sie ihr ganzes schauspielerisches Können unter Beweis stellen; die Art und Weise, wie sie hier die Grenzen zwischen ihrer Buffy und Eliza Dushkus Faith auflöst, ist wirklich auszeichnungswürdig. Die besonderen Ausdrucksformen und Manierismen Eliza Dushkus finden sich alle in Sarah Michelle Gellars Spiel wieder, für knapp eine Folge ist sie wirklich Faith, die den Körper von Buffy übernommen hat.

Gesamtbewertung: ●●●
Humor: ★☆☆
Horror: ☠☠☠
Action: ▮▮▯

BtVS-417
SUPERSTAR

US-Erstausstrahlung: 4. April 2000

Regie: David Grossman. *Drehbuch:* Jane Espenson. *Gaststars:* Amber Benson (Tara), George Hertzberg (Adam), Bailey Chase (Graham Miller), Danny Strong (Jonathan Levinson), Robert Patrick Benedict (Adams Vampir-Soldat), John Saint Ryan (Colonel George Haviland), Erica Luttrell (Karen), Adam Clark (Polizei-Sergeant), Chanie Costello (Inga), Julie Costello (Ilsa)

Songs: *Hey, Sonny* von Royal Crown Revue (»Walk on Fire«, RCR Records mit Side 1/Dummy 1999), *Serenade in Blue* von Royal Crown/Revue mit Vocals von Brad Kane (unveröffentlicht; dies ist der Song, den Jonathan bei seinem Auftritt singt, Brad Kane hat ihm dabei die Stimme geliehen)

Xander *(über Jonathans Veränderung der Realität)*: »Was wir hier sagen, ist also, dass er uns durch einen Zauber dazu gebracht hat, ihn für cool zu halten?«
Giles: »Ja.«
Xander: »Das ist so cool.«

INHALT

Auf einem der vielen Friedhöfe Sunnydales. Obwohl Willow, Anya und Xander sie unterstützen, hat Buffy im Kampf gegen einen Vampir erhebliche Probleme. Als noch ein zweiter auftaucht, verschlechtert sich ihre Situation erheblich; trotzdem gelingt es der Gang, einen der beiden Untoten zu vernichten. Der zweite flieht und führt sie damit zu einem Mausoleum, wo fünf

Vampire gemeinsam eine Leiche aussaugen. Buffy und ihre Freunde ziehen sich zurück, weil alle außer der Jägerin davon überzeugt sind, Buffy hätte keine Chance gegen diese Übermacht. Sie brauchen Hilfe und wenden sich an Jonathan, den Außenseiter ihres Jahrgangs an der Sunnydale High School, der nun in einer großen Villa lebt und einen überlegenen und weltmännischen Eindruck macht. Bei der Lagebesprechung in Giles' Haus gibt Jonathan den Plan aus, wie sie gegen die fünf Vampire vorgehen sollen. Vorher hat die Gruppe allerdings Buffys Vorschläge ignoriert. Bei dem Angriff auf das Mausoleum vernichtet Buffy zwei der Untoten und Jonathan den Rest, allerdings ist der Jägerin ein Schnitzer im Gefecht unterlaufen, der die Freude an ihrem Erfolg trübt. Als sie gemeinsam die Grabstätte verlassen, wartet eine Schar von Fotografen auf Jonathan. Nach seinem kurzen Auftritt hält Jonathan Buffy eine Vorlesung über Vampire, als er in den Schatten des Friedhofs Spike entdeckt. Der neue Superheld droht dem Vampir, der es gerade einmal schafft, Buffy zu beleidigen, sonst aber ziemlich kleinlaut ist.

Willow erzählt Tara von Jonathans Heldentaten im Kampf gegen die Vampire, während sie dabei sind, eine an der Wand befestigte Jonathan-Collage zu vervollständigen. Doch ihre Freundin interessiert im Moment mehr, wie Buffy damit fertig wird, dass Riley mit Faith geschlafen hat, als diese den Körper der Jägerin gestohlen hatte. Willow ist sich sicher, dass Buffy darüber hinweg ist und sich die beiden gerade küssen, doch darin irrt sich Willow gewaltig. Riley und Buffy sind zwar zusammen in seinem Zimmer, doch die Stimmung zwischen ihnen ist ziemlich unterkühlt. Sie unterhalten sich nur über die Arbeit, also über Adam und die »Initiative«, die offensichtlich einiges vor Riley verbirgt. Als er versucht, die Jägerin zu berühren, entzieht sich Buffy und verlässt das Zimmer. Am nächsten Morgen spricht die Jägerin mit Jonathan im *Espresso Pump* über ihre Beziehungsprobleme. Jonathan analysiert ihre Gefühle ziemlich genau und rät ihr, Riley zu verzeihen, da sie zusammen etwas ganz Besonderes hätten, was die Mühen wert sei. Ihr Gespräch wird von Karen, einem Fan und Groupie Jonathans, unterbrochen, die sich von ihm ihr Exemplar seiner Autobiographie *Oh, Jonathan* signieren lässt. Zuletzt verrät er Buffy noch, dass man alles schaffen könne, solange man es nur wirklich wolle.

Etwas später im Hauptquartier der »Initiative«: Colonel George Haviland stellt sich als der neue Leiter des Projekts vor, bis eine vollständige Überprüfung der »Initiative« ergibt, was aus ihr werden soll. Dann stellt er seinen Leuten den neuen technischen Berater des Projekts vor – Jonathan. Der nun in militärischer Tarnuniform auftretende Superheld informiert die anwesenden Teams über seine Rückschlüsse in Bezug auf Adam. Bei einer genaueren Untersuchung von Professor Walshs Aufzeichnungen hat er festgestellt, dass Adams Energie- und Lebenszentrum im Kern aus Uran 235 besteht, was ihm ein ewiges Leben sichert. Die einzige Möglichkeit, ihn auszuschalten, bestünde demnach laut Jonathan in der vollkommenen Vernichtung Adams. Während dieser Besprechung der »Initiative« beobachtet Karen Jonathans Villa mit einem Fernglas. Sie will unbedingt einen Blick auf ihr Idol erhaschen, als sie plötzlich von einem völlig unbehaarten Monster mit ungewöhnlich langen Armen und scharfen Krallen und Zähnen angegriffen wird. Es gelingt ihr, nur leicht verletzt, aber ziemlich verängstigt zu fliehen.

Nach der Besprechung der »Initiative« wendet sich Riley an Jonathan. Wie zuvor schon Buffy sucht auch er nach einer Möglichkeit, seine Beziehung mit der Jägerin zu retten. Jonathan erklärt ihm, dass Buffy bereit sei, ihm zu verzeihen, doch er müsse auch auf sie und ihre Ängste eingehen. Um den beiden zu helfen, widmet ihnen Jonathan etwas später bei seinem Auftritt im *Bronze* einen Song. Riley nutzt diese Gelegenheit und fordert die Jägerin zum Tanz auf; sie willigt gerne ein und versichert ihm, als er versucht, sich für das Vergangene zu entschuldigen, dass es der Worte nicht mehr bedürfe. Während des Trompeten-Solos des zweiten Stücks, das Jonathan auf der Bühne des Clubs vorträgt und das auf seinem demnächst erscheinenden neuen Album sein wird, kommt Karen ins *Bronze*. Buffy will sich zwar sofort um sie kümmern, aber Karen geht geradewegs zur Bühne. Jonathan unterbricht seinen Auftritt und bittet sie, ihm zu erzählen, was passiert ist.

Als Buffy, Karen und Jonathan zu dessen Villa kommen, erwartet sie schon ein Polizei-Sergeant, der nach einer Meldung sofort selbst herausgefahren ist, um festzustellen, ob auch wirklich alles mit Jonathan in Ordnung ist. Nachdem er wieder weg ist, beschreibt Karen Jonathan ihren Angreifer, der ein seltsames Symbol auf der Stirn trägt. Obwohl ihn dieses Symbol offensichtlich beunruhigt, behauptet Jonathan, dass keine Gefahr von diesem Wesen, das nicht einmal ein Dämon, sondern nur ein Monster sei, ausgehe. Er werde selbst auf Patrouille gehen, um sicherzustellen, dass sich ein derartiger Zwischenfall wie der mit Karen nicht noch einmal ereigne. Alle bis auf Buffy sind daraufhin völlig beruhigt.

Etwa zur gleichen Zeit wird Adam in seinem neuen, mit zahlreichen Fernsehmonitoren ausgerüsteten Hauptquartier auf Jonathan aufmerksam, der gerade einen seiner TV-Auftritte absolviert. Er erkennt sofort, dass der Superheld die Welt verändert, das heißt den Blick aller Lebewesen, ob Mensch, Dämon oder Vampir, manipuliert hat. Nur auf Adam hat dieser Zauber keine Auswirkung, weil er – wie er einem seiner Vampir-Handlanger erklärt – sich jedes Moleküls in seinem Körper bewusst und damit auch wacher und lebendiger ist als jedes andere Wesen auf der Erde. Er will aber nicht einschreiten, da ihn die Auswirkungen von Jonathans Zauber interessieren, der unweigerlich Chaos heraufbeschwören muss.

In der Zwischenzeit hat Jonathan es sich in seiner Villa etwas bequemer gemacht: Zwei schwedische Schönheiten, noch dazu Zwillinge, warten schon ungeduldig auf ihn. Als er seinen Morgenmantel ablegt, sieht man ein Brand-Tattoo auf seiner Schulter – das gleiche Symbol, das Karen beschrieben hat. Etwa zur gleichen Zeit gehen Buffy, Willow und Tara über den Campus zum Wohnheim. Willow ist etwas beunruhigt und meint, sie müssten Jagd auf das Monster machen, doch Buffy erklärt ihr, dass Jonathan die Sache allein in die Hand nehmen will. Allerdings ist sich auch die Jägerin diesmal nicht ganz sicher, sie hat gespürt, dass Jonathan Angst hat. Daran will Willow aber nicht glauben und erinnert Buffy daran, dass sie ihn selbst als völlig furchtlos beschrieben hat, als sie ihn bei der Prom als Beschützer der Stufe ausgezeichnet hat. Nachdem sich die drei getrennt haben und Tara allein auf dem Weg durch ihr Wohnheim ist, wird sie von dem gleichen Monster angegriffen, das auch Karen attackiert hat. Dank ihrer Zauberkräfte gelingt es ihr, einen Abstellraum zu erreichen, in dem sie sich verbarrikadiert; dort wird sie aber erst am nächsten Morgen gefunden. Als Buffy und Willow sich um Tara in deren Zimmer kümmern, erwähnt sie das Symbol auf der Stirn des Monsters.

Nach diesem weiteren Zwischenfall kommt Buffy endgültig zu dem Schluss, dass etwas nicht stimmt. Sie streift allein durch Sunnydale und registriert jedes Detail der geradezu kultischen Verehrung Jonathans. Bei einem kurzen Besuch in Xanders Keller unterhält sie sich mit Anya über Zaubersprüche, die die gesamte Welt verändern können. Für den Abend beruft sie ein Treffen der gesamten Gang bei Giles ein – allerdings ohne deren neuen Helden hinzuzubitten – und unterrichtet die anderen über ihre Zweifel, denn zu Jonathans Leistungen gehören Taten, die er eigentlich nicht vollbracht haben kann. Es glaubt ihr zwar so recht keiner, doch bittet der selbst alles andere als überzeugte Riley die anderen, Buffys Überlegungen wenigstens nicht gleich ganz von der Hand zu weisen. Gerade als die Jägerin der Gang ein Kalenderfoto von Jonathan zeigt, auf dem die ihn mit dem Monster verbindende Tätowierung zu sehen ist, kommt der Superstar hinzu. Mit einer ziemlich fadenscheinigen Ausrede gelingt es ihm, die anderen zu überzeugen, dass Buffy Unrecht hat. Trotzdem besteht die Jägerin darauf, dass er so lange zusammen mit ihr auf Patrouille geht, bis sie das Monster gefunden und unschädlich gemacht haben. Auf dem Friedhof begegnen sie Spike, der sich erneut über Buffy lustig macht, bis Jonathan einschreitet. Auf die Fragen des neuen Helden von Sunnydale reagiert er aber genauso ausweichend und unkooperativ wie immer. Jonathan will es dabei belassen, aber die Jägerin ergreift die Initiative und bringt den Vampir dazu, ihnen einen Hinweis auf den Aufenthaltsort des Monsters zu geben.

Inzwischen haben die Mitglieder der Gang in Giles' Bibliothek eigene Nachforschungen angestellt und sind auf das Symbol gestoßen, das sowohl Jonathan als auch das Monster in ihre Haut eingebrannt tragen. Es ist Teil eines besonderen Zaubers, der es einem Menschen ermöglicht, die Wahrnehmung aller anderen Lebewesen zu beeinflussen, sie sehen ihn dann als ein Vorbild in jedem nur denkbaren Bereich. Aber dieser Zauber bringt auch eine Schattenseite mit sich, ein Monster, das durch seine Existenz das Gleichgewicht zwischen Gut und Böse aufrechterhält. Die Auswirkungen des Zaubers sind nur rückgängig zu machen, wenn das Monster getötet wird.

Buffy und Jonathan sind in einer Höhle angekommen, in deren Zentrum ein tiefer Abgrund klafft. Als sie von dem Monster angegriffen werden, versteckt sich Jonathan so schnell wie möglich, Buffy muss also den Kampf, abgesehen von kurzen Eingriffen Jonathans, allein führen. Erst als die Jägerin am Rand des Abgrunds liegt und das Monster sie hinabbefördern will, trifft er eine Entscheidung, stürzt sich auf das Ungetier und stößt es in die Tiefe, fällt dabei aber selbst auch in den Abgrund. Buffy kann ihn im letzten Moment festhalten und retten, und die Welt kehrt wieder zur Normalität zurück.
Am nächsten Tag sitzt die Gang zusammen und spekuliert über die persönlichen Auswirkungen von Jonathans Zauber, während er ein paar Meter von ihnen steht. Buffy geht zu ihm hinüber und erklärt ihm, dass er Freunde nicht durch einen Zauber, sondern durch harte Arbeit gewinne. Er sieht das endlich ein und erinnert die Jägerin, dass er ihr etwas Ähnliches in Bezug auf Riley gesagt hat. Später sind Buffy und ihr Freund in seinem Zimmer zusammen. Sie küssen sich leidenschaftlich, die Krise ist überstanden.

KOMMENTAR

Ohne den Machern von BUFFY – IM BANN DER DÄMONEN daraus einen Vorwurf machen zu wollen, zeichnet sich nun im letzten Drittel der vierten Staffel immer deutlicher ab, dass dies ein extrem inhomogenes Jahr für die Serie ist. Man kann sich des Eindrucks nicht erwehren, dass der *launch* und die Etablierung von ANGEL doch einige Kräfte und einige kreative Konzentration gekostet haben, die früher in die grundsätzliche Planung einer BUFFY-Staffel geflossen sind. Sieht man einmal von der allgemeinen Schwäche im ersten Drittel ab, kann man dabei noch nicht einmal sagen, dass dieses vierte Jahr nun ein verflixtes

wäre, das gegenüber den früheren stark abfällt. Das Niveau, das BUFFY hier ab einem gewissen Punkt erreicht und seitdem auch ohne weitere Schwierigkeiten gehalten hat, ist zweifellos sehr hoch und im Bereich vergleichbarer amerikanischer Serien relativ konkurrenzlos. Nur täuscht das alles nicht darüber hinweg, dass innerhalb dieser Staffel die einzelnen kleinen Ideen stärker und interessanter sind als das große Ganze. Einige der Entwicklungen und auch einige in sich abgeschlossene Einzelgeschichten sind einfach grandios und gehören wahrscheinlich zu den wahren Höhepunkte der gesamten vier Jahre, nur fügen sich diese Elemente nicht zusammen. Im Idealfall einer Staffel ist sie mehr als die Summe all ihrer Episoden und Einfälle, doch diese vierte Season scheint eher weniger als diese Summe zu sein. Dies hängt natürlich auch damit zusammen, dass es anders als in den Vorjahren keine alles umschließende Tendenz oder Thematik gibt. Außerdem hat sich Joss Whedons Team diesmal sehr lange Zeit gelassen, bis der eigentliche Haupterzählstrang der Staffel deutlich wurde, und ihn dann immer wieder in einem stärkeren Maß unterbrochen, als es innerhalb der Dramaturgie eines Serienjahres angemessen ist. Als Folge daraus stellt sich automatisch ein Gefühl von Zerrissenheit ein, eine gewisse Willkür scheint zu herrschen, die zwar den Autoren und Regisseuren der einzelnen Folgen eine enorme Freiheit gibt – in keiner der vorherigen Staffeln wurde so viel experimentiert wie hier –, aber zugleich muss die Serie insgesamt den Preis dieser Freiheit zahlen.
Auf den ersten Blick scheinen diese Eingangsüberlegungen relativ wenig mit der hier zu besprechenden Episode SUPERSTAR zu tun zu haben. Das stimmt insofern, als sie hier tatsächlich eher stellvertretend stehen. Im Prinzip passen sie zu vier oder fünf anderen Folgen mindestens genauso gut, wenn nicht sogar besser, denn insgesamt betrachtet gehört diese von Jane Espenson ge-

schriebene und von David Grossman inszenierte Episode zweifellos ins obere Drittel dieser Season. In keiner anderen Folge ist beispielsweise die Kombination von Scherz, Satire, Ironie und tieferer Bedeutung so perfekt gelungen wie hier. Und doch ist es gerade die herausragende Stellung, die SUPERSTAR einnimmt, welche solche kritischen Überlegungen erst heraufbeschwört. Obwohl sie für sich genommen ein wahres Ereignis ist, hinterlässt sie an dem Punkt, an dem sie im Verlauf der Staffel steht, einen zwiespältigen Eindruck. Man wird das Gefühl nicht los, dass man gerade nach der Faith-Doppelfolge – die selbst schon etwas extrem Retardierendes hatte, schließlich drängte die Rückkehr der zweiten Jägerin die gerade erst in Gang gekommene Adam-Handlung wieder in den Hintergrund (Xanders Bemerkung, dass Faith für ihr unzeitgemäßes Erscheinen einen Preis für das schlechteste Timing verdient habe, könnte man auch in einen Kommentar zur Entwicklung der Serie an sich umdeuten) – lieber eine Episode gesehen hätte, die Adam wieder in den Vordergrund stellt. Insofern ist dies der ungünstigste Zeitpunkt für eine Parallel-Welt-Episode überhaupt – und daran ändert auch die Tatsache nichts, dass Jane Espenson in dieser parallelen Welt an die Ereignisse in der eigentlichen BUFFY-Realität anschließt und weitere Entwicklungen vorbereitet.
Das Konzept einer parallelen Welt ist zum ersten Mal in BUFFY – IM BANN DER DÄMONEN in der Folge BtVS-309 WAS WÄRE WENN ... (THE WISH) durchgespielt worden, deren Auswirkungen dann in BtVS-316 DOPPELGÄNGLAND (DOPPELGÄNGLAND) thematisiert wurden. Trotzdem sind diese beiden Episoden nicht mit dieser zu vergleichen, Jane Espenson erschafft hier eine ganz andere zweite Realität als Marti Noxon in WAS WÄRE WENN ... In ihr ist aus Cordelias Wunsch dank der Macht von Anyanka tatsächlich eine komplett andere zweite Welt erwach-

sen, deren Bewohner ein Leben geführt haben, das mit dem, was alle vorherigen Folgen der Serie präsentiert haben, praktisch nichts mehr gemeinsam hatte. In SUPERSTAR sind die Veränderungen, die Jonathans Zauberspruch herbeigeführt hat, nun viel subtiler. Im Prinzip können beinahe alle Figuren hier auf (fast) alle Erfahrungen zurückgreifen, die sie im Verlauf der vorherigen Folgen gemacht haben. Nur Jonathan und damit auch die Jägerin selbst spielen in dieser parallelen Welt eine etwas andere Rolle als in der eigentlichen Realität von BUFFY. Der *geek* Jonathan, der ultimative High-School-Außenseiter, der sich in BtVS-318 FREMDE GEDANKEN selbst erschießen wollte, hat die Welt verzaubert, so dass sie ihn mit anderen Augen betrachtet. Dadurch, dass er anders wahrgenommen wird, ist er nun auch ein anderer, ein Superheld, dessen Kräfte und dessen Ruhm noch weit über den der Jägerin hinausgehen.
In gewisser Weise schließt SUPERSTAR mit dieser Idee an die vorhergehende Folge an. In WHO ARE YOU bewirkt der Körpertausch, dass Faith einen Wandel durchmacht. Von dem Moment an, als sie wie Buffy aussieht, nähert sie sich ihrer großen Rivalin und Gegenspielerin an. Dabei spielt auch eine Rolle, dass ihre Umwelt in ihr nun Buffy und nicht mehr Faith sieht; die anderen Erwartungen, die ihr deswegen entgegengebracht werden, lösen auch ein anderes Verhalten aus. Jane Espenson geht mit SUPERSTAR noch einen Schritt weiter. Jonathan ist hier nun nicht mehr der Mensch, der er durch seine Anlagen und seine Entwicklungen über die Jahre hinweg geworden ist, sondern definiert sich ausschließlich über den Blick der anderen. Der Zauber führt dazu, dass sie in ihm ein Vorbild sehen, also muss er können und gemacht haben, was man von einem Vorbild nur erwarten kann. Nachdem der Zauber wieder rückgängig gemacht worden ist, bleibt von dem strahlenden Bild Jonathans nichts mehr übrig. Er

ist wieder der *geek*, der Außenseiter und Einsame, der keine Freunde findet und sich deswegen ständig zu Verzweiflungstaten hinreißen lässt.

Diese Idee ist durchaus reizvoll und das, was Jane Espenson aus ihr macht, ist mehr als nur sehr sehenswert. Allerdings bleibt die Frage, inwieweit SUPERSTAR nicht doch dem eigentlichen Anliegen von BUFFY zuwider läuft, denn der bisherige Grundtenor der Serie ging eher in die Richtung, dass man sich nicht von der Sicht der anderen abhängig machen soll, dass jeder sich selbst eben auch in sich selbst finden kann. Jonathan verkörpert nun einen Typus des Außenseiters, der aufgrund seiner Persönlichkeit – anders als Willow und Xander, die in ihrer Schulzeit auch zu denen gehörten, die nie in eine der mächtigen Cliquen aufgenommen worden wären – in keine Gruppe mehr passt, dem also als einziger Ausweg nur drastische Mittel bleiben. Allerdings spricht diese Episode ihm jede eigene Persönlichkeit ab, er ist wirklich nur das, als was er wahrgenommen wird: ein Superstar oder ein *super-geek*. In dieser Radikalität liegt ein sehr pessimistisches Bild unserer Gesellschaft, die plötzlich nur noch durch Gewalt, einen gefährlichen Zauber, zu verändern ist.

Diese pessimistische Sicht auf die momentane gesellschaftliche Struktur Amerikas oder vielleicht sogar der ganzen Welt bricht zwar in vielerlei Hinsicht mit dem eher optimistischen Weltbild, das die Mehrzahl der BUFFY-Folgen zumindest unterschwellig gezeichnet hat, ist aber im Kontext dieser Episode völlig schlüssig. Jane Espenson rechnet hier auf äußerst amüsante, höchst ironische Weise mit einem Teil unserer Wirklichkeit ab, zu dem in einem gewissen Maß sogar BUFFY selbst gehört. SUPERSTAR ist ein unverhohlener Angriff auf einen Starkult, der seinem Objekt quasi göttliche Züge verleiht und ihn mit religiöser Inbrunst verehrt. Die Plakate, der Kalender, in denen Jonathan in verschiedenen Badehosen posiert (eine Anspielung auf *Swimsuit*-Kalender und Zeitschriftensondernummern, in denen meist weibliche Models in knappen Bikinis zu sehen sind und die sich gerade in Amerika, einem Land, in dem völlige Nacktheit immer noch ein Tabu ist, sehr großer Beliebtheit erfreuen), die Comics, die hier übrigens »Dark Horse« zugeschrieben werden, dem Verlag, der in den Vereinigten Staaten die realen BUFFY- und ANGEL-Comics herausbringt, die Sammelkarten und schließlich die Autobiographie, die ein gerade 19-Jähriger geschrieben hat, all das sind natürlich Übertreibungen, doch ist die Realität ohne größere Probleme in ihnen zu entdecken. Man muss nur an den Kult um gewisse Boygroups, Sportler oder Kinostars denken. Keiner von ihnen ist zwar so allgegenwärtig, so dominant in wirklich jedem Lebensbereich wie hier Jonathan, und doch kommen die Verehrung, die ihnen durch ihre Fans entgegengebracht wird, und die Aufmerksamkeit, die ihnen die Medien widmen, einer Verzerrung der Wirklichkeit gleich. Jane Espenson stellt hier solche Phänomene, die auch den Stars von BUFFY – IM BANN DER DÄMONEN nicht unbekannt sind und ihre Berühmtheit in eine äußerst zwiespältige Erfahrung verwandeln, als eine Form von Manipulation dar. Die Menschen, die einen Superstar oder Superhelden verehren, sind nicht mehr sie selber, sie stehen – und das kann man in dieser Geschichte wortwörtlich nehmen – unter dem Bann eines Zaubers, der ihr Urteilsvermögen außer Kraft setzt. Der entscheidende Unterschied ist nur, dass die realen Fans, anders als die Bewohner des BUFFY-Universums, sich freiwillig für diese Form der Realitätsflucht entscheiden. Der Star selbst besitzt keine magische Kraft, sein Zauber entsteht ganz und gar in den Köpfen seiner sich selbst blind machenden Verehrer. In dieser Hinsicht ist SUPERSTAR eine witzige, aber völlig ernst gemeinte Warnung vor den Auswüchsen des Starkults und Fantums.

In WHO ARE YOU, der vorherigen Folge, hat Joss Whedon seinem Universum die stillschweigend zugrunde gelegte christliche Basis entzogen und seinen Kosmos als einen zutiefst atheistischen offenbart. In SUPERSTAR gibt Jane Espenson der Serie nun wieder einen philosophischen Überbau, der sich allerdings schon in BtVS-412 A NEW MAN, einer auch von ihr geschriebenen Episode, andeutete. In ihr sprach Ethan Rayne von einer Kraft, die das Gleichgewicht in der Welt der Dämonen störe. Nun erfahren wir, dass der Zauber die Superheld-Werdung Jonathans dadurch ausgleicht, dass ein Monster in die Welt kommt, dessen Macht der Jonathans entspricht (obwohl dies innerhalb der Folge eine reine Behauptung bleibt – schließlich können sowohl Karen als auch Tara ihm relativ unversehrt entkommen, und am Ende bereitet es Buffy und Jonathan auch nicht viel mehr Mühe, dieses Monster zu vernichten, als wir es von typischen Dämonen schon gewohnt sind). Es muss also immer ein Gleichgewicht bestehen oder eben wieder hergestellt werden, das in diesem Fall eines zwischen dem Guten und dem Bösen ist. Dieses Prinzip des Gleichgewichts ist gedankengeschichtlich betrachtet eher fernöstlichen als westlichen Vorstellungen verpflichtet. Es findet sich gerade in den ostasiatischen religiösen Philosophien wie dem Konfuzianismus und dem Taoismus. Sein berühmtester Ausdruck ist das Yin-und-Yang-Symbol, das »die polaren Grundprinzipien, aus deren Wechselspiel und Interaktion die Dinge und alles Geschehen des Universums entstehen und bestimmt sind« (Brockhaus), repräsentiert. Yin (verknüpft mit der Farbe Schwarz) und Yang (verknüpft mit Weiß) stehen dabei nicht einfach nur für Gut und Böse, sie sind Ausdruck eines viel weiter reichenden, wirklich alles umfassenden Dualismus.
Dieses dualistische Prinzip, das ein Gleichgewicht zum entscheidenden Charakteristikum einer funktionierenden, sich also

sprichwörtlich in der Balance befindenden Welt erklärt, besitzt gerade im Zusammenhang von Mystery-Serien einen ganz besonderen Reiz, allerdings stellt sich im Fall von BUFFY – IM BANN DER DÄMONEN die Frage, ob es in dem von Whedon erdachten Universum überhaupt angewendet werden kann, denn ein Wesen wie Buffy, eine Superheldin, die das Böse in jeder seiner Erscheinungsformen bekämpft und wenn möglich für immer vernichtet, stört automatisch ein Gleichgewicht. Das heißt, es müsste nicht eine mit dem verwandelten Jonathan korrespondierende Inkarnation des Bösen geben, sondern auch eine Kraft, die Buffys Handlungen ausgleicht. Davon war bisher allerdings noch nichts zu spüren, und eine solche Figur würde auch die Strukturen in der Serie und ihre Konstellationen völlig durcheinander bringen. Insofern kann im Universum von BUFFY in seiner Gesamtheit kein wie auch immer geartetes Gleichgewicht bestehen.

Gesamtbewertung: ●●●
Humor: ★★★
Horror: ☠☠☠
Action: ▮▯▯

BtVS-418
WHERE THE WILD THINGS ARE

US-Erstausstrahlung: 25. April 2000

Regie: David Solomon. *Drehbuch:* Tracey Forbes. *Gaststars:* Amber Benson (Tara), Leonard Roberts (Forrest Gates), Bailey Chase (Graham Miller), Kathryn Joosten (Mrs. Holt), Casey McCarthy (Julie), Neil Daly (Mason), Jeff Wilson (Evan), Bryan Cuprill (Roy),

Jeffrey Sharmay (ertrinkender Junge), Jeri Austin (laufendes Mädchen/Geist), David Engler (Soldat der »Initiative«), James Michael Conner (Wissenschaftler)

Songs: *Behind Blue Eyes* von Anthony Stewart Head (unveröffentlicht); *The Devil You Know (God is a Man)* von Face to Face (»Ignorance is Bliss«, BMG 1999; auch veröffentlicht auf »Buffy the Vampire Slayer: The Album«, TVT Records 1999)

Tara *(über Adam)*: »Also überbrückt er den Abgrund zwischen den Rassen.«
Willow: »Wie Martin Luther King.«

INHALT

Wieder einmal kämpft Buffy auf dem nächtlichen Friedhof gegen einen Vampir, doch diesmal wird sie von Riley unterstützt. Gerade als die beiden den Untoten so weit unter Kontrolle haben, dass sie ihn ohne Schwierigkeiten vernichten könnten, taucht ein gehörnter blauer Dämon auf und kommt dem Vampir zu Hilfe; daraufhin übernimmt Riley den Untoten und die Jägerin den Dämon. Eigentlich müssten sie diesen seltsamen Vorfall – Dämonen und Vampire sind an sich ja alles andere als Freunde – sofort Giles melden, doch der Kampf hat sie beide so erregt, dass sie den Besuch bei Giles erst einmal verschieben. Sie schaffen es gerade noch so bis zu Rileys Zimmer im Lowell House und reißen sich praktisch schon in der Tür die Kleider vom Leib. Als Riley später durch ein Geräusch geweckt wird, geht er durch den Flur im Wohnheim zum Badezimmer. Der Duschvorhang, den er wegzieht, gibt den Blick frei auf einen tropfenden Wasserhahn. Am nächsten Morgen: Xander hat einen neuen Job, er fährt einen Eiswagen. Anya begleitet ihn auf seiner Tour; sie ist ver-

ärgert, weil er in der Nacht zuvor nicht mit ihr geschlafen hat und nun will, dass sie, ein ehemaliger Dämon, ihn am nächsten Abend zu einer Party im Lowell House, dem Wohnheim der »Initiative«-Soldaten, begleitet. Inzwischen ist Xander am Straßenrand stehen geblieben und in den Verkaufsraum des Wagens getreten. Da Anya ihm so sehr auf die Nerven geht und aus der einen Nacht ohne Sex schließt, dass Xander sie verlassen will, beginnt er sein Hemd auszuziehen, um auf der Stelle mit ihr zu schlafen. Doch als er kurz zur Seite blickt, sieht er, dass mehrere Kinder und Eltern vor dem Wagen stehen und gerade Zeugen dieser Szene geworden sind.
In einem Aufenthaltsraum der Universität unterrichten Buffy und Riley den ehemaligen Wächter Giles, Willow und Tara von der seltsamen Allianz zwischen Vampir und Dämon. Giles ist alarmiert, und sie alle vermuten, dass Adam für diese Anomalie verantwortlich ist. Riley versichert ihm, dass auch während der morgigen Party Teams der »Initiative« auf Patrouille gehen werden. Eine Einladung, ebenfalls ins Lowell House zu kommen und mit zu feiern, schlägt Giles aus; er hat an dem Abend schon etwas im *Espresso Pump* vor. Da sie noch 20 Minuten bis zur ihrem nächsten Kurs hat, zieht sich Buffy mit Riley zurück, um die Zeit zu nutzen.
An diesem Abend ist es im Lowell House ungewöhnlich kalt; Forrest und Graham ärgern sich, weil der Heizkessel gerade erst repariert worden ist. Als sie an Rileys Zimmer vorbeikommen, hören sie ihren Freund und Buffy, die wieder einmal leidenschaftlichen Sex haben. Im Erdgeschoss treffen sie Mason, einen weiteren Bewohner von Lowell, der gerade ohne großen Erfolg dabei ist, das Kaminfeuer anzuheizen; dafür nähern sich Buffy und Riley immer mehr einem ekstatischen Höhepunkt. Als sie ihn erreichen, schlagen unten die Flammen aus dem Kamin und

springen auf Mason über. Forrest reißt eine Universitätsflagge herunter und rettet damit seinen brennenden Mitbewohner.

Einen Abend später streift Anya allein durch die Straßen von Sunnydale, als plötzlich Spike vor ihr steht und sie mit seinem Vampirgesicht erschreckt. So raubt er im Moment Menschen aus, um an das Geld zu kommen, das er für Blut und Bier benötigt, doch bei Anya funktioniert diese Masche natürlich nicht. Zur gleichen Zeit ist im Lowell House die Party in vollem Gange. Riley steht zwar bei Forrest und Graham, während sich Buffy am anderen Ende des Raums mit Willow, Tara und Xander unterhält, doch beide haben nur Augen für einander. Sie bekommen gar nicht mit, was die anderen sagen – beispielsweise Xander, der glücklich ist, dass Anya nicht mehr über ihre früheren Fähigkeiten verfügt. Währenddessen trauern Anya und Spike im *Bronze* ihrer früheren Macht nach und ergehen sich in Phantasien darüber, wie sie sich in besseren Zeiten an Partnern wie Xander oder Drusilla grausig gerächt hätten.

Auf der Party versucht Roy, einer der Studenten, die sich in BtVS-405 BEER BAD in Höhlenmenschen zurückverwandelt haben, eine Kommilitonin zu beeindrucken. Als er die Hand auf die Wand legt, geht eine Kraft durch seinen Körper, die ihn ein ungeheures sexuelles Vergnügen empfinden lässt. Zur gleichen Zeit flirtet Xander mit Julie, einer gut aussehenden Studentin, die anscheinend seine Art von Humor besonders mag. Willow und Tara sitzen zusammen auf einer Treppe, und Tara versucht ihre Freundin davon zu überzeugen, was für ein Spaß Reiten sein kann. Inzwischen ist Buffy zu Riley hinübergegangen, und unter einem mehr als fadenscheinigen Vorwand entschuldigen sie sich bei Forrest und Graham, um sich in Rileys Zimmer zurückziehen zu können. Als Willow eine Hand auf ihr Knie legt, reagiert Tara völlig unkontrolliert: Sie ist angeekelt und will nicht berührt wer-

den. Während sie in einem Badezimmer verschwindet, bleibt Willow verunsichert und verletzt zurück. Kurz danach erscheint Anya zusammen mit Spike auf der Party. Xander ist entsetzt und reagiert auf die Sticheleien des Vampirs damit, dass er in den Raum ruft, »Hostile 17« sei gerade angekommen. Doch das scheint niemanden zu interessieren, deshalb lässt Spike die beiden allein, um sich Bier zu beschaffen. Anya und Xander streiten sich heftig, und jeder von ihnen verkündet lauthals, den anderen zu verlassen.
Kurz darauf kommt Xander zu einer Gruppe, die gerade Flaschen-Drehen spielt und zu der auch Julie gehört. Sie fordert Xander auf, mitzuspielen. Als die Reihe an ihn kommt und die Flasche entscheidet, dass er Julie küssen soll, gibt er ihr nur einen flüchtigen Kuss auf die Wange, doch sie stürzt sich regelrecht auf ihn und lässt ihn gar nicht mehr zu Atem kommen. Plötzlich hört sie damit auf, entschuldigt sich und läuft davon. Xander, der nach diesem merkwürdigen Zwischenfall besorgt um Julie ist, folgt ihr und kommt dabei an ein paar Leuten vorbei, die sich um die Wand versammelt haben, an der Roy diese besondere Stelle entdeckt hat; die Studenten legen nun einer nach dem anderen eine Hand dorthin. Schließlich findet Xander Julie, die sich in einem Schrank eingeschlossen hat und nicht herauskommen will. Sie schneidet sich selbst die Haare ab und wiederholt immer nur den Satz: »Ich bin schlecht.«
Willow sucht nach Tara, doch sie ist nicht im Badezimmer. Als sie den Duschvorhang wegzieht, sieht sie einen Jungen, der versucht, sich in der gefüllten Badewanne zu ertränken. Sie will ihn herausziehen, nur verschwindet er in diesem Moment. Als sie sich dann umdreht, steht er kurz hinter ihr. Der Schrei, den sie daraufhin ausstößt, lässt Buffy und Riley für einen ganz kurzen Moment in ihrem Liebesspiel innehalten, doch dann versinken

sie wieder ganz in ihrem scheinbar unkontrollierbaren Begehren. Inzwischen sucht Xander nach jemandem, der Julie kennt und ihm hilft, sie aus dem Schrank zu locken. Willow kommt zu ihm und berichtet aufgeregt von dem Geist, den sie gerade gesehen hat. Nun schließt sich auch Tara ihnen an, die davon überzeugt ist, dass sie möglichst schnell das Haus verlassen sollten. Genau in diesem Moment beginnt die beim Flaschen-Drehen benutzte Bierflasche sich immer schneller zu drehen, bis sie in einer Art Explosion zerplatzt. Willow und die anderen stürzen zu Rileys Zimmer, dort kommen nun dicke Kletterpflanzen unter der Tür hervor, die sie in kürzester Zeit bedecken. Die Jägerin und ihr Freund bekommen dies nicht mit, daran ändert auch ein Erdbeben nichts, das das Lowell House erschüttert. Panik bricht aus, fast jeder versucht das Haus zu verlassen. Forrest und Graham betreten den Fahrstuhl zum Hauptquartier der »Initiative«, um von dort aus Gegenmaßnahmen einzuleiten. Bei der Flucht aus dem Wohnheim schließt sich Anya wieder Willow, Tara und Xander an. Er ist der Letzte von ihnen, der zum Ausgang kommt, und entdeckt deshalb die nun fast kahlköpfige Julie, die er schließlich mit aus dem Haus zieht und die dann in Panik davonläuft. Die Gang überlegt, was zu tun ist, und Xander entscheidet, dass er Buffy und Riley zur Not allein herausholt. Erst will ihm Spike noch helfen – doch dann wird ihm bewusst, dass Buffy ihm egal ist, und er verschwindet. Kaum dass Xander das Haus betreten hat, wird er auch schon wieder von einer unsichtbaren Kraft hinausgeschleudert. Der Gang bleibt nur noch ein Ausweg: Giles. Sie suchen ihn im *Espresso Pump* auf und sind, vorsichtig ausgedrückt, ziemlich verblüfft, dass der ehemalige Wächter dort als Sänger und Gitarrist auftritt.
Während Riley und Buffy sich nicht voneinander losreißen können und immer weitermachen, begeben sich Giles und die Gang

Ob Sarah Michelle Gellar bei den Fotoaufnahmen für das *Shivers*-Cover an diese, sagen wir mal, befriedigende Episode dachte?

auf die Suche nach Informationen über das Lowell House. Aus alten Zeitungsausschnitten erfahren sie, dass das Gebäude in den 50er Jahren ein Heim für Ausreißer, jugendliche Kriminelle und verhaltensgestörte Kinder war. Die damalige Leiterin, Mrs. Holt, lebt immer noch in Sunnydale. Als Giles ihr zusammen mit der Gang einen Besuch abstattet, erfahren sie, dass unter ihrer Leitung nie ein Kind gestorben ist. Allerdings gehört sie zu den religiösen Fanatikern, die versuchen, jegliche Form von Sexualität bei Kindern zu unterdrücken. Als sie wie selbstverständlich von ihren mittelalterlichen Methoden berichtet, zu denen gehörte, dass Mädchen, die eitel waren, die Haare abgeschnitten wurden und dass sie Jungen mit unreinen Gedanken in der Badewanne »taufte«, explodiert Giles und wirft ihr vor, dass sie die ihr anvertrauten Kinder zu gestörten Erwachsenen gemacht habe. Nachdem sie Mrs. Holt verlassen haben, erklärt der frühere Wächter der Gang, dass es sich bei den Erscheinungen nicht um Gespenster, sondern um Poltergeister handelt, die das Ergebnis der über Jahre unterdrückten sexuellen Energie sind und sich von Buffy und Riley nähren. Wenn es der Gang nicht gelingt, die beiden zu unterbrechen, werden sie bald an Erschöpfung sterben.

In Stevenson Hall angekommen, bereiten Willow, Tara und Giles einen Zauber vor, der die Poltergeister ablenken soll. Xander und Anya bewaffnen sich, um dann zu der Jägerin und ihrem Freund vorzudringen. Der Zauber wirkt, die Poltergeister manifestieren sich als eine Gruppe von Kindern um Willow, Tara und Giles herum. Xander und Anya kommen ins Haus und kämpfen sich die Treppe hoch, die sich durch die Ranken aus Rileys Zimmer fast in einen Urwald verwandelt hat. Doch als sie Rileys Tür erreichen, werden die Poltergeister auf sie aufmerksam und treten aus dem Bann des Zaubers heraus. Wie von unsichtbaren

Händen wird Xander ins Badezimmer geschleift, und Anya, die ihm helfen will, schleudert die Kraft durch das Geländer nach unten ins Erdgeschoss. Währenddessen drückt die unsichtbare Kraft Xander unter Wasser. Er versucht verzweifelt aufzutauchen, und um die Wanne herum erscheinen nun die Geister-Kinder. Anya steht wieder auf und kämpft sich erneut die Treppe hoch, dabei schießt ihr eine Ranke direkt durch die linke Hand. Aber auch das kann sie nicht aufhalten, sie zieht sie heraus und erreicht gerade rechtzeitig das Badezimmer, um ihren Freund vor dem Ertrinken zu bewahren. Gemeinsam erreichen sie trotz der sie angreifenden Pflanzen die Tür zu Rileys Zimmer und können sie mit Gewalt öffnen. Buffy und Riley werden sofort aus ihrer sexuellen Trance gerissen, sämtliche Manifestationen der Poltergeister verschwinden.
Am nächsten Tag sitzt die ganze Gang zusammen in einem Café auf dem Campus. Riley und Buffy sind die Ereignisse der vergangenen Nacht peinlich, und sie erklären sie damit, dass eine fremde Macht von ihnen Besitz ergriffen hatte. Als Willow äußert, dass dieser sexuelle Rausch furchtbar gewesen sein müsse, stimmen sie ihr zu, doch ihre Augen sagen etwas ganz anderes.

KOMMENTAR

Die Universität von Sunnydale ist zwar nicht so wie die High School direkt über einem Tor zur Hölle erbaut worden, aber trotzdem ereignen sich auch auf ihrem Gelände genügend merkwürdige, übernatürliche Vorfälle. Besonders die Wohnheime scheinen eine beliebte Wirkungsstätte magischer Kräfte zu sein: Nachdem in BtVS-404 FEAR, ITSELF der Dämon der Furcht von einem der Verbindungshäuser Besitz ergriffen hat, ist es nun das Lowell House, das Wohnheim der »Initiative«-Mitglieder unter den Studenten, das von paranormalen Kräften heimgesucht wird. Dabei ähneln sich David Furys Albtraum-Geschichte und Tracey Forbes' Variation der klassischen *haunted house stories* von ihrer Struktur her verblüffend. Man könnte fast so weit gehen und sagen, dass FEAR, ITSELF mit seiner Studentenparty, die in Chaos und Panik endet, so etwas wie eine Blaupause für BtVS-418 WHERE THE WILD THINGS ARE darstellt. Allerdings muss man der Autorin Tracey Forbes und dem Regisseur David Solomon zugute halten, dass sie aus ähnlichen Plot-Elementen etwas ganz anderes gemacht haben. Denn während FEAR, ITSELF sich letztlich als ein großer, nur auf eine einzige, wenig befriedigende Pointe hinsteuernder Gag entpuppt, gehört diese Episode zu den provokantesten in der ganzen Serie (doch dazu erst etwas später mehr).

Eine Stärke oder auch Schwäche von BUFFY – IM BANN DER DÄMONEN – das hängt ganz und gar von der Perspektive ab, aus der man auf die Serie blickt – liegt darin, dass sich Joss Whedon und seine Autoren immer eine relativ große Freiheit in Bezug auf die großen Mythen des Horrors herausgenommen haben. Natürlich gibt es in den vier Staffeln Variationen auf so ziemlich jedes Motiv des Genres. Frankenstein und sein Monster, Dr. Jekyll und Mr. Hyde, die Mumie und der Werwolf des Universal-Studios – sie alle standen schon ein oder sogar mehrmals Pate für die Wesen, denen die Jägerin in Sunnydale begegnet. Doch ihre Auftritte in Joss Whedons Universum unterscheiden sich in der Regel recht stark von denen in anderen Geschichten, denn die alten Mythen und Motive sind für die Autoren und Regisseure von BUFFY so etwas wie ein Steinbruch, aus dem man sich bedient, um dann seiner eigenen Phantasie freien Lauf zu lassen. Sie sind das Ausgangsmaterial, der Rohstoff, der erst unter den Händen des Bildhauers, oder in diesem Fall eben der

Drehbuchautoren und Regisseure, seine richtige Form bekommt. In WHERE THE WILD THINGS ARE bilden nun Geschichten von Geistern und Häusern, die sie heimsuchen, das Ausgangsmaterial. Doch bei allen Ähnlichkeiten mit berühmten Filmen und Romanen, die diese Folge in ihren Details zweifellos aufweist, gilt auch hier wieder, dass die Poltergeister und Geisterkinder, die Lowell House in einen Dschungel der Lust verwandeln, letztlich etwas Neues innerhalb des Kosmos der Gespenstergeschichten darstellen. Da keines der Kinder, die sich in der Obhut von Mrs. Holt befanden, in den Mauern des Lowell House gestorben ist, erklärt Giles die Ereignisse über das Phänomen der Poltergeister. Doch – und da weichen Tracey Forbes und David Solomon entscheidend von allen typischen Poltergeist-Geschichten ab – Poltergeister oder auch *noisy ghosts* (laute, lärmende Geister) manifestieren sich nicht in körperlicher Form, sie sind vielmehr reine Energie, kraft derer sich Gegenstände, beispielsweise Türen oder Schubladen, von allein bewegen. Typisch sind neben schlagenden Türen oder Gegenständen, die aus Regalen oder von der Wand fallen, auch Schubladen, die sich aus Schränken lösen, dann herunterstürzen und dabei ihren Inhalt über den Boden ausbreiten.

Einige Forscher, die sich gezielt paranormalen Phänomenen widmen, erklären solche Vorfälle damit, dass in dem von »Poltergeistern« heimgesuchten Haus ein Mensch lebt, der unter sehr starkem Stress und einer extremen inneren Spannung steht. Dieser Druck soll dann in der unterbewussten telekinetischen Steuerung von kleineren oder auch größeren Gegenständen ein Ventil finden. Ohne es zu wissen, ist also in diesem Erklärungsmodell einer der Hausbewohner selbst für die seltsamen Vorfälle verantwortlich, die sein Leben noch weiter durcheinander bringen. Außerdem gehen diese Forscher davon aus, dass die Verursacher von Poltergeist-Phänomenen in der Regel Mädchen sind, die sich gerade in der Pubertät befinden. Der psychische Druck, der mit der Verwandlung vom Kind in eine junge Frau einhergeht, manifestiert sich dann in dieser Form von unterbewusster Telekinese.

Spuren dieser Theorien kann man auch in WHERE THE WILD THINGS ARE entdecken, schließlich ist die Energie, die hier durch Buffys und Rileys Leidenschaft freigesetzt wird, durch die Unterdrückung sexueller Impulse pubertierender Jugendlicher entstanden, nur dass sie hier von einem Haus gespeichert wurde und sich nicht sofort entladen hat. Allerdings verbindet die Ereignisse dieser Folge insgesamt wirklich nur sehr wenig mit Poltergeist-Phänomenen, es ist vielmehr so, dass Tracey Forbes hier ein Motiv des Horrorgenres als eine Art von Oberbegriff nimmt und unter ihm verschiedenste Ideen summiert. So sind die Kinder, die Willow, Tara, Giles und Xander in verschiedenen Szenen sehen, eigentlich ganz typische Geister, die nur auf eine neue Art erklärt werden. Normalerweise sind Geister Überbleibsel von Verstorbenen, die aus welchen Gründen auch immer nicht von unserer in die andere Welt gewechselt sind; sie leben nun als Gefangene in einem Zwischenreich fort und suchen die Lebenden heim, um befreit zu werden. Tracey Forbes führt also in dieser Episode eine ganz neue Form von Geistern ein: Projektionen einer durch Repression geschaffenen Energie, die eingegangen ist in die Mauern eines Hauses und dadurch Jahre später freigesetzt wird, dass ganz andere Menschen das ausleben, was die Schützlinge von Mrs. Holt völlig unterdrücken mussten.

Auch die Ereignisse während der Party lassen sich nicht einem einzigen übernatürlichen Phänomen zuschreiben, sie verbinden statt dessen verschiedenste Motive. Julie, die unter dem Zwang steht, sich die Haare abzuschneiden, ist im Prinzip Opfer eines

Geistes, der die Ereignisse der Vergangenheit in der Gegenwart noch einmal geschehen lässt. So wie Mrs. Holt die Mädchen bestraft hat, die eitel waren, die ihre Schönheit eingesetzt haben, um zu verführen, so bestraft nun die Macht, die von dem Haus Besitz ergriffen hat, Julie. Auch Taras Reaktion auf Willows Hand auf ihrem Knie zeugt von einer Art Besessenheit. Mrs. Holt hat Sex und Leidenschaft, aber auch erotisch aufgeladene Zärtlichkeit verteufelt und versucht, in ihren Schützlingen ein Gefühl von Ekel ihnen gegenüber aufzubauen. In Taras Benehmen geht also die Saat auf, die diese bigotte Erzieherin vor vier Jahrzehnten gesät hat. Dagegen ist das, was Xander und Anya widerfährt, als sie versuchen, Buffy und Riley zu retten, typisch für die Anwesenheit böswilliger Geister, die jedes Leben vernichten wollen, weil sie sich von ihm nähren oder weil sie sich selbst schützen wollen.

Der Zustand, in dem Buffy und Riley sich befinden, und die Gefahr, dass sie sich bis zum Tod erschöpfen, führt noch ein weiteres Motiv des Horrorgenres in WHERE THE WILD THINGS ARE ein: Im Prinzip schon seit der griechischen Antike, verstärkt aber erst seit dem christlichen Mittelalter werden in Mythologien und Volkssagen immer wieder Wesen erwähnt, die nachts schlafende Menschen heimsuchen, um ihnen beim Geschlechtsakt die Lebensenergie zu rauben. In der Regel werden diese mit Albträumen in Verbindung gebrachten Dämonen als Sukkuben und Inkuben bezeichnet. Der Sukkubus ist ein weiblicher Dämon (von lateinisch succubare: »unter etwas liegen«, succumbere »nachgeben, sich beschlafen lassen«), der Inkubus ein männlicher (von lateinisch incubare: »auf etwas liegen«). In den modernen Horrorgeschichten treten diese Wesen oft als scheinbar normale Menschen auf, die sich ihre Opfer in ihrer direkten Umgebung suchen. Eine geradezu klassische Sukkubus-Story erzählt Ray Garton in *The New Neighbor (Hinter schwarzen Gardinen)* aus dem Jahre 1991. In ihr verbirgt sich hinter der neuen Nachbarin, die in eine typische amerikanische Vorstadt zieht, ein weiblicher Dämon, der beinahe so alt ist wie die Menschen selbst und die Männer durch von ihr gesäte, exzessive sexuelle Phantasien in ihre Gewalt bringt. Eine etwas freiere Interpretation dieser alten Phantasien von Sex-Dämonen findet sich in Nancy A. Collins' Roman *Tempter (In der Hitze des Blutes)*, der ein Jahr früher erschienen ist. Bei ihr wird aus dem Inkubus ein *lifeforce*-Vampir, der nicht wie die klassischen Vampire vom Blut der Menschen lebt, sondern von ihrer Lebenskraft, die er ihnen langsam aussaugt, während er mit ihnen schläft. In WHERE THE WILD THINGS ARE besitzt nun eine körperlose Macht, ein Poltergeist-Phänomen, die Eigenschaft, die ansonsten diesen (Traum-) Dämonen zugeschrieben wird. Nur versetzt sie ein Pärchen in einen unkontrollierbaren ekstatischen Zustand, der es ihr ermöglicht, den beiden Menschen jede Energie und damit das Leben zu rauben.

Hier sei nun eine kritische Anmerkung gestattet. Auch wenn die Geschichte von WHERE THE WILD THINGS ARE beim direkten Sehen hervorragend funktioniert – die Ereignisse im Lowell House sind so bizarr und zum Teil auch so verstörend, dass man sich ihrer Wirkung nur schwer entziehen kann –, einer nachträglichen Reflexion hält sie in keiner Hinsicht stand, ganz abgesehen davon, dass Tracey Forbes hier viel zu viele verschiedene Motive kombiniert und so eine Fiktion aufbaut, deren Patchwork-Charakter dem von Adam ähnelt. Es ergeben sich einfach Ungereimtheiten, über die man auch im Kontext einer Serie wie BUFFY nicht mehr hinwegsehen kann. So ist es einfach unvorstellbar, dass Riley der erste Bewohner von Lowell House, einem Studentenwohnheim, sein soll, der so leidenschaftlichen Sex hat,

dass dieser die gespeicherten, aus Repression erwachsenen Energien befreit.
Außerdem ergibt das Ende der Folge bei näherer Betrachtung nur wenig Sinn. Wenn man der Logik von WHERE THE WILD THINGS ARE folgt, haben Buffy und Riley die bis dahin »gefangenen Poltergeister« erst in die Welt gebracht. Diese haben dann wiederum von ihnen Besitz ergriffen, sie in eine Art von Trance versetzt, die es ihnen ermöglichte, sich von der sexuellen Energie der beiden zu nähren. Als die beiden dann von Anya und Xander aus genau dieser Trance gerissen werden, kehrt alles wieder zur Normalität zurück – wie kann das sein? Riley und Buffy hatten in den 48 Stunden, in denen sich die Geschichte dieser Episode abspielt, auch vorher schon ihre Liebesspiele unterbrochen – warum sind die Poltergeister nicht da schon verschwunden oder, anders gefragt, warum sollen sie nicht bei der nächstbesten Gelegenheit zurückkehren? Wahrscheinlich kann man auf den ersten Blick logisch erscheinende Konstruktionen finden, die genau auf diese Fragen eine Antwort geben, doch man würde sich dabei so weit verstricken, dass sofort wieder neue Fragen und Zweifel aufkämen. Es spricht vielmehr alles dafür, dass Tracey Forbes hier einige wirklich reizvolle und auch sehr effektive Ideen hatte, die sich jedoch nur sehr notdürftig zusammenfügen lassen.
Aber trotz dieser Schwächen im Plot gehört WHERE THE WILD THINGS ARE zu den interessantesten Folgen der Serie. Tracey Forbes setzt hier eine Entwicklung fort, die Joss Whedon zwei Folgen zuvor mit BtVS-416 WHO ARE YOU begonnen hat. BUFFY war zwar nie eine unkritische Serie, die die amerikanische Gegenwart verklärt, denn von Anfang an gab es Folgen, die sich sehr kritisch mit einigen Entwicklungen und Zuständen in den Vereinigten Staaten auseinander gesetzt haben, doch meistens

sind Joss Whedon und auch seine Autoren einer direkten Konfrontation mit bestimmten mächtigen Interessengruppen eher ausgewichen. Mit dieser Strategie hat dann WHO ARE YOU durch ihre offene Verneinung der Existenz Gottes gebrochen, und Tracey Forbes setzt hier die damit begonnene Provokation fort. Zum einen thematisiert sie Sex in einer für die großen amerikanischen Fernsehsender ungewöhnlich offenen und direkten Weise. WHERE THE WILD THINGS ARE ist nicht nur die erste Folge von BUFFY, in der man als Zuschauer Kondome sieht, es ist auch eine Episode, während der die Jägerin fast die ganze Zeit Sex hat und die sich beinahe in jeder Szene in der einen oder anderen Art um körperliche Lust dreht. Auch wenn der Zustand der vollkommenen, alles andere auslöschenden Ekstase, in den Buffy und Riley hier geraten, sie fast ihr Leben kostet, endet die Folge mit einem Blick in die Gesichter der beiden, die verraten, dass sie dieses Erlebnis auf keinen Fall missen möchten und dass das Leben vielleicht sogar ein angemessener Preis für eine solche Glückserfahrung sein könnte.
Doch die eigentliche Provokation liegt in der Figur von Mrs. Holt. Sie verkörpert das Inbild eines lustfeindlichen Christen, der die Religion und ihre Glaubenssätze dazu missbraucht, Menschen psychisch zu verkrüppeln. Über die Figur von Mrs. Holt klagt BUFFY zum ersten Mal religiöse beziehungsweise in dieser Folge explizit christliche Fundamentalisten direkt an. Ihr Weg, der nach ihren eigenen Vorstellungen zum Heil und in Gottes Königreich führen soll, wird als Irrweg angeprangert.

Gesamtbewertung: ●●○
Humor: ★☆☆
Horror: ☠☠☠
Action: ▯▯▯

BtVS-419
NEW MOON RISING

US-Erstausstrahlung: 2. Mai 2000

Regie: James A. Contner. *Drehbuch:* Marti Noxon. *Gaststars:* Amber Benson (Tara), Leonard Roberts (Forrest Gates), Bailey Chase (Graham Miller), Seth Green (Oz), Conor O'Farrell (Colonel McNamara), George Hertzberg (Adam), James Michael Conner (Wissenschaftler 1), Mark Daneri (Wissenschaftler 2), Dorron Keenan (Kommando-Mitglied)

Adam: »Pfadfinderehrenwort.«
Spike: »Du warst ein Pfadfinder?«
Adam: »Teile von mir.«

INHALT

Während eines Treffens in Giles' Haus wundert sich Buffy darüber, dass sie zur Zeit fast keinem Dämon begegnet, während die »Initiative« ungewöhnlich viele einfangen konnte und bald schon nicht mehr weiß, was sie mit ihnen machen soll. Als das Treffen eigentlich schon beendet ist, kommt ein völlig unerwarteter Besucher hinzu – Oz. Er verliert kein Wort darüber, wo er war und was er die ganze Zeit gemacht hat, sondern fragt nur, ob er Willow am Abend bei ihr besuchen könne; als sie zustimmt, geht er wieder. Tara hat die Rückkehr von Willows früherem Freund sichtlich mitgenommen, deswegen verlässt sie die anderen vorzeitig.
Während ihrer abendlichen Patrouille über einen der Friedhöfe von Sunnydale erzählt Buffy ihrem Freund von der harten Trennung, die Oz' und Willows Beziehung beendet hat. Ihr Gespräch

wird von einem Dämon unterbrochen, den die beiden aber im Handumdrehen überwältigt haben. Als die Jägerin dann erwähnt, dass Oz ein Werwolf sei, reagiert Riley entsetzt. Er versteht nicht, wie sich ein Mensch mit einem Werwolf einlassen kann, außerdem hätte er Willow nie für eine Frau gehalten, die etwas für gefährliche Typen übrig hat. Buffy ist über diese Äußerungen ziemlich verärgert und bezeichnet ihren Freund als »bigott«. In der Zwischenzeit ist Oz bei Willow angekommen. Er bittet sie als Erstes, mit ihm nach draußen zu kommen. Dort macht er sie darauf aufmerksam, dass gerade Vollmond ist. Willow freut sich zwar, dass es ihm gelungen ist, seine zweite Seite unter Kontrolle zu bringen, aber in ihrer Begeisterung darüber ist ein gewisser innerer Zwiespalt zu erahnen. Sie will unbedingt wissen, wie er diese Kontrolle gewonnen hat, doch Oz ist etwas anderes erst einmal wichtiger. Von Xander hat er gehört, dass Willow noch keinen neuen Freund habe. Sie bestätigt ihm dies, allerdings eher ausweichend. Daraufhin offenbart Oz ihr, dass er gerne an die Zeit vor seinem Weggang anknüpfen würde, und stürzt sie damit endgültig in einen extremen Konflikt. Noch in derselben Nacht wird ein unter Grahams Leitung stehendes Patrouillen-Team der »Initiative« von mehreren extrem behaarten Dämonen angegriffen, die auf den ersten Blick an Werwölfe erinnern. Graham selbst wird schwer verletzt und verliert das Bewusstsein, einer seiner Männer kommt ums Leben.

Oz und Willow haben sich die ganze Nacht unterhalten, er hat ihr von seinen Reisen erzählt, die ihn praktisch um die ganze Welt geführt haben. Die längste Zeit hat er dabei in Tibet verbracht, dort haben ihn Mönche gelehrt, wie er den Wolf in sich überwinden kann. Als Willow fragt, ob sie etwas frühstücken gehen sollen, schlägt Oz vor, dass sie sich doch eine Weile gemeinsam hinlegen könnten. Doch Willow wäre ein »weniger verwirrendes

Frühstück« lieber. Sie lässt ihren früheren Freund daraufhin kurz allein, um sich ein bisschen frisch zu machen. Genau in der Zeit klopft Tara bei ihr an und findet Oz vor. Er bietet ihr zwar an, dass sie doch auf Willow warten könnte, aber sie geht wieder. Als Willow zurückkommt, erzählt ihr Oz von Taras Besuch, der den Widerstreit in ihr noch vergrößert.

Etwa zur gleichen Zeit wachen Buffy und Riley zusammen in seinem Zimmer auf. Die Stimmung zwischen ihnen ist immer noch ziemlich angespannt, die Jägerin ist noch nicht über seine Bemerkungen in Bezug auf Willow hinweg. Er erklärt ihr, dass er sich nur Sorgen um Willow mache, und sie versucht ihm beizubringen, dass es verschiedene Arten Dämonen gebe und sogar Vampire gut sein können. Dann wird ihr Gespräch unterbrochen, Forrest informiert Riley darüber, dass Graham in der letzten Nacht verletzt und ein Mitglied seines Teams getötet wurde. Daraufhin verlässt Buffys Freund zusammen mit seinem Kameraden aufgebracht das Zimmer. Die Jägerin bleibt völlig verunsichert und ziemlich bedrückt zurück, um nur wenig später noch einen Schlag zu bekommen. Als sie zu Willow in ihr gemeinsames Zimmer kommt, erzählt diese Buffy von Oz' Sieg über sein zweites Ich und von der emotionalen Verwirrung, in die sie dadurch geraten sei. Zunächst versteht die Jägerin nicht, was ihre Freundin meint, doch als ihr dann klar wird, dass Willow sich in Tara verliebt hat, ist sie schockiert. Zwar fängt sie sich relativ schnell wieder, aber eine Spur Befangenheit bleibt. Eigentlich wollte Willow Oz schon in der vergangenen Nacht von Tara erzählen, nur sind während des langen Gesprächs die alten Gefühle für ihn wieder stärker geworden. Nun will sie niemanden verletzen, doch das wird – wie ihr Buffy sagt – unmöglich sein.

Auch Spike erlebt an diesem Morgen eine Überraschung, denn Adam weckt ihn in seiner Gruft. Entgegen seiner Vermutung aber ist das aus Menschen- und Dämonen-Teilen zusammengebaute Monster nicht gekommen, um ihn zu töten, vielmehr will Adam Spike ein Geschäft vorschlagen.

Willow besucht Tara in ihrem Zimmer und versichert ihr, dass sie und Oz in der vergangenen Nacht nur miteinander geredet haben. Tara ist über diese Nachricht erleichtert und verspricht ihrer Freundin, dass sie immer für sie da sein wird, egal wie sie sich entscheidet. Willow gesteht ihr daraufhin ihre Ratlosigkeit, und die beiden umarmen sich. Etwas später begegnet Tara in einem der Universitätsgebäude Oz. Er wird auf sie aufmerksam, weil er Willows Geruch wahrnimmt. Als er wissen will, warum sie nach Willow riecht, versucht Tara auszuweichen und von ihm wegzukommen, doch Oz lässt keine Ruhe, denn er ahnt, dass die beiden ineinander verliebt sind. Diese Erkenntnis lässt ihn sich plötzlich verwandeln. Er kann nur noch sagen, dass sie wegrennen soll. Auf der Flucht vor dem mitten am Tag zum Werwolf gewordenen Oz kommt sie in einen leeren Hörsaal. Gerade in dem Moment, als er Tara anspringen will, trifft ihn ein von Riley abgefeuerter Pfeil mit Betäubungsmittel. Einige Soldaten der »Initiative« packen den bewusstlosen Werwolf in einen Leichensack, während Tara versucht, Riley zu erklären, dass es sich um einen Menschen handelt, doch Buffys Freund lässt sie nicht ausreden. Oz wird ins Hauptquartier der »Initiative« abtransportiert.

Adam hat Spike in sein Hauptquartier geführt und ihm dort seine Pläne erklärt. Die Aufgabe des Vampirs soll es sein, sich zunächst das Vertrauen der Jägerin und ihrer Freunde zu erschleichen und sie dann in eine Falle zu locken, denn Adam will Buffy unbedingt ausschalten, weil er glaubt, sie könnte in dem anstehenden Krieg zwischen Dämonen und Menschen zu einer Führerin werden, die der Menschheit zu viel Kraft gäbe. In der Zwischenzeit hat Tara Willow in der Bibliothek gefunden und ihr von dem Vorfall

mit Oz und von seiner Gefangennahme erzählt. Willow trifft sich daraufhin mit Buffy, Anya und Xander bei Giles. Sie hat Angst, dass die »Initiative« Oz etwas antun wird. Deshalb beschließt die Gang, ihn dort herauszuholen, bevor es zu spät ist. Buffy will Riley erreichen, doch er meldet sich nicht.
Inzwischen ist Oz in einem Käfig in den Anlagen der »Initiative« zu sich gekommen. Riley will von den Wissenschaftlern erfahren, ob dieser Werwolf für den Angriff auf Graham und seine Männer verantwortlich sei. Als man ihm darauf keine Antwort geben kann, zieht er seine Pistole, um den Wolf zu erschießen, doch genau in dem Moment verwandelt er sich in Oz zurück. Daraufhin setzt man ihn unter Drogen und fesselt ihn an einen Untersuchungstisch. Riley versucht, die anstehenden Experimente zu verhindern, er besitzt hier allerdings keine Befehlsgewalt und wird aus dem Raum verwiesen. Einer der Wissenschaftler versetzt Oz einen Stromschlag, der sich daraufhin wieder in einen Werwolf verwandelt.
Da Riley sich immer noch nicht bei ihr gemeldet hat, entscheidet sich Buffy dafür, zusammen mit Xander in den Komplex der »Initiative« einzudringen. Willow will unbedingt mitkommen, und Anya und Giles sollen von seiner Wohnung aus mit Hilfe des Computers die Stromversorgung der Stadt lahm legen. Während sie noch dabei sind, zu besprechen, wie sie in das Hauptquartier gelangen, denn Buffys Zutrittserlaubnis wurde längst zurückgezogen, erscheint plötzlich Spike und verkündet, dass er sie ohne Probleme zu Oz bringen könne. Die Gang ist zwar misstrauisch, aber im Moment können sie jede Hilfe gebrauchen.
Etwa zur gleichen Zeit kommt Riley in die Zelle von Oz, dessen Körper von den Experimenten bereits deutlich gezeichnet ist. Er gibt ihm Kleidungsstücke und sagt ihm, dass er ihn hier rausbringen werde, doch die beiden kommen nicht weit. Ein von For-

rest angeführtes Kommando-Team hält sie auf und bringt sie in unterschiedliche Zellen. Kurz darauf erhält Riley Besuch von Colonel McNamara, der ihm sagt, dass er bald vor ein Kriegsgericht gestellt werde. Seine Beziehung zu Buffy und ihrer Gang habe Riley zu einem Verräter gemacht, und er habe nur noch eine Möglichkeit, sich zu rehabilitieren. Entweder würde er der »Initiative« dabei helfen, die Jägerin und ihre Bande von Anarchisten zur Strecke zu bringen, oder er würde als Verräter beerdigt.
Inzwischen ist Spike mit Buffy, Willow und Xander an einem im Wald versteckten Eingang zu den Anlagen der »Initiative« angekommen. Er gibt vor, die Tür zu öffnen, doch dafür ist in Wirklichkeit Adam verantwortlich, der an einem Computerterminal in seinem Hauptquartier sitzt. Kurz darauf gelingt es Giles und Anya, den Strom in ganz Sunnydale auszuschalten. Buffy und die anderen stürmen in das Zimmer von Colonel McNamara, der nun glaubt, dass die Jägerin Riley befreien will. So erfährt sie erst, dass ihr Freund versucht hat, Oz zu retten, und dabei selbst verhaftet wurde. Daraufhin nimmt sie den Colonel als Geisel und befreit zuerst Riley. Als sie alle vor Oz' Zelle ankommen, will ein Kommando-Team sie aufhalten, doch McNamara, eine Pistole am Kopf, befiehlt seinen Soldaten, die Zellentür zu öffnen. Willow will Oz sofort zur Hilfe kommen, aber der weist sie zurück, weil er spürt, dass er sich gleich verwandeln wird. Er bekommt sich dann wider Erwarten unter Kontrolle, und Riley hilft ihm beim Gehen. Mit dem Colonel noch immer in ihrer Gewalt erreichen sie den Fahrstuhl, der sie in Rileys Wohnheim bringt. Dort schlägt dieser seinen Vorgesetzten nieder.
Die einzelnen Mitglieder der Gang haben beschlossen, sich in kleine Gruppen aufzuteilen, damit sie schwerer zu finden sind. Buffy und Riley schlagen ihr Lager in den Ruinen der High School auf; als er sich für seine Kommentare über Willow entschuldigen

will, sagt Buffy ihm, dass das nicht mehr nötig sei, sie verstehe, warum er in dem Moment so reagiert habe. Außerdem hat die Jägerin sich dafür entschieden, ihrem Freund nun alles über ihre Vergangenheit zu erzählen. Allerdings befürchtet sie, dass er von dem, was er hören wird, alles andere als begeistert sein könnte. Willow und Oz sitzen zusammen in seinem Van und sprechen über ihre Gefühle; Willow sagt Oz, dass sie zur Zeit ohne ihn glücklich sei. Er gesteht ihr daraufhin, dass er sie zwar liebe, sie aber auch die Einzige sei, die den Wolf in ihm zum Vorschein bringt. Nachdem sie sich ein allerletztes Mal umarmt haben, fährt Oz wieder weg, und Willow geht zu Tara. Da in der ganzen Stadt immer noch Stromausfall herrscht, bringt Willow eine Kerze mit. Sie erzählt, dass sie sich von Oz verabschiedet habe, und entschuldigt sich für alles, was Tara in der letzten Zeit wegen ihr durchgemacht hat. Sie verspricht ihr, alles wieder gutzumachen. Tara bläst die Kerze aus.

KOMMENTAR

Jetzt, nach beinahe vier Jahren (genau genommen nach fast dreieinhalb Jahren, schließlich war die erste Season nur eine halbe), können sich Joss Whedon und sein Team ohne große Probleme die eine oder andere Extravaganz leisten. Die Show ist so weit akzeptiert, dass die großen Fans – und auch alle anderen regelmäßigen Zuschauer – sogar erwarten, überrascht zu werden. Ungewöhnliche Wege zu beschreiten war von Anfang an ein Merkmal der Serie, doch in diesem Jahr hat sich Joss Whedon etwas ganz Besonderes ausgedacht, um diese gewisse Monotonie zu durchbrechen, die sich innerhalb der Struktur einer Staffel eingestellt hat. Bisher wussten wir ganz genau, wie das BUFFY-Jahr verläuft. In den ersten Folgen jeder Staffel werden kleine oder gelegentlich auch größere Fährten ausgelegt,

die schließlich zum Höhepunkt der Staffel führen – und der liegt eigentlich immer an deren Ende. Der Konflikt zwischen der Jägerin und einer enorm gefährlichen Macht baut sich im Lauf des Jahres auf und findet seinen Höhepunkt in einem großen Showdown, der – zumindest in den letzten beiden Jahren – immer im zweiten Teil einer abschließenden Doppelfolge stattfand. Im Prinzip behält Joss Whedon auch hier diese Struktur bei, denn es gibt wieder einen Zweiteiler, in dem die Jägerin Adams Weltuntergangspläne durchkreuzen muss, doch diesmal – so viel sei hier schon verraten – ist diese große Schlacht um die Zukunft der Menschheit nicht das Ende. Es folgt noch eine Episode, die dieses an sich schon ungewöhnliche vierte Jahr, das einige einschneidende Veränderungen mit sich gebracht hat (die in den Kommentaren zu früheren Folgen schon ausführlich diskutiert worden sind), mit einer überraschenden Note ausklingen lässt.
Diese Veränderung in der bisher typischen Struktur einer Staffel von BUFFY – IM BANN DER DÄMONEN wirkt sich nun bereits hier, bei NEW MOON RISING, der viertletzten Episode dieser Staffel, aus. Im Prinzip steht diese von Marti Noxon geschriebene und von James A. Contner inszenierte Folge für sich, rollt in gewisser Weise einen losen Faden auf, der – sieht man von der Meinung einiger Fans der Serie einmal ab – eigentlich gar nicht mehr so lose war (dazu etwas mehr weiter unten). Doch jenseits dieser abgeschlossenen, sich um das Dreieck Oz, Willow und Tara drehenden Handlung gibt es noch weitere Entwicklungen innerhalb von NEW MOON RISING, die nur einen Zweck haben – das große Finale in der kommenden Doppelfolge vorzubereiten. Damit wirken hier praktisch zwei beinahe gegenläufige Strömungen: An der Oberfläche dreht sich alles um die Rückkehr von Oz und die Veränderungen, die er durchgemacht hat, und die anderen, die ihn nun in Sunnydale erwarten. Dieser Oberfläche verdankt Marti

Noxons Drehbuch seine emotionale Dichte, sie macht diese Folge zu einem dieser ungeheuer intensiven Diskurse über die Liebe und das Schmerzhafte, das ein Teil von ihr ist, die wir in den Jahren von BUFFY nicht nur zu schätzen, sondern selbst wieder zu lieben gelernt haben. Aber da ist zugleich noch diese zweite, viel heftigere (also weniger introvertiert-emotionale) Bewegung, die einer Art von Unterströmung gleicht. Und obwohl sie von den reinen Handlungselementen her bald mächtiger ist als die Geschichte zwischen Willow und Oz, bleibt sie doch eine Unterströmung. Die Gefühle, die von den Szenen zwischen Willow und Tara, zwischen Willow und Oz und zwischen Tara und Oz aufgebaut werden, blenden fast alles andere aus – darin liegt die Genialität dieser Folge. Marti Noxon und James A. Contner haben eine Episode geschaffen, die auf der einen Seite ungeheuer funktional ist und doch jegliche Funktionalität weit hinter sich lässt, um ein großes Melodram in Szene zu setzen.

The plot thickens. Mit NEW MOON RISING nähert sich die vierte Staffel rapide ihrem großen, spektakulären Zweikampf zwischen Adam und der Jägerin. Wenn jemand sagt, dass Joss Whedon und sein Team in diesem Jahr den großen, die ganze Staffel überspannenden Handlungsbogen etwas vernachlässigt haben, kann man ihm nicht einmal widersprechen – in diesem Sinne ist es durchaus passend und auch absolut konsequent, dass die vierte Season eben nicht mit der Vernichtung Adams endet, sondern mit einer Entwicklung, die ihr folgt. Zum einen hat es diesmal – wie schon mehrfach erwähnt – sehr lange gedauert, bis überhaupt so etwas wie ein roter Faden dieser Staffel präsent war. Die ersten Auftritte der Kommando-Teams der »Initiative« fanden praktisch im leeren Raum statt, da wir in diesem frühen Stadium überhaupt keine Ahnung hatten, wohin sich das Ganze entwickeln würde. Zum anderen hat die Staffel zu Beginn ihrer zweiten Hälfte mit dem Erscheinen Adams erst die entscheidende Wendung genommen, ähnelt damit in gewisser Hinsicht von ihrer Entwicklung her der zweiten Staffel, in der die Verwandlung von Angel in Angelus die Wende hin zum finalen Showdown gebracht hat. Aber auch nach der Einführung Adams blieb es noch lange offen, was dieses von Maggie Walsh aus verschiedensten Teilen und Technologien geschaffene Wesen eigentlich beabsichtigt. Auch diese Episode gibt darüber noch nicht wirklich Aufschluss, das ganze Ausmaß seiner Vision offenbart sich wirklich erst in BtVS-421 PRIMEVAL, der Folge der großen Schlacht. Doch in NEW MOON RISING werden die Konturen dieses außergewöhnlichen Monsters zum ersten Mal etwas klarer.

Von seinem ersten Erscheinen, seinem Aufwachen im Raum 314, bis zu dem Besuch, den er in dieser Folge Spike abstattet, ist es ein weiter Weg, den die Serie gerade mal in Andeutungen gegangen ist. Meist trat Adam – wenn überhaupt direkt – nur in wenigen kurzen Szenen auf, die eigentliche Aufmerksamkeit der einzelnen Folgen galt in der Regel anderen Entwicklungen. Trotzdem hat diese Figur eine enorme Entwicklung durchgemacht: Als künstlich geschaffenes, von einer Wissenschaftlerin zusammengesetztes Wesen erinnerte Adam zunächst an das von Frankenstein in die Welt gebrachte Monster, und die Serie hat diesen Eindruck noch durch einige direkte Parallelen zu Mary Shelleys legendärem Roman verstärkt. In den ersten Folgen ist er das Monster, das seine Schöpferin vernichtet und sich auf den Weg hinaus in die Welt begibt, um die Bedingungen seiner Existenz zu ergründen. Nur hat dieser Vorgang des Lernens, des Erfahrens der Welt und des Lebens für Adam von Anfang an ein anderes Ziel und auch eine andere Gewichtung. Frankensteins Monster lernt durch zufällige Begegnungen, Adam durch ein methodisches, auf Ergebnisse ausgerichtetes Vorgehen. Er tötet nicht zufällig, aus einer Fehleinschätzung der jeweiligen Situation heraus, sondern mit Bedacht. Menschen genauso wie Dämonen sind Studienobjekte, die ihm den Weg weisen, den er dann gehen kann.

Aber schon in BtVS-416 WHO ARE YOU präsentiert sich Adam als eine ganz andere Figur oder genauer gesagt als ein ganz anderer Archetypus. Aus dem einzigartigen Wesen, das als etwas der Welt Fremdes diese durchwandern und erforschen muss, ist eine messianische Gestalt geworden. Er tritt hier den Vampiren gegenüber zwar als Außenseiter auf, der ihre besondere Situation als Halbwesen versteht, doch damit verfolgt er ein ganz klares Ziel: Er will sie in seine Untertanen verwandeln. Deshalb gibt er sich als ein Erleuchteter aus, der ihnen den Weg in eine bessere Zukunft weisen kann. Er hilft ihnen, ihr Potenzial zu nutzen, und erscheint damit wie ein Messias der Halbdämonen, dem Meister gar nicht so unähnlich, nur war der ein Führer aus den Reihen der Vampire, während Adam mehr einem von Gott gesandten Über-Wesen gleicht – auch wenn er seinen eigenen Gott, Professor Maggie Walsh, längst getötet hat.

Dieser messianische Charakter Adams offenbart sich indirekt dann auch in BtVS-418 WHERE THE WILD THINGS ARE. Wir müssen nicht mehr sehen, wie er eine Allianz zwischen Dämonen und Vampiren herstellt, wir wissen auch so, dass er wieder als ein Verkünder und Führer aufgetreten ist, der den Dämonen und den von ihnen verachteten Vampiren eine glorreiche Zukunft verspricht, wenn sie nur zusammen gegen die Menschen, ihren gemeinsamen Feind kämpfen. Und wir wissen auch, dass nur ähnliche Reden von ihm für die Vorgänge verantwortlich sein können, von denen Buffy und Riley in der Besprechung bei Giles am Anfang von NEW MOON RISING berichten. Dass Buffy nur noch selten Vampiren oder Dämonen begegnet, die sie töten muss, weist darauf hin, dass Adam eine Armee aufbaut und große Kräfte um sich versammelt. Zugleich gelingt es der »Initiative«, immer mehr Dämonen gefangen zu nehmen, wir werden sogar Zeuge, wie schnell sich ein Dämon von Buffy und Riley überwinden lässt, um dann in das Hauptquartier dieser militärischen Einrichtung abtransportiert zu werden. Damit ergibt sich ein weiterer Hinweis auf die Pläne des künstlichen Halbwesens: Adam baut nicht einfach nur seine Streitkräfte auf, er platziert auch einen Teil von ihnen im Zentrum der »Initiative«, die er offensichtlich auslöschen will.

Aber, und daran ändern auch die neuen Offenbarungen in NEW MOON RISING wenig, Adams eigentliches Ziel bleibt im Dunkeln. Bis zu dieser Folge und auch in ihr erscheint Adam als ein Messias des Untergangs, als ein Verkünder und zugleich Initiator der Apokalypse. Den Vampiren in WHO ARE YOU sagt er, sein Lebenszweck sei die Vernichtung sämtlichen Lebens – ein Ziel, das in der Welt der Dämonen – wie sich im Lauf der vier BUFFY-Jahre schon mehrmals gezeigt hat – durchaus auf große Akzeptanz stoßen kann. In dieser Folge deutet sich nun an, dass er einen großen Krieg zwischen den Dämonen auf der einen Seite und den Menschen auf der anderen vorbereitet und dafür die Hilfe von Spike benötigt. Offenbar sieht er in der Jägerin einen Menschen, der zu seiner Komplementärfigur werden könnte. Er befürchtet, dass sie die Menschen in diesem Krieg anführen könnte und damit im Prinzip die gleiche Rolle übernähme, die er auf der anderen Seite innehat. Sie muss aus dem Weg, doch wohin dieser Weg führen soll, bleibt hier erst einmal ein Geheimnis.

Eigentlich war die Geschichte zwischen Willow und Oz am Ende von BtVS-406 WILD AT HEART abgeschlossen. Die Entwicklung, die schließlich innerhalb einer einzigen Folge zum Zerbrechen der Beziehung führte, der man als aufmerksamer Zuschauer von BUFFY so ziemlich die besten Chancen gab, kam zwar ziemlich überraschend, aber sie führte einen Strang innerhalb der Serie an einen Punkt, den man durchaus als Endpunkt akzeptieren konnte. Natürlich blieb eine gewisse Hoffnung auf die Rückkehr von Oz, eine Hoffnung, die sowohl von Willow innerhalb der Serie gehegt wurde (zumindest für eine gewisse Zeit) als auch von den Anhängern dieser Figur unter den Fans von BUFFY. In gewisser Weise war WILD AT HEART sogar eine ideale letzte Folge für Oz und seinen Darsteller Seth Green. Die Figur des Musikers hat in ihr eine Entwicklung durchlaufen, die man auch als ein großes Abschiedsgeschenk an sie verstehen konnte. Aus dem Inbegriff von Coolness – und viel mehr war Oz während seiner Zeit in der Gang nicht – wurde in dieser Episode ein tragischer Charakter, ein Liebender, der aus Liebe auf sein Glück mit Willow verzichten muss. Dieser Wandel lieferte zugleich Seth Green ein Forum, zu beweisen, dass er mehr als nur der coole, schweigsame Musiker sein kann.

In NEW MOON RISING kehrt Oz nun zurück, scheinbar geheilt. Auch wenn diese Rückkehr nicht unbedingt notwendig war und zunächst sogar kontraproduktiv erscheint, schließlich hatte sich Willow über ihre Beziehung zu Tara von Oz emanzipiert und zugleich den Schmerz der Trennung kompensiert, gelingt es Marti Noxon, sie von einem lästigen Zwischenspiel in ein zentrales Element der Entwicklung von Willow und damit auch der ganzen Serie zu verwandeln. Mit Oz kommen für die Wicca-Hexe auch all die Erinnerungen an die schönen wie die schmerzlichen Zeiten ihrer Beziehung zurück, die Wunde, die gerade so verheilt schien, bricht wieder auf. Darin liegt eines der großen melodramatischen Elemente dieser Episode. Die Erkenntnis, dass eine

Liebe, besonders wenn es die erste oder auch die wirklich große ist, nicht mit der Überwindung des Trennungsschmerzes abgeschlossen ist, haben bereits Buffy und Angel immer wieder gezeigt. Hier präsentiert sie sich nun in einer Variante, die weniger überhöht ist, aber doch die gleiche emotionale Wirkung zeigt. Buffy und Angel, das ist eben der Archetypus einer unmöglichen Liebe; Willow und Oz repräsentieren dagegen so etwas wie die Wirklichkeit (und daran ändert auch die Werwolf-Geschichte nichts). Sie sind die beiden, mit denen sich jeder identifizieren kann – zumindest jeder, der einmal geliebt hat und geliebt wurde und trotzdem erkennen musste: Es ist unmöglich, die aus dieser Liebe resultierende Beziehung kann nur zerstörerisch sein. Insofern vertieft NEW MOON RISING auch noch einmal die Erkenntnisse und Emotionen aus WILD AT HEART, eine Kontinuität, die sich nicht zuletzt daraus ergibt, dass beide Folgen von der gleichen Drehbuchautorin stammen.

Aber für Willow geht es hier um mehr als nur um das Wiederaufleben alter Gefühle und die erneute Bestätigung, dass sie und Oz keine Zukunft haben. Die Rückkehr ihres früheren Freundes wirkt vielmehr wie ein Katalysator innerhalb der entstehenden Beziehung, die sie zu Tara hat. Von dem ersten größeren Auftritt Taras an bestand kein Zweifel darüber, dass zwischen den beiden Hexen ein besonderes Band existiert, es war sofort eine gewisse Spannung zwischen ihnen, die weit mehr als nur Freundschaft signalisierte. Im Lauf der letzten Folgen hat sich dies immer mehr abgezeichnet, doch trotz allem stand auch zweifellos fest, dass Willow von dieser Entwicklung überrascht worden ist. Es bahnt sich hier eine lesbische Beziehung an, die aber im Prinzip nicht in den Kategorien von hetero- oder homosexuell zu fassen ist. Es geht in Willows Entwicklung nicht um die späte Erkenntnis, dass sie in Wirklichkeit homosexuell ist und –

was praktisch eine logische Konsequenz daraus wäre – ihre Gefühle für Oz nichts als ein Irrweg waren. Joss Whedon und die anderen Autoren der Serie spielen hier eben nicht homo- gegen heterosexuell aus, stattdessen ist es so, dass diese Einordnungen der Sexualität unwichtig werden. Willow kann Tara genauso und doch auch anders lieben als Oz. Die Liebe als ein romantisches und natürlich auch von erotischen Impulsen begleitetes Gefühl erweist sich hier als unabhängig von dem Geschlecht der geliebten Person – damit schafft BUFFY in der Beziehung Willows eine Offenheit gegenüber Geschlechterfragen, die weit über den Punkt hinausgeht, den unsere Gesellschaft zurzeit erreicht hat. Die Selbstverständlichkeit der Beziehung, die nun am Ende von NEW MOON RISING zwischen Tara und Willow besteht – aufgrund der Zensurauflagen des Studios durften sich die beiden zwar nicht einmal küssen, doch das ändert auch nichts daran, dass wir wissen, was passiert, nachdem Tara die Kerze ausgepustet hat –, hat wirklich etwas Vorbildliches. Doch – und das ist der geniale Schachzug in dieser Episode – es kommt nur durch Oz' Rückkehr hier schon so weit. Die Anwesenheit ihres Ex-Freundes, der die alte Beziehung wieder aufnehmen will, zwingt Willow dazu, sich über ihre Gefühle klar zu werden. Sie muss sich zwischen ihm und Tara entscheiden, und diese Entscheidung öffnet ihr die Augen für die Liebe, die im Moment für sie stärker ist.
Aber die Rückkehr von Oz hat auch noch eine ganz andere Funktion innerhalb der Serie und der Zusammenhänge zwischen Produktion und Fan-Erwartungen. Das Ausscheiden von Seth Green ist nicht nur auf Zustimmung in den Kreisen der BUFFY-Anhänger gestoßen, vielmehr war es so, dass ein starkes Bedauern herrschte und sich ein großer Teil der Fans eine Rückkehr dieser Figur gewünscht hat – ein Wunsch, der mit dieser Folge in Erfül-

lung gegangen ist, doch mit sehr interessanten Konsequenzen. In WILD AT HEART hat Marti Noxon Oz einen – wie schon beschrieben – wirklich großen Abschiedsauftritt verschafft, in NEW MOON RISING bekommt der Werwolf und Musiker nun deutlich unsympathischere Züge. Der erste Abschied war wirklich traurig, der zweite eröffnet Willow den Weg in eine glücklichere Zukunft. Oz erweist sich in dieser Folge nicht nur als krankhaft eifersüchtig – seine gefährliche Seite, seine Wolfsexistenz, wird nun unauflöslich mit Willow verknüpft – sondern auch als völlig unsensibel. Marti Noxon zeichnet ihn hier als einen dieser Menschen, die glauben, sie könnten nach einer langen Zeit zu ihrem Partner zurückkehren, von dem sie sich getrennt haben, und alles sei wieder so wie vorher. Das Recht auf Veränderungen und das Recht auf die Entscheidung, wann er zu Willow zurückkehrt oder ob überhaupt, die er sich beide herausgenommen hat, gesteht er Willow offensichtlich nicht zu. Sie soll sich nicht verändert haben – eine Erwartung, die zeigt, dass er sie als einen völlig von ihm abhängigen Menschen betrachtet. Schon deshalb war eine Fortsetzung ihrer alten Beziehung praktisch unmöglich, durch sie wäre Willow zu der Masochistin geworden, für die Riley sie plötzlich hält, nur weil sie einen Werwolf geliebt hat.
Ein weiterer Nebenschauplatz der Emotionen, der aber im Kontext der hier behandelten Themen und der Entwicklung hin auf das große Finale unverzichtbar ist, ergibt sich über die Spannungen zwischen Buffy und Riley. Dabei entspricht Rileys Unverständnis für eine Beziehung zwischen einer Frau und einem Werwolf der Reaktion Buffys auf Willows Geständnis, dass sie sich in Tara verliebt hat, denn in diesem Moment zeigt die Jägerin selbst nicht die Offenheit in Fragen der Liebe, die sie kurz vorher noch von ihrem Freund eingefordert hat. Insofern setzt hier ein

zweifacher Prozess der Selbsterkenntnis ein: Während Riley sich am Ende bei Buffy entschuldigen will, gesteht die Jägerin ihren Fehler nur sich selbst ein. Willow erfährt nichts von Buffys Erkenntnis, dass ihr Benehmen in dem Augenblick der emotionalen Offenbarung einer Verurteilung solcher Gefühle gleichgekommen ist. Diese beiden unterschiedlichen Handlungsweisen – Riley zieht direkte Konsequenzen aus seiner sich verändernden Einstellung, während Buffy nicht wirklich handelt – bereiten direkt und indirekt die Bühne für die kommenden großen Auseinandersetzungen. Riley wird zum Deserteur, dessen Verbindungen zur »Initiative«, der zweiten Macht, die es auf die Jägerin und ihre Gang abgesehen hat, gekappt werden. Und Buffy bereitet den Boden für die Zwietracht, die beinahe zu Adams Triumph führen wird. Aber die eigentliche Bedeutung der Szenen zwischen der Jägerin und ihrem Freund liegt nicht in ihrer Funktionalität, in ihnen formuliert NEW MOON RISING seine Forderung nach Toleranz, die in der Darstellung der Beziehung zwischen Willow und Tara unausgesprochen vorausgesetzt wird, explizit. Dabei heißt Toleranz hier nicht nur passive Akzeptanz der Dinge, die der Einzelne an sich nicht ändern kann – aus welchen Gründen auch immer. Sie bedeutet hier aktives Handeln, dem Vorbild Rileys entsprechend, der seine Wut über den Tod eines Soldaten überwindet und sogar bereit ist, für Oz, den Werwolf, alles zu riskieren.

Gesamtbewertung: ●●●
Humor: ★☆☆
Horror: ☠☠☠
Action: ▮▯▯

BEINAHE EIN CROSSOVER

Joss Whedon hat in verschiedenen Interviews klargemacht, dass ANGEL eine autonome Serie ist. Zwar ist sie eindeutig im »Buffyversum« angesiedelt, doch soll sie für sich allein bestehen. Natürlich gibt es in Dialogen, Anspielungen oder einzelnen Szenen immer wieder versteckte Querverweise auf BUFFY – IM BANN DER DÄMONEN, diese aber stellen die Ausnahme und in keinem Fall die Regel dar.
So hat sich Whedon auch in Sachen Crossover-Episoden sehr zurückgehalten. Das erste Crossover der beiden Serien BtVS-403 THE HARSH LIGHT OF DAY/ANGEL 1ADH03 IN THE DARK war demnach auch nur sehr lose gebunden, das zweite Crossover, BtVS-408 PANGS/ANGEL 1ADH08 I WILL REMEMBER YOU diente schließlich sogar dazu, beide Serien ein für alle Mal voneinander zu separieren (siehe hierzu die Kommentare zu den jeweils ausführlich vorgestellten Episoden), doch ist eine vollkommene Trennung in einem wie dem von Whedon erschaffenen Universum gar nicht so leicht. Vielleicht ist dies ein übertriebenes Beispiel, doch wenn Angel in Los Angeles die Apokalypse erleben sollte, dann könnte man ein solches Ereignis in Buffys Sunnydale kaum ignorieren. Waren die ersten beiden Crossover de facto Zweiteiler – Teil 1: BUFFY, Teil 2: ANGEL –, sieht dies im Fall der Doppelfolge 1ADH18 FIVE BY FIVE/1ADH19 SANCTUARY, die am 25. April und 2. Mai 2000 in den USA zum ersten Mal ausgestrahlt wurden, anders aus. Ohne Zweifel nehmen beide Episoden einen bereits etwas älteren BUFFY-Handlungsstrang auf, in SANCTUARY spielt Sarah Michelle Gellar schließlich sogar eine Hauptrolle, dennoch stehen beide Episoden fest in der Serie ANGEL verankert, denn Anfang und Ende der Doppelfolge finden in der Spin-Off-Sendereihe statt!

Die Geschichte beginnt vor Gericht inmitten eines Prozesses, in dem die Kanzlei Wolfram & Hart den Angeklagten verteidigt (also jene Kanzlei, die auch die weltlichen Interessen von allerlei bösen Dämonen in der Welt der Menschen wahrnimmt). Wolfram & Hart sind nicht daran gewöhnt, Prozesse zu verlieren, und auch in diesem Fall befindet sich ihr junger Star-Anwalt Lindsay McDonald einmal mehr auf der Siegerstraße – gäbe es da nicht Angel. Kurz vor der Urteilsverkündung ist es der Vampir, der einen Zeugen für die Anklage persönlich in den Gerichtssaal eskortiert und dafür sorgt, dass Wolfram & Hart den Prozess verlieren. Bislang hat die Kanzlei das Handeln von Angel kommentarlos verfolgt, mit dieser Aktion aber hat er den Bogen überspannt. Angel muss sterben, doch wie? Durch die Hand eines *Slayers*? Warum nicht, Buffy ist schließlich nicht die einzige Jägerin, Faith verfügt über einen nicht minder ausgeprägten Vampir-Killerinstinkt. Und wer hat sich gerade in Los Angeles niedergelassen?
Faith hat sich seit ihrem letzten Auftritt in Sunnydale kaum verändert. Sie nimmt sich, was sie will, mit Gewalt, lebt in den Tag hinein und tanzt in der Nacht. Das Angebot der Kanzlei, Angel zu töten, nimmt sie gerne an. Er bringt ihr genügend Geld, um die nächsten Wochen gut leben zu können – und Folgeaufträge sind nicht ausgeschlossen.
Die Jagd auf Angel aber verläuft so leicht nicht, denn Angel ist und bleibt selbst für einen *Slayer* ein fast gleichwertiger Gegner. So führt der Weg zu Angel über seine Freunde. In diesem Zusammenhang ist Cordelia eher uninteressant, denn mit ihr hat Faith nie Ärger gehabt; Cordelia ist ihr egal. Auf der anderen Seite aber steht Wesley. Wesley verkörpert als ehemaliger *Watcher* alles, was sie hasst. Den *Council*, dessen leere Versprechungen über ihre Zukunft, alles!

Faith entführt somit Wesley und genießt es, ihn leiden zu sehen, ist jedoch jederzeit bereit, sein Leben gegen das von Angel einzutauschen. Angel geht auf den Handel ein, doch der Kampf, der zwischen Jägerin und Vampir daraufhin entbrennt, verläuft anders, als Faith sich dies gedacht hat. Gerade in dem Moment, in dem sie die Oberhand gewinnt, stellt Angel den Kampf ein und reicht ihr stattdessen die Hand. Er weiß, was sie fühlt: Sie will böse sein, weil das Böse sie noch nie enttäuscht hat. Doch in ihrem Inneren weiß sie seit langem, dass sie sich auf dem falschen Weg befindet. Faith verliert die Kraft, auf Angel einzuschlagen, und bricht weinend zusammen (Ende der ersten Episode).

Dass Angel Faith nach ihrem Zusammenbruch das Leben geschenkt hat, kann Wesley akzeptieren. Dass er ihr aber, einer steckbrieflich gesuchten Verbrecherin, in seinem Apartment Asyl gewährt, das geht ihm zu weit. Während Cordelia sich einfach Urlaub nimmt und Faith auf diese Weise aus dem Weg geht, kommt es zwischen Wesley und Angel über Faith zum Zerwürfnis. Wesley zieht sich in eine Bar zurück, wo er Besuch von den drei Killern des *Council* erhält. Diese sind nicht gerade davon begeistert, dass Wesley für einen Vampir arbeitet. Darum geht es ihnen allerdings nicht, denn sie wollen Faith. Dafür sind sie bereit, Angel nicht weiter zu beachten. Und wenn er, Wesley, ihnen hilft, wird man dies im *Council* sicherlich zu würdigen wissen. Wesley geht auf ihr Angebot ein.

Währenddessen bekommt Angel überraschend Besuch von Buffy (deren Vater bekanntlich in Los Angeles lebt). Diese ist entsetzt, Faith in Angels Wohnung anzutreffen. Obwohl Faith sich verschämt von ihr abwendet, zettelt Buffy einen Kampf mit ihrer Widersacherin an, die sich gegen Buffys Angriffe nicht zur Wehr setzt. Angel hält Buffy von weiteren Attacken zurück. Erzürnt

schlägt Buffy ihm ins Gesicht, im Affekt schlägt Angel zurück; Buffy wendet sich wütend von Angel ab.
Doch schon einen Augenblick später überschlagen sich die Ereignisse. Die Killer des *Council* versuchen, Faiths habhaft zu werden, doch sie laufen in eine Falle, die Wesley ihnen gestellt hat. Tatsächlich ist er auf ihren Vorschlag nur zum Schein eingegangen, denn bei ihrem Versuch, Faith zu entführen, nehmen sie auf Angel – obwohl sie es ihm versprochen haben – keine Rücksicht. Wesley hat dies geahnt und Angel daher vorgewarnt. Die Killer setzen schwere Geschütze ein, selbst ein Hubschrauber kommt zum Einsatz. Aus ebendiesem aber stürzt einer der Killer, von Angel geschubst, in die Tiefe. In dem entstandenen Chaos rennt Faith davon, während die Polizei anrückt. Unter den Beamten ist Kate Lockley, die, seit sie weiß, dass Angel ein Vampir ist (und ihr eigener Vater von Vampiren ermordet wurde!), keinerlei Sympathien für ihn empfindet. Als sie erfährt, dass er Faith, die immerhin wegen Mordes gesucht wird, versteckt hat, verhaftet sie Angel, wohl wissend, dass er in Haft sterben wird. Buffy begleitet Angel zur Wache und versucht Kate von ihrem Vorhaben abzuhalten. Auch beschwört sie Angel, Faiths Versteck preiszugeben, doch Angel bleibt stumm, denn er vertraut Faith. Er weiß, dass sie von ihrem Leben die Nase voll hat. Und er behält Recht: In Lockleys Büro sitzt Faith – und legt vor einem Polizisten über all die Verbrechen, die sie begangen hat, ein ausführliches Geständnis ab. Angel und Buffy blicken sich stumm an.
Wirklich beendet wird diese Geschichte nun in einer einzigen Szene von BtVS-420 THE YOKO FACTOR: Angel reist nach Sunnydale, um sich bei Buffy für den Schlag, den er ihr verpasst hat, zu entschuldigen, doch er wird von der »Initiative« aufgespürt. Kurzerhand schickt er die beiden Soldaten, die ihn angreifen, ins Krankenhaus, kann aber nicht verhindern, auf den nach wie vor

desertierten Riley zu treffen, der ihn als Angel identifiziert. Auch wenn Riley Angel gehen lässt, eines wird während ihres teilweise handgreiflichen, nur kurzen Zusammentreffens klar: Sie mögen sich nicht! Buffy nimmt letztendlich Angels Entschuldigung an und bittet ihrerseits um Nachsicht dafür, dass sie ihm in Bezug auf Faith kein Vertrauen geschenkt hat.

BtVS-420
THE YOKO FACTOR

US-Erstausstrahlung: 9. Mai 2000

Regie: David Grossman. *Drehbuch:* Doug Petrie. *Gaststars:* Amber Benson (Tara), Leonard Roberts (Forrest Gates), David Boreanaz (Angel), Conor O'Farrell (Colonel McNamara), George Hertzberg (Adam), Bob Fimiani (Mr. Ward, der Mann in Washington), Jade Carter (Lieutenant)

Songs: *Free Bird* von Anthony Stewart Head (unveröffentlicht, Cover-Version des Stückes von Lynyrd Skynyrd)

Spike: »Sag mir nicht, dass du noch nie von den Beatles gehört hast.«
Adam: »Habe ich. Oh, mir gefällt ›Helter Skelter‹.«
Spike: »Was für eine Überraschung.«

INHALT

Colonel McNamara hält über eine Live-Video-Verbindung eine Konferenz mit einem Zivilisten ab, der offensichtlich für die »Initiative« mit verantwortlich ist. Der Offizier erstattet ihm Bericht über den momentanen Stand der Operation und erhält den Auftrag, Riley zurück in die »Initiative« zu holen. Davon ist er zwar nicht begeistert, sieht darin aber auch keine größere Schwierigkeit, denn schließlich ist für ihn genauso wie für den Mann in Washington Buffy, die Verantwortliche für Rileys Verhalten, nur ein Mädchen. Etwa zur gleichen Zeit versucht Spike, Adam davon zu überzeugen, wie gefährlich die Jägerin ist, doch das künstlich geschaffene Monster lässt sich davon nicht aus der Ruhe bringen, es freut sich sogar auf die Konfrontation. Als Spike schließlich Buffys Freunde erwähnt, zeigt Adam zum ersten Mal eine Reaktion. Er kommt zu dem Schluss, dass die Jägerin von ihrer Gang getrennt werden muss, und Spike hat sogleich eine Idee. Inzwischen ist Buffy von ihrer anstrengenden Reise nach Los Angeles zurückgekehrt. Sie kommt in ihres und Willows Zimmer, doch es ist leer; erschöpft legt sie sich etwas hin. Etwa zur gleichen Zeit kommt Xander zu Rileys Versteck in den Ruinen der High School. Er bringt ihm ein paar Sachen zum Anziehen, da es für den Deserteur zu riskant wäre, in seiner Uniform gesehen zu werden. Dabei kommt das Gespräch auch auf Angel, und Xander erzählt dem Freund der Jägerin das, was sie ihm verschwiegen hat, nämlich dass der Vampir seine Seele verloren hat, als er mit Buffy schlief. Von dieser Neuigkeit entsetzt, regen sich in Riley Misstrauen und Eifersucht, die auch Xander nicht beschwichtigen kann.

Spike stattet Giles einen Besuch ab und überrascht den früheren Wächter dabei, wie er gerade den Lynyrd-Skynyrd-Song *Free Bird* singt und sich dabei selbst auf der Gitarre begleitet. Spike schlägt Giles ein Geschäft vor: Er will in das Hauptquartier der »Initiative« eindringen und Unterlagen über Adam stehlen, im Gegenzug verlangt er Blutkonserven für ein Jahr, Bargeld und die Garantie, dass ihn keiner aus der Gang der Jägerin tötet. Als Giles ohne

Umschweife einwilligt, besteht der Vampir auf der Zustimmung von Buffy, schließlich würde sie Giles nicht mehr ernst nehmen und nur noch völlig eigenwillig handeln. Diese Bemerkungen treffen einen Nerv in dem ehemaligen Wächter, der sich daraufhin erst einmal einen Drink nimmt. Währenddessen diskutieren Tara und Willow ihre Zukunft. Es geht um die Kurse, die sie im nächsten Jahr belegen werden, und die Unterbringung, die sie sich suchen können. Willow überlegt, den Theaterkurs zu nehmen, und denkt über eine Wohnung außerhalb des Campus nach, die sie und Tara zusammen beziehen könnten. Ihre Freundin ist ziemlich verblüfft, dass Willow sich nicht auf jeden Fall wieder ein Zimmer mit Buffy teilen will. Nun, Willow ist sich zur Zeit überhaupt nicht sicher, ob sie noch ein Jahr mit der Jägerin zusammenwohnen möchte.

Am nächsten Morgen besucht Riley die Jägerin in ihrem Zimmer und macht ihr indirekt Vorwürfe, dass sie nicht zu ihm gekommen sei. Sie meint dagegen, es wäre besser gewesen, wenn er in seinem sicheren Versteck geblieben wäre. Daraufhin teilt er ihr mit, dass er die Funkkommunikation der »Initiative« abhöre. Er will wissen, was in Los Angeles vorgefallen ist. Als sie ausweichend reagiert und ihm nichts über ihre Begegnung mit Angel sagen will, verlässt er ihr Zimmer.

Etwas später bringen Anya und Xander Spike eine Militäruniform, die ihn bei seinem Einbruch in die »Initiative« tarnen soll. Er nutzt diese Gelegenheit, um das Gerücht zu streuen, Xander ginge zum Militär. Anya ist aufgebracht, und Xander weiß überhaupt nicht, wovon die Rede ist. Er will wissen, wer so etwas behaupte, und der Vampir erklärt, er hätte so etwas aus gewissen Bemerkungen von Buffy und Willow geschlossen, die sich über die Nutzlosigkeit Xanders innerhalb ihrer Gang ausgelassen hätten.

Schön, schlau und böse. Spike wird vom Blutsauger *deluxe* zum Meister der Intrige. Und James Marsters hat sich nach David Boreanaz zu einem der attraktivsten Coverboys des offiziellen Magazins gemausert.

Als Buffy an diesem Nachmittag auf Patrouille unterwegs ist, begegnet sie in der Nähe einer großen Höhle Forrest. Wie üblich kommt es zu einer verbalen Konfrontation zwischen ihnen, die fast in offene Gewalt umschlägt. Doch sie besinnen sich eines Besseren und beschließen, ihrer Wege zu gehen. Nur haben sie beide den gleichen Weg: in die Höhle hinein. Dort setzen sie ihren Streit fort, und Forrest wirft ihr vor, aus Riley einen Verräter gemacht zu haben. Sie verkündet ihre völlige Ablehnung gegenüber den Handlungen und Methoden der »Initiative«. Doch dann werden sie von Adam unterbrochen, und es wirkt fast so, als hätte das Monster sie erwartet. Noch bevor die Jägerin reagieren kann, hat er sie entwaffnet. Im Verlauf des entstehenden Kampfes feuert Forrest mit seinem »Blaster« auf Adam, doch der Stromschlag kann ihm nichts anhaben und lädt sogar noch seine Energiequelle auf. Kurz darauf tötet er Forrest und feuert mit dessen »Blaster« auf Buffy, die zwar getroffen wird, aber noch fliehen kann. Adam folgt ihr nicht. Nachdem sie die Höhle schon verlassen hat, verliert sie, durch den Kampf geschwächt, das Gleichgewicht, stürzt einen kleinen Abhang hinunter und bleibt bewusstlos liegen. Kurz darauf kommt sie allerdings schon wieder zu sich, kann sich aber nur mit Mühe nach Hause schleppen.

Später am Abend: Spike trifft sich in Giles' Wohnung mit Willow, Tara und dem früheren Wächter, der seine Probleme immer noch mit Alkohol bekämpft. Er stellt es so dar, als sei er den Soldaten nur eben so entkommen, und übergibt Willow einige angeblich gestohlene Disketten. Als Willow feststellt, dass die auf ihnen enthaltenen Informationen codiert sind, und verkündet, dass sie einige Zeit brauchen werde, deutet Spike an, dass sie wohl nicht mehr das Computer-Genie sei, das sie einmal war. Willow ist aufgebracht, doch der Vampir verteidigt sich damit, dass Buffy und

Xander schon ähnliche Bemerkungen gemacht hätten. Willow würde zu viel Zeit und Energie auf die Magie verschwenden. Die Hexe arbeitet zwar weiter an den Codes, ist aber offensichtlich außer sich.

Spike kommt, von seinen Erfolgen geradezu berauscht, in Adams Höhle, um sich seinen Lohn abzuholen, doch das künstliche Halbwesen sagt ihm, dass seine Arbeit noch nicht abgeschlossen sei und er den Chip aus seinem Kopf erst entfernen werde, wenn er eine letzte Aufgabe erledigt habe (dies ist der Deal, den die beiden abgeschlossen haben). Als Adam ihn fragt, wie es ihm gelungen sei, die Jägerin von ihren Freunden zu isolieren, erklärt Spike ihm, dass er gar nicht viel machen musste. Als Beispiel für die Entwicklungen in der Gang zieht er die Beatles heran: Es sei zwar immer gesagt worden, dass Yoko schuld an ihrer Trennung gewesen sei, doch in Wirklichkeit hätten sich die vier einfach emotional voneinander entfernt, so wie es innerhalb von Gruppen so üblich ist. Yoko sei zu diesem Zeitpunkt einfach nur da gewesen, genau so wie er nun. Alle Freunde der Schulzeit würden sich ganz automatisch auseinander leben, wenn sie aufs College gehen.

Inzwischen erfährt Buffy bei sich in ihrem Zimmer, dass Riley denkt, sie habe mit Angel in Los Angeles geschlafen. Sie versichert ihm, dass nichts dergleichen passiert sei, und ist zugleich entsetzt darüber, wie wenig Vertrauen er ihr entgegenbringt. Als er ihr erklärt, warum er auf die Idee gekommen ist – dass er dachte, Angel hätte wieder seine Seele verloren –, kann sie ihm nur noch sagen, dass er irrt. Daraufhin gesteht Riley ihr seine übergroße Liebe, die ihn so eifersüchtig macht. Sie versteht ihn, und in einer innigen Umarmung finden sie einen kurzen Moment Frieden, doch dann muss die Jägerin ihrem Freund erzählen, dass Adam vor ein paar Stunden Forrest getötet hat,

und für Riley bricht eine Welt zusammen. Nach einem Augenblick stummer Verzweiflung verlässt er das Zimmer, Buffy kann ihm zur Zeit nicht helfen.
Etwas später in Giles' Wohnung: Buffy trifft sich mit der ganzen Gang, doch die Stimmung ist allgemein auf dem Tiefpunkt angekommen. Willow ist es immer noch nicht gelungen, die Codes der »Initiative« zu knacken, Giles ist mittlerweile ziemlich betrunken, und Xander regt sich weiterhin über die Behauptung auf, er könne aufgrund seines sozialen Standes nur zur Armee gehen. Da keiner weiß, wie sie gegen Adam vorgehen können, und Buffy jede aktive Hilfe im direkten Kampf mit dem künstlichen Dämon ablehnt, kommen langsam all die Zweifel hoch, die Spike so geschickt gesät hat. Jeder fällt über jeden her, bis sich die Situation so weit hochschaukelt, dass Buffy wütend aus dem Haus stürmt. Die Gang ist zerbrochen, ihre Freundschaft scheinbar am Ende angekommen. Adam, der gerade in seinem Hauptquartier einen von ihm schon erwarteten Besucher, Riley, empfängt, hat offenbar gesiegt.
Fortsetzung folgt ...

KOMMENTAR

Wie schon bei der ersten offiziellen Doppelfolge BtVS-415 THIS YEAR'S GIRL/BtVS-416 WHO ARE YOU (die in diesem Buch ebenfalls als Doppelfolge zusammengefassten Episoden BtVS-413 THE I IN TEAM und BtVS-414 GOODBYE IOWA werden im offiziellen WB-TV-Episodenführer als Einzelepisoden geführt), bietet es sich auch bei THE YOKO FACTOR und BtVS-421 PRIMEVAL an, auf einen einzelnen Kommentar zum ersten Teil zu verzichten. Die beiden Folgen bilden eine Einheit, die sich nicht so einfach zerreißen lässt und auf die man am besten mit einem geschlossenen, alles umfassenden Text reagiert. Allerdings besteht zwischen diesen beiden Episoden ein stärkeres Gleichgewicht als zwischen denen der ersten Doppelfolge, so dass der dem Inhalt von PRIMEVAL folgende Text bei aller Geschlossenheit stärker differenzieren wird als der zu WHO ARE YOU. An dieser Stelle soll aber die gesonderte Bewertung von THE YOKO FACTOR nicht vergessen werden.

Gesamtbewertung: ●●○
Humor: ★☆☆
Horror: ☠☠☠
Action: ▮▯▯

BtVS-421
PRIMEVAL

US-Erstausstrahlung: 16. Mai 2000

Regie: James A. Contner. *Drehbuch:* David Fury. *Gaststars:* Amber Benson (Tara), Leonard Roberts (Forrest Gates), Bailey Chase (Graham Miller), Conor O'Farrell (Colonel McNamara), George Hertzberg (Adam), Lindsay Crouse (Professor Maggie Walsh), Jack Stehlin (Dr. Angleman), Bob Fimiani (Mr. Ward, der Mann in Washington), Jordi Vilasuso (Dixon)

Willow *(zu Colonel McNamara, als er die Ausrüstung der Gang untersucht)*: »Das ist ein Flaschenkürbis.«
Giles: »Ein magischer Flaschenkürbis.«
Colonel McNamara: »Was für eine Art von Freaks seid ihr Leute eigentlich?«

INHALT

Nachdem Buffy Giles' Wohnung verlassen hat, ist sie zu den Ruinen der Sunnydale High gegangen. Sie sucht Riley, um zusammen mit ihm, dem einzigen Menschen, auf den sie sich – wie sie glaubt – noch verlassen kann, gegen Adam anzutreten, doch Riley ist nicht in seinem Versteck, sondern befindet sich gerade in der Höhle, die Adam als Hauptquartier dient. Er versteht nicht, warum er dort hingekommen ist und warum ihn das künstliche Halbwesen so herzlich empfängt. Adam erklärt ihm daraufhin, dass Professor Maggie Walsh, »Mutter« – wie Adam sie nennt –, ihm einen Chip in die Brust implantiert habe, der direkt an sein zentrales Nervensystem angeschlossen sei und sein Verhalten modifiziere. Er habe den Chip erst vor kurzem aktiviert und damit die erste Stufe in Rileys Umwandlungsprozess in Gang gesetzt. Nach diesen Erklärungen beginnt Adam mit einem Vortrag über die Schwächen von Menschen und Dämonen, den Riley über sich ergehen lassen muss, weil ihm der Chip jeden freien Willen nimmt, er ist nur noch Adams Befehlsempfänger. Adam fährt mit seinem Vortrag fort und verkündet Professor Walshs Pläne, sie beide sollten die Ersten einer neuen, übermächtigen Rasse werden. Nun kommt auch Spike in die Höhle und erinnert Adam noch einmal daran, dass er die Jägerin und ihre Freunde für immer entzweit habe und nun der Chip aus seinem Kopf entfernt werden solle. Doch Adam gibt ihm noch eine Aufgabe: Er soll dafür sorgen, dass Buffy in das Hauptquartier der »Initiative« kommt, dort soll sie dann so viele Dämonen wie nur möglich vernichten, bevor Adam sie tötet. Spike meint, dies sei kein Problem, schließlich habe Willow doch die Diskette mit den notwendigen Informationen und werde sie an die Jägerin weitergeben, sobald sie den Code geknackt habe. Adam erinnert ihn daran, dass er einen riesigen Keil zwischen Willow und Buffy getrieben habe, und Spike wird der große Fehler innerhalb seines angeblich so genialen Plans bewusst. Er eilt aus der Höhle, um zu retten, was noch zu retten ist.

Inzwischen ist es schon wieder Tag. Willow und Tara statten Giles, der einen mächtigen Kater hat, einen Besuch ab. Giles bittet sie herein und sagt Willow, sie könne gern bei ihm weiter an der Decodierung der Disketten arbeiten, doch nach allem, was in der letzten Nacht gesagt wurde, hat sie dazu überhaupt keine Lust und will den Laptop mitnehmen. Als die beiden Hexen sich verabschieden, spürt man einen riesigen Abgrund zwischen Giles und Willow.

Buffy sitzt allein und niedergeschlagen in ihrem Zimmer; sie nimmt sich ein Foto aus ihrem ersten Jahr in Sunnydale, das sie zusammen mit Willow und Xander zeigt, und betrachtet es melancholisch. Als sie den Blick von ihm lösen kann, hat sie eine Entscheidung getroffen. Zunächst greift sie nach dem Telefonhörer, doch dann legt sie ihn, ohne einen Anruf getätigt zu haben, wieder auf und geht an ihr Waffenarsenal. Etwa zur gleichen Zeit liegt Xander auf seinem Bett und starrt deprimiert die Decke an. Auch Anya, die hinzukommt, kann ihn nicht aufmuntern. Der Verlust seiner besten Freunde und die Erkenntnis, dass er vielleicht wirklich ein Versager und zu nichts zu gebrauchen ist, wiegt zu schwer. Selbst als Anya ihm sagt, dass er ein guter Partner sei und sie ihn liebe, reißt ihn das nicht aus seiner Depression.

Buffy sucht in der Höhle, in der sie am vorherigen Tag Adam begegnet ist, nach dem künstlichen Halbwesen. Sie findet auch den Raum, der ihm als Kommandozentrale gedient hat, nur ist er nicht mehr da, die Höhle ist verlassen. Adam hat sein Hauptquartier längst in einem absolut geheimen Bereich der Anlage der »Initiative« eingerichtet; dort zeigt er seinem »Bruder« Riley sein Reich, das Professor Walsh selbst vor den militärischen Leitern des Projekts geheim gehalten hat. Als Riley Professor Walsh und Dr. Angleman entdeckt, die Adam beide getötet hat und die nun als technisch gesteuerte Zombies wieder zum Leben erweckt für Adam arbeiten, befürchtet er, dass ihn ein ähnliches Schicksal erwartet, doch sein »Bruder« versichert ihm, dass er mit ihm Größeres vorhabe. Genau in diesem Moment erhebt sich Forrest vom Operationstisch – Walsh und Angleman haben ihn in eine Kreuzung aus Mensch und Dämon verwandelt, der zwar nicht die Stärke Adams besitzt, aber doch Menschen und Dämonen überlegen ist.

Buffy sucht immer noch in dem Höhlensystem nach einer Spur Adams und begegnet dabei Spike, der sie an die Informationen auf den Disketten erinnert, die er ihnen besorgt hat. Als die Jägerin ihm darauf sagt, dass Willow die Informationen noch nicht entschlüsselt habe, verkündet der Vampir, dass der Streit, den sie und Willow gehabt hätten, kein Grund sei, sich nicht um die Disketten zu kümmern. Mit dieser Bemerkung hat Spike sich verraten, denn er konnte nichts von dem Streit wissen. Buffy wird nun klar, was am vorherigen Abend passiert ist, und sie verlässt umgehend die Höhle. Währenddessen sitzt Willow in Taras Zimmer an ihrem Computer und versucht weiterhin, die Codes zu knacken. Gerade als sie glaubt, ihrem Ziel ein großes Stück näher gekommen zu sein, passiert etwas völlig Unerwartetes. Die Informationen entschlüsseln sich von allein und geben wichtige Details über »Raum 314« und das in ihm betriebene Projekt frei. Genau in diesem Moment klingelt Taras Telefon, es ist Buffy, die Willow sprechen will. Tara hat abgenommen und fragt nun ihre Freundin, ob sie bereit ist, mit Buffy zu reden.

Während Adam in seinem Hauptquartier alles für die Operation vorbereitet, die Riley in ein Mitglied der neuen Rasse verwandeln soll – es fehlen nur noch die richtigen Dämonen-Körperteile –, trifft sich Buffy mit Willow, Xander und Giles auf dem Campus der Universität. Keiner von ihnen fühlt sich in der Nähe der anderen wohl, doch die Jägerin ergreift die Initiative und öffnet den anderen die Augen: Spike habe sie alle manipuliert, um sie auseinander zu bringen. Die anderen durchschauen nun auch die Taktik des Vampirs, doch die Zweifel, die er gesät hat, und die Dinge, die sie selbst gesagt haben, lassen sich nicht einfach wegwischen. Die Befangenheit bleibt, aber sie schieben sie erst einmal beiseite, um ihr weiteres Vorgehen zu planen. Buffy beginnt nun das Puzzle zusammenzusetzen, indem sie davon ausgeht, dass Spike für Adam arbeitet; von Willow erfährt sie, die letzte Phase des Projekts 314 bestehe darin, dass Adam eine Armee aus Wesen, wie er selbst eines ist, erschafft. Nun gibt es keinen Zweifel mehr darüber, warum sich so viele Dämonen in den Zellen der »Initiative« befinden: Es soll zu einer gigantischen Schlacht zwischen ihnen und den Soldaten kommen, bei der Buffy anwesend sein muss, damit möglichst viele Dämonen sterben. Aus den ganzen Leichenteilen könnte Adam dann seine neue Rasse aus künstlichen Halbwesen erschaffen. Nachdem Buffy ihre Sicht auf Adams Pläne ausgebreitet hat, fragt Xander sie, ob Adam dabei nicht Angst hätte, dass sie ihn vernichten könnte. Die Antwort ist ein klares »Nein«.

In den geheimen Räumen der »Initiative« teilt Adam den um ihn versammelten Helfern, zu denen nun auch Spike gehört, mit, dass er die Nähe der Jägerin spüre, sie werde bald kommen. Daraufhin bittet Spike darum, dass alles für die Entfernung des Chips aus seinem Kopf vorbereitet werde. Die Gang hat sich inzwischen mit Giles in dessen Haus zurückgezogen, um einen Plan auszuarbeiten. Buffy teilt ihnen mit, dass Adams Energiequelle ein Uran-235-Kern ist, daraufhin schlägt Willow in einem Anflug

von verzweifelter Albernheit einen Zauber vor, der das Uran aus dem Körper lösen würde. Auch wenn dies kein Weg ist, wird Giles bewusst, dass ihnen nur Magie als Mittel bleibt – beispielsweise ein Zauber, der jemanden für eine bestimmte Zeit lähmt, nur muss derjenige, der diesen Zauber anwendet, sehr erfahren in der Anwendung von Magie sein, er muss außerdem perfekt Sumerisch sprechen und noch dazu sehr nah an den herankommen, der gelähmt werden soll. Nun wird Xander sarkastisch und stellt fest, dass sie eine Buffy bräuchten, die Giles' Sprachkenntnisse und Willows Wicca-Erfahrungen hätte. Diese keineswegs ernst gemeinte Idee gibt allerdings Giles die Lösung ihrer Probleme ein: Sie brauchen einen »Vereinigungszauber«, bei dem Giles' und Willows Fähigkeiten auf die Jägerin übertragen werden.
Mit Waffen und den für den Zauber nötigen Utensilien ausgerüstet, gehen Buffy und die anderen zu Rileys Wohnheim. Dort angekommen, zerschlägt Buffy als Erstes den Spiegel, hinter dem sich der Aufzug zu den unterirdischen Anlagen der »Initiative« befindet. Bevor sie in den Aufzugschacht steigen, erinnert Giles noch einmal alle daran, dass der »Vereinigungszauber« zwar sehr mächtig, aber auch äußerst gefährlich ist. Während sie sich in dem Schacht abseilen, entschuldigt sich Buffy bei Willow für ihr Verhalten in der letzten Zeit. Es ist das erste Mal seit langem, dass die beiden wieder richtig miteinander sprechen. Sie geben gegenseitig die Fehler zu, die sie in diesem ersten College-Jahr gemacht haben, wissen aber auch, dass es ungeheuer schwierig ist, die Freundschaften, die sich in der Schulzeit ergeben haben, später noch aufrechtzuerhalten. Zugleich bekennen sie sich zu dieser Freundschaft und versprechen sich gegenseitig, dass sie alles tun werden, damit sie Freunde bleiben. Als sie sich noch während des Abseilens umarmen, stürzen sie das letzte Stück hinunter. Als Nächster kommt Xander bei ihnen an, den sie

ebenfalls umarmen. Als die beiden dann noch verkünden, wie sehr sie ihn vermisst hätten, kann er sein Glück gar nicht fassen. Nachdem Giles zu ihnen gestoßen ist, öffnen die vier mit Gewalt die Fahrstuhltüren, die sie ins Hauptquartier der »Initiative« führen, doch werden sie schon von mehreren Kommando-Teams, die Waffen im Anschlag, erwartet.

Adam und Spike beobachten auf Überwachungsmonitoren, wie Buffy und die Gang von Soldaten abgeführt werden. Der Vampir glaubt nun, seinen Auftrag erfüllt zu haben, doch Adam ist alles andere als zufrieden, schließlich wird die Jägerin von ihren Freunden begleitet. Spike erkennt, dass ihm nur noch die Flucht bleibt, doch Forrest hält ihn auf; daraufhin versucht er noch einmal zu verhandeln, und Adam erklärt sich bereit, den Chip aus seinem Körper zu entfernen – Forrest soll ihm den Kopf abreißen. Da das Halbwesen Spike an Kraft weit überlegen ist, stößt er Forrest seine Zigarette in ein Auge und gewinnt so die Zeit zu flüchten. Forrest will ihm folgen, doch Adam hält ihn zurück. Es gebe keinen Ort mehr, an den Spike noch fliehen könnte.

Die Soldaten haben Buffy und die Gang ins Kontrollzentrum der »Initiative« gebracht, in dem Colonel McNamara nun ihre Sachen durchsucht. Buffy versucht ihm zu erklären, was gleich passieren wird, doch der Offizier glaubt ihr kein Wort. Er hat noch nie von »Projekt 314« und den dazugehörenden geheimen Laboreinrichtungen gehört, ist sich aber völlig sicher, von hier aus alles unter Kontrolle zu haben. Genau in diesem Moment schaltet Adam den Strom in der Anlage ab, öffnet alle Türen innerhalb der »Initiative« und verschließt zugleich die Ausgänge. Die unzähligen Dämonen, die hier gefangen waren, können sich nun frei bewegen und greifen die Soldaten an. Buffy rät Colonel McNamara, sich mit seinen Leuten zurückzuziehen und so viele Soldaten wie möglich zu retten. Doch der Offizier ist nicht bereit, ihr das Feld zu überlassen,

stellt stattdessen zwei Mann ab, die Buffy und die anderen bewachen sollen, während er selbst seine Teams für die Schlacht versammelt. Nachdem er das Kontrollzentrum verlassen hat, schaltet Buffy im Handumdrehen ihre Bewacher aus. Willow eilt an einen der Computer, um Adams Aufenthaltsort herauszufinden, und Giles informiert die anderen darüber, dass sie für den Zauber absolute Ruhe brauchen, doch die wird nur schwer zu finden sein, wie auf den Überwachungsmonitoren zu sehen ist: In den Anlagen der »Initiative« herrscht Krieg, überall gibt es Explosionen, überall wird geschossen. Einer, der sich mitten in dem Chaos und Kreuzfeuer wiederfindet, ist Spike. Ihm bleibt nur, gegen die zu kämpfen, gegen die er kämpfen kann – die Dämonen.
Willow hat inzwischen in den Bauplänen der »Initiative« Leitungen entdeckt, die scheinbar ins Nichts führen – dort müssen sich die geheimen Laboratorien befinden. Buffy ist davon überzeugt, dass Adam sich dort aufhält, denn die nicht in den Plänen verzeichneten Räume befinden sich direkt hinter »314«. Dort müssen sie hin, doch der einzige Weg führt über das Schlachtfeld! Zusammen mit Xander gelingt es der Jägerin, alle Angriffe von Vampiren und Dämonen abzuwehren, und so schaffen es die beiden, zusammen mit Willow und Giles den Top-Secret-Bereich der Anlage unverletzt zu erreichen. Sie verbarrikadieren sich in Raum 314, von dem eine Tür in die geheimen Labor-Einrichtungen führt. Giles teilt der Jägerin mit, dass die Vorbereitungen für den Zauber etwa fünf Minuten dauern werden. Xander will Buffy bei ihrem Gang in Adams Kommandozentrale begleiten, doch sie versichert ihm mit einem Blick auf Willow und Giles, dass sie nicht allein sein wird, wenn sie Adam gegenübertritt.
In den geheimen Labors entdeckt Buffy den regungslos in einem Stuhl sitzenden Riley sowie Professor Walsh und Dr. Angleman. Als sie ihren Freund anspricht, reagiert er nicht. Genau in dem

Moment kommt Adam hinzu und erklärt ihr, dass Riley über einen Chip von ihm kontrolliert werde, dann befiehlt er Forrest, die Jägerin zu töten. Der ehemalige Soldat ergreift Buffy von hinten, während Maggie Walsh sich ihr mit einer chirurgischen Säge von vorne nähert. Die Jägerin kann den Zombie zwar durch einen Tritt abwehren und sich sogar aus Forrests Griff befreien, aber letztlich ist der künstliche Dämon stärker als sie. Bei ihrem verzweifelten Kampf gegen ihn stoßen sie auch gegen Rileys Stuhl und zerschlagen einen Glasbecher, dessen Scherben in der Nähe von Rileys Hand landen. Er versucht, sich der Kontrolle des Chips zu entziehen und eine scharfe Scherbe zu ergreifen. Inzwischen haben Willow, Giles und Xander in 314 mit dem Ritual begonnen, Willow ruft die lange Reihe der Jägerinnen von der letzten bis zur ersten an. Der Kampf zwischen Buffy und Forrest geht indessen unvermindert heftig weiter, der Jägerin gelingt es dabei aber nicht, die Oberhand zu gewinnen. Riley hat die Scherbe zu fassen bekommen und schneidet sich mit ihr dort die Brust auf, wo er den Chip vermutet. Als Forrest die Jägerin mit beiden Händen hoch über seinen Kopf hebt, gelingt es ihr, ein großes Stromkabel zu fassen und es aus seiner Verankerung zu reißen. Funken fliegen herum, während in 314 das Ritual erste Wirkungen zu zeigen scheint. Forrest schmeißt die Jägerin auf den Operationstisch, und die Zombies der beiden Wissenschaftler helfen ihm, Buffy festzuhalten. In diesem Moment gelingt es Riley, sich den Chip selbst aus dem Körper zu reißen. Er kommt seiner Freundin zu Hilfe und schaltet zunächst die beiden Zombies aus. Buffy nutzt den Augenblick der Verwirrung, versetzt Forrest einen Tritt und springt von dem Operationstisch. Sie erklärt Riley, dass sie nach Adam suchen muss, und fragt ihn, ob er allein zurechtkommt. Als er das bestätigt, verlässt sie das Labor, und ein Kampf zwischen Forrest und Riley beginnt. Buffy findet Adam in seinem Kontrollzentrum, in dem er die in den Anlagen tobende Schlacht über einige Videomonitore beobachtet. Sie greift ihn an, doch er kann sie leicht abwehren. Im Verlauf des Kampfes zwischen ihnen verwandelt sich Adams rechter Arm in ein großes Maschinengewehr, mit dem er auf die Jägerin feuert; sie kann gerade noch in Deckung gehen.

In Raum 314 erreicht das Ritual nun seinen Höhepunkt, Willow spricht die letzten Beschwörungen aus: Eine Kraft geht durch die drei hindurch und verlässt sie gleich einem Blitz, der in Buffy hineinfährt – genau zum richtigen Zeitpunkt. Adam hat eine Granate abgefeuert, die nun in das Versteck der Jägerin einschlägt. Nach der Explosion steht Buffy auf und tritt Adam mit orange leuchtenden Augen entgegen. Er kündigt ihr Ende an, doch sie widerspricht mit einer Stimme, in der sich ihre mit denen von Willow, Giles und Xander perfekt vereinigt hat. Während sie die Formel des Zaubers spricht, der Adam lähmen soll, feuert er auf sie, doch die Kugeln prallen kurz vor ihr an einer magischen Wand ab. Zwischenzeitlich versucht ein Dämon, in Raum 314 einzudringen, Willow und die anderen beiden bekommen davon aber nichts mit, weil der Zauber sie in eine Art Trance versetzt hat. In dem geheimen Labor hinter Raum 314 kämpft Riley noch immer mit Forrest, der eigentlich gar nicht gegen seinen Freund kämpfen will – dafür aber ziemlich gute Arbeit leistet. Riley schlägt gerade mit einer Gasflasche auf den künstlichen Dämon ein, dabei öffnet sich deren Verschluss, Gas beginnt auszutreten. Forrest nimmt ihm die Flasche, auf der groß das Wort »Entflammbar« steht, ab und hebt sie über seinen Kopf, um sie nach Riley zu werfen. Doch über seinem Kopf hängt auch das Funken sprühende Kabel, einer der Funken entzündet das Gas, die Flasche explodiert, und Forrest wird in einem Feuerball durch den Raum geschleudert.

In seinem Kontrollraum feuert Adam erneut eine Granate auf die Jägerin ab, die aber auch kurz vor ihrem Körper in der Luft stehen bleibt. Mit einer Handbewegung verwandelt Buffy sie in drei weiße Tauben, die davonfliegen, mit einer weiteren Handbewegung übt sie eine Kontrolle über Adams Körper aus: Das Maschinengewehr verschwindet wieder in seinem Arm. Nun geht sie auf ihn zu und greift ihn an, denn die Situation hat sich umgekehrt, Buffy ist nun stärker als Adam. Sie drängt ihn an eine Wand zurück und reißt ihm mit der bloßen Hand seinen Uran-Kern heraus. Gerade als Adam zu Boden fällt, kommt Riley hinzu. Er sieht noch, wie der Kern in der Luft schwebt und, nachdem Buffy eine Beschwörungsformel gesprochen hat, in sich zusammenfällt und dann in einem Lichtblitz verschwindet; danach bricht Buffy zusammen, und Riley fängt sie auf. In Raum 314 brechen zur gleichen Zeit Willow, Giles und Xander zusammen, und es gelingt nun dem Dämon, die von der Gang aufgebaute Barrikade zu durchbrechen. Gerade als er sich auf die drei stürzen will, tritt Spike hinzu und bricht ihm das Genick. Er will die Gang wieder für sich einnehmen, denn er weiß, dass sein Leben jetzt von ihnen abhängt. Sie erinnern ihn daran, dass er mit Adam zusammengearbeitet habe, töten ihn aber nicht, denn noch wissen sie nicht, ob Buffy erfolgreich war. Aber die Befürchtungen erübrigen sich, denn schon betritt die Jägerin zusammen mit Riley Raum 314. Sie beglückwünschen sich gegenseitig, und Buffy stellt noch einmal klar, dass sie es alle zusammen waren, die Adam besiegt haben. Riley erinnert sie daran, dass draußen noch eine Schlacht tobt, die Jägerin übernimmt daraufhin wieder das Kommando und bittet die Gang, zu den Ausgängen zu gehen und zu versuchen, sie zu öffnen, während Riley die noch lebenden Soldaten um sich versammeln soll. Sie will in der Zeit gegen die Dämonen kämpfen.

In einer die Zeit überbrückenden Parallelmontage sehen wir Szenen der Schlacht innerhalb der »Initiative«, während Mr. Ward vor einem Komitee das ganze Ausmaß der Katastrophe zusammenfasst. Er verkündet, dass die »Initiative« ein Experiment gewesen sei, mit dem die Regierung versucht habe, die übernatürlichen Kräfte in der Welt zu kontrollieren und sie gegebenenfalls sogar für militärische Zwecke zu verwenden, doch das Experiment sei gescheitert. Sämtliche Unterlagen werden vernichtet, der unterirdische Komplex zubetoniert.

KOMMENTAR

Auch wenn die vierte Staffel von BUFFY nicht mit der Doppelfolge THE YOKO FACTOR/PRIMEVAL endet, so kommt ihr doch die Funktion zu, die all die großen Season-Finales in den drei vorherigen Jahren hatten: Mit diesen beiden Episoden ist die Entwicklung, die die Serie und ihre Charaktere in dieser Staffel genommen haben, abgeschlossen. Dabei geht es diesmal um mehr als nur um einen Sieg gegen einen Dämon, dessen Ziel wieder einmal die Vernichtung der Welt, so wie wir sie kennen, ist. Im Prinzip unterscheidet sich der Kampf zwischen Buffy und Adam gar nicht so sehr von den Kämpfen der Jägerin gegen den Meister (erste Staffel), gegen Angelus und den von ihm in die Welt gebrachten Dämon Acathla (zweite Staffel) und gegen Bürgermeister Wilkins (dritte Staffel). Jeder dieser großen Gegenspieler Buffys strebte in der einen oder anderen Form die Vernichtung der Menschheit an, und jeder von ihnen stellte eine besondere Herausforderung für die Jägerin und ihre außergewöhnlichen Fähigkeiten dar. Der größte Unterschied zwischen ihnen und Adam liegt darin, dass Buffy in diesem Kampf allein nicht gewinnen kann. Die Hilfe von Giles und ihrer Freunde war zwar immer wichtig und entscheidend, doch in diesem Fall geht gar nichts ohne sie.

Aber eigentlich sind andere Aspekte von THE YOKO FACTOR und PRIMEVAL entscheidender, wenn man sie mit den früheren Abschlussepisoden vergleicht, denn in ihnen lösen sich ungleich mehr Handlungsstränge auf als in den anderen *finales*. Der Kampf gegen Adam entspricht eigentlich in erster Linie einer Konvention, die sich über die Jahre hinweg etabliert hat: In jeder Staffel muss Buffy einem Gegner gegenübertreten, der nicht nur stärker und mächtiger ist als die anderen Vampire und Dämonen, gegen die sie Woche für Woche kämpft, sondern auch noch eine große Vision hat. Die direkte Konfrontation mit ihm zeichnet sich dann durch eine besonders spektakuläre Inszenierung aus, zu der beispielsweise außergewöhnliche *special effects* oder eine überdurchschnittlich aufwendige Action-Choreographie gehören können und die dieses Finale wirklich zu einem Höhepunkt der jeweiligen Staffel macht. Diese Tradition hält PRIMEVAL mit seiner Schlacht im Hauptquartier der »Initiative« aufrecht und führt sie zugleich in eine Region, die spätere *finales* nur schwer werden erreichen können.
Doch die Auseinandersetzung der Jägerin mit Adam ist eben nur ein Punkt, auf den die Serie in der vierten Staffel zugesteuert ist, ein anderer ergibt sich über die »Initiative«, deren Hintergründe und Zukunft in PRIMEVAL geklärt werden müssen. Die wichtigste und in gewisser Hinsicht auch spannendste Entwicklungslinie innerhalb dieser Season betrifft jedoch Buffy und die Gang selbst. Während sie verschiedensten Inkarnationen des Bösen gegenübergetreten sind, haben sich im Lauf dieses Jahres unterschwellig Konflikte aufgebaut, die zwar gelegentlich durchgebrochen sind, aber in der Regel von den Gefahren, die Buffy, Willow, Xander und Giles bedrohten, verdeckt wurden. Auch wenn an der Oberfläche scheinbar Ruhe herrschte und alles in seinen angestammten Bahnen verlief – nur ganz knapp *unter* dieser

Oberfläche brodelte es. Und diesem Brodeln, das eigentlich nicht zu übersehen war, aber doch irgendwie ignoriert werden konnte, widmet sich nun THE YOKO FACTOR, der erste Teil der Doppelfolge, der eben nicht nur den Showdown in PRIMEVAL vorbereitet, sondern wirklich all das auf einen Punkt bringt, was bisher nur angedeutet wurde.

Die Schule gibt dem Leben jedes Jugendlichen eine relativ klare und genau umrissene Struktur. Fünf Tage in der Woche geht (oder fährt) man jeden Morgen den gleichen Weg, um dann die gleichen Leute zu treffen. Es gibt die Freunde, mit denen man vielleicht in den einzelnen Kursen zusammensitzt, mit denen man aber auf jeden Fall die Pausen verbringt, und es gibt die Lehrer, von denen man in der Regel zumindest einen als eine Art Vorbild akzeptiert. Im Ganzen betrachtet, stellt die Schule ein relativ geschlossenes System dar, das zusammen mit dem zweiten wichtigen System, der Familie, einen Rahmen schafft. In den Grenzen dieser beiden Systeme bewegt sich der größte Teil des Lebens in der Jugend.

Von der Geschlossenheit, die sich über die Schule ergibt, hat BUFFY – IM BANN DER DÄMONEN in gewisser Weise drei Jahre lang gelebt. Buffy, Willow, Xander und Giles, ihre Freundschaft und ihre Zusammenarbeit ergaben sich beinahe ganz natürlich. Auch wenn im Universum der Serie etwas andere Voraussetzungen existieren als in unserer alltäglichen Welt, bestanden zwischen diesen vier Figuren Beziehungen, die man durchaus als normal oder typisch bezeichnen kann. Ein größerer Unterschied ergab sich höchstens über Giles, den die drei Teenager stärker in ihre Welt einbezogen haben, als dies normalerweise üblich ist. Er stellte innerhalb der ersten drei Staffeln beinahe so etwas wie das Ideal eines Erwachsenen dar, der einer Gruppe von Jugendlichen zugleich Lehrer und Freund ist. Auf der einen Seite war er eindeutig durch sein Wissen und seine Position als Wächter, der die Jägerin anleitet, ausbildet und trainiert, ein Vorbild, das eine gewisse Form von Autorität ausstrahlte; auf der anderen Seite sah er seine Aufgabe nie nur als eine rein passiv-belehrende. Er unterrichtete und informierte Buffy und die anderen nicht einfach nur, er kämpfte auch direkt mit ihnen. So hat er sich praktisch auf eine Stufe mit der Jägerin und den *Slayeretts* gestellt, die ihn eben auch zu einem wirklichen Freund machte.

Buffy, Willow und Xander bildeten in ihrer Schulzeit beinahe so etwas wie den klassischen Freundeskreis, dabei spielte es auch keine Rolle, dass die Jägerin anders ist als Willow und Xander, diese beiden bei allen völlig individuellen und wirklich ungewöhnlichen Charakterzügen doch eher typischen Teenager. Ihre besonderen Fähigkeiten haben sie zwar aus dem Kreis der Gang etwas hervorgehoben, doch auch diese exponierte Position gehört zu der ganz normalen Struktur eines Kreises von Freunden hinzu; es gibt immer einen Mittelpunkt, um den sich dann die anderen gruppieren. Als Superheldin hat sie im Kampf gegen das Böse andere Verpflichtungen und andere Möglichkeiten als ihre Freunde. Nichtsdestoweniger ergab die gemeinsame Lebenssituation, zu der neben der Schule eben auch der für das Aufwachsen in Sunnydale typische Kampf ums Überleben gehörte, eine feste Basis für die Freundschaft. Buffy war die Anführerin, aber alle anderen Mitglieder der Gang hatten ihre feste Funktion.

Mit dem Beginn der vierten Staffel hat sich diese bis dahin etablierte Situation entscheidend verändert, gleich mehrere Einschnitte haben die Karten noch einmal neu verteilt. Die wichtigste Veränderung ergibt sich natürlich dadurch, dass Buffy, Willow und Xander mit der Beendigung der Schule quasi aus dem bisherigen Rahmen ihres Lebens getreten sind. Nicht nur das geschlossene System Schule liegt nun hinter ihnen, auch das

Verhältnis zur Familie unterliegt praktisch automatisch einer Wandlung. Mit dem Verlassen der High School geht in Amerika in der Regel auch ein Verlassen des Elternhauses einher. Wer studiert, wohnt dann nicht mehr zu Hause, sondern auf dem Campus (selbst dann, wenn er die Universität seiner Geburtsstadt besucht), und wer sich einen Job sucht, nimmt sich in den meisten Fällen auch eine eigene Wohnung. An die Stelle von einem (beziehungsweise zwei) geschlossenen System tritt also ein viel offeneres, entweder das Universitäts- oder das Berufsleben. In der Schule scheint es gar keine großen Alternativen zu dem Freundeskreis zu geben, der sich mit der Zeit mehr oder weniger organisch ergeben hat. Doch sobald ebendiese Schule als verbindendes Element, als Fundament der Freundschaften, wegfällt, gibt es eine Menge Alternativen. Genau das ist es, was Spike meint, als er Adam die von ihm beschleunigten Prozesse beschreibt. Direkt auf den Schulabschluss folgen eine Unmenge Entscheidungen, und jede von ihnen bringt eine Entwicklung mit sich, die frühere Freunde voneinander entfernt. Die, die zur Universität gehen, und die, die sich einen Job suchen müssen, entweder weil sie kein College nimmt oder weil sie nicht über die für ein Studium nötigen finanziellen Mittel verfügen, trennen an sich schon Welten, aber auch die, die studieren, werden praktisch auseinander gerissen, denn sie gehen zu verschiedenen Universitäten oder entscheiden sich an der gleichen für völlig verschiedene Kurse. In jedem Fall gibt es einen Einschnitt, der eine ganz neue Situation schafft. Ohne besonders pessimistisch oder destruktiv zu sein, muss man einfach feststellen, dass Freundschaften sehr stark an einzelne Lebensabschnitte gebunden sind, besonders wenn es sich um Freundschaften handelt, die sich innerhalb von Gruppen formieren. Liegt der jeweilige Lebensabschnitt hinter einem zurück, bedeutet es eine unge-

heure Arbeit, die in ihm entstandenen Freundschaften aufrechtzuerhalten.
Durch die fiktionale Situation der Serie steht am Beginn der vierten Staffel von BUFFY eine Konstellation, die näher an der der High-School-Jahre dran ist als üblich. Buffy, Willow und Xander leben immer noch in Sunnydale, die Jägerin und ihre Freundin zunächst im gleichen Wohnheim, später sogar im gleichen Zimmer, und Xander im Haus seiner Eltern, wenn auch zur Miete im Keller; außerdem verbindet sie immer noch das Wissen um nicht-menschliche Wesen in der Welt und die Gefahr, die von einigen von ihnen ausgeht. Damit ergeben sich Voraussetzungen, die es ihnen zwar leichter machen, ihre Freundschaft über die High School hinaus zu bewahren, die aber noch lange keine Garantie dafür sind, dass sie auch weiterhin fast alles zusammen unternehmen und die Verhältnisse in ihrer Clique unverändert bleiben. Es ist vielmehr so, dass selbst bei dieser Grundsituation noch so viele verschiedene Kräfte wirken, die alles verändern können, dass die Wahrscheinlichkeit eines Auseinanderbrechens der Gang größer ist als die ihres unbeschadeten Fortbestehens. Insofern handelt diese vierte Staffel naturgemäß vom langsamen Zerbrechen alter Freundschaften, dem die Jägerin, der ehemalige Wächter und die beiden ersten *Slayeretts* entgegenwirken müssen.
Spikes Handeln in THE YOKO FACTOR entspricht dem einer klassischen Intrige: Er streut Bemerkungen aus, um vier Menschen, die ein freundschaftliches Band verknüpft, gegeneinander aufzubringen und sie schließlich voneinander zu trennen. Doch – und das unterscheidet den Yoko-Faktor oder eben den Spike-Faktor von dem Wirken eines Intriganten, wie ihn die Literatur des 18. und zum Teil auch noch des 19. Jahrhunderts präsentiert – er muss nichts weiter arrangieren, er muss nicht Situationen her-

beiführen, die entweder von den anderen missverstanden werden oder wirklich eine Form von Verrat bedeuten. Es reicht einfach aus, dass er bestimmte mehr oder weniger verschüttete Regungen in Buffy, Willow, Xander und Giles anspricht. Die Saat, die Spike damit auslegt, fällt auf einen mehr als fruchtbaren Boden, denn die Zweifel und die Minderwertigkeitsgefühle, die Ressentiments und die Unzulänglichkeiten, sie sind alle da, schlummern in den vieren. Spikes Taktik der Gerüchte und Verleumdungen wirkt gleich einem Katalysator, der Reaktionen in Gang setzt und beschleunigt, die auf lange Sicht an sich unvermeidbar waren. So verwandeln sich sehr schnell Halbwahrheiten – denn genau das sind seine Äußerungen und Sticheleien – in Wahrheiten, die jeder der vier für sich ins Auge fassen muss.

Im Licht dieser Situation bietet es sich geradezu an, noch einmal zu sehen, an welchem Punkt Buffy, Willow, Xander und Giles in diesem Moment, also als Spike seine Kampagne gegen die Jägerin und ihre Gang in THE YOKO FACTOR beginnt, stehen. Buffy war immer schon eine schwierige, sehr komplexe Heldin, der man auch einiges sehr übel nehmen konnte; von Anfang an haben Joss Whedon und seine Autoren großen Wert darauf gelegt, sie nicht nur als strahlende Superheldin zu glorifizieren. Ihre größte Schwäche war dabei eine ziemliche Ich-Bezogenheit, denn anders als gerade Willow, die ständig bereit war, sich und ihre eigenen Interessen zurückzustellen und einfach nur für andere da zu sein, hat die Jägerin die Tendenz dazu, erst einmal sich selbst zu sehen. Dies ist in gewisser Weise eine Stärke, denn auch in ihren Kämpfen hat sie sich meistens auf sich selbst verlassen und so eine gewisse Freiheit besessen, die sie auch unberechenbar gemacht hat. Doch es gab immer wieder die Momente, in denen ihr ausgeprägter Drang, nach Möglichkeit ihre individuelle Art auszuleben, in einen Eigensinn umgeschlagen ist, der sie blind für alle anderen macht. Sie weiß, dass sie auserwählt ist, aber dieses Wissen kann sich mit ihrer auf sich selbst fixierten Persönlichkeit zu einer Form von Egoismus und Egozentrik verbinden, die sie einige Sympathien kostet. Im Prinzip liefert ihr dabei ihre besondere Situation eine Ausrede dafür, sich wirklich für den Nabel der Welt zu halten, um den sich alles drehen muss, deshalb auch ihr Hang zum »Weinerlichen« – wie Spike es so gerne nennt. Da sie alles auf sich bezieht und immer zuerst ihr Schicksal sieht, neigt sie natürlich auch dazu, sich zu beschweren und über ihr Los zu klagen.

In den ersten drei Jahren war es nun so, dass diese Tendenz ein Gegengewicht durch die Situation erhielt, in der Buffy sich befand. Das geschlossene System Schule, die daraus erwachsenden Freundschaften und die Beziehung zu Giles, der ihr zwar auch als Wächter immer weitestgehend freie Hand gelassen hat, der aber trotzdem als eine Art von Kontrollinstanz fungierte und sie so lenkte, dass sie sich in eine Gruppe integrieren konnte, haben ihrem Egoismus entgegengesteuert. In der vierten Staffel sind nun diese Gegengewichte zwar nicht verschwunden, haben aber an Masse verloren. Giles ist nicht mehr ihr Wächter, sondern nur noch eine Art von freundschaftlichem Ersatz-Vater, sie selbst hat sich vom *Council* losgesagt und ist damit erst einmal nur noch sich selbst und ihrer eigenen Einschätzung verpflichtet; von ihren Freunden hat sie sich – wie es schließlich ganz normal und alltäglich ist – mit dem Wechsel ans College entfernt. Ohne diese starken Bindungen schlägt nun in dieser Staffel ihre Egozentrik durch, spätestens von dem Moment an, als sie mit Riley zusammenkommt, wird ihre Liebe oder auch nur ihr Verliebtsein zum entscheidenden Motor all ihrer Handlungen, sie vergisst die anderen einfach; zugleich resultiert aus ihrer Selbsteinschätzung, die nun durch nichts und niemanden mehr ernstlich in Frage

gestellt wird, die Tendenz zu selbstgerechten Urteilen anderen gegenüber. Als Auserwählte hat sie das Recht, über andere zu richten – auch wenn die Drehbuchautoren hier in der vierten Staffel nie so weit gehen, dass Buffy diese Haltung direkt ausspricht, kann man sich des Eindrucks nicht erwehren, dass sie hinter vielen ihrer Äußerungen steht. Denn wenn sie Kritik an anderen äußert, ist darin nichts Spielerisches, nichts Freundschaftliches, dann ist sie vielmehr gnadenlos. Dabei besitzt sie durchaus nicht die Toleranz, die sie von anderen fordert: In dem großen Streit am Ende von THE YOKO FACTOR schleudert sie ja Willow und Xander eine zynische Bemerkung an den Kopf, die vieles über den Charakter der Jägerin in dieser Staffel verrät: »If I was even more open-minded about some of the choices you made, my brain would fall out.« (»Wenn ich in Bezug auf einige der Entscheidungen, die ihr getroffen habt, noch aufgeschlossener gewesen wäre, wäre mein Gehirn herausgefallen.«) Auch wenn sie es nicht ausspricht, akzeptiert sie weder Willows noch Xanders Leben, da sie ihr eigenes völlig verabsolutiert und damit zum Maßstab für alle anderen macht.
Buffys Überschätzung ihrer eigenen Person steht bei Willow und Xander eine Unsicherheit gegenüber, die bis zu eindeutigen Minderwertigkeitskomplexen reicht. Gerade für Xander, der die Schule nie ernst genommen hat, dem seine Erfolge oder Misserfolge dort weitgehend egal waren, bedeutet der Wegfall des mit ihr verbundenen Systems den extremsten Einschnitt. Innerhalb der High School bedeutete sein Verhalten eine gewisse Verweigerung. Es machte ihn vielleicht nicht zum Coolsten in seiner Stufe, wurde aber zumindest bis zu einem bestimmten Grad akzeptiert. Schüler wie Xander gehören dazu, sie fallen nicht durch das Raster des Systems, sondern bleiben eines seiner Teile. Darin erweist sich einer der un-wirklichen Aspekte eines so

geschlossenen Systems, das letztlich als freier, von der kompletten Realität getrennter Raum innerhalb der Gesellschaft existiert. Auch wenn sich Jugendliche wie Xander verweigern, beschützt sie die Schule doch, erst in dem Moment, in dem er seinen Abschluss hat und sie verlässt, tritt er auch aus ihrem Schutz heraus. Nun ist er der, dessen Noten nicht für das College reichen, der, der keinen vernünftigen Job bekommen kann und sich mit unterbezahlten Tätigkeiten durchschlagen muss. Er bekommt dabei natürlich auch keine Gelegenheit, wirklich etwas zu leisten, sich selbst zu beweisen und sich weiterzuentwickeln. Xander bleibt zurück – im Keller, der Ort, an dem er wohnt, hat innerhalb der Serie durchaus eine symbolische Bedeutung. Er drückt aus, wo Xander zumindest in gewisser Hinsicht steht und wo die anderen beziehungsweise auch er selbst sich sieht. Aus dieser Situation resultiert automatisch ein extrem niedriges Selbstwertgefühl, das Xander nun in THE YOKO FACTOR und PRIMEVAL nicht mehr überspielen kann; dass er so schnell bereit ist, zu glauben, alle anderen hielten ihn für einen Versager, verweist dabei weniger auf die Realität als auf seine eigene Einschätzung. Bewusst gesteht er es sich zunächst zwar noch nicht ein, doch unterbewusst sieht er sich als Versager, der dementsprechend neidisch auf alle ist, die mehr und größere Chancen haben als er. In der Schule war die Differenz zwischen ihm und Willow und auch die zwischen ihm und Buffy noch überbrückbar, es ging nicht um Leistungen und die sich daraus ergebenden Möglichkeiten. Nun gehen Buffy und Willow zur Universität, und jede Begegnung mit ihnen hält ihm, ohne dass etwas in dieser Richtung gesagt werden müsste, vor Augen, wie es um ihn im Vergleich zu ihnen steht.

In Willows Fall ist die Situation ungleich komplizierter: Sie braucht keine Minderwertigkeitskomplexe zu haben, und sie überschätzt sich auch nicht selbst, obwohl sie aufgrund ihrer besonderen Fähigkeiten beinahe in einer ähnlichen Ausnahmesituation ist wie die Jägerin. Sie wird stattdessen von einer Unsicherheit geplagt, die von Anfang an Teil ihrer Persönlichkeit war. In der Schule war sie der *nerd*, eine Außenseiterin, die Freunde nur unter anderen, wenn auch ganz anders gelagerten Außenseitern finden konnte. Aus dieser isolierten Stellung erwächst bei ihr ein extremes Bedürfnis danach, akzeptiert zu werden, das sich mit ihrer grundsätzlichen Neigung zur Selbstlosigkeit über weite Strecken zu einer Art von Selbstverleugnung ergänzt hat. Nun, begünstigt von der Freiheit des Lebens an der Universität und der Trennung von Oz, die sie auf sich selbst zurückgeworfen hat, beginnt Willow sich selbst als den anderen gegenüber gleichberechtigte Persönlichkeit zu entdecken, nur führt dies automatisch zu einem zweifachen Widerstreit – zum einen mit den anderen, die plötzlich eine Willow akzeptieren müssen, die auch an sich denkt, und zum anderen zu einem inneren Konflikt. Ihr Wille, sich aufzuopfern, lässt sich nicht mehr so einfach mit den erwachten eigenen Sehnsüchten und Wünschen vereinbaren. Nun machen aber gerade ihre ganz persönlichen Charakteristika und Gefühle sie erneut zur Außenseiterin – dies gilt sowohl für ihre magischen Fähigkeiten als auch für ihre Liebe zu Tara, die sie außerhalb der immer noch bestehenden Konventionen stellt. Aus der Erkenntnis, dass so zu sein, wie sie sein will, unweigerlich bedeutet, eine Außenseiterin zu sein, erwächst die Unsicherheit, die sie in THE YOKO FACTOR so aggressiv werden lässt. Sie spürt eine unterschwellige Ablehnung gegenüber ihren Entscheidungen, und das trifft Willow umso härter, da sie eigentlich immer noch danach strebt, akzeptiert zu werden. Die Zeit, die andere natürlich brauchen, um sich auf Willows Veränderungen einzustellen, hat die Hexe aufgrund ihrer Neigung zur Unsicherheit nicht.

Die problematischste Figur innerhalb dieser vierten Staffel ist im Prinzip Giles, der ehemalige Wächter, der ehemalige Bibliothekar. Er ist selbst aufgrund einer zutiefst menschlichen und moralischen Entscheidung als Buffys Wächter zurückgetreten, und dann hat er durch die Vernichtung der High School von Sunnydale auch noch seinen Job in der Bibliothek verloren. Damit stand er am Ende der letzten Season vor einem noch gewaltigeren Einschnitt als die Jägerin, Willow und Xander. Für die drei folgte auf den Schulabschluss und den Sieg über den Bürgermeister eine Phase des Übergangs, für Giles dagegen ein Sturz in ein existenzielles Nichts, aus dem er bisher in der ganzen vierten Staffel nicht herausgekommen ist. In gewisser Weise haben die Autoren über ihn und seine Krise den Blick der Serie über den Rand der Jugend hinaus eröffnet. Plötzlich geht es nicht mehr nur um Teenager und ihre spezifischen Probleme und Sorgen, sondern auch um einen Mann, der sich unversehens mitten in der tiefsten *midlife crisis* wiederfindet, nur stellt sich über weite Strecken dabei ein seltsames, ambivalentes Gefühl ein. Auf der einen Seite ist dieser neue Giles eine faszinierende Erweiterung des Universums von BUFFY – IM BANN DER DÄMONEN, auf der anderen Seite bleibt der Eindruck, dass diese Krise dramaturgisch nicht zwingend ist und eher wie eine Ausflucht wirkt. Lässt man die gesamte Staffel noch einmal Revue passieren, wird einem bewusst, wie geringfügig die Rolle von Giles in diesem Jahr war, er ist beinahe unmerklich an den Rand gerutscht. Dies entspricht zwar zum Teil der Entwicklung innerhalb der Beziehungen zwischen ihm und der Gang, die sich selbstverständlich etwas von ihm emanzipiert, nur verbringen sie dafür auch wieder sehr viel Zeit in seinem Haus, deshalb kann man sich des unterschwelligen Gefühls nur schwer erwehren, dass die Autoren der Serie in diesem Jahr nur sehr wenig mit der Figur des ehemaligen Wächters anzufangen wussten. Im Prinzip läuft alles auf seine zwei großen Auftritte hinaus, den in BtVS-412 A NEW MAN und den in dieser Doppelfolge. Die Implosion, die Giles in THE YOKO FACTOR durchmacht, diese Wendung hin zum Alkohol und die Flucht in den Sarkasmus – das ist der Höhepunkt, der seiner Figur hier gestattet wird. Das hat zwar durchaus seinen Reiz und funktioniert gerade in der Gesamtheit der Entwicklungen, die die einzelnen Figuren aufgrund der Intrigen Adams durchmachen, perfekt, nur wünscht man sich doch, dass Giles aus der Nutzlosigkeit, die er über weite Strecken dieses Jahres empfunden hat, bald erlöst wird – und das möglichst dauerhaft. So gelungen Anthony Stewart Heads kurze Auftritte als Sänger sind, die Figur des Wächters und Bibliothekars hat eindeutig mehr verdient – oder man muss mehr aus diesen Auftritten machen.

Es spricht für die Qualität der Serie und ihrer Drehbücher, wie es den Autoren vom Anfang der vierten Staffel bis zu THE YOKO FACTOR, ihrer zwanzigsten Episode, gelingt, eine Spannung zwischen den Figuren aufzubauen, die hier zu einer Explosion führt und dabei noch ein zentrales Element innerhalb des großen Finales wird. Und es spricht genauso für BUFFY, dass es ihren Machern gelingt, innerhalb einer Doppelfolge eine völlige Wendung in dem Verhältnis der Figuren zu vollziehen, die gerade dem großen Streit eine zweite Funktion gibt. Er legt eben nicht nur offen, was alles zwischen den vier Hauptfiguren und auch in ihnen selbst falsch gelaufen ist, er hat zudem eine reinigende Wirkung. Dass alle ihre Gefühle – auch wenn sie von Enttäuschung und Wut verzerrt sind – aussprechen, bewirkt eine gewisse Reinigung, da sie sich selbst ihrer bewusst werden. Dieser Prozess der Erkenntnis gipfelt in dem Moment der großen Entschuldigungen und Versprechen im Fahrstuhlschacht, doch zum

Glück belässt es der Drehbuchautor David Fury nicht einfach bei diesem verbalen Bekenntnis zur Freundschaft.

Einer der großen Pluspunkte der vierten Staffel von BUFFY ist Adam, Joss Whedon und sein Team haben mit ihm den bisher interessantesten und faszinierendsten Gegenspieler für die Jägerin geschaffen. Dies überrascht umso mehr, als in den meisten Serien im Lauf der Zeit doch Abnutzungserscheinungen auftreten und sie dann mehr über die Bindung, die der Zuschauer zu ihren Helden aufgebaut hat, als über die eigentlichen Geschichten funktionieren. Hier ist es nun so, dass Adam, die alljährliche Inkarnation des Bösen, die dann von Buffy vernichtet wird, bevor sie Schlimmeres anrichten kann, allein schon Grund genug ist, sich diese Staffel anzusehen, auch für den Fall, dass man aus den früheren Staffeln keine einzige Folge kennt. Ein Reiz dieser Figur liegt in seiner schieren Übermacht, er ist ein Gegner, der einer Superheldin nicht nur würdig ist, sondern sie tatsächlich besiegen könnte. Insofern ist die Anspielung auf TERMINATOR 2: TAG DER ABRECHNUNG (TERMINATOR 2: JUDGEMENT DAY, USA 1991), wenn sich Adams rechter Arm in ein Maschinengewehr verwandelt, durchaus passend und mehr als nur ein Gag für all die Fans des Genres.

Zugleich schafft diese Übermacht des Gegners, seine scheinbare Unüberwindbarkeit, die ideale Voraussetzung für eine Wendung im Verhältnis zwischen Buffy, Willow, Xander und Giles. Es reicht eben nicht aus, dass die vier sich wieder versöhnen und dann wie in den vergangenen Staffeln einfach gemeinsam in den Kampf ziehen. Sie müssen hier mittels eines Zaubers zu einer Person werden, um Adam zu bezwingen. Zum ersten Mal erfährt Buffy dadurch, dass Willow, Xander und Giles mehr als nur Helfer sind, die sie nach Kräften unterstützen, die ihr aber im Kampf gegen Dämonen hoffnungslos unterlegen sind. Die drei werden hier zu ihren gleichberechtigten Partnern, jeder steuert einen Teil von sich zu der wirklichen Superheldin Über-Buffy bei. Damit ergibt sich innerhalb der Gang eine völlig neue Konstellation, die über reine Freundschaft weit hinausgeht; nun muss niemand mehr glauben, er sei weniger wichtig als die anderen oder gar, dass der Rest der Clique auf ihn verzichten könnte. Buffy hat zwar die Kräfte einer Superheldin, die nicht jeder Mensch besitzen kann, dafür haben sie aber jeder für sich eine Fähigkeit, die genauso bedeutend ist wie die physische Stärke und die Schnelligkeit der Jägerin. Nun bleibt abzuwarten, was Joss Whedon und seine Autoren aus dieser neuen, ungewohnten Situation innerhalb der Gang machen werden.

Auch wenn man es eine Zeit lang glauben konnte – BUFFY ist nicht AKTE X. Joss Whedons Universum rund um die Jägerin hat sich zwar in dieser vierten Staffel durch die »Initiative« bestimmten Ideen, die Chris Carter in seiner nun schon längst legendären Serie ausgebreitet hat, angenähert, doch mit PRIMEVAL zieht David Fury eine Art von Schlussstrich unter diese Entwicklung. Anders als in einer Serie, in deren Zentrum Verschwörungen stehen, die mächtiger sind als jeder Einzelne, triumphieren hier die Individuen über das System. Letztlich greift zwar auch hier eine Gruppe von Verschwörern ein, die sicherstellt, dass das Experiment »Initiative« nie an die Öffentlichkeit kommen wird, doch dabei geht es nur um eine Vertuschungsaktion und nicht um einen wie auch immer gearteten Fortbestand dieser von der Regierung geschaffenen geheimen militärischen Operation. Die »Initiative« wird am Ende dieser Doppelfolge ein für alle Mal »beerdigt« – dies ist dabei sogar wörtlich zu nehmen, schließlich werden die unterirdischen Anlagen zubetoniert.

Durch das Ende der »Initiative« – sie geht unter in einer katastrophalen Schlacht (in BtVS-422 RESTLESS, der letzten Folge der

Staffel, beschreibt Riley das Desaster der »Initiative« als »Bay of Mutated Pigs« [»Bucht der mutierten Schweine«] und spielt damit durchaus passend auf das Desaster in der Schweinebucht an, als im April 1961 eine Invasion Kubas kläglich scheiterte) und wird dann von den Regierungskräften zu Grabe getragen, die sie einst erschaffen hatten – ergibt sich ein neuer Blick auf sie. Die sie scheinbar charakterisierende Annäherung der Serie an die AKTE X erscheint nun als nicht mehr so bedeutend, stattdessen fügt sie sich in den großen Zusammenhang von BUFFY ein, der sich ergibt, wenn man den Blick nicht nur auf eine Staffel richtet. Mit der »Initiative« schließt die Serie praktisch direkt an die Entwicklung der vorangegangenen Staffel an, in der Joss Whedon und seine Autoren über die Figur von Bürgermeister Wilkins ein desolates Bild der regionalen Politik in Amerika gezeichnet haben: Wilkins wurde zu einem ins Übernatürliche überhöhten Inbegriff einer verkommenen, durch und durch korrupten Politik, gemacht von Menschen, die nur nach einem streben – persönlicher Macht. In der vierten Staffel widmen Whedon und sein Team sich nun den Organisationen, die zwar von den Bürgern an die Macht gebracht wurden, sich nun aber verselbständigen. Amerika entpuppt sich damit auch in BUFFY als ein Land, in dem das Militär geheime Experimente durchführen kann, die nur einem Zweck dienen – dem Ausbau militärischer Macht.
Zum Abschluss dieser Überlegungen zu THE YOKO FACTOR und PRIMEVAL nun noch einmal zurück zu Adam. In ihm hat die Jägerin nicht nur einen mächtigeren Gegenspieler als jemals zuvor gefunden, er ist auch geheimnisvoller als all die Dämonen, vor denen sie bisher die Welt retten musste. In den früheren Staffeln wusste man als Zuschauer relativ schnell, was der Bösewicht jeweils plante, und letztlich ähnelten sich die Pläne relativ stark. Man konnte sie problemlos wie folgt umreißen: zunächst die

Herrschaft der Dämonen über die Menschen, dann die Vernichtung der Menschheit und schließlich die Hölle auf Erden. Was dann folgen sollte, war dem Meister, Angelus und Bürgermeister Wilkins nicht weiter wichtig, ihre Visionen waren in erster Linie der Zerstörung der menschlichen Zivilisation und der Umkehrung der Machtverhältnisse gewidmet. Eine Zeit lang sah es auch in der vierten Staffel so aus, als würden Adams Absichten nicht darüber hinausgehen, doch in PRIMEVAL offenbart sich seine Vision als noch viel revolutionärer.
Mit Adam hat in gewisser Hinsicht die Evolution eine neue Stufe erreicht. Professor Walsh hat mit ihm ein Wesen geschaffen, das in seiner Verbindung von menschlichen und dämonischen Teilen mit der neuesten Technologie erst einmal einzigartig ist, doch mit seiner Schöpfung ergibt sich auch die Frage nach seiner Bedeutung für das Gleichgewicht in der Welt, eine Frage, die er selbst dann eindeutig beantwortet. Seine Vision richtet sich gegen die Dämonen genauso wie gegen die Menschen, er, der als ein fehlerloses, perfektes Wesen erschaffen wurde, erkennt die Schwächen der Menschen und Dämonen und will sie ausmerzen. Wenn er Riley gegenüber die Dämonen beschreibt, fasst er das zusammen, was der Zuschauer über die Jahre hinweg auch beobachten konnte. Die Dämonen kennen zwar keine Gefühle im Sinne der Menschen, sie handeln skrupellos und amoralisch, weil etwas wie Moral in ihren Vorstellungen gar nicht existiert. Damit wären sie den Menschen eigentlich überlegen, nur sind sie zugleich in Ideen und Regungen gefangen, an denen die Zeit und der Fortschritt spurlos vorübergegangen sind. Sie haben sich nicht auf die Veränderungen, die von Menschen initiiert worden sind, einstellen können und bekämpfen sich immer noch gegenseitig, und das hat sie ihres Vorteils gegenüber der Menschheit beraubt – so wie die Menschen eben gerade durch ihre Mensch-

lichkeit, durch ihre Skrupel und Gefühle behindert werden. Sie sind so rational, dass sie sich immer weiter fortentwickeln, aber – aus Adams Sicht – so irrational, dass sie aus diesen Entwicklungen nicht den Nutzen ziehen können, den diese ihnen bieten. Adam vereint nun die Stärken beider Lebensformen, ohne ihre Schwächen zu kennen, deshalb ist es nur konsequent, dass er beide vernichten will, um so aus Resten, aus den verwertbaren Teilen ihrer toten Körper, eine neue – seine – Rasse zu erschaffen. In seiner Logik treibt er damit nur die Evolution auf die Stufe, die sie mit ihm als Einzelfall bereits erreicht hat.
Diese Konzeption lässt alles, was bisher an Ideen im Universum von BUFFY ausgearbeitet worden ist, weit hinter sich zurück, die Serie kommt mit ihr zu einer Sicht auf ihre eigene Welt, die um einiges klarer als bisher ist. Zum ersten Mal wird hier wirklich ein relativ umfassendes Bild von einer höheren Position aus gezeichnet; die Perspektive erlaubt dabei einen Überblick, den es so noch nicht gab. Diese überraschende Erweiterung des Kosmos und die hinter Adam und seiner Vision stehenden Ideen legen eine Spekulation nahe, die – auch wenn sie für immer eben genau das bleiben sollte, eine durch nichts zu beweisende Spekulation – einen starken Reiz besitzt. Joss Whedon hat zwar nicht das Drehbuch zu PRIMEVAL geschrieben, aber man kann trotzdem davon ausgehen, dass er für die grundsätzliche Konzeption Adams und die Vertiefung seines Universums zumindest mit verantwortlich ist, dass er einige Überlegungen und Vorstellungen beigesteuert hat, die dann von David Fury zu einem kompletten Drehbuch ausgebaut worden sind. Zugleich war eine seiner letzten Arbeiten außerhalb des BUFFY-Universums ein Drehbuchentwurf zu Bryan Singers X-MEN – DER FILM (X-MEN, USA 2000), und es können einem, wenn man sich X-MEN und PRIMEVAL ansieht, gewisse Parallelen und Gemeinsamkei-

ten nicht verborgen bleiben, obwohl Whedons Anteil an dem fertigen Film vergleichsweise gering sein dürfte.
Das in den gleichnamigen Marvel-Comics geschaffene Universum der X-Men unterscheidet sich in einem zentralen Punkt von allen anderen, die in den großen Superhelden-Comics skizziert werden. Die X-Men sind Mutanten, Menschen, die genetisch eine höhere Evolutionsstufe erreicht haben und deshalb über Fähigkeiten verfügen, die Menschen normalerweise nicht besitzen. Dies macht sie in der Welt der Comics und des Films zu Außenseitern, denen Menschen mit Angst oder sogar unverhohlenem Hass begegnen. Diese Reaktion auf sie hat zur Formierung zweier Gruppierungen innerhalb der Mutanten geführt, eine von ihnen folgt Professor Charles Francis Xavier, im Film dargestellt von Patrick Stewart, die andere Magneto (Ian McKellen), einem Überlebenden des Holocaust. Früher einmal waren Xavier und Erik Lehnsherr, Magnetos eigentlicher Name, Verbündete, aber die Politik der Menschen hat sie zu Gegenspielern gemacht. Xavier setzt auf eine friedliche Koexistenz von Menschen und Mutanten, und er gibt den X-Men, die zu ihm kommen, eine Aufgabe, sie sollen über die Menschen wachen, sie vor Gefahren, die stärker sind als sie, bewahren. Für Magneto dagegen gibt es nur Kampf. Das Überleben der Mutanten zu sichern, das ist sein großes Ziel, und dafür nutzt er die Fähigkeiten und die Überlegenheit der Mutanten in jeder nur erdenklichen Form.
In Bryan Singers Filmversion, die das Universum der X-Men im Kino einführt, sind Xavier und Magneto zwar die Antagonisten, doch der Kampf zwischen ihnen ist nicht der klassische zwischen Gut und Böse, es geht vielmehr um die richtigen Mittel, den richtigen Weg. Magnetos düstere Sicht auf die Menschen ist durchaus gerechtfertigt, und seine Idee, die Führer der wichtigsten

Zum Kinoknüller *X-Men* lieferte Joss Whedon einen Drehbuchentwurf, der dann aber nicht verfilmt wurde – warum weiß kein Mensch (außer vielleicht ein X-Mensch), genau so wenig wie eine Antwort auf die Frage, warum selbst bekannte Filmmagazine wie *Premiere* diese Tatsache verschweigen.

Nationen künstlich in Mutanten zu verwandeln, um so sicherzustellen, dass er und die anderen nicht von radikalen rechten Politikern und Populisten verfolgt werden, erscheint einem in keiner Hinsicht verdammenswert. Nur bedeutet – was Magneto nicht weiß – diese Verwandlung innerhalb von relativ kurzer Zeit den Tod des Verwandelten, nur deshalb ist Xaviers Vorgehen gegen ihn wirklich notwendig. So ergibt sich eine Situation in X-MEN, die für Singer typisch ist, alle seine früheren Filme handeln von der Faszination des »Bösen« (das am Ende dann auch triumphiert), die aber mit Joss Whedons Konstruktion von Fiktionen wenig gemeinsam hat. Whedon erkundet gerade mit BUFFY zwar auch Grauzonen zwischen Gut und Böse, aber über allem steht der grundsätzliche Konflikt dieser beiden Konzepte, die ihre Verkörperung in der Jägerin und ihren jeweiligen Gegnern finden. Insofern ähnelt die Konstellation Buffy versus Adam der Xavier versus Magneto, nur ist der Abgrund zwischen den beiden hier viel größer. In gewisser Weise liegt es also nahe, PRIMEVAL als Buffys Ausflug in das X-Men-Universum zu verstehen, mit dem Whedon seine Ideen für Singers Film in einem etwas anderen Gewand präsentiert.

Gesamtbewertung: ●●●
Humor: ☆☆☆
Horror: ☠☠☠
Action: ▮▮▮

BtVS-422
RESTLESS

US-Erstausstrahlung: 23. Mai 2000

Regie und Drehbuch: Joss Whedon. *Gaststars:* Kristine Sutherland (Joyce Summers), Amber Benson (Tara), Seth Green (Oz), Armin Shimerman (Rektor Snyder), Mercedes McNab (Harmony), David Wells (Käsekerl), Michael Harney (Vater von Xander), George Hertzberg (unmaskierter Adam), Sharon Ferguson (Afrikanerin), Phina Oruche (Olivia), Rob Boltin (Soldat)

Song: *The Exposition Song* von Anthony Stewart Head mit Chris Back und Four Star Mary (nicht veröffentlicht)

Xander: »Ich muss auf die Toilette.«
Buffy: »Du brauchst dafür keine Hilfe, oder?«
Xander: »Ich habe da ein System.«

INHALT

Riley muss nach Washington zum End-Rapport und verabschiedet sich von Buffy mit einem Kuss. Für Buffy ist sein Abschied die Chance, einen Abend nur mit ihren Freunden zu verbringen, mit Giles, Xander und Willow, die sie so lange Zeit vernachlässigt hat. Zusammen machen die vier einen Videoabend im Haus von Joyce. Xander freut sich auf seinen Lieblingsfilm: APOCALYPSE NOW (APOCALYPSE NOW, USA 1979). Doch noch bevor der Film beginnt, sind alle vier eingeschlafen. Die letzten Tagen waren hart und fordern hier und jetzt ihren Tribut.
Willow träumt.
Sie sitzt in Taras Zimmer und beschreibt den nackten Rücken

ihrer Freundin mit Schriftzeichen. Gemeinsam beobachten sie Taras Kätzchen (das sie sich in der Episode BtVS-419 NEW MOON RISING zugelegt hat) beim Spielen mit einem Wollknäuel. »Sie werden die Wahrheit über dich erfahren«, erklärt Tara ihrer Freundin, doch Willow versteht sie nicht, ihre Gedanken sind von ihrer Angst abgelenkt. Draußen vor dem Fenster, in der Wüste, ist etwas, das sie verfolgt. Doch was? Eine wilde Kreatur? In den Gängen des College trifft sie Xander und Oz. Die beiden sprechen ihr ihren Respekt für ihre Kurswahl im nächsten Semester aus. Drama studieren zu wollen, dazu gehört Mut. Die junge Hexe besucht ihre erste Theaterstunde. Doch statt sich in einem Klassenraum wiederzufinden, steht sie im Backstage-Bereich einer Bühne. Harmony, in ein Dirndl gekleidet, stürzt sich auf Willow – und umarmt sie. »Unsere erste gemeinsame Produktion«, schwärmt sie. »Ist das nicht großartig?« Auch Buffy spielt eine Rolle in der anstehenden Produktion, sie trägt ein schwarzes, hautenges Kleid und eine schwarze Perücke. Riley wiederum ist in der Rolle eines aufrechten Cowboys zu sehen, Giles mimt den Regisseur des Stückes. Es ist *Der Tod eines Handlungsreisenden* von Arthur Miller, allerdings in einer Version, in der ausschließlich Personen aus Willows Leben auftreten. Während seiner Rede an die Darsteller versucht Harmony, Giles in den Hals zu beißen; Giles ist von ihrem erfolglosen Vorhaben amüsiert.
Auf dem Weg in ein Labyrinth aus undurchdringbaren Bühnenvorhängen trifft Willow einen seltsamen älteren Herrn, der ihr Käse anbietet. Sie geht an ihm vorbei und trifft Tara. Die Menschen seien ins Theater gekommen, erklärt sie ihr, um die wahre Willow zu sehen und nicht die, die sie vorgibt zu sein. In diesem Moment stürzt sich die wilde Kreatur auf Willow, doch die ebenso plötzlich auftauchende »echte« Buffy rettet sie und nimmt sie mit in eine leere Schulklasse. Warum, fragt sie Willow,

trage sie noch immer ihr Kostüm? Willow trägt ihre normale Kleidung, deshalb versteht die junge Hexe nicht, was Buffy meint. Kurzerhand reißt ihr die Jägerin das Sweat-Shirt vom Leib – und im nächsten Moment steht Willow, in der Kleidung eines kleinen Mädchens, vor einer voll besetzten Schulklasse. Sie versucht ein Referat zu halten, doch niemand hört ihr zu. Als sich die wilde Kreatur erneut auf sie stürzt, kommt ihr niemand zu Hilfe.

Xander träumt.

Er erwacht und geht auf die Toilette, um sich inmitten eines Laboratoriums der »Initiative« wiederzufinden. Ein Dutzend Soldaten und Wissenschaftler beobachten interessiert seinen Versuch zu urinieren. Pikiert zieht sich Xander zurück und findet sich in seinem Zimmer wieder. Jemand versucht mit Gewalt von außen in seinen Keller einzudringen, die Tür aber hält dem Druck stand. Xander verlässt das Haus durch einen Hinterausgang und trifft auf einem Spielplatz Buffy, die in einem Sandkasten spielt, dessen Ausmaße, bei genauerem Hinsehen, die Ausmaße einer riesigen Wüste haben. Auf einer Schaukel sitzen Giles und Spike, Spike trägt einen feinen englischen Zwirn. Giles, erklärt er Xander stolz, habe sich dazu entschlossen, ihn zu einem *Watcher* auszubilden. Spike, ergänzt Giles, sei für ihn wie ein Sohn. Erst langsam wird Xander bewusst, dass er sich selbst von seinem Eiswagen aus beobachtet. Er wendet sich von der Szenerie ab und fährt davon. Neben ihm sitzt Anya, im Laderaum seines Wagens stehen Willow und Tara. Die beiden tragen Körper betonende, kurz geschnittene Kleider. Sie sind aufreizend geschminkt, streicheln einander, küssen sich und fordern Xander schließlich auf, zu ihnen zu kommen. Xander möchte nicht, doch Anya drängt ihn, seine Freundinnen nicht warten zu lassen! Er überlässt Anya das Steuer und geht in den Ladebereich seines Vans. Doch statt Tara und Willow anzutreffen, findet sich Xander zunächst in seinem Zimmer wieder, wo ihm ein seltsamer älterer Herr Käse anbietet. Xander sucht nach einer Antwort. Er geht zur High School, um Giles um Rat zu fragen. Giles weiß eine Antwort, doch er gibt sie Xander nicht mit seiner, sondern einer französischsprachigen Synchronstimme. Xander versteht kein Wort. Daraufhin drängen ihn Giles, Anya und einige Schüler in ein APOCALYPSE-NOW-Szenario, in dem Rektor Snyder in der Rolle Marlon Brandos zu sehen ist. Er habe immer gewusst, dass er versagen würde, erklärt er Xander, doch Xander lässt sich nicht provozieren. »Es ist schade«, antwort er vielmehr, »dass ich nie die Gelegenheit gehabt habe, Ihnen zu sagen, wie froh ich bin, dass Sie von einer Riesenschlange gefressen wurden.« Snyder antwortet auf diese Feststellung mit einer Frage: »Was bist du?«

Xander weiß es nicht. Für die Studenten unsichtbar, geht er durch das College. Ebenso unsichtbar wandelt er durch Giles' Haus, bis er sich wieder in seiner Kellerwohnung befindet. Hier trifft er auf seinen Vater, der ihm kurzerhand sein Herz aus dem Leib reißt. Im Moment seines Traumtodes erkennt er, dass ihn nicht sein Vater, sondern eine wilde Kreatur ermordet hat. Eine Kreatur, die eine Frau sein könnte.

Giles träumt.

In seinem Traum ist Buffy ein kleines Mädchen, das nicht versteht, dass eine große Verantwortung auf ihren Schultern liegt. Zusammen mit seiner Freundin Olivia (die einen Kinderwagen vor sich herschiebt) gehen sie über einen Jahrmarkt. Spike ruft ihn herbei und bittet ihn, in seine Gruft zu kommen. Hier präsentiert sich der Vampir zahlenden Besuchern als eine schwarzweiße Horrorfilmfigur und wirft sich für sie in Pose. Die Zuschauer lieben Spikes Auftritte, klatschen und fotografieren ihn. Giles findet sein Verhalten albern und wendet sich von ihm ab.

Und – wie geht es weiter? Was erwartet den geneigten Fan in der fünften Staffel? Das offizielle Magazin schweigt – aber wir sind uns sicher: *THE BEST IS YET TO COME!!!*

Der Mann mit dem Käse kreuzt den Weg des ehemaligen *Watchers*, der ihn direkt ins *Bronze* führt. Zusammen mit Willow und Xander, dessen Oberkörper blutverschmiert ist, sucht er in seinen Büchern nach einer Antwort auf das, was ihnen gerade widerfährt. Er ist sich seines Traumes bewusst, doch was genau geschieht mit ihnen? Ein innerer Zwang führt ihn auf die Bühne der Bar, er singt, was er Willow und Xander zu sagen hat: Die Antwort liegt in der Vergangenheit. Ein Kurzschluss beendet seinen Gesang. Er folgt seinem Mikrofonkabel bis hinter die Bühne, hinter der sich die Kreatur tatsächlich als eine Frau, eine Afrikanerin, offenbart. »Ich weiß, wer du bist und was dir geschehen ist, es tut mir Leid«, erklärt ihr Giles. Sein Leben rettet er dadurch nicht. Die Frau skalpiert ihn.

Buffy träumt.

Sie sucht ihre Freunde und trifft auf diesem Weg Tara. »Du glaubst zu wissen, was hier geschieht«, stellt die junge Hexe fest. »Doch in Wahrheit hast du keine Ahnung.« Statt ihren Freunden begegnet Buffy ihrer Mutter, die hinter einer Wand unter einer Treppe im College lebt und lediglich über ein kleines Guckloch beobachten kann, was außerhalb der Mauern geschieht. Sie pflichtet Buffy bei, dass dies ein ungewöhnlicher Wohnort sei, aber sie mag diesen Ort. In diesem Moment sieht Buffy Riley eine Treppe hinauflaufen und folgt ihm direkt in einen riesigen weißen, mit Monitoren voll gestellten Raum. An einem großen Glastisch sitzt Riley, in einen Anzug gekleidet. Er sei in Washington zum General ernannt worden, erklärt er Buffy. Allerdings habe er keine Zeit für weitere Erklärungen, denn ein neues Projekt wartet auf ihn: die Eroberung der Weltherrschaft. Ein zweiter Mann sitzt mit Riley am Tisch. Es ist Adam in seiner rein menschlichen Gestalt. Er spürt in Buffy Aggressionen aufsteigen. »Aggressionen sind natürliche menschliche Verhaltensmuster.«

Aggressionen aber sind irrelevant. Buffy sollte sich lieber darum bemühen, wie er zu werden.

»Ich bin kein Dämon«, raunt Buffy Adam, der seinen wahren Namen nicht kennt, entgegen.

»Ist das ein Faktum?«, fragt er zurück.

Buffy geht hinaus in die Wüste, in der sie eine Antwort auf all ihre Fragen bezüglich dieses Traumes erwartet. Tara erwartet sie. Sie ist gekommen, um jener Frau eine Stimme zu leihen, die diesen Traum kreiert und in der Wüste gelebt hat. »Du bist in dieser Welt alleine«, erklärt sie der Jägerin. In dieser Welt gibt es für die *Slayer* keine Freunde, nur den Kampf. »Ich habe keinen Namen, ich habe keine Stimme. Ich bin die Zerstörung, ich bin der erste *Slayer*.« Ihr Geist lebt in Buffy.

Der Käsemann erscheint. Sein Auftreten macht Buffy wütend. »Das war's jetzt«, sagt sie und entschließt sich, diesen Traum zu beenden. Der erste *Slayer* aber stürzt sich auf die Jägerin, zwischen beiden entbrennt ein Kampf auf Leben und Tod, bevor Buffy auf dem Fußboden im Wohnzimmer ihrer Mutter erwacht. Der Traum aber ist noch nicht beendet, und der erste *Slayer* stürzt sich ein zweites Mal auf Buffy und rammt ihr immer und immer wieder ein Messer in den Bauch. Buffy schüttelt jedoch nur gelangweilt den Kopf und stößt die Angreiferin beiseite. »Hast du es immer noch nicht verstanden? Es ist vorbei. Die Zeiten haben sich geändert.« Die Kraft des ersten *Slayer* erlischt. Buffy, Xander, Willow und Giles wachen auf.

Etwas mitgenommen sitzen die vier am Küchentisch zusammen. Buffy gibt zu, sich niemals Gedanken über den ersten *Slayer* und die Tatsache, dass ihr Geist in ihr lebt, gemacht zu haben. Ob damit auch die Geister der anderen in ihr leben?

Sichtlich erschöpft, möchte Buffy nur noch eins: eine heiße Dusche! Auf dem Weg ins Badezimmer hört sie Taras Stimme aus dem Schlafzimmer ihrer Mutter. »Du glaubst zu wissen, was geschehen wird, doch du weißt es nicht.«

KOMMENTAR

Nach BtVS-410 HUSH, diesem Experiment, das die erzählerischen Möglichkeiten des Fernsehens noch einmal neu bestimmt, ist Joss Whedon mit RESTLESS, der Abschlussepisode der vierten Staffel, wieder aus den engen Grenzen ausgebrochen, die Serien normalerweise durch die Konventionen des Mediums gesetzt sind. Wie HUSH zählt nun auch diese Folge zum Ungewöhnlichsten, was überhaupt je für das amerikanische Fernsehen produziert worden ist. RESTLESS reißt einen unweigerlich mit, gleicht dabei eher einem unglaublichen Trip als einer typischen Serienerfahrung, doch sie kann einen auch zur Verzweiflung bringen, besonders dann, wenn man versuchen will, all ihrer Symbole, Metaphern und Bezüge Herr zu werden. Ihre Geschichte gleicht einer Enzyklopädie der Traumdeutung, und selbst wenn es gelänge, jedes noch so kleine Detail zu entschlüsseln – was leicht zu einer Lebensaufgabe werden könnte –, wird man den Kern dieser Episode gerade einmal gestreift haben. Dabei lässt Joss Whedon dem Zuschauer einen so großen Freiraum für ganz und gar persönliche Interpretationen, dass jeder Versuch den Deutenden letztendlich auf sich selbst zurückwirft und nur eine extreme Reduktion bedeuten kann. Eine vielleicht sogar unendliche Vielzahl von Möglichkeiten wird für eine einzige aufgegeben.

Um angemessen auf die Folge zu reagieren, haben wir, Christian Lukas und Sascha Westphal, uns für einen Schritt weg vom üblichen Weg entschieden. Wir verzichten an dieser Stelle auf einen normalen Kommentar, stattdessen wagen wir ein Experiment, von dem wir glauben, dass es RESTLESS gerechter wird als jeglicher Versuch einer eindeutigen Interpretation und Bewertung. Auf Christian Lukas' Website werden wir ein Diskussionsforum zu RESTLESS einrichten und jeder, der möchte, kann dort seine Kommentare und Deutungen, seine Ideen und Fragen zu dieser Episode publik machen. Wir werden uns bemühen, auf jede Äußerung so gut, wie es uns möglich ist, zu antworten. Im Idealfall wird so ein großer Dialog über dieses wirklich einzigartige Fernseherlebnis entstehen, den wir dann in unserem nächsten inoffiziellen Führer durch die Welten von BUFFY – IM BANN DER DÄMONEN in der einen oder anderen Form veröffentlichen werden.

Schon hier ein herzlicher Dank für Ihre/eure (hoffentlich recht zahlreichen) Kommentare, Deutungen und Ideen bezüglich dieses auch für uns neuen und ungewöhnlichen Projekts.

www.christianlukas.purespace.de/restless-diskussion.htm

ANHANG

ADRESSEN

Offizielle Fanclubs

BUFFY – THE VAMPIRE SLAYER OFFICIAL FANCLUB
PO Box 465
Mt. Morris
IL 61054-0465
USA
www.buffyfanclub.com

EUROPEAN BUFFY THE VAMPIRE SLAYER FANCLUB
Gabriele Armstrong
Bischofskamp 12
31191 Algermissen
akasha@hildesheim.sgh-net.de
http://privat.schlund.de/B/BenBass/EBFC.htm

AUTOGRAMM-ADRESSE

Für alle Hauptdarsteller gilt die folgende Adresse
– Name der Darstellerin/des Darstellers –
c/o Buffy the Vampire Slayer
The WB Network
4000 Warner Boulevard
Burbank
CA 91522

INTERESSANTE INTERNET-ADRESSEN

BUFFY-DE (inoffizielle Fan-Site): http://buffy.de
YOUNGSTA'S BUFFY-WORLD: http://www.buffyworld.de
SLAYER'S WORLD: http://www.slayerworld.de
BUFFY-CITY: http://www.buffy-city.de

EPISODENFÜHRER:
http://members.friendfactory.com/taechl/epg/btv.htm
DIE OFFIZIELLE US-SEITE: http://www.buffy.com
BUFFY-SUCHMASCHINE: http://www.buffysearch.com

BIBLIOGRAPHIE

Eine Auswahl

FILM, FERNSEHEN, KULTUR

Annan, David: Cinema of Mystery and Fantasy, London 1984.

Balun, Chas.: The Deep Red Horror Handbook, New York 1989.

Baumann, Hans: Horror – Die Lust am Grauen, Weinheim – Basel – München 1989/1991.

Brite, Poppy Z. (Hrsg.): Love in Vein. Twenty Original Tales of Vampiric Erotica, New York 1994.

Copper, Basil: Der Vampir in Legenden, Kunst und Wirklichkeit, München 1974.

Edwards, Ted: Buffy X-Posed – The Unauthorized Biography of Sarah Michelle Gellar and Her On-Screen Character, Rockland/Kalifornien 1998.

Evermann, Jovan: Der Serien Guide – Das Lexikon aller Serien im Deutschen Fernsehen von 1978 bis heute, Berlin 1999.

Everson, William: The Bad Guys – A Pictorial History of the Movie Villain, Toronto 1964.

Everson, William/Hembus, Joe (Hrsg.): Klassiker des Horrorfilms, Berlin – Darmstadt – Wien – Gütersloh 1979.

Gabriel, Jan: Meet the Stars of Buffy The Vampire Slayer, New York 1998.

Genge, N.E.: The Buffy Chronicle – The Unofficial Companion to Buffy The Vampire Slayer, New York 1998.

Giesen, Rolf: Der phantastische Film, Ebersberg 1983.

Golden, Christopher/Holder, Nancy: The Watcher's Guide, New York 1998.

Görden, Michael: Das große Buch der erotischen Phantastik, Bergisch Gladbach 1991.

Hardy, Phil (Hrsg.): Horror – The Aurum Film Encyclopedia, London 1985/1993.

Jacobsen, Wolfgang/Prinzler, Hans Helmut: Siodmak Bros., Berlin – Paris – London – Hollywood 1998.

Jänsch, Erwin: Vampir Lexikon, Augsburg 1994.

James, Donald: Fantasy and the Cinema, London 1989.

Keesey, Pam: Vamps. An Illustrated History of the Femme Fatale, San Francisco 1997.

Lukas, Christian/Dreibrodt, Thomas: Onscreen – Regisseure, Schauspieler und ihre Filme in Interviews, Bochum 1999.

Lukas, Christian/Westphal, Sascha: Buffy – Im Bann der Dämonen. Das inoffizielle Fanbuch über die neue Kultserie und ihre Hintergründe, München 1999.

Lukas, Christian/Westphal, Sascha: Buffy – Die neuen Abenteuer. Das inoffizielle Fanbuch über die 3. Staffel der Kultserie und ihre Hintergründe, München 1999.

Lukas, Christian/Westphal, Sascha: Die Scream-Trilogie und die Geschichte des Teen-Horrorfilms, München 2000.

McCarty, John: The Modern Horror Film, New York 1990.

McCarty, John: Movie Psychos and Madmen – Film Psychopaths from Jekyll and Hyde to Hannibal Lector, New York 1993.

Melton, J. Gordon: VideoHound's Vampires on Video, Detroit 1997.

Nance, Scott: Bloodsuckers – Vampires at the Movies, Las Vegas 1992.

Newman, Kim: Nightmare Movies. A Critical History of the Horror Movie from 1968, London 1988.

Pirie, David: Vampir Filmkult. Internationale Geschichte des Vampirfilms vom Stummfilm bis zum modernen Sex-Vampir, Gütersloh 1977.

Pitt, Ingrid: The Ingrid Pitt Bedside Companion for Vampire Lovers, London 1998.

Prüßmann, Karsten: Die Dracula-Filme. Von Friedrich Wilhelm Murnau bis Francis Ford Coppola, München 1993.

Schifferle, Hans: Die 100 besten Horror-Filme, München 1994.

Seeßlen, Georg/Weil, Claudius: Kino des Phantastischen, München 1976 u. Reinbek 1980.

Shelley, Mary W.: Frankenstein oder Der neue Prometheus, München 1970.

Stafford, Nikki: Bite Me! Sarah Michelle Gellar and Buffy The Vampire Slayer, Toronto/Ontario 1998.

Stell, John: Psychos! Sickos! Sequels! Horror Films of the 1980s, Baltimore 1998.

Stresau, Norbert: Der Horrorfilm – Von Dracula zum Zombie-Schocker, München 1986.

Timpone, Anthony (Hrsg.): Fangoria Vampires, New York 1996.

Topping, Keith: Slayer – The Totally Cool Unofficial Guide to Buffy, London 1999.

Tracy, Kathleen: The Girl's Got Bite. The Unofficial Guide to Buffy's World, Los Angeles 1998.

Trebbin, Frank: Die Angst sitzt neben Dir, Berlin 1990/1992.

Twitchell, James: Dreadful Pleasures – An Anatomy of Modern Horror, Oxford 1985.

Westphal, Sascha/Zucchetti, Lorenzo/Krick, Kai: Millennium – Das Grauen beginnt, München 1998.

Wolf, Leonard: Dracula. The Connoisseur's Guide, New York 1997.

Wolf, Leonard: Horror. A Connoisseur's Guide to Literature and Film, New York u. a. 1989.

Zombies – Filmische Realität des Grauens, Hille 1994.

***Verwendete Periodika* (Auswahl)**

Cinefantastique, DreamWatch, Fangoria, Femme Fatale, Hörzu, Metro (Silicon Valley's Weekly Newspaper), Moviestar, SciFi Flix, Sci-Fi Universe, Shivers, Space View – Das SciFi-Magazin, Starburst, Starlog, SteadyCam, TV Guide, TV Movie, Xposé, Xposé Specials.

MYSTERIEN, VAMPIRISMUS & SONSTIGES

Baigent, Michael/Leigh, Richard: Verschlusssache Magie, München 2000.

Bauer, Wolfgang/Dümotz, Irmtraud/Golowin, Sergius: Lexikon der Symbole. Mythen, Symbole und Zeichen in Kultur, Religion, Kunst und Alltag, München 1997.

Borrmann, Norbert: Vampirismus oder Die Sehnsucht nach Unsterblichkeit, Kreuzlingen u. München 2000.

Brockhaus Enzyklopädie in 24 Bd.; 19., völlig neu bearb. Auflage, Mannheim 1986–1994.

Cotterell, Arthur: Die Enzyklopädie der Mythologie, Reichelsheim 1999.

Gerlach, Walter. Das neue Lexikon des Aberglaubens, Frankfurt am Main 1998.

Golowin, Sergius: Die Magie der verbotenen Märchen, Hamburg 1973.

Haining, Peter: Das große Gespensterlexikon, Düsseldorf u. Wien 1983.

Kerler, Christian und Richard: Geheime Welt der Talismane und Amulette, Rosenheim 1977.

Lurker, Manfred: Lexikon der Götter und Dämonen, Stuttgart 1984.

Randless, Jenny: The Paranormal Source Book, London 1996.

Skal, David J.: V is for Vampire. The A–Z Guide to Everything Undead, New York 1996.

Sonnet, André: Die Rätselhafte Welt der Träume, Heidenheim 1959.

Woeller, Waltraud und Matthias: Sage und Weltgeschichte, Leipzig 1991.

Verwendete Periodika (Auswahl)

PM, Der Spiegel, Unheimliche Phänomene (Buchserie), Faktor X (inzwischen eingestellt)

DANKSAGUNGEN

Danksagungen haben den Zweck, all jenen eine kleine Anerkennung zukommen zu lassen, ohne die ein Buch niemals entstehen könnte. Wie schon in unseren ersten beiden BUFFY-Büchern geht unser ganz besonderer Dank nach Köln am Rhein an Ralf und Ina Franken, ohne die auch dieser Episodenführer niemals hätte zustande kommen können. Wir könnten Euch umarmen.
Vielen Dank auch an Uwe Tächl (besucht das TV Serien Central!!!), Lorenzo Zucchetti, Frau Steidle von Pro 7, Timothy Sonderhüsken und Adelbert von Delbrück vom Droemer Knaur Verlag, Jeremy J. Nofs und Jamie Marie Arnold vom buffyguide.com, Georg Sonntag und dem Team des Comiclands in Dortmund-Bövinghausen für unendliche Stunden des Stöberns und jeder Menge Materialbeschaffung, den Leuten der Filmbuchabteilung des Bücherbogens in Berlin, Michael Hühne im fernen Hongkong und Frank Nobis in Dortmund von der Firma UUNET für ihre stets hervorragende Unterstützung, Darth Brodt Dreibrodt, Christian »der alles über die USA weiß« Frank, Thomas Klarmeyer fürs Korrekturlesen und Oliver Lange fürs Vorgucken.
Ein besonderer Dank geht an Stefan Hürter für sein unglaublich scharfes Auge.

Leserservice

Zum Redaktionsschluss dieses Buchs standen die deutschen Episodentitel und Erstausstrahlungstermine leider noch nicht fest. Sie können diese Informationen aber mit einem frankierten und selbstadressierten Rückumschlag anfordern bei

Verlagsgruppe Droemer Weltbild
Stichwort BUFFY – DIE JAGD GEHT WEITER
Hilblestraße 54
80636 München

Sie können die Informationen natürlich auch per e-mail anfordern; bitte mailen Sie an

Buffy.Service@droemer-weltbild.de

Bitte geben Sie das genaue Stichwort an, da eine Weiterleitung sonst nicht möglich ist. Bitte haben Sie Verständnis dafür, dass wir Ihnen die Informationen voraussichtlich erst kurz vor Ende der Ausstrahlung der vierten Staffel zusenden können und dass wir KEINE Fragen zur Fernsehserie, zu Autogramm-Adressen, Bezugsquellen von BUFFY-Accessoires und ähnlichem beantworten können.